超越·卓越

刘振亚◎著

中国电力出版社
CHINA ELECTRIC POWER PRESS

图书在版编目（CIP）数据

超越·卓越：国家电网管理创新与实践／刘振亚著.
—北京：中国电力出版社，2016.9（2016.12重印）
ISBN 978-7-5123-9149-9

Ⅰ．①超… Ⅱ．①刘… Ⅲ．①电力工业－工业企业管理－研究－中国 Ⅳ．①F426.61

中国版本图书馆CIP数据核字(2016)第068253号

中国电力出版社出版、发行

(北京市东城区北京站西街19号　100005　http://www.cepp.sgcc.com.cn)
北京盛通印刷股份有限公司印刷
封面设计：王　梓
各地新华书店经售

*

2016年9月第一版　2016年12月北京第五次印刷
787毫米×1092毫米　16开本　30.125印张　487千字
定价：136.00元

序 言

　　改革开放以来，我国国有企业在改革中发展，在市场中壮大，为经济建设和社会发展做出了重要贡献。进入21世纪，企业发展环境发生了深刻变化。世界多极化、经济全球化加速发展，第三次工业革命蓬勃兴起，科技进步日新月异，资源环境约束明显增强，新一轮能源变革孕育发展。我国改革开放深入推进，社会主义市场经济体制不断完善，进入全面建设小康社会的新阶段。身处这样一个变革时代，如何顺应发展潮流，加快向现代企业转型，像凤凰涅槃般浴火重生，是每个国有企业都面临的重大课题。

　　国家电网公司成立于2002年12月29日，以投资、建设和运营电网为核心业务，经营区域覆盖全国26个省（自治区、直辖市），供电服务人口超过11亿。作为关系国计民生和国家能源安全的国有特大型骨干企业，国家电网公司肩负重要的经济责任、政治责任和社会责任，承担着保障安全、经济、清洁、可持续电力供应的基本使命。"建设什么样的国家电网和国家电网公司，以及如何建设"，是摆在广大干部职工面前的重大战略问题。

　　2004年10月，中央决定由我担任国家电网公司主要负责人。面对企业管理基础薄弱、历史遗留问题复杂、电网安全形势严峻和煤电运紧张矛盾突出等挑战，带领这样一个大而不强的巨型国企转型发展，我深感责任重大、任务艰巨。没有现成的模式和经验，唯有解放思想、改革创新、艰辛探索，开辟一条顺应规律、符合实际、面向未来的新道路。

　　小平同志说过，"改革开放胆子要大一些，敢于试验。看准了的，就大胆地试，大胆地闯。没有一点闯的精神，没有一点冒的精神，就走不出一条好路，走不出一条新路，就干不出新的事业。"基于中央赋予的使命与职责，我们遵循能源电力发展规律和现代企业发展规律，逐步确立了以"两个一流"（世界一流电网、国际一流企业）为方向，以"三个建设"（党的建设、队伍建设、企业文化建设）为保障，全面推进"两个转变"（转变电网发展方式、转变公司发展方式），加快建设"一强三优"（电网坚强、资产优良、服务优质、业绩优秀）现代公司的总战略，形成了涵盖电网等核心业务发展、管理变革、科技创新、人才强企、国际化、信息化、社会责任等方面的战略体系。十多年来，我们坚定战略方向，保持战略定力，强化战略执行，一张蓝图绘到底，坚持不懈、持之以恒、攻坚克难，向着战略目标奋力前进，逐步将蓝图变为现实。

"两个转变"是国家电网公司创新发展的主线，贯穿"一强三优"现代公司建设的全过程，是创建"两个一流"的必由之路。**转变电网发展方式**，核心是坚持大能源观，遵循电网发展规律，立足于我国国情和能源可持续发展，改变就地平衡的电力发展方式和区域分割的电网发展模式，加快建设以特高压电网为骨干网架、各级电网协调发展的坚强智能电网，构建中国能源互联网，促进全球能源互联网发展，促进大煤电、大水电、大核电、大型可再生能源基地集约化开发，适应分布式电源和用户多样化需求，实现电力大范围优化配置，推动清洁替代（清洁能源替代化石能源）和电能替代（电能替代其他终端能源），保障能源安全、清洁、高效、可持续供应。**转变公司发展方式**，核心是坚持"六化"（集团化运作、集约化发展、精益化管理、标准化建设、信息化融合、国际化经营）方针，立足于转型升级、提质增效，改变松散粗放的管理方式和封闭低效的经营模式，加快建设符合现代企业制度要求，治理规范、管控科学、业绩优秀的现代企业集团。

十多年开拓奋进，"两个转变"全面突破，国家电网实现跨越发展，率先进入特高压时代；国家电网公司实现转型升级，走出了一条具有中国特色的电网企业创新发展之路。与成立初期相比，电网结构由薄弱到坚强、企业经营由粗放到集约、发展空间由本土到全球、科技水平从跟随到超越，总体形成集中、统一、精益、高效的现代企业治理架构，实现了传统国有企业向现代企业的战略转型。到2016年，国家电网公司连续12年获得国务院国资委业绩考核A级，世界500强排名从第46位上升至第2位，在中国企业500强和中国500最具价值品牌中的排名均跃居榜首。企业核心竞争力、价值创造力、国际影响力全面大幅提升，在保障国家能源安全和民生、服务经济社会发展、促进生态文明建设中发挥了重要作用。

事业发展、企业进步、队伍成长，需要与时俱进、开拓创新，前进道路上必定会遇到各种困难和挑战。"努力超越、追求卓越"，是我们攻坚克难最有力的武器。建设"一强三优"现代公司、创建"两个一流"的历程，就是"努力超越、追求卓越"的过程。超越，是精神，也是行动；卓越，是目标，更是境界。超越、卓越，集中体现了胸怀全局的大局意识、勇于担当的责任意识、敢为人先的创新意识和永不自满的忧患意识，是广大干部职工在实践中积累的宝贵精神财富，是国家电网公司建设百年老店、实现基业长青的"企业之魂"。**坚持服务大局**。从服务"两个一百年"奋斗目标出发，始终把国家电网公司工作融入党和国家工作大局，坚守使命责任，明确发展方向，努力实现经济、社会、环境综合价值最大化。**坚持改革创新**。勇于走别人没有走过的路，持续推进企业管理变革，突破体制机制障碍，解决各种难题挑战，勇攀世界科技高峰，抢占全球能源发展制高点，激发企业永续发展动力，铸就强大核心竞争力。**坚持集团运作**。充分发挥企业规模优势，推进核心资源集约规范管理，深入挖掘内部潜力，不断提高运作效率，集中力量推进国家电网公司重大战略部署实施，统筹利用国际国内"两个市场、两种资源"，优化企业发展布局，切实增强企业抗风险能力。**坚持以人为本**。持之以恒强化企业党的建设、队伍建设和企业文化建设，全心全意依靠职工办企业，以事业凝聚人心、以文化铸就力量，在攻坚克难中锤炼队伍，努力打造特别能担当、特别能战斗、特别能吃苦、特别能奉献的电网铁军，实现企业与员工共同发展。**坚持求真务实。**始终做到忠诚、担当、尽责，困难面前不怕吃苦、利益面前不怕吃亏、委屈面前不怕吃气、挑战面前敢担风险（"三吃一担"），发扬"四坚"（坚持、坚守、坚韧、坚强）精神，求"三实"（实干、实用、实效）、戒"三表"（表面、表层、表演），日积月累，久久为功。

实践证明，国家电网公司所走的道路是正确的。国有企业作为中国特色社会主义的重要支柱，作为推进国家现代化、保障人民共同利益的重要力量，一定能搞好，一定能为经济社会发展创造巨大价值。党的十八大以来，以习近平同志为总书记的党中央提出了全面建成小康社会、全面深化改革、全面依法治国、全面从严治党的战略布局，确立了创新、协调、绿色、开放、共享的发展理念，强调要理直气壮地做强做优做大国有企业，为国有企业进一步深化改革、加快发展指明了方向。同中央对国有企业的要求相比，同国际一流企业相比，国家电网公司发展任重而道远。经济发展新常态、能源变革新趋势、国际竞争新格局，对国家电网公司发展提出了新挑战，也提供了新机遇。面向未来，只要坚定信心、开拓奋进，国家电网公司的前景一定越来越广阔、越来越美好。

本书系统总结了我主持国家电网公司工作期间的管理思考、探索和实践，既有借鉴国际经验，对现代企业管理思想、工具的创新性运用，又有针对企业特点的原创性举措，以及从管理实践中总结提炼的管理思想和方法。全书共分十二章，第一章回顾国家电网公司成立初期的发展形势，概括了发展成就和转型道路；第二章从战略制定、战略重点、战略管控等方面阐述了如何实现战略制胜；第三章到第十一章，分别从电网发展、管理变革、企业安全、创新驱动、智慧企业、队伍建设、走向世界、企业文化、责任央企等方面，阐述了推动国家电网公司发展的管理思考和实践举措；第十二章着重分析未来发展形势和方向，提出了对国企变革的思考。

本书是个人关于企业管理研究与实践成果的总结，也凝聚着国家电网公司管理层和全体干部职工的智慧结晶，撰写过程中还参考了一些专家学者的著述。希望本书对读者有所裨益。不当之处，敬请批评指正。

作者

2016年8月

目 录

第三章   电网发展：做强核心业务

第四章   管理变革：企业科学治理

第五章　企业安全：可持续发展的根基

第六章　创新驱动：巨轮远航的动力

第七章　智慧企业：信息化新高度

第十章　企业文化：可持续发展之魂

第十一章　责任央企：有担当行更远

第十二章　新的跨越

第一章
转型之路

　　道路决定命运，决定前途。

　　国家电网公司应变革而生，因变革而强。成立初期大而不强，基础薄弱、动力不足、缺乏活力，与肩负的责任使命不相适应，转型是唯一出路，不转型就没有前途、没有希望。

　　实现转型，一靠变革、二靠创新。变革就是遵循规律、革故鼎新，把国家电网公司由传统企业改造为现代企业；创新就是打破常规、不断超越，把国家电网建设成为具有国际先进水平的现代电网。十几年发展巨变验证了国家电网公司正确的道路抉择。一路风雨兼程、披荆斩棘，电网从薄弱到坚强，管理从粗放到集约，企业面貌显著改变、价值充分彰显，实现了发展速度、质量效益、企业素质全面提升，走出了一条中国特色电网企业转型发展之路，为建设百年老店、实现基业长青夯实了基础。

> 　　在这汹涌澎湃的时代，求生存发展，除去转型别无选择。国家要转型、政府要转型、行业要转型、企业要转型，乃至个人也要转型。
>
> ——拉姆·查兰❶

---

❶　美国管理学家，被誉为当代最具影响力的管理咨询大师。

超越卓越

国家电网管理
创新与实践

2002年12月29日，国家电网公司正式揭牌成立。成立初期，国际经济形势错综复杂，国内改革大潮涌动。国家电网公司既面临加快发展的重要战略机遇，又面临大而不强、历史包袱沉重等一系列严峻挑战。需要思考和探索的最核心课题就是"建设什么样的国家电网和国家电网公司"以及"怎样建设国家电网和国家电网公司"。这些年，在党中央、国务院的坚强领导下，国家电网公司履行宗旨、恪守使命，遵循电网和企业发展规律，积极探索、勇于创新，励精图治、追求卓越，走出了一条中国特色电网企业转型发展之路。

一、变革时代

世纪之交，国际局势发生深刻变化，和平、发展、合作、共赢成为新时代的主题，世界多极化、经济全球化、文化多样化、社会信息化深入发展，科技进步日新月异，世界联系更加紧密，能源安全备受关注，气候变化日益突出。我国进入全面建设小康社会、加快推进社会主义现代化的新的发展阶段，经济体制改革深入推进，转变经济发展方式迫在眉睫。国家电网公司正是成立和成长于这样一个大变革、大发展的时代。

（一）经济体制改革深入推进

党中央对深化经济体制改革做出重要部署。党的十六大提出全面建设小康社会的奋斗目标，对我国改革开放和社会主义现代化建设做出了全面部署。党的十六届三中全会对完善社会主义市场经济体制若干问题做出重要决定，强调发挥国有经济主导作用，不断增强国有经济活力、控制力、影响力，推动国有经济布局和结构的战略性调整，发展具有国际竞争力的大公司大企业集团。

能源电力行业市场化改革步伐加快。党的十六届三中全会提出，完善主要由市场决定价格的机制，凡是能由市场形成价格的都交给市场，推进水、石油、天然气、电力、交通、电信等领域价格改革；推动重要要素市场改革，清除市场壁垒，加快完善全国统一的现代市场体系；继续推进和完善电信、电力、民航等行业的改革重组，加快推进铁道、邮政和城市公用事业等改革，实行政企分开、政资分开、政事分开。

国有资产监管体制发生重大变化。十届全国人大一次会议审议通过国务院机构改革方案，为改进和加强对国有资产的监督管理，国家成立了专门的管理机构——国务院国有资产监督管理委员会（简称国务院国资委），将原来分散的国有资产管理职能整合和归并，形成了管人、管事和管资产相结合的新型国有资产监管体制。在中央层面，由国务院国资委代表国家对中央企业履行出资人职责，维护所有者权益。国企改革发展进入了新的历史时期。

（二）经济发展方式亟待转变

传统经济发展方式难以为继。改革开放以来，我国经济发展和社会主义现代化建设取得了举世瞩目的伟大成就。2003年，我国人均国内生产总值突破1000美元，经济社会发展进入年均10%左右的高速增长新阶段。但长期以来粗放型的经济增长方式，致使我国劳动生产率不高、经济效益低下、资源浪费严重等问题突出，经济结构不合理，城乡区域发展不平衡，能源资源约束与环境污染等深层次矛盾日益显现，经济发展不协调的问题进一步暴露，转变经济发展方式任务非常艰巨。

新型经济发展方式亟待形成。党的十六大提出以信息化带动工业化，以工业化促进信息化，走出一条科技含量高、经济效益好、资源消耗低、环境污染少、人力资源优势得到充分发挥的新型工业化路子。党的十六届三中全会提出，坚持以人为本，树立全面、协调、可持续的科学发展观，促进经济社会和人的全面发展，为我国经济又好又快发展指明了方向。中央做出建设创新型国家的重要决策，把增强自主创新能力作为国家战略，加快推进国家创新体系建设。各领域、各行业结合实际，积极推动结构调整和发展方式转变。

（三）新一轮能源革命蓬勃兴起

能源安全问题日益突出。人类社会对能源的依赖程度前所未有，全球化石能源资源有限，能源竞争日趋激烈，能源供应链脆弱，保障能源安全面临严峻挑战。发达国家能源消费长期居高不下，发展中国家能源需求快速增长，一些资源匮乏国家和地区能源对外依存度不断提升，能源引发的国际政治经济问题日益突出。我国能源资源丰富，但人均占有量低于世界平均水平，随着能源需求持续快速增长，煤电油运紧张局面反复出现。受资源禀赋限制，我国石油对外依存度持续提高，仅2001～2004年即增长15个百分点，给国家能源安全带来潜在风险。

环境约束不断趋紧。化石能源大量开发使用，在生产、运输、使用的各环节对大气、水质、土壤、地貌等造成严重污染和破坏，给人类健康和可持续发展带来严峻挑战。大多数发达国家都曾发生过重大污染事件，发展中国家也面临日益突出的大气污染问题。我国30%的国土面积出现酸雨，严重雾霾频发，每年因大气污染造成的经济损失占国内生产总值的2%～3%。传统的能源发展方式已难以为继，必须加快能源变革，实现能源转型。

清洁能源发展迅猛。进入21世纪，出于对能源安全和环境保护等因素的考虑，各国纷纷将发展清洁能源作为促进能源可持续发展的战略选择。在政策引导、企业推动、技术进步和国际影响等多种因素作用下，我国清洁能源发展呈现加快趋势。2000～2015年，全国（不含台湾地区，下同）水电、风电、光伏发电装机容量年均增长分别达到9.9%、50%、67.5%。到2015年底，全国水电装机容量3.2亿千瓦，并网风电装机容量1.29亿千瓦，光伏发电装机容量超过4300万千瓦，均居世界第一位。

电的中心地位日益突出。水能、风能、太阳能等清洁能源的主要利用方式是发电，电能可以替代大部分终端能源，在能源系统中居于中心地位。2004年国务院常务会议讨论通过的《能源中长期发展规划纲要（2004～2020年）》明确提出，"坚持以煤炭为主体、电力为中心、油气和新能源全面发展的战略"。保障能源电力安全、适应清洁能源大规模发展，对加快建设网架结构优化、资源配置能力更强、智能化程度更高的现代化电网提出了迫切要求。2000～2015年，全球电能占终端能源消费的比重从15.4%提高到19.0%左右，我国从10.9%提高到22%左右。

（四）电力管理体制深刻调整

国际电力市场化改革浪潮兴起。20世纪80年代，在复杂的政治经济背景下，一些信奉新自由主义经济理论的国家试图通过引入市场机制来推进电力改革。智利早在1982年就对电力行业进行重组和私有化，建立批发电力市场。1990年英国在首相撒切尔夫人的推动下，实施了大规模的私有化运动，电力市场化改革是这轮私有化运动的重要组成部分，引起了全球的广泛关注。此后一些欧美发达国家和发展中国家开始效仿，欧盟国家以及美国、澳大利亚、阿根廷、新西兰等国纷纷研究推动本国电力市场化进程，全球范围内掀起了一股电力市场化改革浪潮。在推进电力市场化改革进程中，电力资产的大规模私有化是重要驱动力。

我国电力改革深入推进。2002年，我国颁布实施《电力体制改革方案》（国发〔2002〕5号），对国有电力资产进行重组，推进政企分开、厂网分开、主辅分开、竞价上网，组建国家电力监管委员会。原国家电力公司资产重组为2家电网企业、5家发电企业和4家辅业集团，电网、发电、辅业等企业成为平等的市场主体。改革要求充分发挥市场配置资源的基础性作用，构建政府监管下的政企分开、公平竞争、开放有序、健康发展的电力市场体系。改革激发了市场主体的活力，促进了电力工业发展，同时也带来厂网如何协调统一规划发展，电力行业如何科学监管、提高效率等新课题。新成立的国家电网公司需要在新的行业生态和监管环境下，找准定位，科学发展。

（五）国际竞争形势呈现新特征

全球经济格局发生重大变化。新兴国家在全球治理中的作用不断上升，国际经济治理结构发生深刻变革。2003～2006年，我国经济总量由世界第六位上升到第四位，2008年上升到第三位，2009年超过日本名列世界第二位。在国际金融危机中，我国经济一枝独秀，成为全球经济增长的主要引擎，全球影响力、竞争力大幅提升。

科技和产业竞争日益激烈。进入21世纪，信息、生物、新材料、新能源等技术交叉融合，带动以绿色、智能、泛在为特征的重大技术不断突破，成为重塑世界经济结构和竞争格局的关键。新能源、智能电网、电动汽车、移动互联、3D打印等技术不断突破，新兴产业和新型业态不断出现。全球科技创新进入一个新的活跃期，并推动新一轮产业革命的兴起。能否在科技创新和新兴产业竞争中抢占先机，深刻影响今后一个时期全球经济格局的演变。

气候变化成为全球性议题。化石能源的碳排放是气候变暖的主因。自1750年工业化以来，大气二氧化碳浓度已经从0.0278%增加到0.04%。如不尽快采取实质行动，到21世纪末全球温升将可能超过4℃，导致冰川融化、海面上升、物种灭绝、粮食减产，严重威胁人类生存。世界各国围绕如何承担温室气体减排责任展开博弈。我国郑重向国际社会承诺：到2020年单位国内生产总值二氧化碳排放比2005年下降40%～45%，非化石能源占一次能源消费的比重达到15%左右。

跨国企业成为大国角力的重要载体。 全球化背景下，国家与国家之间的竞争越来越体现在企业之间的竞争。与发达国家相比，我国具有国际竞争力的企业还不多。2004年中国大陆500强企业的资产规模、营业收入和利润分别相当于《财富》世界500强企业的5.6%、7.3%和5.2%，而且仅有14家进入世界500强企业名单。无论是保障能源安全、应对气候变化，还是代表国家争夺全球科技产业制高点，都对我国国有企业增强核心能力、参与国际市场竞争提出了新的要求。

二、公司起步

身处变革时代的国家电网公司，成立伊始就面临巨大的挑战和压力。如何承担起党和人民赋予的重大使命，如何保障电网安全和电力可靠供应，如何确定符合自身实际的发展目标和方向，如何推动企业持续健康发展，成为摆在企业决策者面前的重大课题。

（一）新公司、老家底

国家电网公司脱胎于传统计划经济体制，行政色彩浓厚，思想观念落后，电网发展滞后，管理基础薄弱，遗留问题突出，各方面问题和矛盾交织，体制缺陷和固有弊端突出。要推动这样一个传统的企业改革、创新和发展，跻身世界一流行列，困难之多、挑战之大前所未有。

思想观念落后。 长期计划经济时期形成的惯性思维和旧有观念根深蒂固，市场观念缺失，竞争意识、危机意识、服务意识不足，没有实现从政府到企业、从管理到服务、从管电到卖电的真正有效转变。集团意识缺乏，"本位主义"严重，"自转"现象突出，思维模式、行为习惯等与集团化运作存在较大差距。普遍存在创新意识不强，不思进取、安于现状，自我感觉良好的现象。

电网发展滞后。 由于历史原因，我国电力发展长期存在"重发、轻供、不管用"的现象，电网长期投入不足，电网滞后的矛盾十分突出。"九五"（1996～2000年）和"十五"（2001～2005年）期间电网投资占电力投资的比重仅为25.7%和34.7%，远低于国际上50%～60%的平均水平。由于电网建设历史欠账多，导致网架结构薄弱、跨区跨省输电能力明显不足、配电网建设落后、设备技术水平不高、老旧设备多等问题十分突出，严重制约了电网功能作用的发挥。

管理基础薄弱。国家电网公司成立初期，法人层级多、管理链条长、业务模式单一，管理松散、经营粗放，难以适应现代企业管理要求。国家电网公司管理层级总体为"总部—区域—省—地—县"5级，有的还设立了子公司、孙公司，法人层级最多达到8级。制度、标准、流程不统一，职能交叉、业务界面不清晰，执行力层层衰减。总部对核心资源、核心业务管控深度、广度和力度都不足，各层级都存在不同程度的"跑冒滴漏"，乱投资、乱贷款、乱担保等问题多发，企业效率效益普遍不高。

遗留问题突出。由于历史沿革复杂，国家电网公司承继了大量遗留问题。按照2002年《电力体制改革方案》，国家电网公司对120多家辅业单位实行暂时代管，涉及20多万名员工，这些辅业单位大多积累少、底子薄、包袱重，企业经营发展和安全稳定面临很大压力。由于减人增效、安置就业等历史原因，国家电网公司系统各级企业开办各种多种经营企业（简称多经企业）和集体企业数千家，这些多经企业普遍依赖主业、管理落后，需要按照国家新的政策进行规范。由于政策原因，国家电网公司管理的县级供电企业存在直供直管、代管、股份制等不同体制❶，不利于农电发展和规范管理。此外，农电用工管理等问题也比较突出，需要逐步解决。

（二）严峻挑战

供电能力严重不足。2000年以来，我国经济进入新一轮增长周期的上升阶段，拉动电力需求快速增长，加上煤炭运输吃紧和煤价上涨等因素，出现了改革开放以来最为严峻的全国性"电荒"。2003年，全国有23个省级电网在夏季高峰和冬季枯水期拉闸限电，其中浙江、江苏等7个省出现全年持续性拉闸限电。2004年，全国缺电形势

---

❶ 1998年农村电网改造之前，县级供电企业主要有直供直管（上级电力企业直接管理）、趸售（从电力公司购买电量转供给用户）和自供自管（自己发电、自己供电）三种类型。实施农村电网改造以后，根据国发〔1999〕2号和国办发〔1998〕134号文件，趸售和自供自管的县级供电企业原则上应上划由省电力公司直接管理；暂时不能上划的先委托省电力公司代管，逐步改组为省电力公司控股的公司制企业。代管的县级供电企业仍是独立的法人实体，产权关系、财税体制、核算方式、趸售方式等保持不变。

更加严峻，高峰时期电力缺口约3000万千瓦（占全国装机容量的8%）。电力供应不足严重影响经济发展，大量工业企业被迫开开停停，电力服务热线成了"抱怨热线"。

电网安全问题突出。电力体制改革以后，市场主体多元化，电网与电源建设矛盾突出，厂网协调难度加大，安全生产面临严峻考验和挑战。电网建设滞后，网架结构不合理，设备长时间满载、过载或"带病"运行，安全隐患较大。安全生产基础不牢，安全管理还有很多薄弱环节，部分企业规章制度执行不严，人员责任事故屡禁不止。外力破坏、恶劣气候造成的事故明显增多，在2004年事故总数中占47.2%。电网应对突发事件的能力不足，大面积停电风险始终存在。

保值增值压力巨大。成立初期，国家电网公司资产规模和营业收入位居中央企业前列，但企业效率效益等指标却比较落后，2003年净资产收益率不足0.6%，低于中央企业平均水平和同期银行存款利率，庞大的资产总量与微薄的盈利能力形成强烈反差。资产闲置、资源分散现象比较严重，亟须有效整合，提高经营效率和效益。内部单位之间发展不平衡问题突出，中西部地区电网企业盈利能力差，部分企业亏损严重。

电网发展面临抉择。长期以来，电网建设一直作为电源配套工程服从于电源建设。电力体制改革之后，国家电网公司作为一家以建设和运营电网为核心业务的企业，面临的最大困难是关于电网发展道路的选择问题。如何认识电网在经济社会和能源电力发展中的功能作用，是继续走市场分割、局部就地平衡的老路，还是走构建全国电力市场、大范围优化配置资源的新路，存在不同观点，统一思想任务艰巨。电网发展方式关系电力和能源可持续发展，需做出科学选择。

深化改革任务艰巨。根据《电力体制改革方案》，落实厂网分开改革措施、加快发电资产划转移交、开展电力市场建设试点、推进省公司及以下层面主辅分离、进一步深化农电体制改革等一系列改革任务都集中到国家电网公司身上。由于电网具有自然垄断属性，国家电网公司属于"过敏体质"，备受社会关注，改革发展出现的新问题与历史遗留的老问题相互交织、相互影响，统筹解决改革、稳定与发展问题面临巨大挑战。

（三）企业潜能

改革开放以来，我国电力工业特别是电网发展取得了长足进步，资产规模、发展速度令世界瞩目，规模从小到大、实力由弱到强，为加快发展奠定了基础。经济发展、能源转型、深化改革给国家电网公司发展带来新的挑战，同时也意味着在电网发展、经营管理、技术创新等方面具有巨大潜力。

发展潜力。我国经济持续快速发展对电力提出新要求，为公司提供了广阔的发展空间。2003～2004年出现的全国性"电荒"，暴露了电网发展欠账严重、网架结构薄弱、电网电源发展不协调等问题，引起了全社会的高度关注。党中央、国务院对电力可持续发展高度重视，积极支持电网建设。国家大力推动国有资本向关系国家安全和国民经济命脉的重要行业和关键领域集中，高度重视利用国内国外两个市场、两种资源，鼓励有条件的企业"走出去"。国家电网公司在人才、技术、资金、管理、市场等方面的优势，不断转化为国际竞争优势，具备了加快国际化发展的条件，前景广阔。

管理潜力。国家电网公司内部资源丰富，2003年底资产规模超过1万亿元，位居中央企业首位；集团规模优势突出、潜力很大。电网业务的高度同质性，为实施集团化运作、集约化管理、标准化建设创造了有利条件。通过变革体制机制，释放活力、动力，能够实现资源的集中配置和集约利用，大幅降低成本，提高效率和效益。现代信息技术的快速发展，也为企业优化组织结构、提升管控能力、推动管理变革提供了有效手段。

创新潜力。电网企业是技术密集型企业，实现可持续发展的关键在于创新。国家积极推进经济增长方式转变，强化企业在科技创新中的主体作用，为电网发展和技术升级创造了有利条件。改革开放以来，我国电力科技事业快速发展，电网规模不断扩大，技术等级不断提高，为国家电网公司在新的起点上实现更大跨越奠定了基础。国家电网公司科技创新资源丰富，拥有一支高素质的科研队伍，拥有一批国家重点实验室和研发中心，以及直属科研单位、省级科研院所等研发机构，通过资源整合将带来创新能力和水平的显著提升。科技创新基础扎实，通过调动广大职工岗位创新的主动性和积极性，基层创新活力和创造潜能将不断迸发。

三、发展道路

在国家电网公司这样一个规模庞大、包袱沉重、矛盾错综复杂、电网安全运行要求极高的国有特大型企业探索可持续发展道路，是极为艰巨的任务。面对历史和现实的困难与挑战，国家电网公司党组团结带领全体干部职工，开拓创新、锐意进取，确立指导思想，明确发展方向，推进变革创新，创造性地解决了"建设什么样的国家电网和国家电网公司，以及如何建设"的重大命题，实现了国有资本与市场经济的有效对接，走出了一条富有特色的电网企业发展道路，开创了国家电网科学发展的新局面。

（一）指导思想

高举中国特色社会主义伟大旗帜，深入贯彻党的路线方针政策，坚持服务党和国家工作大局、服务电力客户、服务发电企业、服务经济社会发展（"四个服务"），全面履行经济、政治、社会责任，以安全为基础，以发展为第一要务，以保证电力可靠供应和国有资产保值增值为核心，加快由发展滞后的薄弱电网到国际领先水平的现代电网、由大而不强的传统国企到综合实力强大的现代企业的战略转型，努力创造经济、社会、环境综合价值，为全面建成小康社会、实现"两个一百年"奋斗目标、推动中华民族伟大复兴做出积极贡献。

（二）发展方向

打造国际领先水平的现代电网。 从我国能源资源与能源需求逆向分布的现实国情出发，适应经济社会发展和生态文明建设的需要，着力加强电网建设改造投资，大力推进各级电网发展，提高电网技术装备水平和电网发展质量，加快解决电网结构薄弱、技术落后的局面，将国家电网建成网架坚强、广泛互联、高度智能、开放互动的世界一流电网，电网安全保障能力、资源配置能力、绿色发展能力达到国际领先水平。

打造综合实力强大的现代企业。 从影响制约国家电网公司可持续发展的现实矛盾入手，适应建设现代企业制度和打造百年老店的需要，立足长远、标本兼治，锲而不舍地破解发展难题、消除管理短板、完善体制机制、打造核心优势，加快解决企业大而不强、管理落后的局面，将国家电网公司建设成为具有强大核心竞争力、价值创造力、产业带动力和国际影响力的一流企业集团。

（三）发展之路

打造现代电网和现代企业，沿着传统粗放的发展道路已经走不通，必须锐意变革、大胆创新，探索新的转型发展之路。

创新电网发展思路。遵循能源电力发展客观规律，打破长期以来局部地区自求平衡、区域之间弱联系的电网发展思路，科学规划电网结构布局，推进远距离、大规模输电和全国联网，构建以特高压电网为核心的坚强网架，促进能源资源大范围优化配置，更好地适应能源生产消费革命的需要。

创新电网建设方式。改变电网建设标准不一的状况，开展电网标准化建设，推行通用设计、通用设备、通用造价、标准工艺（"三通一标"），精简电网设备型号，实施统一招标采购。这样做，一方面可以确保电网设备质量和工程建设质量，另一方面也为后续提高电网运维检修效率和设备管理水平夯实了基础。

创新电网技术装备。立足自主创新，攻克电网技术难关，大力推广应用特高压、智能化等先进技术和装备，推动电网技术升级跨越，努力抢占世界电网技术制高点，切实改变电网技术长期落后于人、关键核心技术受制于人的状况。

变革企业管理模式。压缩法人层级和管理层级，推行两级法人、三级管理，重新确定各层级职能定位，打破地域和专业壁垒，改变条块分割、小而全的管理模式，变革组织架构，优化管理流程，推行通用管理制度，重构电网业务体系。

变革资源配置方式。加强对人财物等重要资源的集约管理，人员进退流转、考核激励实行统一标准、统一管理，资金实行集中管理、统一运作，物资实行集中采购、统一配送，提高资源利用效率，集中力量确保重大工程实施。

变革业务发展布局。通过延伸价值链、拓展国际市场、培育新兴产业等，拓展上下游业务、海外业务和金融业务，形成以电网为基础、面向国际、多元协同的发展格局。

国家电网公司转型发展之路，是一条持续变革创新的道路。这些变革创新归结起来，就是"两个转变"，即转变电网发展方式、转变公司发展方式。在国家电网公司十多年的发展历程中，"两个转变"是贯穿一切工作的主线。

四、发展巨变

经过十多年的不懈努力，国家电网公司发展取得巨大成就，内质外形发生显著变化，创造了巨大的经济价值和社会价值，在国内能源电力行业和中央企业中的带动力、影响力与日俱增，在保障能源安全、增强国有经济活力、服务和保障民生中的作用充分显现。到2016年，国家电网公司连续12年、4个任期被国务院国资委评为业绩考核A级企业，当年考核得分在中央企业中排名第一，并成为唯一一家获得第四任期全部4项特别奖（业绩优秀奖、科技创新奖、节能减排奖、品牌建设奖）的企业，在世界500强中的排名从第46位上升至第2位，在中国企业500强和中国500最具价值品牌中的排名均跃居第1位。国家电网建设的成就、国家电网公司科学发展的业绩、广大员工的卓越表现，彰显了国家电网在经济社会发展中的重要作用，彰显了国家电网公司的价值，见图1-1。

图1-1 国家电网公司实现跨越发展

（一）国家电网全面升级，满足了经济社会用电需求

电网实现跨越发展。着力解决特高压和配电网"两头薄弱"问题，国家电网网架结构、配置能力、科技装备、整体功能全面跨越提升。2003～2015年，电网投资累计3.17万亿元，110（66）千伏及以上输电线路长度和变电容量分别增长了1.9倍和3.9倍。特高压工程从试验示范到全面建设，大范围优化配置资源能力大幅提升，开创了特高压发展新时代。截至2016年5月，累计建成"三交四直"工程，在建"四交六直"工程。各级电网协调发展，建成投产青藏联网、川藏联网、新疆与西北主网联网等工程，实现除台湾地区以外的全国电网互联，国家电网成为全球最大的交、直流混合电网，见图1-2～图1-5。

图1-2 2003～2015年110（66）千伏及以上输电线路长度

图1-3 2003～2015年110（66）千伏及以上变电设备容量

图1-4 2003～2015年电网投资规模

图1-5 2003～2015年国家电力市场交易电量

技术装备水平显著提高。 全面掌握了特高压设备的设计和制造技术，智能电网的理论研究、技术标准、试验体系、工程实践迈入国际先进行列，实施配电自动化改造、变电站智能化改造、输电线路状态监测系统建设、用电信息采集系统建设等工程，电网智能化水平与可靠性显著提升。建成张北国家风光储输、天津中新生态城等一批智能电网综合示范工程，建成2554座智能变电站，3.5万座变电站实现无人值守；安装智能电能表3.1亿只，累计实现用电信息自动采集3.2亿户，建成电动汽车充换电站1537座、充电桩3万个。

确保电力安全可靠供应。 满足了国民经济快速发展对电力的需求，保障了奥运会、世博会等重大活动的安全可靠供电。积极应对电网规模和设备数量大幅增加、自然灾害多发频发、新能源迅猛发展等挑战，强化风险预警预控和应急处置，确保了电网安全稳定运行。最近十多年来，全球范围发生多起电网大面积停电事故，国家电网则始终安全运行，保持了国际特大型交、直流混合电网最好的安全纪录。2003～2015年国家电网公司电网事故数、设备事故数见图1-6、图1-7。

<table>
<tr><td>图1-6　2003～2015年电网事故数</td><td>图1-7　2003～2015年设备事故数</td></tr>
</table>

注　2012年及以后的电网事故数和设备事故数按《电力安全事故应急处置和调查处理条例》（国务院令第599号）新口径统计。

电网发展战略赢得广泛共识。立足我国基本国情和资源禀赋，深入研究能源电力发展规律，提出并实施"一特四大"（发展特高压，促进大煤电、大水电、大核电、大型可再生能源基地集约化开发）战略，大力推进"两个替代"（能源开发实施清洁替代、能源消费实施电能替代）。基于中国特高压、智能电网的成功实践，着眼解决世界能源、环境和气候变化难题，提出了构建全球能源互联网的战略构想。2015年9月26日，习近平总书记在联合国发展峰会上发表重要讲话，向各国倡议"探讨构建全球能源互联网，推动以清洁和绿色发展方式满足全球电力需求"，开辟了引领能源变革、应对气候变化、促进和平发展的新途径，得到国内外广泛响应和支持。

（二）企业素质显著提升，实现了国有资产保值增值

管理现代化水平大幅提升。全面建成管理集约、业务集成、资源共享、运转高效的"三集五大"体系（人力、财力、物力资源集约化管理，大规划、大建设、大运行、大检修、大营销）。管理层级从最长8级压缩到4级以内，核心资源实现集约高效利用，集团管控能力大幅提升。以信息化支撑电网智能化，推进管理现代化，建成世界规模最大的电力通信网和集团级信息系统，建成国际领先的电网调控中心、运营监测（控）

中心、客户服务中心，实现对主营业务、核心资源、关键流程的实时在线监控，国家电网公司信息化水平进入国内领先、国际先进行列。

历史遗留问题逐步解决。先后完成主辅分离、主多分开改革，稳妥推进集体企业改革改制工作和农电用工规范管理，对部分代管县级供电企业实施上划并统一管理。全面开展"三清理一规范"（清理"小金库"、银行账户、各类公司，规范招投标管理）等专项治理，乱投资、乱担保、乱开户等问题基本解决，银行账户总量减少了58%，资金集中归集率由83%提高到99%以上。整合规范了新闻宣传资源管理。清理和退出了2171个社团组织。采取有效措施，防范和化解风险，保证了企业持续健康发展。

资产运营效率显著提升。2003～2015年，国家电网公司营业收入、利润总额分别增长了3.3倍、13.5倍，净资产收益率从0.57%上升到5.15%，经营业绩保持央企前列。业务布局结构持续优化，建成以资本为纽带、业务功能齐全的金融控股集团和具有国际竞争力的战略性产业集群。成功投资运营6个国家和地区的骨干能源网，2015年底境外资产达380亿美元，年投资回报率超过10%。"十二五"（2011～2015年）期间，产业、金融和国际业务对国家电网公司利润贡献度从25%提高到42%。国家电网公司发展质量效益全面提升，盈利能力与可持续发展能力显著增强，见图1-8～图1-11。

图1-8　2003～2015年营业收入　　　　图1-9　2003～2015年利润总额

科技创新能力显著提高。攻克特高压输电、智能电网、大电网控制等领域核心技术，提升了关键设备制造能力，打破了国外技术垄断，占据了世界电网科技制高点。国家电网公司整体技术水平从跟随到超越，实现"中国创造"和"中国引领"，成为

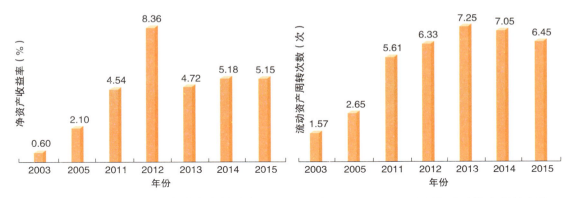

图1-10 2003~2015年净资产收益率　　　图1-11 2003~2015年流动资产周转次数

注 2012年数据含资本运作收益。

全国首批创新型企业（见图1-12、图1-13），拥有国家级实验室18个。2003~2015年，累计获得国家科学技术进步奖51项、中国专利奖58项；累计拥有专利50165项，连续5年居央企首位；主导立项26项国际标准，形成国家、行业标准1480项。"特高压交流输电关键技术、成套设备及工程应用"获得国家科学技术进步奖特等奖，是我国电工领域在国家科技奖上收获的最高荣誉。

图1-12 2003~2015年研发投入　　　　图1-13 2003~2015年累计专利拥有量

（三）企业面貌焕然一新，提升了公司品牌形象

供电服务水平显著提升。积极履行"四个服务"宗旨，建成国网、省、市、县四级客户服务体系，建成了世界规模最大、服务人口最多、服务功能最全的电力客户服

务中心。坚持"你用电·我用心",统一服务标准和流程,规范服务行为,提升服务效率、质量和水平。2003～2015年,城市、农村供电可靠率分别提高0.102个、0.551个百分点,用户年均停电时间分别减少8.9小时和48.3小时。

队伍素质作风明显改进。大力实施"人才强企"战略,加强人才培养培训,优化队伍结构,提升专业素质和思想素质,人才数量和质量逐年稳步提升。2003～2015年,人才当量密度从0.799提高到0.999(见图1-14),全员劳动生产率由15.3万元/(人·年)提高到65.3万元/(人·年)(见图1-15)。在特高压工程建设、抗冰抢险、抗震救灾等急难险重任务面前,广大干部职工不畏艰险、无私奉献,涌现出一批彰显时代精神的先进集体和个人。

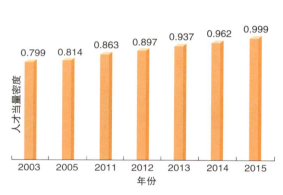

图1-14　2003～2015年人才当量密度

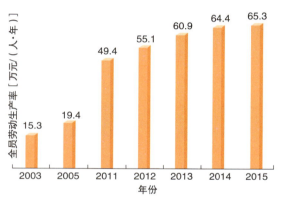

图1-15　2003～2015年全员劳动生产率

企业文化建设不断加强。"努力超越、追求卓越"的企业精神落地生根,"诚信、责任、创新、奉献"核心价值观深入人心,培育出彰显时代精神的优秀企业文化。"努力超越、追求卓越"的企业精神被评为"新中国60年最具影响力十大企业精神"。统一的企业文化在企业创造综合价值、增强核心能力、促进社会和谐等方面发挥了重要作用。

品牌影响力显著提升。国家电网公司成为国际电力市场强有力的竞争者、国际权威组织和国际标准的重要参与者,逐步塑造形成了开放、创新、富有影响力的品牌形象。企业实力与信用得到国际市场的认可,2013～2016年连续4年获得国际三大评级机构国家主权级信用评级。在世界品牌实验室的品牌价值评估中,"国家电网"品牌价值连续10年攀升，从2007年的449亿元上升至2016年的3056亿元，"国家电网"品牌跻身世界百强品牌，跃居中国500最具价值品牌榜首。

（四）企业价值充分彰显，促进了社会和谐与进步

经济价值。2003～2015年，国家电网公司资产总额增长了2倍，资产负债率从62.2%下降到55.4%；累计完成利税总额超过1.5万亿元，年均增速16%；2015年经济增加值（EVA）是2010年的3.4倍（见图1-16、图1-17），确保了国有资产保值增值。依托特高压、智能电网等先进技术，带动了民族装备制造业转型升级和跨越，提高了国际市场竞争力。发挥电网基础设施作用，促进了西部大开发、东北老工业基地振兴和电动汽车、新能源等战略性新兴产业发展，为国家稳增长、调结构、转方式做出积极贡献。

图1-16　2003～2015年利税总额　　　　　图1-17　2010～2015年经济增加值

注　2012年数据含资本运作收益。

社会价值。国家电网公司以关键时刻的实际行动，彰显了中央企业的"脊梁"作用。实施新农村、新电力、新服务（简称"三新"）农电发展战略，积极服务"三农"发展。2006～2015年累计投资381亿元，解决192万户750万无电人口通电问题，实现"户户通电"。建成青藏、川藏两条"电力天路"，服务西藏经济社会发展和边疆地区长治久安。推进全面社会责任管理，开启了中央企业社会责任新篇章，获中国企业社会责任特别金奖，六次荣获"中华慈善奖"。

环境价值。全面落实国家能源战略和节能减排、大气污染防治措施，大力服务清

洁能源发展。2015年国家电网并网风电、光伏发电装机容量分别比2010年增长3.1倍和48倍，成为世界上风电和光伏发电并网规模最大的电网。"十二五"消纳可再生能源3.76万亿千瓦·时，减少煤炭消耗11.9亿吨，减排二氧化碳29.7亿吨、二氧化硫8925万吨、氮氧化物4462万吨。积极开展发电权交易，节约标准煤3150万吨、减排二氧化碳8110万吨。

过去的十多年，是国家电网公司快速发展、持续突破、全面提升的时期。我们付出了艰辛努力，收获了丰硕成果，成功打造出一个崭新的国家电网和崭新的国家电网公司，为经济社会发展做出了积极贡献。实践表明，这些年来国家电网公司做出的重大战略部署是正确的，选择的转型发展道路是科学的。

第二章
战略制胜：山高人为峰

　　企业竞争的核心是战略竞争，战略决定成败，决定企业发展的高度。战略制胜的关键是把准大方向、占领制高点，切实做到定位准、定力强。

　　领导的要义在于发挥企业的战略优势，把握正确方向，保持战略定力。管企业首先要管战略。管理国家电网公司这样的特大型国有企业，必须基于使命责任、创新理念和全球思维，按照百年老店、基业长青的愿景定战略、谋发展，确保企业战略符合国家利益、民族利益和人民利益，这是国家电网公司战略管理的立足点。以"一强三优"现代公司为目标，以"三个建设"为根本保证，以"两个转变"为主线，创建"两个一流"，是国家电网公司发展的总战略。十多年来，一以贯之、持之以恒，将战略转化为具体行动和发展成效，实践证明了战略的科学性和先进性。

　　战略不能摇摆、不能僵化，要坚持问题导向，在发现问题、认识问题、解决问题的循环往复中与时俱进、完善提升，始终占据战略制高点，掌握发展主动权。

> 没有战略的企业，就像一艘没有舵的船，只会在原地转圈。
>
> ——乔尔·罗斯[1]

---

[1] 美国企业家、管理学家。

超越卓越

国家电网管理
创新与实践

战略是对企业发展的长远谋划。国家电网公司由传统企业向现代企业转型，需要先进战略引领方向。一直以来，我们始终坚持以战略引领发展，构建科学战略体系，坚定推进战略实施，保证了这艘国企航母乘风破浪，在克服困难中前进，在经受考验中成长，为经济社会发展创造了巨大价值。

一、决胜制高点

高度决定境界、决定影响力。战略制胜，实质是决胜制高点。抢占制高点，是企业战略制胜的关键。国家电网公司成立和成长于快速发展变化的历史环境，肩负着重大使命和责任，面对着各种复杂矛盾。要实现又好又快发展，成为一家伟大的企业，必须把占领制高点作为战略制定和实施的基本原则。"欲穷千里目，更上一层楼。"占据了制高点，就能站得高、看得远，掌握战略先机和主动权，运筹帷幄、决胜千里。抢占制高点，必须遵循规律、追求高远，保持正确发展方向；必须锐意变革、敢为人先，勇于走在时代前列；必须勇担责任、甘于奉献，占据思想道德高地。

遵循规律，占领理论制高点。理论是行动的指南。恩格斯说："一个民族想要站在科学的最高峰，就一刻也不能没有理论思维。"企业要科学发展，离不开先进理论的指导。理论的先进性源于对事物本质和规律的把握。国家电网公司的改革发展，始终坚持以中国特色社会主义理论体系为指导，遵循能源电力发展规律、电网发展规律和现代大型企业集团发展规律，作为引领企业发展的思想理论基础，形成了一整套符合企业实际的发展思路，占领了理论制高点，从而能够登高望远、洞察趋势。

追求高远，占领发展制高点。企业要追求高远，树立远大目标，才能超越局限、突破瓶颈，迈向高水平、高境界。国家电网公司坚持从促进中华民族伟大复兴的历史高度谋划发展，无论是电网建设还是业务开拓，都从世情、国情、企情出发，服从和服务于党和国家工作大局，努力建设世界一流的现代电网和现代企业，为经济社会可持续发展创造综合价值，占领发展制高点，从而能够保持战略主动，不断开创发展新局面。

锐意变革，占领管理制高点。管理是企业永恒的主题。伟大的公司，必然有一套适应企业发展需要，能够充分挖掘内部潜力、激发企业活力的卓越管理模式，并通过持续的管理创新，适应内外形势变化，有效解决大企业病，始终保持管理的先进性和适应性。国家电网公司一直把追求卓越管理作为努力方向，从管理的薄弱环节入手，按照标本兼治、重在治本的原则，持续推进管理变革，像农民"翻地"一样，不断发现问题、解决问题。既学习借鉴国际先进经验，又采取独具特色的创造性举措，破解深层次体制机制矛盾，大胆打破制约企业发展的管理羁绊，解放电网发展生产力，努力占领世界电网企业管理制高点。

敢为人先，占领科技制高点。科技创新是企业发展的动力，也是企业核心竞争力之所在。洞察科技发展趋势，围绕科技前沿持续创新，引领科技发展方向，是国际一流企业屹立时代潮头的关键。科技创新是国家电网公司发展之本，关系电网发展方式、安全运行和效率效益，是企业由大到强的关键。国家电网公司立足自主创新，不满足于浅尝辄止、小打小闹，而是围绕解决我国和世界能源可持续发展中的重大关键问题，始终瞄准国际电网技术的最前沿，求高、求远、求胜，努力攀登世界电网技术最高峰，抢占电网科技制高点，从技术跟随者成为技术引领者。

责任至上，占领文化制高点。企业文化是企业的内在特质，是企业软实力的集中体现。国有企业要由大变强，硬实力、软实力缺一不可。国家电网公司把培育优秀企业文化作为建设百年老店的基础工程，把讲责任作为企业价值理念的核心，融入企业思想道德和文化建设，坚持责任重于一切，做任何事情都以履行经济责任、政治责任和社会责任为根本，尽职尽责、精益求精。正是将责任意识根植于心，广大干部职工才能够不怕困难，勇于吃苦、吃亏、吃气、担风险，拥有努力超越、追求卓越的精神动力，为企业基业长青奠定文化根基。

二、使命源自定位

企业定位决定发展方向，决定企业未来。国家电网公司的本质属性是国有企业，以服务国家和人民利益为重，这是企业生存和发展的根基，是一切工作的出发点和落脚点，是企业经营决策必须始终遵循的基本原则。国家电网公司的定位涵盖六个方面，是履行好经济责任、政治责任、社会责任的决定性因素（见图2-1）。

定位一：基础网络企业——从业务特点看，国家电网公司以建设、管理和运营电网为核心业务，电网遍布全国26个省（自治区、直辖市）、覆盖88%的国土面积，是经济社会发展的物质基础。电网作为重要的基础网络，具有巨大的平台价值。

定位二：公用事业企业——从企业属性看，国家电网公司为各行各业、千家万户提供生产生活所必需的基本能源产品，以优质、便捷、经济、清洁、高效的供电服务，创造巨大社会价值和社会效益。

定位三：国有骨干企业——从产权特征看，国家电网公司是国家投资所有、中央直接管理的企业，关系国计民生和国民经济命脉，在服务党和国家工作大局、贯彻落实国家能源战略中，发挥国有企业骨干作用。

定位四：行业重点企业——从行业地位看，电网是连接发电企业和电力用户的桥梁，是能源电力优化配置的枢纽。国家电网公司的资产规模大、服务面广，在能源和电力产业链上具有较大影响力。

定位五：创新领军企业——从创新发展看，国家电网公司是国家首批创新型企业，创新资源丰富，创新潜力大，应该而且能够发挥创新优势，坚持不懈创新，保持发展活力，建成具有国际影响力和竞争力的一流企业。

定位六：履责典范企业——从企业价值看，国家电网公司作为特大型企业，必须全面履行经济责任、政治责任和社会责任，正确处理利益相关方关系，促进企业与员工共同发展，营造和谐发展环境，做优秀企业公民，为社会和谐进步贡献强大正能量。

图2-1　国家电网公司战略定位

三、战略体系

根据国家电网公司的基本定位，我们制定并形成指导企业发展的战略体系（见图 2-2），这是实现企业安全发展、健康发展、创新发展、可持续发展的重要保证。

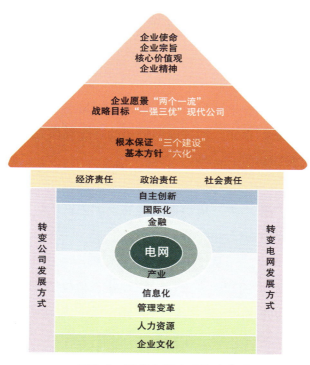

图2-2 国家电网公司战略体系

（一）企业使命

奉献清洁能源、建设和谐社会：贯彻国家能源战略，发挥电网优化配置能源资源的作用，积极支持清洁能源发展，推动能源生产和消费革命，服务能源可持续发展和生态文明建设；发挥责任央企表率作用，主动承担企业社会责任，创新发展、协调发展、绿色发展、开放发展、共享发展，创建和谐企业，促进行业和谐，服务和谐社会建设。

（二）企业宗旨

"四个服务"：服务党和国家工作大局、服务电力客户、服务发电企业、服务经济社会发展。

服务党和国家工作大局——把党和人民的利益放在首位，把是否有利于党和国家工作大局作为定战略、做决策的重要判断标准，在服务党和国家事业发展中，实现企业可持续发展。

服务电力客户——把优质服务作为生命线，以客户需求为导向，提升服务理念，提高服务标准，规范服务行为，改进服务质量，保障安全、优质、经济、可持续的电力供应，持续为客户创造价值。

服务发电企业——发挥电网功能作用，为发电企业电源开发、并网运行、电能消纳提供服务，科学规划建设电网，安全稳定运行电网，推动电力市场平台建设，开展公开、公平、公正调度交易，营造良好市场环境。

服务经济社会发展——发挥电网企业基础产业作用，履行经济责任、政治责任和社会责任，为经济发展提供安全、经济、可靠的电力保障，支撑带动我国经济转型升级，促进经济、社会、环境协调可持续发展。

（三）企业愿景

创建"两个一流"：建设世界一流电网，使国家电网的网架坚强程度、技术装备水平、安全保障能力、资源配置能力和绿色发展能力全面达到世界领先水平。建设国际一流企业，使国家电网公司的企业经营规模、管理运作水平、核心竞争力、价值创造力、品牌影响力全面达到国际领先水平。

（四）战略目标

建设"一强三优"现代公司：建设电网坚强、资产优良、服务优质、业绩优秀的现代公司。

电网坚强——建设以特高压电网为骨干网架、各级电网协调发展的坚强智能电网，全面提高建设质量、技术标准和装备水平，国家电网逐步形成一个同步电网，建成网架坚强、广泛互联、高度智能、开放互动的现代电网。

资产优良——强化资产管理和资本运作，优化资产结构，完善资产布局，治理低效资产，大幅提升资产利用效率和企业盈利能力，拓展产业、金融、国际业务资产规模，向产业链和价值链高端布局。

服务优质——提升服务理念，健全服务体系，保证电网安全运行和公平开放，为电力客户和市场主体提供安全、经济、高效服务，满足经济社会发展的用电需求，在电力扶贫、普遍服务等方面发挥表率作用。

业绩优秀——统筹电网、产业、金融、国际业务发展，促进各单位协同发展，国家电网公司安全、质量、效率、效益等主要指标达到国际同业先进水平，品牌价值、综合实力显著提升，持续获得国务院国资委业绩考核A级。

现代公司——全面推进集团化运作、集约化发展、精益化管理、标准化建设、信息化融合、国际化经营，推进管理变革，完善企业治理，构建"两级法人、三级管理"企业架构，打造卓越管理模式，把国家电网建设成为创新引领、管理科学、实力强大的现代企业集团。

电网坚强、资产优良、服务优质、业绩优秀与现代公司是内在统一的，引领国家电网公司面向未来、创造未来。只有建成坚强电网，才能保障安全、经济、清洁、可持续的电力供应，筑牢服务经济社会发展的物质基础；只有实现资产优良，才能实现国有资产保值增值，增强企业可持续发展能力；只有提供优质服务，才能夯实企业立足之本，更好地履行企业肩负的经济责任、政治责任和社会责任；只有实现优秀业绩，才能改变企业大而不强的状况，全面发挥国有特大型骨干企业的"脊梁"作用；只有具备完善的现代企业制度，形成先进的现代管理模式，实现企业治理现代化，才能筑牢百年老店的发展根基。

（五）战略途径

"两个转变"：转变电网发展方式和转变公司发展方式。

转变电网发展方式——着眼于全国范围优化配置能源资源，清洁能源开发利用、适应大型电源基地集约化开发、分布式电源泛在式发展和用户需求多样化趋势，实施"一特四大"战略，优化同步电网发展格局，建设以特高压电网为骨干网架、各级电网协调发展，具有信息化、自动化、互动化特征的坚强智能电网，全面提高电网的安全性、经济性、环境友好性和综合价值，把国家电网建设成为网架坚强、广泛互联、高度智能、开放互动的现代化大电网，即中国能源互联网，推动构建全球能源互联网。

转变公司发展方式——着眼于企业可持续发展和企业治理现代化，建设以"三集五大"为核心的现代电网管理体系，促进电网、产业、金融协同发展，加快建设国际化企业和法治企业，推动管理模式从"自转"向"公转"转变、从粗放向集约转变、从本土向全球转变，不断增强企业活力、控制力、影响力和抗风险能力，全面提升队伍素质，大力弘扬卓越企业文化，打造战略先进、治理科学、文化优秀、实力强大的国际一流企业。

（六）管理方针

"六化"方针：集团化运作、集约化发展、精益化管理、标准化建设、信息化融合、国际化经营。

集团化运作——以统一思想为前提，以统一战略为引领，压缩管理层级，优化组织架构，建设坚强集团总部，实行集中管控，合理分工授权，打造集团合力，消除"自转"、强化"公转"，推进不同业务板块协同发展、不同地区单位协调发展，努力做到全公司一盘棋，实现集团整体价值最大化。

集约化发展——强化人财物等核心资源的集约高效管理，优化整合核心业务和各类生产要素，统一运作、统筹配置，充分发挥规模效应和协同效应，深入挖掘管理潜力，实现对资源价值的最大化利用，走内涵式发展道路。

精益化管理——应用现代先进的企业管理理念和管理工具，以服务和效益为导向，实施规划、建设、运行、检修、营销核心业务专业化管理，破解管理遗留问题，推进依法从严治企，严格企业管理，严控各类成本，防范经营风险，提高人财物等各类生产要素的投入产出效率，提升企业发展质量和效益。

标准化建设——针对业务网络化、同质性的特点，建立全集团统一的技术标准、工作标准和通用制度体系，提升技术、管理的通用性，形成一贯到底、高度标准化的管理模式，促进发展和管理的一体化、协同化，打造企业管理变革创新的坚强基础。

信息化融合——利用现代信息网络技术，持续完善升级一体化企业信息平台，打破管理壁垒、消除信息孤岛，实现信息资源充分整合和高效开发，将信息网络技术与企业生产、建设、管理、服务等全面深度融合，促进全方位转型升级、提质增效，支撑智能电网和智慧企业建设。

国际化经营——树立全球视野，统筹利用国际国内两种资源、两个市场，发挥企业技术优势、管理优势、资源优势、市场优势，以业务国际化为突破口，以"三电一资"（电网、电源、电工装备和资源）为核心，以点带面、全球布局，稳步推进业务、管理、品牌、人才等全方位国际化，增强国际竞争力和影响力，努力打造国际一流企业，实现由业务发展国际化向公司发展国际化迈进。

四、"两个转变"

"两个转变"是国家电网公司改革发展的主线，是一场带有根本性、创新性的深刻变革，是创建"两个一流"的必由之路，贯穿"一强三优"现代公司建设的全过程，对于国家电网公司可持续发展具有决定性作用。"两个转变"是紧密联系、内在统一的：电网发展方式转变推动公司科学发展，公司发展方式转变保障电网科学发展。"两个转变"相互支撑、与时俱进，螺旋上升、永无止境。国家电网公司坚持推进"两个转变"，促进能源和电力发展方式转变，服务经济发展方式转变，对保障国家能源安全、促进经济社会可持续发展具有重要意义，见图2-3。

（一）转变电网发展方式

转变电网发展方式的核心是，坚持大能源观，改变就地平衡的电力发展方式和区域分割的电网发展模式，建设以特高压电网为骨干网架、各级电网协调发展，具有坚强智能特征的中国能源互联网。这是建设世界一流电网的必由之路。要根据我国能源资源与生产力逆向分布的基本国情，能源开发重点西移、北移的发展趋势，着眼于发挥电网在现代能源体系中的作用，提高电网资源配置能力和抵御风险能力，构建连接各类煤电、水电、核电、可再生能源发电基地，覆盖所有负荷中心的能源优化配置平台，实现能源大范围优化配置，保障电力安全可靠供应，满足用户多样化需求，促进能源可持续发展。

保障能源供应安全。我国能源资源与能源需求呈逆向分布格局，煤电运紧张局面反复出现，客观上要求在全国范围优化配置资源，转变电网发展方式，提升电网大范

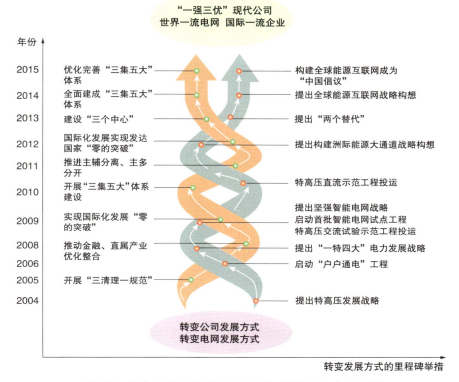

图2-3 国家电网公司"两个转变"螺旋式上升示意图

围资源优化配置能力，保障我国能源供应安全。我国电网在主网输电、配电网供电上"两头薄弱"问题突出，需要转变电网发展方式，通过建设结构合理、经济高效的坚强网架和配电网来保障大电网的安全稳定运行，保障经济社会可靠的电力供应。

适应清洁能源发展。全球能源发展正在加快清洁转型，新能源发电迅猛发展。我国风能、太阳能的大规模开发和使用，需要依托资源配置能力更强的大电网；我国西部、南部丰富水电资源的开发利用，也要依赖大电网的远距离输送和大范围消纳。通过建设覆盖全国的坚强智能电网，实现"以电代煤、以电代油，电从远方来、来的是清洁发电"，是我国清洁发展的战略举措。

满足客户用电需求。随着技术进步和电气化水平提高，电动汽车、分布式电源、储能装置等新型电力设备大量接入电网，电力客户的需求越来越多样化，对电网智能化和互动性提出新的要求。要以坚强网架为基础，以通信信息平台为支撑，推动电力技术与现代信息、网络、控制技术集成应用，全面提高电网各环节智能水平，建设具有信息化、自动化、互动化特征的坚强智能电网，提升供电的安全性、可靠性、适应性。

（二）转变公司发展方式

转变公司发展方式的核心是，坚持依法治企，改变松散粗放的管理方式和封闭低效的经营模式，推进集团化、集约化、精益化、标准化、信息化、国际化，建设符合现代企业制度要求，治理规范、管控科学、业绩优秀的现代企业集团。这是建设国际一流企业的必由之路。要瞄准国际一流企业的先进标准，持续变革创新、强化管理，在业务布局、体制机制、管理基础、发展绩效等方面不断突破，促进企业转型升级、提质增效，全面提升企业核心竞争力、价值创造力和国际影响力，实现安全、健康、可持续发展。

发挥集团整体优势。受"省为实体""自我平衡"发展模式的影响，过去国家电网公司各单位以"自转"为主，追求自身局部利益，"大而全、小而全"现象较为普遍。构建全公司"一盘棋"的集团化运作格局，以集团整体价值最大化为目标，形成集团"公转"机制，强化内部战略协同，能够充分发挥规模优势，形成强大发展合力，集中力量加快电网建设，拓展发展空间，提升集团整体价值，有效防范各类风险。

构建科学治理体系。国家电网公司历史沿革复杂，长期受计划经济影响，企业的治理体系、管理机制、运营模式比较粗放，职能交叉、业务界面不清晰，执行力层层衰减。随着电网发展方式深入推进，电网的结构、形态、功能都发生了深刻变化，需要生产关系与之相适应。这些都亟须转变公司发展方式，加快体制机制创新，改变传统的管理模式，构建科学的集团治理体系，形成完善的组织架构、统一的企业制度、高效的运转机制，实现企业治理能力和企业治理体系现代化。

全面提升管理绩效。国家电网公司成立初期，管理基础薄弱、松散粗放，对核心资源、核心业务管控深度、广度和力度都不足，管理的制度、标准、流程不统一，难以适应现代企业管理要求。通过转变发展方式，加快管理变革，构建基于集团化、集约化、精益化、标准化、信息化、国际化的新型管理模式，能够缩短管理链条，打破管理壁垒，实现资源的集中配置和集约利用，释放管理活力，增强发展动力，大幅降低管理成本，全面提高管理效率、经济效益和服务水平。

五、"三大战役"

国家电网公司在推进"两个转变"、建设"一强三优"现代公司进程中，发展特高压电网、建设"三集五大"体系、打造国际化企业是最具战略价值的三大战略工程，是极富创新性和挑战性、对国家电网公司整体发展和长远发展具有决定性作用的"三大战役"。每一场战役，都对国家电网公司可持续发展产生重大而深远的影响。

（一）发展特高压电网

转变电网发展方式，发展特高压电网最为关键。特高压是指额定电压在1000千伏及以上的交流电压和额定电压在±800千伏及以上的直流电压，特高压电网是指由1000千伏及以上交流和±800千伏及以上直流组成的电网。特高压是目前世界上电压等级最高、技术最先进的输电技术。

我国能源资源和能源消费分布不平衡，能源开发重心逐步西移、北移，客观上需要大范围、大规模配置能源资源。化石能源大量使用带来严重雾霾、水土污染等环境问题，加快清洁能源开发利用，走清洁发展道路，是能源可持续发展的必由之路。特高压具有容量大、距离远、能耗低、占地省、经济性好等优势，是先进、安全、高效、绿色的输电技术。发展特高压电网，构建功能强大的资源配置平台，能够有效解决煤电运紧张问题反复出现的矛盾，保障我国东中部地区的电力供应；能够实现远距离、大规模、高效送电，解决清洁能源大规模开发利用带来的消纳问题；能够统筹利用各地区环境容量，解决东中部地区雾霾等环境问题。发展特高压，对于保障国家能源安全、支撑经济社会发展、保护生态环境具有战略意义，也为跨国、跨洲输电和联网，推动全球能源互联网建设提供了技术支撑，对于实现世界能源可持续发展，促进经济、社会、环境协调发展具有重大而深远的影响。

作为重大战略性工程，发展特高压电网面临前所未有的巨大挑战，需要攻克一系列世界级的技术、装备、运行和管理难题。国家电网公司立足自主创新，集中全公司力量，调动企业内外资源，打了一场艰苦卓绝的攻坚战，在特高压核心技术、关键设备、工程建设、标准制定等方面实现了创新突破，抢占了世界电网发展的战略制高点。特高压的成功，引领了中国能源互联网和全球能源互联网的创新发展，推动全国能源优化配置迈上了新台阶，为全球清洁能源开发利用和电网互联互通开辟了新途径。

（二）建设"三集五大"体系

转变公司发展方式，建设"三集五大"体系至关重要。"三集五大"是指推进全公司人力、财力、物力资源集约化管理（"三集"），构建大规划、大建设、大运行、大检修、大营销体系（"五大"），见图2-4。

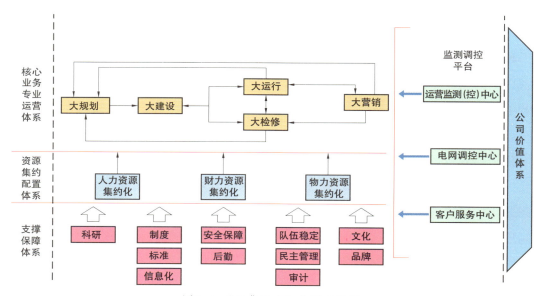

图2-4 "三集五大"体系示意图

"十一五"（2006～2010年）期间，随着特高压大电网的建设和智能电网的发展，传统的生产组织方式和运营管理模式已无法适应电网发展和安全运行的要求。同时，要解决企业层级众多、经营管理分散、条块分割的体制机制问题，必须对核心资源和关键业务实行集中统一管理。建设"三集五大"体系，是国家电网公司变革管理体制机制，提质增效、创新发展的战略举措，是对较为粗放的电网业务管理体系进行的一次系统性、根本性变革，形成管理集中高效、资源集约共享、业务集成贯通、组织机构扁平、工作流程顺畅、制度标准统一、综合保障有力的现代电网业务管理体系。

建设"三集五大"体系，主要是通过变革组织架构，压缩管理层级，缩短管理链条，建立统一规范的企业组织架构；通过深化"三集"管理，创新管理模式，强化集约管控，建立统一集约的资源管控和配置模式；通过建设"五大"体系，整合核心业务，强化专业管理，建立统一高效精益的业务管理模式；通过建设"三个中心"［电网调控中心、运营监测（控）中心、客户服务中心］，推行实时监测和调控，强化风险防控，建立统一透明的生产运营监控体系；通过建立"五位一体"（职责、流程、制度、标准、考核），统一制度标准，再造业务流程，打破管理壁垒，强化管理协同，实现管理责任落地；通过健全专业支撑，统一信息平台，强化文化建设，建立统一坚强的支撑保障体系。建设"三集五大"体系，对于突破体制机制的制约，推进企业治理能力和治理体系的现代化，构建适应生产力发展要求的新型生产关系，促进电网和企业的可持续发展具有重要意义。

建设"三集五大"体系是创建"两个一流"必须迈出的关键一步，涉及国家电网公司各层级、各单位和所有业务环节，是一项复杂艰巨的系统工程。国家电网公司坚持顶层设计、试点先行、高效有序、确保实效的原则向前推进，自2009年开始，历时五年多，全面建成"三集五大"体系，实现了预期目标。通过管理体制机制创新变革，国家电网公司构建起新的企业管理架构和运行模式，压缩了管理层级和业务链条，战略决策、集团管控、资源配置、企业发展的能力显著增强，管理效率、经济效益、服务水平全面提高，企业价值、客户价值和社会价值持续提升。"三集五大"体系建设，开创了电网企业管理运营新模式，深刻改变了国家电网公司的管理面貌，为建设百年老店和国际一流企业奠定了坚实基础。

（三）打造国际化企业

国际化是国际一流企业的必然要求，打造国际化企业是国家电网公司创建"两个一流"的必由之路，是提高管理水平、拓展发展空间、增强发展能力的重要途径。随着全球化发展，社会日益开放进步。要把国家电网公司做强做优做大，必须树立开放理念和国际视野，学习借鉴国际经验，加快国际化进程和"走出去"步伐，充分利用"两个市场、两种资源"，推进全方位国际化，走出发展新道路，开辟发展新格局。同时，作为国有骨干企业，国家电网公司有责任也有义务通过推进国际化，积极贯彻国家"走出去"战略、参与"一带一路"建设，推动周边国家电网互联互通和全球能源互联网建设，代表国家参与国际市场竞争，为提升我国能源安全保障水平和产业国际竞争力做出积极贡献。

"十一五"以来,国家电网公司以"三电一资"为重点,依托特高压、智能电网等核心技术和企业管理优势,大力开拓国际市场,推进发展战略、业务布局、企业管理、资源配置、品牌形象、人才队伍和企业文化全方位国际化,取得了创新突破和显著成效,国家电网公司的国际影响力大幅提升。成功投资运营了菲律宾、巴西、葡萄牙、澳大利亚、意大利、中国香港等国家或地区的骨干能源网,全部稳健经营、收益良好;成功中标巴西美丽山水电±800千伏特高压直流送出一期、二期2个工程,实现特高压技术"走出去";国际业务规模不断扩大,海外工程总承包业务遍布全球几十个国家,带动中国电力技术和电工装备走向世界,彰显了中国企业日益增强的全球竞争力和影响力。

六、战略管控

战略成功,重在执行。在国家电网公司这样一个特大型企业推动战略高效实施,需要强有力的战略管控,保证决策科学、行动协同、管理高效,创造出经得起实践和历史检验的业绩,这对于实现战略制胜、推动企业持续健康发展至关重要。

(一)保证决策科学

立足大局。树立全局意识,围绕服务"两个一百年"奋斗目标,认真贯彻落实党中央、国务院的各项决策部署,始终把维护和发展国家利益、人民利益作为检验工作成效和业绩的根本标准。国家电网公司做出的做强做优国家电网公司、发展特高压电网、推进"一特四大"、促进清洁能源发展、构建全球能源互联网、实施"三新"农电战略等重大决策,符合党和国家的根本利益,符合国家能源战略的总体要求,符合电力工业可持续发展的方向,对国家具有战略价值,在服务经济社会发展中发挥了重要作用。

遵循规律。认识能源电力发展规律和企业发展规律,立足国情和企业实际,准确把握企业使命和定位,坚持实事求是,按规律发展企业、按规律办一切事情,正确处理整体和局部、长远与近期的关系,使国家电网公司战略和各项决策符合规律性、注重针对性、具有实效性，避免了决策的盲目性、随意性和短期行为。建设以特高压电网为核心的中国能源互联网，开展以"三集五大"体系为核心的企业管理变革，都是以客观规律为指导、坚持理论与实际相结合做出的重大决策，其科学性、正确性在国家电网公司发展的实践中得到了验证。

前瞻洞察。只有在战略上站得高、想得远、看得准，才能科学谋划全局、引领发展、推动工作。立足当前、着眼长远，持续开展战略性、全局性重大问题研究，努力洞察趋势、抓住本质，把握企业和电网发展方向，明确工作着力点，增强工作主动性。面对新形势、新变化，密切关注、超前研判、积极应对，抓机遇、防风险，保证战略的前瞻性、先进性和开放性。综合发挥总部职能部门和直属科研单位的战略研究、政策研究、技术研究功能，推进企业高端智库建设，建立重大战略问题研究机制，对国家电网公司内外形势和技术发展趋势进行持续跟踪，形成有力的决策支撑。

依法依规。坚持依法治企，建设法治企业，保证决策符合国家法规政策和企业规章制度。完善重大决策机制，探索形成国家电网公司党组会、董事会、经理层协调运作工作机制。严格执行民主集中制，对于重大事项决策、重要干部任免、重大项目投资决策、大额资金使用（即"三重一大"事项），按照"集体领导、民主集中、个别酝酿、会议决定"的原则进行决策，充分发挥班子集体的智慧。2005～2015年，国家电网公司累计召开党组会议542次、研究议题1938个，"三重一大"事项全部纳入党组会议研究范围，保证决策依法合规。建立健全职工代表大会等职工民主管理制度，对关系企业长治久安和职工切身利益的重大问题，决策前广泛调研，听取基层和一线职工的意见，提交职代会审议表决。

（二）强化战略执行

统一步调。保证战略高效执行，必须统一职工队伍的思想认识，特别是各级领导干部的思想认识。只有思想认识统一，才能保证行动协同，从而有效贯彻执行企业发展战略。国家电网公司通过召开各层次各类别的工作会议，加强职工全员培训，统一广大干部职工的思想认识，使全公司上下对战略目标、战略思路、战略重点、工作重心等有正确清晰的认识。历次工作会议和主要负责人会议，在凝聚发展共识、推动战略实施、解决重大问题、部署重点工作、加强队伍建设中，都发挥了重要作用，是提升企业管理水平的重要举措。

高效落地。坚持战略指导规划、规划指导计划，形成了"战略—规划—计划—预算"相互衔接的工作机制，将各项战略部署落实到发展规划、综合计划和全面预算。国家电网公司在统一战略指导下，先后制定实施了"十一五""十二五"和"十三五"规划以及相关专项规划，同时按照国资监管要求，制定三年规划并按年滚动修订。构建了"一级决策（总部审批并下达）、两级管控（总部、省公司编制和管理）、三级实施［总部、省公司、地（市）县公司执行和落实］"的年度综合计划体系，以及与综合计划管理紧密衔接、相互配套的全面预算管理体系。凡是能够纳入的项目和指标全部纳入综合计划和预算管理。综合计划和预算管理的年度目标，以逐年分解的战略规划指标为基础确定，企业战略部署在规划、计划和预算中得到了贯彻和体现，见图2-5。

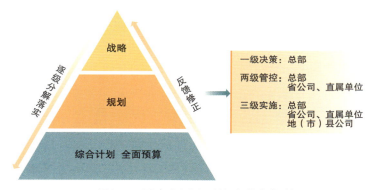

图2-5　国家电网公司战略落实机制

战略跟踪。围绕电网安全、经营绩效、服务质量三条"生命线"，建立了电网调控中心、运营监测（控）中心、客户服务中心，实现对重要资源、核心业务、服务质量的在线监测和实时管控，发现问题及时纠偏，保证战略执行不出大的偏差。整合专业监督力量，持续强化职能监督的作用，逐步形成依法治企、内部审计、财务稽核、营销稽查、安全监察、效能监察、合规审核等相互协同的职能监督格局，与"三个中心"共同构成严密的综合监控体系。建立自上而下的专项督办机制，对企业重大决策事项，逐一落实责任，跟踪督办推进。同时，从总部到各基层单位，每年都组织编制重点工作"二十四节气表"，包括工作年历和工作月历，全景展示年度常规重点工作，明确每项工作的时间要求、重要节点和各个责任方。"二十四节气表"增强了工作的计划性、系统性和预见性。"二十四节气表"是国家电网公司督促推进重大战略部署和重点工作有效实施的管理创新举措，成为各个层级开展工作的重要抓手。

激励约束。建立战略导向、绩效优先、综合评价的考核机制，提高业绩考核的针对性和导向性，营造有利于战略实施的良好氛围。推进全员绩效管理，通过与所属单位主要负责人签订责任状、在各单位推行目标责任制、开展全员绩效考核等方式，实现责任层层落实、压力层层传递。科学设置考核指标，根据不同单位、不同专业、不同岗位的特点，紧紧围绕国家电网公司发展战略目标和中心工作，突出效益、效率、核心业务等关键指标，量化评价标准，完善考核方式，规范薪酬分配，分类分级实施全员考核，激励广大干部职工爱岗敬业、干事创业，围绕实现企业发展战略目标，贡献智慧和力量。

（三）保持战略定力

战略作为企业发展的长远指导方针，保持稳定性至关重要。稳定性，既来自战略本身的先进性和前瞻性，也源自战略执行的意志力和有效性。随着形势和环境变化，面对各种困难和干扰，保持高度战略定力，坚持正确战略方向，非常关键。战略定力不足，好战略也难以实现。国家电网公司在战略执行上持之以恒、保持定力、一以贯之，这是战略成功的重要条件。

坚定战略自信。国家电网公司的战略体系，是建立在实现党和国家利益根本点上的，是建立在对企业内外部发展形势的深刻洞察，对能源、电力和现代企业集团发展规律的深刻认识，对企业定位和发展方向的准确把握之上的，是建立在健全完善的战略决策程序之上的。基于这种客观性和科学性，无论遇到什么情况，面对什么困扰，始终毫不动摇，坚定不移地推进各项战略部署，咬定青山不放松。

坚守信念原则。企业发展不可能一帆风顺，会遇到困难，会遭受质疑，会面临利益取舍的考验，只要做出的战略部署符合国家和人民利益，有利于国家电网公司的长远发展，就义无反顾地向前推进。把履行经济责任、政治责任和社会责任作为战略实施的基本前提，原则问题不退步，是非面前不含糊，不畏惧、不退缩，勇于担当，甘于奉献，聚精会神搞建设、一心一意谋发展，坚持不懈地推动企业战略目标的实现。

坚持躬身力行。战略执行，关键在企业领导班子和负责人。企业领导班子和负责人意志品质强，企业战略定力就强，企业的战略执行力就有保障。要做到这一点，就要求领导干部树立正确的价值观和业绩观，把握好利益取舍，在事业遇到困难时将个人利益荣辱置之度外。唯此，才能上下同心，将广大干部职工的力量和意志凝聚起来，共同为实现企业战略目标而努力。十多年来，国家电网公司领导班子和各级干部经受住了考验，广大职工对企业战略高度认同，心往一处想、劲往一处使，推动国家电网公司发展取得一个又一个突破。

（四）战略永不僵化

战略是动态优化提升的过程，科学的战略是持续创新的结果。企业要长盛不衰，必须持续推动战略创新。这些年，国家电网公司战略目标和战略方向始终如一，战略思路保持稳定，根据形势变化不断优化调整战略实施重点和方式，实现了保持战略定力与推进战略创新的有机统一。当前，国际经济复苏进程缓慢，我国经济发展进入新常态，"互联网+"革命方兴未艾，传统产业与互联网加速融合；能源格局深刻变化，清洁能源加速发展，全球能源互联网从战略构想走向现实行动；国际竞争日趋激烈，企业"走出去"面临更多风险。国家电网公司发展既面临重要机遇，也面临许多新的挑战，必须坚持不懈地推进战略创新。

战略持续领先。要深入贯彻创新、协调、绿色、开放、共享的发展理念，与时俱进、主动作为，把握发展规律，顺应发展大势，加快创新步伐，进一步丰富和完善战略体系，始终保持战略的科学性和先进性，在快速变化的环境中牢牢把握发展主动权，为国家电网公司发展注入持久而强劲的动力。

战略一贯到底。要倍加珍惜经过实践验证、来之不易的战略成果，增强战略自信，保持战略定力，充分发挥战略的统领指导作用，既着力破解难题、补齐短板，又巩固和厚植原有优势，形成强大发展合力，把握机遇、应对挑战，保持发展的速度、效能、可持续性，抢占发展制高点。

战略成就愿景。要坚持立足大局、胸怀全局，准确判断、科学谋划，深化改革、锐意创新，持续提高发展质量和效益，努力创造经得起实践、历史检验的实绩，早日把蓝图变为现实，加快建成"一强三优"现代公司、实现"两个一流"愿景，为实现中华民族伟大复兴的"中国梦"做出积极贡献。

管理实践

一、战略体系

公司使命

奉献清洁能源、建设和谐社会

公司宗旨 "四个服务"

服务党和国家工作大局、服务电力客户、服务发电企业、服务经济社会发展

核心价值观

诚信、责任、创新、奉献

企业精神

努力超越、追求卓越

战略愿景 "两个一流"

建成世界一流电网、国际一流企业

战略目标 "一强三优"现代公司

建成电网坚强、资产优良、服务优质、业绩优秀的现代公司

战略途径 "两个转变"

转变电网发展方式、转变公司发展方式

根本保证 "三个建设"

公司党的建设、队伍建设、企业文化建设

基本方针 "六化"

集团化运作、集约化发展、精益化管理、标准化建设、信息化融合、国际化经营

二、战略重点

社会责任 → 树立"大安全观"和优质服务理念，以人身安全、电网安全、优质服务、绿色发展为重点，将社会责任理念全面融入企业管理和公司价值体系，对各利益相关方负责，实现经济、社会、环境综合价值最大化；全方位提升"国家电网"品牌的知名度、认知度和美誉度，塑造卓越的企业品牌

自主创新 → 全面落实创新驱动发展战略，以支撑"两个一流"建设为中心，围绕特高压、智能电网和清洁能源输送消纳三大核心方向，加强科技创新，引领电网技术发展，推进理论、战略、管理等全方位创新，以持续创新推动占领制高点

电网发展 → 树立大能源观，大力推进"一特四大"战略，实施两个替代，以科学规划为统领，以解决"两头薄弱"问题为重点，坚持坚强、智能并重，优化电网发展格局，全面建设中国能源互联网，推进全球能源互联网建设，打造综合服务平台

产业发展 → 以服务电网发展为基础，以市场为导向，打造电网相关业务产业链，推进产业链纵向整合和企业内部横向协同，加快结构调整和转型升级，加强技术、管理和商业模式创新，做强做优核心业务，发展混合所有制经济，提高产业集中度和竞争力，打造具有国际竞争力的战略性产业集群

金融发展 → 坚持服务电网、面向市场，深化产融结合，加快金融创新，优化金融发展布局，深入推进资本运作，持续深化市场化运营机制，强化业务协同和资源共享，严格风险防控，全面提升服务能力和市场竞争力

管理变革 → 贯彻国家深化国资国企改革、电力体制改革总体部署，遵循现代电网和企业发展规律，适应特高压、大电网和智能化市场化等发展要求，巩固提升"三集五大"体系，建立科学的体制机制，推进公司治理现代化

信息化 → 将信息技术与电网调度控制、企业运营管理深度融合，全面加强信息网络基础设施建设，建成智慧化综合信息服务平台，支撑能源互联网建设，引领智慧企业发展方向，信息化整体达到国际领先水平

国际化 → 以构建全球能源互联网为引领，以特高压、智能电网等先进技术为支撑，以"三电一资"为重点，落实国家"一带一路"、国际产能合作、"中国制造2025"等战略决策，开展境外基础设施投资和能源资源合作，统筹海外业务发展，形成布局合理、优势突出、协同互补的全球业务格局，推进全方位国际化，发展成为国际一流企业

人力资源 → 树立科学的人本观，坚持高效开发和集约管控并重，加强人力资源全员、全额、全口径管理，建立健全现代企业人力资源管理体系和制度体系，形成完善的人力资源集团化运作机制和高效的集约化发展模式，全面提高人力资源配置及投入产出效率

企业文化 → 始终坚持党的领导，坚持文化强企战略，以社会主义核心价值观引领企业文化建设，遵循企业文化建设和发展规律，继承和发扬电网企业优良传统，坚持以人为本和创新发展，大力推进文化创新，不断丰富企业文化内涵，以统一为基础，以卓越为导向，建设和弘扬卓越的企业文化

三、战略管理

（一）战略机制

建立战略决策、战略贯彻、战略推进、战略评价和激励的全过程战略管理机制。

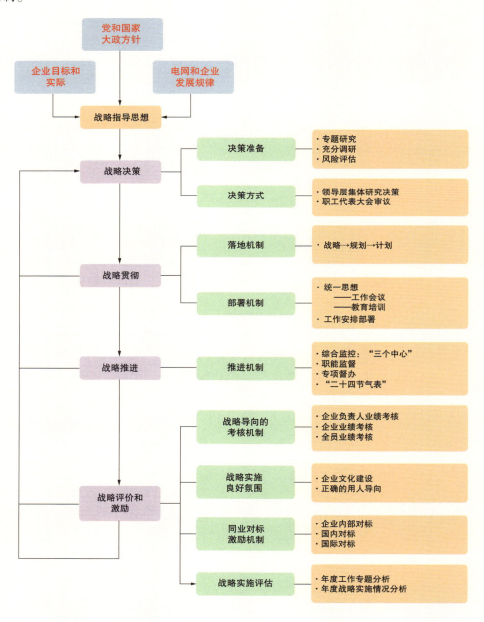

（二）重点工作"二十四节气表"

"二十四节气表"包括企业工作年历和部门工作月历。

工作年历：各部门、单位每年定期要开展的常规工作计划。

工作月历：各部门、单位每月定期要开展的常规工作计划。

表2-1 国家电网公司2015年常规重点工作年历（示例）

1月			2~12月
序号	工作内容	牵头部门（单位）	
1	××××××	×××	
2	××××××	×××	
⋮	⋮	⋮	

表2-2 国家电网公司×××部门2015年常规重点工作月历（示例）

序号	工作名称	工作内容	牵头处室	配合部门	1月	2月	3~11月	12月
1	×××	××××××	×××	×××	×××××	……	……	××××××
2	×××	××××××	×××	×××	×××××	……	……	××××××
⋮	⋮	⋮	⋮	⋮	⋮	⋮		⋮

第三章
电网发展：做强核心业务

电网具有网络性、基础性、规模性、开放性特征，是集电能传输、资源配置、市场交易、智能互动于一体的能源网络平台。服务经济社会发展，建设百年老店，必须发挥电网基础作用，做强电网核心业务，建设功能强大的现代化国家电网，最终形成一个网架坚强、广泛互联、高度智能、开放互动的中国能源互联网。

建好中国能源互联网将为构建全球能源互联网发挥重要的示范引领作用。全球能源互联网实质是"智能电网+特高压电网+清洁能源"，是解决日趋严峻的能源资源、环境和气候变化问题的治本之策。特高压是代表世界输电最高水平的先进技术，是构建能源互联网的关键。发展特高压，没有现成技术，只能靠自主创新。面对挑战，国家电网公司敢于走别人没有做过的路，团结各方力量，克服重重困难，实现特高压核心技术的全面突破，登上了世界电力科技最高峰。

正在发展中的以特高压电网为骨干网架的国家电网，已成为保障能源安全、优化资源配置、实现清洁发展、服务全面建成小康社会的重要力量。

在科学的道路上，是没有平坦的大路可走的，只有在那崎岖小路上攀登的不畏劳苦的人们，才有希望到达光辉的顶点。

——卡尔·马克思

超越卓越　国家电网管理
创新与实践

做强做优核心业务是企业的发展之本。国家电网公司的核心业务是投资、建设和运营电网。国家电网公司成立初期，电网发展滞后、网架结构薄弱、跨区跨省输电能力不足、配电网落后等问题突出，严重制约了电网功能作用的发挥。这些年，我们从解决我国能源电力发展的根本矛盾入手，瞄准世界一流电网的发展目标，不断深化对电网功能作用和发展规律的认识，大力推进电网发展方式转变，加快建设以特高压电网为骨干网架、各级电网协调发展的中国能源互联网。经过十多年的发展，国家电网规模实现翻番，实现除台湾地区以外全国联网，建成了世界电网最高技术水平的特高压交、直流输变电工程，电网的技术装备水平、智能化水平、安全经济运行水平和优化资源配置能力显著提升，为经济社会发展提供了有力保障。

一、认识电网

对电网的认识，不仅关系到电网的发展方式，而且关系到能源可持续发展的方向。长期以来，电网一直被简单地定义为电能输送载体。随着电网技术的发展，特别是联网规模扩大及电网与信息化深度融合，电网的功能作用发生了深刻变化。

（一）电网功能价值

电网是重要的能源网络设施和电力配置平台，是能源生产和消费的枢纽。自1875年在法国巴黎建成世界上第一座火力发电厂开始，至今世界电力工业已发展了一百四十多年。电网从无到有、由小到大不断发展，已经成为现代经济发展和社会进步的重要基础和保障。

电能传输网络。电能传输是电网最基本的功能。同铁路、公路、水路、管道等传统能源运输方式相比，电能以能量形式在电网中以光速传输，电网输送和配置能源的效率更高、作用更基础、网络属性更明显，是构建现代能源综合运输体系的关键。

能源配置平台。所有一次能源都可以转化为电能，通过电网这个平台实现高效传输和优化配置。作为连接各类电源和用电负荷的网络枢纽，电网只有成网，才能安全、经济、高效地配置各类资源。电网范围的扩大和网架的增强，使得电网配置能源资源的范围更广、能力更强，有效促进各类电源的建设和消纳，推动各类能源资源的集约开发和高效利用。

电力市场载体。电能无法大规模储存，电力供需必须时刻保持平衡，决定了电力交易离不开电网。电网具有网络市场功能，既是电能输送载体，又是电力市场平台，电网覆盖范围决定了电力市场的物理边界。构建大市场必须建设大电网，构建全国统一电力市场必须推进全国联网。要充分发挥市场在电力资源优化配置中的决定性作用，需要在电力体制改革中把促进电网发展作为重要原则。

公共服务平台。电力是生产和生活的必需品。电网服务覆盖全社会各行各业、千家万户。随着与物联网、互联网的深度融合，电网成为功能多元、智能先进的公共平台，可以为客户提供能源、信息、网络等综合服务，满足客户多样化、高品质的服务需求，推动生产生活方式改变。

经济发展动力。电网是重要的基础产业，投资需求大、产业链长、覆盖面广、带动性强，对电源、电工装备、用能设备、原材料等上下游产业都有带动作用。加快电网建设，将大量消化钢铁、水泥等原材料和电工电气等设备，能够拉动经济增长，有效推动结构调整，促进产业升级，增加就业岗位。通过发展远距离输电，能够有效促进西部能源资源开发，满足东中部能源需求，促进区域经济协调发展。

创新驱动引擎。电网属于技术密集型产业，既是新技术应用的重要载体，也是技术创新的重要领域。随着能源互联网的发展，电网从传统产业成为朝阳产业，集能源传输、资源配置、市场交易、信息交互、智能服务于一体，对新能源、新材料、智能制造、电动汽车、信息技术等新兴产业具有很强的带动作用，成为培育战略性新兴产业的"孵化器"。

（二）电网发展规律

从国内外电网发展历程看，在需求增长和技术进步的推动下，电网发展呈现出电压等级由低到高、电网规模由小到大、互联互通由弱到强、智能水平越来越高的客观规律。

电压等级提升。电网输电损耗与线路电压成反比，在输送同样功率的情况下，提高电网电压，是实现电力远距离、大容量、低损耗输送的有效途径。随着电力系统容量逐渐扩大，电力负荷越来越高，对线路的输送功率需求越来越大，输电线路电压等级需要逐渐提升。一般来说，电网负荷增长4倍，电压就要提升一个等级。电网的电压等级从小型孤立电网的35、110、220千伏，逐步发展到跨区电网的500～750千伏超高压。随着我国1000千伏和±800千伏特高压交、直流工程投入商业运营，电网发展进入了特高压时代。

电网规模扩大。电网发展早期，以城市电网、孤立电网和小型电网为主，设备少、规模小。随着技术的进步，电网建设不断加强，输电线路和变电容量不断增长，接入电网的电源类型增多、容量扩大，电网的输电规模增大、供电区域增加、服务用户数量增多。目前，交、直流互联大电网已经成为世界电网发展的总趋势，许多电网发展成为全国性或跨国的大型互联电网。我国电网在较短时间内从零星的小型孤立电网发展到地区电网，再发展到省级电网和区域互联电网，实现了除台湾地区外的全国联网。从全球看，先后形成了北美、欧洲大陆、俄罗斯—波罗的海等跨国互联大电网。

全面互联互通。电网属于典型的网络型产业，互联互通的范围越广、规模越大，综合效益越显著、经济性越好，资源配置效率越高。电网发展初期，电网规模很小，仅能够在局部实现电力平衡。随着互联互通的加强，电网输送电能的容量、距离和效率不断提高，电网优化能源配置的范围和能力不断增强，电网逐步向高电压、强互联的大型电网发展。互联互通既可以跨地域，也可以跨行业。随着电网、互联网、物联网等相互融合，构成功能强大的社会公共服务平台，电网既可以广泛配置电力资源，也可以广泛配置其他公共服务资源。

智能水平提升。现代控制、计算机、信息通信等先进技术的广泛应用，使电力生产的信息化、自动化、互动化水平不断提高。进入21世纪，清洁能源迅猛发展，给电网发展带来了前所未有的挑战。由于核电的可调节能力差，风能、太阳能发电具有随机性和间歇性，使电网运行控制的难度和安全稳定运行的风险明显增大。分布式电源、电动汽车等快速发展，改变了传统的电网运行方式，使配电网从无源网变为有源网，网络潮流由单向变为多向，电力流、信息流、业务流双向互动，电网、电源、用户之间的联系越来越紧密、互动程度越来越高。发展智能电网，强化网源协调、促进清洁能源发展、满足用户多样化需求、保障电网安全高效运行，已经成为世界电网发展的新趋势。

二、能源困局

能源是经济发展和社会生活的物质基础，能源可持续发展是世界各国面临的共同挑战。21世纪初期，我国经济社会快速发展，能源需求过快增长与供应能力不足、环境污染加剧之间的矛盾日益尖锐，带来供应短缺、运力紧张、价格上涨、雾霾频发等严峻挑战，能源持续健康发展面临困境。

能源供应压力。 经济社会发展必然带来能源和电力需求的持续增长。2000年以来，我国经济进入新一轮增长周期，能源电力需求快速增长，供电能力严重不足，出现了改革开放以来最为严峻的全国性"电荒"。2003年全国缺电省份达23个，2004年缺电程度进一步加剧，缺电省份增至24个，严重影响经济社会发展。"十一五"以来，我国电力供需矛盾逐渐得到缓和，部分地区、部分季节和时段仍然存在用电紧张现象。当前，我国处于全面建成小康社会的关键阶段，按照"两个一百年"奋斗目标，未来能源电力需求将保持刚性增长。我国已成为世界第一大能源生产国和消费国，2015年能源消费总量达43亿吨标准煤，预计到2020年、2030年，能源消费总量将分别达到50亿吨标准煤、58亿吨标准煤，分别是2015年的1.16倍、1.35倍。2015年我国全社会用电量达到5.55万亿千瓦·时，位居世界第一，但人均用电水平不仅远低于欧美发达国家，而且低于世界平均水平，保障电力稳定供应将是一项长期艰巨的任务。预计到2020年、2030年，全社会用电量将分别达到8万亿、11.8万亿千瓦·时，分别是2015年的1.44倍、2.13倍。2015年我国石油消费总量达5.43亿吨，石油对外依存度达60.6%，未来还将继续上升，能源对外依存度长期保持在较高水平，给我国能源安全带来巨大风险。

资源配置瓶颈。 从国内国际情况看，能源资源和能源消费分布都面临不均衡状况，包括石油、煤炭等化石能源以及风能、太阳能等新能源在内的能源资源富集地区大都远离负荷中心，大多数国家和地区无法自求平衡，客观上需要大规模、大范围配置能源资源。长期以来，我国电力发展方式以就地平衡、分区平衡为主，哪里缺电就在哪里建电厂，导致大多数火电厂分布在东中部负荷中心，形成了大规模、远距离输煤的能源配置格局，带来了煤电运紧张现象反复出现、东部地区环境污染等突出问题。电网建设投入长期不足、发展整体滞后，电网优化资源配置的作用难以发挥。

2000年以来，我国铁路新增运力的70%以上都用于运煤，铁路运力接近极限。2013年，全国铁路运煤23亿吨，占铁路货运量近60%；公路运煤7亿吨，造成公路频繁出现拥堵和道路损坏；"三西"（山西、陕西、内蒙古西部）煤炭调出地区的输煤输电比例为15∶1，华东煤炭调入地区的输煤输电比例为48∶1。

化石能源污染。第一次工业革命以来，化石能源支撑了工业文明发展。化石能源的大量开发和利用，带来了资源紧张、环境污染、气候变化等全球性问题，资源和环境对能源发展的约束越来越强。我国能源结构长期以煤为主，清洁能源比重偏低。尤其是东中部地区能源消费总量快速增长、火电规模不断扩大、机动车数量大幅增加，导致水土污染、$PM_{2.5}$、酸雨等环境污染问题日趋严重。东中部地区发电装机容量约占全国装机总量的70%，长江沿岸平均每30千米就建有一座发电厂。东中部地区单位国土面积的二氧化硫排放量为西部地区的5.2倍，长三角地区每平方千米二氧化硫的年排放量是全国平均水平的20倍，全国104个重酸雨城市全部在东中部。近年来东中部地区频繁出现严重雾霾污染，范围大、强度高、时间长，给人民群众生产生活、身心健康带来严重影响。

成本效率约束。随着化石能源勘探开发程度的提高和利用规模的扩大，化石能源的开发成本和环境治理成本不断增长，直接推动能源供给成本上涨，对保障我国能源长期稳定供应带来很大压力。长期以来，我国能源开发利用方式较为粗放，全过程效率亟须提高。在开发环节，能源生产集约化程度偏低；在传输环节，能源配置过度依赖输煤，消耗高品质能源来传输低品质能源，中间环节多、环境影响大、运输效率偏低；在使用环节，大量煤炭仍然直接燃烧，整体能效偏低，电气化程度远低于发达国家，综合能耗指标和主要耗能工业产品能耗水平普遍高于国际先进水平。2014年，我国国内生产总值占世界总量的比重约为13%，一次能源消费的比重却超过23%，单位国内生产总值能耗不仅远高于发达国家，也高于一些新兴工业化国家。2014年，我国单位国内生产总值能耗约为世界平均水平的2.5倍、美国的3.9倍、欧盟的5.4倍、日本的6.6倍。

技术创新制约。现代能源工业是技术密集型产业，技术创新对能源发展具有决定性作用，历次能源革命都是能源技术重大突破的结果。改革开放以来，我国能源科技工作取得了长足进步，在能源科技的一些领域取得了突破，但能源技术水平总体落后局面仍未改变。与发达国家相比，我国在能源开发技术、节能技术和清洁能源技术等方面存在较大差距，部分关键设备和核心技术没有掌握；能源科技创新体系尚不完整，在核心技术的研发能力、知识产权等多个关键环节仍然落后于世界先进水平，与建设创新型国家的要求还有较大差距，不能适应能源可持续发展的需要。

气候变化挑战。 全球气候变化与能源发展密切相关。化石能源燃烧产生的二氧化碳占全球人类活动温室气体排放的57%和二氧化碳排放的74%，是导致全球气候变暖、冰川消融、海平面上升的重要因素。自1750年工业化以来，大气二氧化碳浓度已经从0.0278%增加到0.04%。如不尽快采取实质行动，大气二氧化碳浓度将会超过0.045%的警戒值，到21世纪末全球温升将可能超过4℃，对人类生存构成严重威胁。我国以煤为主的能源结构导致二氧化碳排放长期居高不下，总量大、增长快，2015年碳排放总量已超过美国和欧盟碳排放之和，位居世界第一，人均二氧化碳排放量超过世界平均水平，国际社会要求我国控制碳排放的呼声越来越高。可以预见，随着我国能源消费总量的持续增加，碳排放总量还将继续增长，温室气体减排的任务十分艰巨。

总的来看，我国能源发展受到经济、社会、环境等多种因素的影响，面临严重困局。造成困局的深层次原因，主要是能源电力发展布局、能源输送配置方式、能源开发利用结构的不科学、不合理等因素，归根结底是能源和电力发展方式出了问题，暴露出电网发展落后的深层次矛盾。

三、解困之道

（一）战略思路

能源问题涉及面广，影响因素多，非常复杂。要破解能源困局，根本出路是转变能源发展方式，走清洁发展道路。核心是坚持电为中心，大力推进"两个替代"，建设我国能源互联网，促进清洁能源大规模开发利用，建立安全、清洁、永续供应的能源保障体系，以清洁和绿色方式满足电力需求。

1. 坚持电为中心

电为中心，就是把电力作为推动能源发展方式转变的中心环节，把电力平衡作为能源平衡的重要支撑，把发电作为一次能源转换利用的主要方式，把电网作为能源配置的重要基础平台，加快形成以电为中心的能源开发利用格局，减少对化石能源的依赖，提高电气化水平和能源利用效率，促进能源可持续发展。

把电力作为推动能源发展方式转变的中心环节，客观上是由电力特性、资源禀赋和能源发展规律决定的。电能具有清洁高效、使用便捷的特点，在能源系统中居于中心地位。所有一次能源都可以转换成电能，所有终端能源消费都可用电能替代。电能终端利用效率可达90%以上，远高于煤炭、石油和天然气直接燃烧使用。1吨标准煤当量的电能创造的经济价值分别为同等当量石油、煤炭的3倍和17倍。解决能源发展面临的突出矛盾和问题，推动能源发展方式转变，关键在于电力。抓住电力，就抓住了我国能源可持续发展的"牛鼻子"。我国在"七五"计划、"九五"计划以及《能源中长期发展规划纲要（2004～2020年）》等文件中，曾多次提出"以电力为中心"的能源方针。推进能源发展方式转变，需要坚定贯彻这一方针。

2．实施"两个替代"

推进能源发展方式转变，关键是实施"两个替代"，大力开发利用清洁能源，加快电气化进程，改变长期以来对化石能源的过度依赖，推动能源结构从高碳向低碳方向发展、能源利用从低效向高效方向发展，从根本上解决能源供应面临的资源与环境约束问题。

能源开发实施清洁替代，以清洁能源替代化石能源，逐步实现从化石能源为主向清洁能源为主转变。清洁能源开发利用对生态环境影响小，而且总量丰富、可以再生，我国仅开发千分之一就能满足全部能源需求。加快清洁能源开发，可以有效保障我国能源供应，满足经济社会发展需要；同时，可以解决化石能源开发利用导致的大气、土壤、水质等环境污染问题，大幅改善生态环境，应对气候变化，实现可持续发展。随着技术进步，清洁能源的开发利用效率不断提高，经济性和竞争力明显提升，清洁能源已经成为增长最快的能源品种，未来将逐步成为主导能源。

能源消费实施电能替代，以电代煤、以电代油、电从远方来、来的是清洁发电，逐步提高电能在终端能源消费中的比重，摆脱化石能源依赖。实施电能替代是清洁能源发展的必然要求。电气化是现代社会的重要标志，提高电能在终端能源消费中的比重，能够提高社会综合能效，增加产出。发达国家的经验表明，电能占终端能源消费比重每提高1个百分点，能源强度下降3.7个百分点。电能在世界终端能源消费中的比重已从1971年的8.8%提高到2015年的20%，先后超过煤炭、热力和天然气，民用、工业、商业、建筑、交通等领域的以电代煤、以电代油、以电代气越来越广泛。随着储能技术进步，军事、航空领域的以电代油也势在必行。

3．建设中国能源互联网

实施"两个替代"，要坚持以电为中心、以电网为平台，以清洁和绿色方式满足电力需求。电网必将成为集能源开发、输送、配置、使用于一体的能源互联网。能源互联网的本质是互联电网，就是以特高压电网为骨干网架、各级电网协调发展的坚强智能电网。建设能源互联网，智能电网是基础，特高压电网是关键，清洁能源是根本。随着化石能源向清洁能源加快过渡，电网将发挥越来越重要的作用。

能源网、交通网、通信（信息）网是最重要的三大基础设施网络。交通网的骨干网是高速公路、高速铁路，通信（信息）网的骨干网是光纤宽带。交通网、通信（信息）网经过多年发展，已基本建成；能源网建设明显滞后，特高压骨干电网仍处于建设初期，发展空间和潜力巨大。加快能源网建设，可以在保障能源安全、推动清洁发展、促进结构调整、拉动经济增长、有效治理雾霾等方面发挥关键作用。作为国家网络基础设施，需要适度超前建设，越早建设成本越低、效益越好。

（二）战略目标

建设我国能源互联网，要坚持以国家能源战略为指导，贯彻创新、协调、绿色、开放、共享的发展理念，加快坚强智能电网建设，实施"两个替代"，促进清洁能源开发，提高能源利用效率，保障国家能源安全。

到2015年：特高压电网建设全面突破，跨区输电能力达到1.4亿千瓦；电网智能化关键技术装备广泛应用，初步建成坚强智能电网，使国家电网的资源配置能力、运行效率、安全水平、科技水平全面进入国际先进行列；保证3.5亿千瓦清洁能源送出和消纳。经过"十一五""十二五"持续努力，国家电网2015年发展目标已经实现。

到2020年：国家电网形成东部电网、西部电网两个同步电网，其中东部同步电网包括"三华"（华北、华中、华东）、东北三省和内蒙古电网；西部同步电网包括西北和川渝藏电网（四川、重庆、西藏），形成送、受端结构清晰，交、直流协调发展的格局（见图3-1）。全国清洁能源装机容量达到10亿千瓦；清洁能源消费达到8.8亿吨标准煤，占一次能源消费比重提高到18%。东中部负荷中心接受外来清洁电力3.1亿千瓦，每年替代原煤4.8亿吨，减排二氧化碳9.5亿吨、二氧化硫164万吨，$PM_{2.5}$排放总量降低20%。

图3-1　2020年我国电网发展格局

到2025年：进一步加强东部、西部电网联网，国家电网形成一个同步电网，基本建成我国能源互联网；全面提升电网的安全性、经济性、环境友好性，根本转变局部地区自求平衡的能源发展方式，实现全国范围的资源优化配置。全国清洁能源装机容量达到17亿千瓦左右；清洁能源消费达到13.7亿吨标准煤，占一次能源消费比重提高到26%。全国碳排放峰值可以控制在101亿吨左右，峰值降低24亿吨，达峰时间将从2030年提前至2025年左右。

（三）发展原则

坚强与智能并重。"坚强"与"智能"是坚强智能电网的基本内涵，也是现代电网的两大根本特征。建设"坚强电网"，使电网具备坚强的网架结构、强大的资源配置能力和安全可靠的电力供应能力，满足持续增长的用电需求。建设"智能电网"，使电网的运行控制更加安全、灵活、高效，具有高度的自动化、互动化水平，满足用户对电能质量的要求和多样化服务的需求。

坚持科学规划。规划决定电网发展的方向。推进电网科学发展，必须贯彻国家能源战略，建立覆盖所有电压等级和各专项、各层级的电网规划体系，实行电网统一规划，科学绘制电网发展蓝图。深入研究宏观经济形势、能源发展布局、产业结构调整、清洁能源发展、电网智能化趋势等，制定电网总体规划，持续优化完善，保证规划的适应性和合理性。推动电网规划与电源规划有机统一，并纳入经济社会发展、能源电力、城乡建设、土地利用等方面的规划，实现协调发展。

坚持统筹发展。坚持交、直流并重、协调发展，既充分发挥直流输电距离远、输送容量大、经济高效的技术优势，又科学规划与之相适应的特高压交流电网，充分发挥其保障安全和提高输电能力的双重作用。按照电网分层分区原则规划建设主网架，优化电网结构，合理分区运行。按照安全可靠、坚固耐用的要求，加大城乡电网建设投入，解决配电网"卡脖子"、低电压等问题。落实"一带一路"建设，推进我国与周边国家电网互联互通，推动跨国输电和国际电力贸易。

坚持质量为本。贯彻资产全寿命周期理念，强化全员全过程质量控制意识，全面提升电网建设能力和工程质量。推进电网标准化建设，推行通用设计、通用设备、通用造价、标准工艺，严控工程造价，提高工程质量，打造精品工程。按照集约化、属地化、专业化的原则，构建总部统筹协调、属地省公司建设管理、直属专业公司技术支撑的建设组织模式，提高特高压等重大工程建设能力。

坚持技术创新。加大科技创新力度，加强特高压、智能控制、储能等关键技术攻关和设备研制，推广应用新技术、新工艺、新设备和新材料，推行"两型一化"（资源节约型、环境友好型、工业化）变电站和"两型三新"（资源节约型、环境友好型，新技术、新材料、新工艺）线路，提升电网技术装备水平。坚持基本建设与技术改造并重，实施提高现有电网输供电能力改造工程，挖掘电网自身潜力，提高电网整体利用效率。

坚持网源协调。坚持绿色低碳发展方向，统筹电网与电源协调发展，优化电源结构和布局，促进大型能源基地集约开发、高效利用和可靠外送，满足国家规划的清洁能源发展目标。目前，东中部地区集中了全国三分之二的煤电，大气、水土污染等问题非常突出，超出环境承载极限，需要严控东中部煤电总量，大气污染重点防控地区不再新建燃煤电厂，存量煤电机组主要发挥调峰作用。这样既可以满足环保要求，也为清洁能源发展留出市场空间，未来东中部新增电力需求主要由西部清洁能源送入解决。

（四）战略重点

1．发展特高压电网

特高压输电具有容量大、距离远、能耗低、占地省、经济性好的显著优势。1000千伏特高压交流的输电容量、输电距离分别是500千伏交流的4～5倍和2～3倍，其损耗、占地仅是500千伏交流的1/4～1/3、1/3～1/2；±800千伏特高压直流的输电容量、输电距离均为±500千伏直流的2倍以上，其损耗、占地均低于±500千伏直流的50%；±1100千伏特高压直流的输电容量、输电距离均为±500千伏直流的4～5倍，其损耗、占地均低于±500千伏直流的30%（见图3-2）。要加快特高压技术的发展和应用，不断提高电网输送能力、配置能力和经济性，满足各类大型能源基地集约开发、新能源与分布式能源大规模发展和电力需求快速增长的需要，实现清洁能源开发与更大范围资源配置的战略需求。

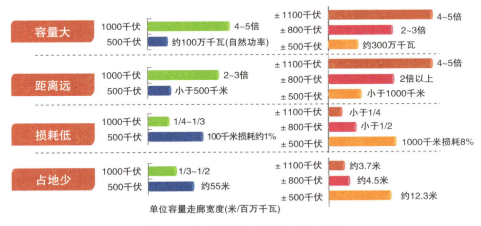

图3-2 特高压输电的技术经济优势

2．建设先进智能电网

智能电网是集成现代通信信息技术、自动控制技术、决策支持技术与先进电力技术，具有信息化、自动化、互动化特征的新型现代化电网。要加快智能电网建设，增强智能响应和系统自愈能力，提高电力系统安全可靠性和运行效率，适应各类集中式、分布式清洁能源大规模接入和大范围配置要求，构建功能强大的公共服务平台，满足各类用户多样化、智能化用电需求（见图3-3）。

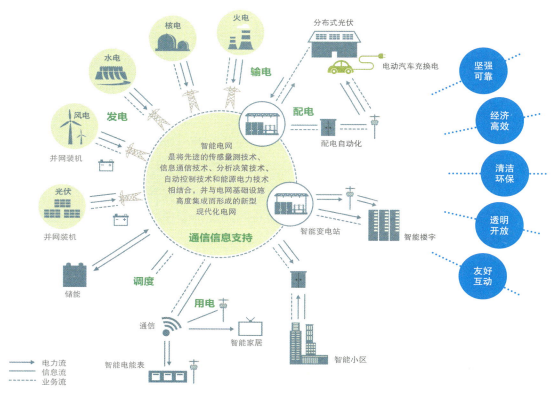

图3-3 智能电网引领智能生活

3.大力开发清洁能源

我国清洁能源资源丰富。水能资源总量位居世界第一，理论蕴藏量在1万千瓦及以上的河流有3800多条，理论年发电量约6.08万亿千瓦·时，技术可开发量达到5.7亿千瓦；风能、太阳能资源丰富，现有技术水平可开发资源分别超过24亿、45亿千瓦，随着技术进步可开发规模更大。要加快清洁能源开发，尤其要把西部、北部新能源资源条件好、潜力大的地区作为重点开发区域，加快建设大型清洁能源基地，从根本上解决能源安全和清洁发展问题。

四、中国能源互联网

构建中国能源互联网，核心就是建设坚强智能电网，关键是要加快建设特高压骨干网架，着力解决特高压和配电网"两头薄弱"问题，提高电网智能化水平，实现各级电网协调发展。

（一）特高压电网

1．战略意义

特高压是先进、安全、高效、绿色的输电技术，是建设能源互联网的关键环节。发展特高压意义十分重大，是我国能源与经济、社会、环境协调可持续发展的必由之路。

保障电力可持续供应。我国能源资源与能源需求逆向分布，能源开发重心正在加快西移和北移，能源基地距离负荷中心大多在1000至4000千米，大规模西电东送、北电南送势在必行。500千伏电网存在远距离输电能力不足、短路电流超标、走廊资源稀缺等突出问题，无法满足需要。随着经济社会发展，未来电力需求仍将刚性增长，只有发展特高压电网，才能实现远距离、大规模输电，保障我国电力供应安全。

构建强大能源配置平台。发展特高压技术，将加快构建结构坚强、广泛互联、开放互动、环境友好的能源配置平台，形成能源互联网，大大提高能源生产、转换、输送和使用的效率。既充分发挥电网的功能作用，更方便、更经济地实现全网最优运行，在更大范围配置资源，带来巨大的备用共享、水火互济、减少投资、事故支援、降低运营成本等综合效益；同时，使电网运行更加灵活高效，满足清洁能源快速发展和用户对多样化、高品质服务的需求。

推动能源绿色低碳转型。能源结构清洁化是全球能源发展的重要趋势。我国能源资源禀赋先天不足，能源结构以煤为主，转型任务更为艰巨。清洁能源资源主要分布在西部、北部地区，大规模开发后无法就地充分利用，必须通过特高压电网在全国范围配置，实现经济高效地送出与消纳。近年来，部分地区出现较为严重的弃水、弃风、弃光问题，最根本的解决办法就是利用特高压扩大电网互联和市场消纳范围。

带动电工装备跨越升级。特高压是目前世界输电技术的制高点，代表了国际最高水平和今后的发展方向，在全球范围内具有广泛应用潜力。发展特高压电网，将为我国装备制造业的技术升级提供工程依托，大幅度提升电力装备国产化水平，显著增强民族装备制造业的自主创新能力和核心竞争力，推动中国由"制造大国"走向"制造强国"。2014年2月和2015年7月，国家电网公司分别中标巴西美丽山水电站特高压送出一期工程和二期工程，实现了特高压技术"走出去"。

推动区域经济协调发展。 我国西部、北部地区能源资源集中开发后，通过特高压电网外送，将这些地区资源优势转化为经济优势，增加就业岗位，带动当地经济增长和民生改善。同时，我国周边国家具有丰富的煤炭、水能等能源资源，具备很好的开发价值，但输电距离远是主要制约因素。特高压技术的发展，能够有效解决输电瓶颈问题，推动与周边国家电网互联互通，深化跨国能源合作和电力贸易。

支撑全球电网互联互通。 特高压是构建能源互联网的关键。发展特高压，不仅为我国能源互联网建设提供坚强的骨干网架，也为全球的电网互联和超远距离输电提供了有效解决方案。全球各大洲能源基地与负荷中心之间的距离都在特高压电网输送范围内。我国特高压发展取得突破，将有利于推动全球能源互联网从构想变为现实，并使我国在全球能源可持续发展进程中赢得主动地位。

2. 发展历程

"十五"末期，国家电网已经发展成为以500千伏（西北为750千伏）为主网架的大型交、直流混合电网，积累了丰富的电网建设和运行经验，拥有一支高水平的电力科研、规划设计和建设运行队伍，国内电工装备制造业已经形成门类较为齐全、具有相当规模和一定技术水平的产业体系。这为"十一五""十二五"期间全面攻克特高压核心技术、加快特高压电网发展提供了良好的基础和条件。

"九五"时期，我在山东电力工作，在规划山东电网发展、研究如何将山东电网融入全国电网时，对全国建设更高电压等级电网进行过思考。2000年来到北京工作后，发现我国电网发展总体滞后于电源，跨区跨省联网薄弱，最高电压等级只有500千伏，输电能力受到很大局限，大范围优化能源资源能力不足，发展更高电压等级电网势在必行。2001年10月，在国家电力公司工作会议上提出了相关建议。此后，在不同场合多次提出发展特高压的问题。2004年10月，中央决定由我担任国家电网公司总经理、党组书记。同年12月，我在国家电网公司党组扩大会议上，正式提出开展建设特高压骨干网架研究，并做出具体部署。

特高压发展战略构想引起了广泛关注和重视。2005年3月21日，时任国务院副总理的曾培炎同志专门听取汇报，充分肯定了发展特高压电网的重要意义，指出建设特高压电网对中国和世界都是一项伟大创举和重要贡献，将作为里程碑载入电力工业发展的史册。会后，国务院办公厅以国阅〔2005〕21号文印发了会议纪要，同意启动发展特高压的工作。

2005年2月16日，国家发展改革委印发《关于开展百万伏级交流、±80万伏级直流输电技术前期研究工作的通知》，对特高压输电技术前期研究工作进行了部署。同年6月，国家发展改革委在北戴河组织召开的特高压输电技术研讨会明确了三条结论：特高压输电不存在不可逾越的技术难题；中国需要特高压输电；早建特高压工程比晚建好。

2005年5～7月，我带队赴日本、俄罗斯、哈萨克斯坦考察特高压发展情况。结果表明，国外虽然早期开展过相关工作，但没有形成成熟适用的技术和装备，在全球范围内没有商业化运行的先例。我国发展特高压技术，必须依靠自主创新。同年11月，由中国工程院27位院士和7位专家组成的特高压咨询课题组，经过研究论证，同意国家电网公司提出的将晋东南—南阳—荆门特高压交流工程作为我国首个特高压试验示范工程的建议。

晋东南—南阳—荆门1000千伏特高压交流试验示范工程于2006年8月9日获得国家核准，2009年1月6日建成投运；向家坝—上海±800千伏特高压直流输电示范工程于2007年4月26日获得国家核准，2010年7月26日建成投运。2009年7月，时任美国能源部长朱棣文、商务部长骆家辉等一行访问国家电网公司，对中国发展特高压电网的力度、所取得的成就深表钦佩。2012年，"特高压交流输电关键技术、成套设备及工程应用"获得国家科学技术进步奖特等奖。到2016年5月，特高压交、直流示范工程已分别安全运行7年多和5年多时间，实现了全电压、大容量输电，经受了雨雪、冰冻、雷击、大风、高温、严寒等各种自然条件及各种运行方式的考验，一直保持安全稳定运行，全面验证了特高压输电的技术可行性、设备可靠性、系统安全性和环境友好性。事实证明，发展特高压是经得起实践检验的，是符合我国国情和发展需要的。

经过了艰难的创新历程，特高压迎来了重大发展机遇。2014年6月，习近平总书记在中央财经领导小组第六次会议上指出，要推动能源消费革命、供给革命、技术革命和体制革命，全方位加强国际合作，建设以电力外送为主的千万千瓦级大型煤电基地，发展远距离大容量输电技术。这为我国能源和电力科学发展指明了方向。2014年4月，李克强总理主持召开新一届国家能源委员会第一次会议，要求发展远距离大容量输电技术，开工建设一批特高压西电东送重点项目。根据这次会议精神，特高压"四交四直"8项工程列入了大气污染防治行动计划，特高压电网从技术创新、工程示范进入了全面大规模建设的新阶段。2014年5月，全国政协主席俞正声主持召开政协第11次双周协商座谈会，就"发展特高压输电、优化电力布局"进行专题协商，进一步凝聚了发展共识。2016年3月，李克强总理在政府工作报告中首次对建设特高压电网重大项目做出明确部署，将特高压电网纳入"十三五"国家重大项目。发展特高压先后纳入国家"十一五"和"十二五"规划纲要、能源发展"十二五"规划、应对气候变化国家方案、中长期科技发展规划纲要、国家能源科技"十二五"发展规划、加快振兴装备制造业若干意见等。西部、北部能源输出省和东中部能源输入省，都迫切要求加快发展特高压。2011～2016年，全国人大代表、政协委员在全国两会提交发展特高压的建议、提案累计达到399项。

截至2016年3月，国家电网公司已建成投运"三交四直"7项特高压工程，在运特高压线路长度1.1万千米、变电（换流）容量1.16亿千伏·安（千瓦）；开工建设"四交六直"10项工程，在建特高压线路长度1.78万千米、变电（换流）容量1.78亿千伏·安（千瓦）。纳入国家大气污染防治行动计划的"四交四直"特高压工程已经全部开工建设，计划2017年全面建成投产。在此基础上，为满足经济社会发展特别是东中部地区电力需求和雾霾治理需要，国家电网公司正在积极规划建设后续特高压工程项目。

3．戮力攻坚

我国经济发展快、电力需求大，电网发展任务重、要求高，各种难题和挑战前所未有。发展特高压，既是重大创新，也是巨大挑战。这种挑战，既来自思想认识上，也来自技术、装备和工程实践上。国家电网公司坚持解放思想，立足自主创新，集中力量，奋勇攻坚。经过艰苦的努力，深化了对特高压发展的理论认识，全面突破特高压核心技术，建成投运特高压交、直流示范工程，实现了"中国创造"和"中国引领"，形成了一大批世界之最，使我国成为这一领域的全球领跑者。

思想攻坚。特高压是一项新生事物，在特高压发展构想提出之初，国内对特高压的认识很少。国家电网公司内部对特高压的认识也经历了一个逐渐深化的过程。开始时，多数人认同特高压发展战略思路，也有少数人存在疑虑和畏难情绪，认为发展特高压难度太大、很难干成。同时，社会上也存在不同意见，个别人对发展特高压表示反对和质疑。发展特高压，是基于大能源观，以系统论的方法，以可持续发展的理念，用创新、统筹、开放、全球化的视角来研究思考能源电力发展问题，不仅突破了传统输电方式在空间上的局限，打破了长期形成的局部地区自求平衡的能源电力配置格局，而且冲破了关于能源电力发展方式的思维定式。我们首先在内部深化研究、揭示规律，并集中国内最权威的专家深入研究论证，不断统一思想认识，逐步坚定了发展特高压的信心和决心。在此基础上，积极与各方交流沟通，努力争取理解支持，最终赢得广泛共识。作为世界能源领域的重大创新工程，特高压的发展是一个探索规律、锐意创新的过程，也是一个解放思想、统一认识的过程，其影响将远远超出技术本身。

技术攻坚。从500千伏电网升级到特高压电网是巨大的技术跨越，国内外没有现成的技术、设备和标准可以利用。发展特高压，必须在国内现有技术基础上，通过自主创新攻克一个全新的电压等级输电所需的全套技术。国家电网公司坚持立足国内、产学研用协同攻关，先后建设了特高压交流、直流、杆塔、高海拔四个试验基地和国家电网仿真中心，形成了世界上试验能力最强、技术水平最高的特高压试验研究体系。通过大量的研究、试验仿真和联合攻关，确定了发展1000千伏特高压交流和±800千伏特高压直流的技术路线，完成了310项重大关键技术研究，解决了过电压与绝缘配合、外绝缘设计、电磁环境控制、系统集成、大电网安全运行控制等多个世界级难题，掌握了特高压输电关键技术。特高压工程的电晕损失和噪声控制水平国际领先，电磁环境控制指标和实测结果与500千伏输电相当，确保了特高压工程环境友好。

设备攻坚。发展特高压，设备是关键。特高压设备包括变压器、开关等9大类40余种，额定参数高，电、磁、热、力多物理场协调复杂。国外没有成熟经验可供借鉴，国内设备制造业设计研发、试验检测能力不足，电工装备特别是高端产品长期依赖国外进口，实现特高压装备自主研制的难度极大。国家电网公司联合国内设备制造企业、大专院校和科研机构，打破业主与厂家、厂家与厂家之间的技术壁垒，集中力量进行开放式创新，边设计边研制，全面攻克各项研制难题，成功研制了世界最高水平的大容量特高压变压器、电抗器、换流变压器、换流阀、6英寸晶闸管、平波电抗器、气体绝缘组合电器、避雷器、套管、绝缘子等特高压交、直流关键设备和组部件，实现按期供货和成功运行。特高压交、直流示范工程设备国产化率分别达到90%、67%。通过参与特高压设备研制与供货，国内主要电工设备厂商大幅提高了自主研发能力和设备试验能力，形成了特高压关键设备批量生产能力，实现了国内电工装备制造的产业升级。

建设攻坚。特高压交、直流示范工程技术水平高、创新多，工程建设的可靠性、安全性、经济性要求高，国内外都没有商业运行的先例，缺少运行管理经验，在设计、施工、运行上比常规工程面临许多新的更大的困难。国家电网公司创新重大工程建设管理模式，广泛采用新技术、新材料、新工艺，克服建设难度高、工期紧、任务重等困难，成功解决了大跨越施工、大件运输、大量新设备集中安装调试等难题，分别仅用28个月和30个月的时间，就完成了极具挑战性的特高压交、直流示范工程建设任务，并一次投运成功，实现了安全、质量、进度、环保等预期目标，创造了世界电网建设史上的新纪录。近年来，针对特高压网架形成过渡期面临的"强直弱交"、有功无功控制等问题，深入分析大电网运行机理，进一步强化"三道防线"❶，研究高智能化、高安全性的新一代电力系统保护控制技术，采取建设抽蓄电站、配置调相机、加强发电侧管理和负荷侧控制等措施，构建大电网安全综合防御体系，确保电网始终保持安全稳定运行。

4．关键问题

同高速铁路等重大创新工程一样，特高压发展过程中也遇到了很多"争议"。论证之初，有人提出我国不需要特高压、特高压技术不可行、经济性不高；示范工程核准后，提出特高压设备造不出、工程建不好、电磁环境问题无法解决；工程投运后，又提出特高压设备不可靠、同步电网不安全、直流比交流好等问题。国家电网公司始终秉持实事求是的科学态度和原则，广泛听取社会各方意见，对发展特高压涉及的重

---

❶ "三道防线"是我国电网安全稳定运行的保障。第一道防线是指电网发生出现概率较高的单一故障时，由继电保护装置快速切除故障元件，保持对用户的正常供电；第二道防线是指电网发生出现概率较低的单一严重故障时，采取稳定控制装置及切机、切负荷等措施，保证电力系统稳定运行；第三道防线是指电网发生出现概率很低的多重严重故障而稳定破坏时，将电网解列，并通过紧急控制装置防止系统崩溃，尽量减少负荷损失。

大问题组织进行了反复、深入、系统的研究论证。2005年以来，先后有30多位院士、3000多位科研人员、10多所高校、500多家建设单位、200多家设备厂商、几十万人参与了试验研究、规划设计、技术攻关、设备研制、工程建设和调试运行等工作。经过科学、严谨、充分的研究论证，这些问题都已经有了明确的结论。示范工程的成功建设也充分证明和说明了特高压电网的安全性、经济性和先进性。通过工程实践，质疑越来越少，共识越来越多。

• 关于特高压交、直流协调发展问题

在特高压论证和发展过程中，有人提出，"特高压直流比交流好，没必要发展交流"。事实上，直流和交流各有特点和优势、功能不同，两者相辅相成、并行不悖，不能互相替代。只需要发展直流、不需要发展交流的观点是非常片面的。具体到某个项目采用直流还是交流，需要根据技术、经济、安全等进行综合比较，该建直流就建直流、该建交流就建交流。直流的功能是输电，具有远距离、大容量的优势，主要用于能源基地到负荷中心的"点对点"送电。交流具有输电和组网双重功能，通过构建坚强的交流系统，保障直流安全稳定运行和送、受端电网安全。

建设交、直流协调发展的混合电网是世界电网发展的重要趋势。我国发展特高压，需要交、直流并重，综合发挥两种输电方式的功能和优势。从原理上看，直流必须依托交流电网才能运行，只有交流支撑能力强，直流才能安全运行。特高压交流电网好比深水港，特高压直流好比万吨巨轮，只有深水港才能承载万吨巨轮。如果接入交流电网的直流输电容量超过了交流电网支撑能力，将形成"强直（流）弱交（流）"电网结构，导致电网安全稳定风险突出。在这种情况下，交流系统一旦发生故障将引起直流换相失败，容易引发连锁反应，导致大面积停电。从我国电网发展实际看，特高压交流建设滞后，"强直弱交"问题已十分突出，严重威胁电网安全，迫切需要加快特高压交流电网建设，构建"强直强交"混合电网，保障电网安全性和经济性。

• 关于特高压电网的安全性问题

在特高压论证和发展过程中，有人认为"特高压同步电网规模大，不安全"。事实上，从电网发展历程看，随着传统电源（机组）容量的大幅提升、新能源发电机组的大规模并网和电网技术的创新突破，通过扩大同步电网规模，以更安全、更经济、更清洁的方式满足不断增长的用电需求是世界电网发展的普遍规律。电网安全主要取决于网架结构是否合理、控制技术是否完善、运行管理是否科学，与电网规模没有必然联系。国外发生大停电事故的电网，既有美国和加拿大等跨国大电网，也有印度、日本等电网，事故的根本原因是网架薄弱、结构不合理、管理体制分散、缺乏统一调度和统一管理。发生过大停电的国家事后不但没有拆分大电网，而且都亡羊补牢，继续加强主网架，强化和发展大电网。北美发展为4个同步电网，俄罗斯发展为2个同步电网，欧洲大陆、印度、巴西均形成1个同步电网。我国保障大电网安全具有统一调度的体制优势、世界领先的控制技术和不断完善的管理措施，在突发事件下，能够及时隔离故障，防止事故扩大，防止连锁反应引发大面积停电。这些年来，虽然我国电网电压等级逐步提高，联网规模不断扩大，但电网稳定破坏事故大幅减少，国家电网成为全球极个别没有发生大面积停电事故的特大型电网。

国家电网公司提出的特高压同步电网的安全性经过了科学论证和仿真计算。判断规划的电网是否安全，根本要靠科学论证和仿真计算，这是世界通行的方法，也是实践证明最可靠最有效的方法。国家电网公司建有世界最先进的电网仿真中心，拥有电网安全与节能国家重点实验室和电力系统仿真国家工程实验室，相关方面的研究成果曾获国家科技进步一等奖。利用这些先进实验手段，对特高压电网构建方案及其安全性进行了反复研究、多方案比选、多角度论证，进行了包括2500台发电机、3.6万条线路、1.2万个节点的全景仿真计算，模拟10万多个故障条件和各种运行方式。结果表明，构建东部、西部特高压同步电网，完全满足《电力系统安全稳定导则》要求，电网结构合理，安全稳定水平高，抵御严重故障能力强，能够防范并控制大面积停电风险。而维持现有同步电网格局，存在大面积停电风险，电网发展面临的输电能力不足、走廊资源紧缺、短路电流超标等突出问题也无法解决。

特高压电网建设标准高、保护控制措施先进可靠，电网安全有保障。特高压电网按抗百年一遇重大自然灾害设计，抗灾能力远高于500千伏电网。我国掌握了大电网安全稳定控制核心技术，走在了世界前列。不论是220千伏、500千伏、750千伏电网还是1000千伏特高压电网，都可以通过先进的控制保护系统，准确识别并快速切除故障，避免连锁反应危及全网安全。特高压的保护控制技术更先进、测量更精准、装置更可靠、动作更快速。一旦发生故障，能够准确及时地将故障线路切除，将事故控制在最小范围内，防止发生大面积停电事故。随着积极应用各种新型信息与控制技术，构建电网智能安全防御体系，完善传统的"三道防线"，大电网运行将更加安全、可靠。

• 关于特高压输电的经济性问题

输煤与输电都是能源输送的重要方式。在特高压论证和发展过程中，对输煤、输电的经济性问题存在着不同认识，有人认为"输煤比输电经济"。实际上，我国能源配置长期以来主要依靠输煤，输电的比重明显偏低，电网输电的作用远没有得到应有的发挥。电网的输电效益不仅仅体现在单条线路上，更重要的是体现在网络的规模效应和综合效益上。简单地进行铁路单轨、电网单线的比较，不具科学性。输煤方式从煤矿到最终用户经过铁路、港口、海运、公路等，运输环节多、装卸过程复杂。而输电方式能够将电能直接从坑口电厂一次配置到最终用户，没有中间环节，效率高、成本低、更环保（见图3-4）。输电线路的占地也远远低于铁路。国务院发展研究中心、国家能源办等机构的研究表明，特高压输电在经济性、生态环境影响、区域经济协调发展、占地等方面都优于输煤，建议输电输煤并举，加快发展输电。

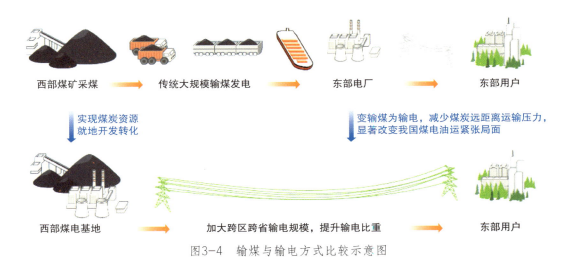

图3-4　输煤与输电方式比较示意图

特高压交、直流输电技术是目前最经济、最高效的输电技术，单位输电成本低，可以显著降低工程造价，具有较强的电价竞争力。1000千伏特高压交流工程的单位造价是500千伏交流的75%；±800千伏特高压直流工程的单位造价是±500千伏直流的65%。在运、在建特高压交、直流工程，输电到网电价均低于受端电厂平均上网电价，可以实现发电企业、电网企业、地方政府和电力用户多赢。采用特高压跨区输电不仅不会提高电价，还有利于抑制电价上涨，同时还具有显著的综合效益，可以支撑清洁能源大规模开发利用，保障东中部地区能源电力供应，促进西部地区资源优势转化，实现区域经济协调发展。

（二）智能电网

进入21世纪，人类迈入智能化时代，智能发展成为新的趋势和潮流。在能源领域，智能发展突出表现为提高电网智能化水平、建设智能电网。许多国家提出了智能电网的发展目标、行动路线及投资计划，世界范围内智能电网的建设进程已经全面启动。不同国家的国情不同，发展智能电网的方向和重点也不同。我国与发达国家在智能电网发展上处于同一水平，具有较好的发展基础。

1. 基本内涵

2009年初，国家电网公司启动智能电网专题研究，对国内外关于智能电网的基本概念、发展思路、建设实践进行调研分析，结合我国国情提出了坚强智能电网发展战略。在2009年5月召开的北京2009特高压输电技术国际会议上，首次提出"坚强智能电网"的概念，即以特高压电网为骨干网架、各级电网协调发展的坚强电网为基础，以通信信息平台为支撑，具有信息化、自动化、互动化特征，涵盖电源接入、输电、变电、配电、用电和调度各个环节，覆盖所有电压等级，实现电力流、信息流、业务流高度一体化融合的现代电网。

坚强智能电网具有坚强可靠、经济高效、清洁环保、透明开放、友好互动等特点。坚强可靠，是指具有坚强的网架结构、强大的电能输送能力和安全可靠的电力供应。经济高效，是指提高电网运行和输送效率，降低运营成本，促进能源资源和电力资产的高效利用。清洁环保，是指促进清洁能源发展与利用，降低能源消耗和污染物排放，提高清洁电能在终端能源消费中的比重。透明开放，是指实现电网、电源和用户的信息透明共享，电网公平开放。友好互动，是指实现电网运行方式的灵活调整，友好兼容各类电源和用户接入，促进发电企业和用户主动参与电网运行调节。

不同于欧美发达国家发展智能电网重在配电、用电环节以及电网的技术改造等方面，坚强智能电网突出强调坚强网架与智能化的有机统一。坚强是基础，智能是关键，两者相辅相成、协调统一。坚强网架与智能化的高度融合，是我国智能电网今后发展的方向。

2．建设规划

国家电网公司立足国情和电力工业实际，研究制定了坚强智能电网发展规划，分三个阶段推进实施。2009～2010年，规划试点阶段。制定坚强智能电网发展规划、技术管理标准，开展关键技术研发和设备研制，推进试点工作。2011～2015年，全面建设阶段。加快特高压电网和城乡配电网建设，初步形成智能电网运行控制和互动服务体系，实现关键技术和装备的重大突破和广泛应用，电网的信息化、自动化、互动化水平明显提升，满足大规模清洁能源并网接入和送出的需要。2016～2020年，改进提升阶段。基本建成坚强智能电网，使电网的资源配置能力、安全水平、运行效率，以及电网与电源、用户之间的互动性显著提高。

坚强智能电网建设涵盖电网的各个方面，需要在广泛继承现有技术的基础上，进行系统集成、科技创新、整体推进。重点建设内容和方向包括：全面推进发电、输电、变电、配电、用电、调度等电网各环节智能化，提高电网安全经济运行水平；构建智能通信信息平台，推进实现数据采集数字化、生产过程自动化、业务处理互动化、经营管理信息化、战略决策科学化；拓展网络服务功能，推进与公共服务资源的集成与融合，推进实现能源流、信息流的高度集成和综合应用，打造新型智能化公共服务平台。

3．建设成效

坚强智能电网从投资建设到生产运营的全过程，都将对经济发展、能源转型、环境保护等带来巨大的效益。通过对电力系统进行全面监测和灵活控制，可以及时发现并消除各种安全隐患，提高电力系统运行的安全性、稳定性和经济性，保障能源可靠供应。通过对各类能源资源进行准确预测和合理控制，可以改善新能源发电的功率输出特性，有效解决清洁能源大规模开发和分布式发展带来的技术问题，促进清洁能源消纳，从而更好地推动能源结构优化调整，降低对化石能源的依赖。通过增强资源优化配置能力，可以为用户提供充足、优质的能源供应，使用户及时掌握用电、电价等信息，主动参与用电管理，获得更加满意的服务。通过推动电力工业智能化升级，可以促进与智能电网相关的新能源、新材料等高新技术产业和物联网、电动汽车等新兴产业的发展，对带动消费和经济增长产生巨大的乘数效应。

2009年以来，国家电网公司在智能电网理论研究、技术攻关、设备研制、标准制定、工程建设等方面开展了大量工作，取得了重要进展和成效。

理论研究。全面推进坚强智能电网理论研究，组织开展智能电网重大专项研究，编制了国家电网及所属各省级电网智能化"十二五"规划和中长期规划，在国际上率先发布智能电网关键设备（系统）研制体系和技术标准体系。

技术研发。建成国家能源智能电网技术研发（实验）中心、大型风电并网系统研发（实验）中心和太阳能发电研发（实验）中心等国家级研发和监测机构，综合试验检测能力达到国际领先水平。

标准建设。编制完成智能电网技术标准体系框架，编制新能源接入、输电、智能变电站、配电自动化、用电信息采集、电动汽车充放电、智能调度、通信信息等相关领域技术标准。到2015年底，在特高压和智能电网等重点领域，累计拥有国际标准9项、主导立项26项，累计拥有国家标准453项、行业标准1027项、企业标准1628项。

重点工程。建成张北国家风光储输示范工程，厦门、舟山柔性直流输电示范工程，中新天津生态城、上海世博园等智能电网综合示范工程。累计建成智能变电站2554座，安装智能电能表3.1亿只，实现用电信息采集3.2亿户。累计建成电动汽车充换电站1537座、充电桩3万个。建成京沪、京港澳（北京—郴州）、京台（北京—福州）、沈海（沈阳—漳州）、青银（青岛—石家庄）、沪蓉（上海—武汉）、宁沪杭环线高速公路快充网络1.1万千米，覆盖80多个城市。在北京、上海、重庆、甘肃等地示范建设一批智能小区、智能楼宇和智能园区。

经过十多年的不懈努力，国家电网规模翻了一番多，成为世界最大的交、直流混合电网。2003～2015年，国家电网投资规模增长了6.9倍，年均增速19%；累计完成电网投资3.17万亿元，是新中国成立后至2002年期间全国电网投资的10倍；110（66）千伏及以上输电线路长度和变电容量分别增长了1.9倍和3.9倍；华北、华东、华中电网电压等级提升到1000千伏，西北电网建成750千伏主网架，全国电网除台湾地区以外实现全面互联。晋东南—南阳—荆门1000千伏特高压交流试验示范工程、青藏电力联网工程分别获得第二届、第三届中国工业大奖。

五、全球能源互联网

2015年9月26日，习近平总书记在联合国发展峰会上发表重要讲话，"倡议探讨构建全球能源互联网，推动以清洁和绿色方式满足全球电力需求"，为世界能源绿色低碳发展描绘了新蓝图，为应对气候变化开辟了新道路。国家电网公司发展特高压、建设中国能源互联网的成功实践，为构建全球能源互联网创造了条件，发挥了示范引领作用。我在《全球能源互联网》一书中对构建全球能源互联网的理论和实践问题进行了系统阐述。发展全球能源互联网，是未来世界能源发展的大方向。

（一）全球能源观

能源问题具有全局性和广泛性。树立全球能源观是推动能源变革的重要前提。**全球能源观**，是贯彻创新、协调、绿色、开放、共享的发展理念，以全球视野、历史视角、前瞻思维、系统方法研究解决能源问题，坚持能源与政治、经济、社会、环境协调发展，坚持集中式与分布式能源统筹开发，以"两个替代"为方向，以构建全球能源互联网为载体，统筹全球能源资源开发、配置和利用，保障能源安全、清洁、高效、可持续供应。

全球化石能源大量开发利用，带来了资源紧张、环境污染、气候变化三大问题，人类生存和发展面临日益严峻的挑战。**资源紧张问题**。化石能源资源有限，按目前开采强度，全球已探明煤炭储量只能开采110多年、石油和天然气只能开采50多年。能源开发越来越向少数国家和地区集中，一些国家能源对外依存度不断提高，能源供应链脆弱、安全问题突出。**环境污染问题**。全球化石能源消费总量从1965年的51亿吨标准煤增加到2015年的160亿吨标准煤。大量化石能源在生产、运输、使用的各环节对空气、水质、土壤等造成严重污染和破坏。大多数发达国家都曾发生重大污染事件，许多发展中国家也面临日益突出的大气污染问题，严重影响人类的生产生活、危害人类健康。**气候变化问题**。化石能源的碳排放是全球气候变暖的重要因素。自1850年以来，全球地表平均温升已经超过1℃。如不控制，到21世纪末全球温升将可能超过4℃，导致冰川融化、海面上升、物种灭绝、粮食减产等灾害，严重威胁人类生存和发展。

为解决这些问题，过去20多年来，世界主要经济体持续谈判，试图采用碳减排、碳定价、碳交易、碳关税等方式解决问题，但实践证明，这条路举步维艰，全球碳排放总量仍以年均2%的速度增长。要解决世界能源发展面临的"三大问题",实现2015年巴黎气候大会确定的"全球温升控制在2℃以内,并力争控制在1.5℃以内"的目标,关键是要树立全球能源观,构建全球能源互联网,加快全球能源变革转型。

（二）全球能源互联网发展构想

全球能源互联网,实质是"智能电网＋特高压电网＋清洁能源",是以特高压电网为骨干网架、全球互联的坚强智能电网,是清洁能源在全球范围大规模开发、配置、利用的基础平台。从深层次看,全球能源互联网是集能源传输、资源配置、市场交易、信息交互、智能服务于一体的"物联网",是共建共享、互联互通、开放兼容的"巨系统",是创造巨大经济、社会、环境综合价值的和平发展平台。

进入21世纪以来,全球人口从2000年的61亿增长至2015年的73亿;国内生产总值从32万亿美元增长至80万亿美元;用电量从14万亿千瓦·时增长至23万亿千瓦·时。预计2030年、2050年全球用电量将分别达到39万亿、73万亿千瓦·时左右。为满足全球持续增长的电力需求,亟须加快构建全球能源互联网,大力推进清洁替代和电能替代,实现清洁能源全球开发、全球配置、永续供应。

构建全球能源互联网,总体可分为国内互联、洲内互联和洲际互联三个阶段。从现在起到2020年,重点加快各国清洁能源开发和国内电网互联建设,形成合理网架,实现各电压等级电网的有机衔接。到2030年,重点推动洲内大型能源基地开发和电网跨国互联,基本实现洲内各国电网互联。到2050年,重点开发"一极一道"清洁能源基地和推动电网跨洲互联,基本建成全球能源互联网,见图3-5。

构建全球能源互联网,将按先易后难、由近及远的方式,逐步实现2020年近期目标、2030年中期目标和2050年远期目标。

近期目标（2020年）:

• 电力联网:各国电网网架普遍加强,资源配置能力和智能化水平大幅提高;推动洲内重点跨国输电通道建设;跨国跨洲电力贸易量占全球电力消费的比重达5%左右。

• 清洁替代:加快开发各国清洁能源;清洁能源占全球一次能源消费比重达25%左右;清洁能源发电量占全球总发电量的35%左右。

• 电能替代:电能主要替代煤炭消费和石油、天然气部分新增消费需求,抑制化

图3-5 全球能源互联网示意图

石能源消费增长；全球电能占终端用能比重超过20%；全球电动汽车保有量达900万辆左右。

中期目标（2030年）：

• 电力联网：实现洲内跨国电网互联，使清洁能源在洲内大规模、大范围、高效率优化配置；推动重点跨洲输电通道建设；推动开展区域系统调控和电力交易，跨国跨洲电力贸易量占全球电力消费的比重达10%左右。

• 清洁替代：大规模开发各洲清洁能源资源，推动"一极一道"清洁能源基地开发，外送规模达到9200亿千瓦·时左右；清洁能源占全球一次能源消费比重达33%左右；清洁能源发电量占全球总发电量的50%左右。

• 电能替代：电能逐步替代终端石油和天然气消费，全球电能占终端用能比重达到25%左右；全球电动汽车保有量达9000万辆左右。

远期目标（2050年）：

• 电力联网：建设跨洲特高压骨干网架，实现各洲、各国电网互联互通，基本建成全球能源互联网；全球调控系统和电力交易市场基本建立，跨国跨洲电力贸易量占全球电力消费的比重达30%左右。

• 清洁替代：大规模开发"一极一道"清洁能源基地，外送规模达到12万亿千瓦·时左右；清洁能源占全球一次能源消费比重达80%左右；全球清洁能源发电量将达66万亿千瓦·时，约占全球总发电量的90%。

• 电能替代：电能加速替代终端化石能源利用，电能占终端用能比重超过50%；全球电动汽车保有量达20亿辆左右。

（三）全球能源互联网发展基础

发展共识广泛。习近平总书记在联合国发展峰会上提出的重要倡议，在国内外引起广泛关注和强烈反响，成为响亮的"中国声音"。联合国、世界银行、国际能源署、世界可持续发展工商理事会、国际电工委员会、电气与电子工程师学会等国际组织和机构，美国、俄罗斯、德国、法国、葡萄牙、巴西、墨西哥、南非、蒙古、巴基斯坦等国有关政要，我国有关领导、有关部委、院士专家，国内外著名能源电力企业、研究机构、高等院校、新闻媒体等，纷纷对全球能源互联网发展构想表示高度赞同和大力支持。

技术支撑坚实。目前±800千伏、±1100千伏特高压输电距离可分别达到2500千米、5000千米，输电容量可分别达到1000万、1500万千瓦，世界各大清洁能源发电基地与负荷中心的距离都在特高压电网输送范围内。技术进步和设备规模化生产推动新能源发电经济性持续提升，根据国际能源署预测，2020年风电和太阳能发电成本均可降至0.35元/（千瓦·时），与化石能源基本相当甚至更低。美国阿贡实验室正在研发的储能电池，有望在未来5年能量密度提升到目前的5倍，成本降低到目前的1/5。大电网运行控制、柔性交流、柔性直流等智能电网技术不断突破并日益趋于成熟。总体上看，发展全球能源互联网不存在技术障碍。

中国实践示范。围绕构建全球能源互联网，国家电网公司在资源评估、科技攻关、装备研制、投融资创新、组织建设、规划研究、示范工程等方面做了许多开创性的工作，推动全球能源互联网从理念向实践迈进，取得重要进展和成果。建成的特高压交、直流输电工程取得了良好的经济社会效益，全面验证了特高压输电的安全性、经济性和环境友好性；系统评估包括北极风能、赤道太阳能在内的全球各大洲清洁能源资源；发起成立全球能源互联网合作组织，搭建了共商、共建、共享、共赢的国际合作平台；举办2016全球能源互联网大会、中美和中欧技术装备研讨会、投融资高层研讨会等重要会议，进一步加强交流、凝聚共识、深化合作，全面推动全球能源互联网发展。理论和实践均已表明，依托特高压、智能电网、清洁能源等新技术的创新发展，构建全球能源互联网是完全可行的。

（四）全球能源互联网发展效益

构建全球能源互联网具有显著的综合效益，符合全人类的共同利益，对于世界能源、经济、社会、环境的可持续发展都具有重大而深远的意义。

实现清洁发展。依托全球能源互联网，能够大规模开发利用清洁能源，保障能源长期稳定供应。进入21世纪，风电及太阳能发电总量年均增长28%（风电26.5%、太阳能发电45.0%）。预计2050年全球能源消费总量将达到300亿吨标准煤。从2016年起全球清洁能源只需保持12.4%的年均增速，到2050年清洁能源占全球一次能源消费总量的比重将达到80%，实现能源永续清洁供应，彻底摆脱化石能源困局。

应对气候变化。全球能源互联网能够大幅提高清洁能源开发利用水平，从根本上解决化石能源污染和温室气体排放问题。按2050年清洁能源占全球能源消费总量80%计算，每年可替代相当于240亿吨标准煤的化石能源，减排二氧化碳670亿吨、二氧化硫5.8亿吨。届时全球二氧化碳排放可控制在115亿吨左右，仅为1990年的一半，能够实现到21世纪末将全球温升控制在2℃以内的目标，根本解决冰川消融、海平面上升等问题，保障人类可持续发展。

拉动经济增长。全球能源互联网能够实现清洁能源规模化开发和外送，有效降低电力供应成本；通过将具有时区差、季节差、电价差的各大洲电网连接起来，获得显著的联网效益。构建全球能源互联网的投资规模超过50万亿美元，将有力带动高端装备制造、新能源、新材料、电动汽车等战略新兴产业发展。随着全球能源互联网发展，国际电力贸易将快速增长，对拉动经济增长发挥重要作用。

促进和平发展。化石能源具有稀缺性、地域性、主权性，开发利用涉及领土主权和国家安全。清洁能源取之不尽、用之不竭，能够实现和平利用。目前尚未大规模开发的清洁能源大多位于非洲、亚洲、南美洲等地区，构建全球能源互联网将促进这些地区的资源优势转化为经济优势，为当地提供就业机会，缩小发展差距，实现共同发展。

构建全球能源互联网，将从根本上解决全球能源和环境等问题，深刻改变全球能源发展、经济增长、社会生活和生态环境，实现人人享有充足的清洁电力，使生活更加舒适、经济更加繁荣、社会更加和谐，促进人类命运共同体建设，让世界成为一个天蓝地绿、亮亮堂堂、和平和谐的"地球村"。

一、电网发展成就

（一）发展基础

国家电网公司成立之初，电网发展整体滞后，跨区电网和配电网"两头薄弱"问题突出。

建设投入不足。2002年全国电网投资518亿元；从新中国成立到2002年，电网投资占电力投资的比重仅为24.5%。

网架结构薄弱。电网最高电压等级为500千伏，跨区跨省联网薄弱，远距离输电能力不足。

装备水平较低。老旧设备多，部分县域电网与大电网仅有单回线路联系，电网"卡脖子"、低电压问题突出。

安全形势严峻。2003年发生一般电网事故134次、设备事故341次。城市和农村用户年均停电时间分别超过12小时和61小时。

供需形势紧张。2003年全国缺电省份达23个，2004年缺电程度进一步加剧，缺电省份增至24个，出现全国性"电荒"。

表3-1　　　　　　　　新中国成立以来电力工业投资情况

时期	电力投资（亿元）				投资结构（％）	
	电源	电网	其他	合计	电源	电网
新中国成立至"七五"	1558.9	353.6	131.4	2043.9	76.3	17.3
"八五"	2223.0	516.7	93.4	2833.1	78.5	18.2
"九五"	4129.6	1429.6	284.2	5843.4	70.7	24.5
"十五"	11272.0	6905.0	355.0	18532.0	60.8	37.3
"十一五"	16070.0	13411.1	——	29481.1	54.5	45.5
"十二五"	19308.6	19957.5	——	39266.1	49.2	50.8
新中国成立至2002年累计	9181.4	3179.2	609.3	12970.0	70.8	24.5
新中国成立至2015年总计	54562.2	42573.5	864.0	97999.7	55.7	43.4

数据来源：历年电力工业统计年鉴、全国电力工业统计快报。

（二）发展成效

2003～2015年，国家电网公司持续加强电网建设，推进特高压和各级电网协调发展，基本建成坚强智能电网。

电网投资持续增长。电网年度投资规模增加了6.9倍，年均增长19%；累计完成电网建设投资3.17万亿元，是从新中国成立至2002年期间全国电网累计投资的10倍。

网架结构显著增强。110（66）千伏及以上输电线路长度和变电容量分别增长了1.9倍和3.9倍；特高压发展实现全面突破，华北、华东、华中电网电压等级提升到1000千伏，西北电网建成750千伏主网架，全国除台湾地区外电网实现互联。

智能电网国际领先。智能电网理论研究、技术标准、试验体系、工程实践迈入国际领先行列，建成张北国家风光储输、天津中新生态城等一批智能电网示范工程。

电力安全可靠供应。在国外大面积停电事故频发的情况下，国家电网始终保持安全稳定运行，没有发生大面积停电，保障了经济社会快速发展对电力的需求。

供电质量大幅提升。城市和农村电网供电可靠率分别提高0.102个、0.551个百分点，用户年平均停电时间分别减少8.9小时、48.3小时。

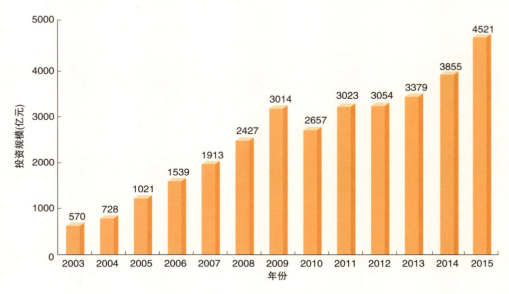

图3-6　国家电网历年电网投资规模

表3-2　　　　　　　　　　国家电网主要发展指标变化情况

指标	2003年	2005年	2010年	2015年	2003～2015年指标变化
电网投资（亿元）	570	1021	2657	4521	增长6.9倍
110（66）千伏及以上输电线路长度（万千米）	30.7	38.7	60.9	89.0	增长1.9倍
110（66）千伏及以上变电设备容量（亿千伏·安）	7.3	10.0	22.0	36.1	增长3.9倍
国家电力市场交易电量（亿千瓦·时）	340	775	3585	7221	增长20倍
电网事故数（次）	134	63	2	0	
设备事故数（次）	341	208	20	0	
城市供电可靠率（%）	99.861	99.755	99.906	99.963	提高0.102个百分点
农网供电可靠率（%）	99.299	99.382	99.636	99.850	提高0.551个百分点

注　2012年及以后的电网事故数和设备事故数按《电力安全事故应急处置和调查处理条例》（国务院令第599号）新口径统计。

二、特高压发展历程

（一）科学论证

2005年以来，国家电网公司立足自主创新，联合国内各方力量，围绕特高压试验研究、规划设计、设备研制、工程建设和运行管理，组织开展了全方位的科研攻关。

专题会议	• 多次组织召开和参与特高压大型会议，召开专家论证会和专题研讨会上千次 • 2005年4月，组织召开特高压输电技术国际研讨会 • 2005年6月，参加国家发展改革委在北戴河主持召开的特高压输电技术研讨会，与会专家对我国发展特高压输电技术及实施试验示范工程达成共识，同时提出大量建设性意见和建议 • 2006年11月，主办2006特高压输电技术国际会议 • 2009年5月，主办2009特高压输电技术国际会议 • 2011年9月，联合主办2011智能电网国际论坛 • 2013年9月，联合主办2013国际智能电网论坛
专项考察	• 2005年5～7月，先后组团赴日本、俄罗斯、哈萨克斯坦考察特高压 • 2006～2010年，累计选派40批次约300人次赴有关国家就发展特高压技术开展研讨和交流
基础研究	• 牵头承担包括国家"十一五"科技支撑计划16个特高压专项在内的200余项关键技术研究课题，全面覆盖了特高压理论研究、设备研制、设计施工、调度运行等方面 • 组织开展能源基地建设和电力中长期发展规划深化研究，滚动研究特高压骨干网架总体规划 • 开展特高压电网标准和技术规范研究，在规划、设计、建设、运行等方面系统建立一整套规程、规范和标准 • 2005年11月，中国工程院《关于我国特高压输电研究和工程建设的咨询意见》指出：我国有必要加快特高压输电研究和工程应用的步伐 • 2005年11月，国务院发展研究中心完成《我国能源输送方式研究》报告 • 2007年2月，国务院研究室、国务院发展研究中心、国家发展改革委综合运输研究所等联合完成《能源基地建设及电力中长期发展规划深化研究》报告
技术攻关	• 完成电压序列研究、过电压及绝缘配合、无功电压控制、线路和变电站设计、防雷技术研究等特高压关键技术和工程研究 • 确定了我国特高压输电标准电压 • 成功研制交流变压器、断路器、可控高压并联电抗器、绝缘套管等特高压交流设备，以及换流变压器、平波电抗器、穿墙套管、6英寸换流阀等特高压直流设备

（二）重大历程

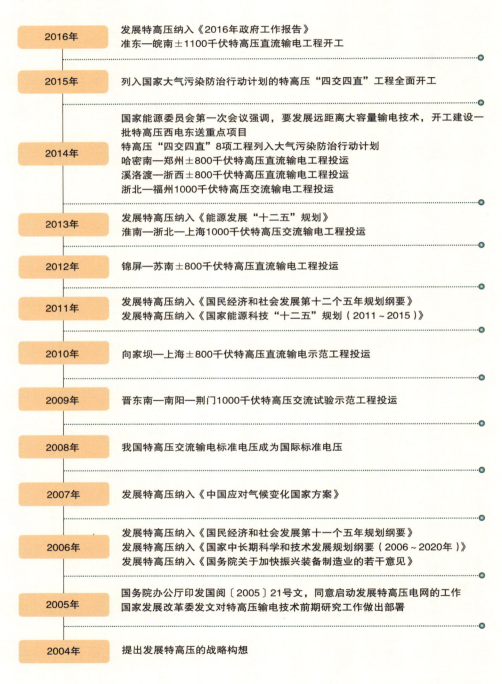

2016年
发展特高压纳入《2016年政府工作报告》
准东—皖南±1100千伏特高压直流输电工程开工

2015年
列入国家大气污染防治行动计划的特高压"四交四直"工程全面开工

2014年
国家能源委员会第一次会议强调，要发展远距离大容量输电技术，开工建设一批特高压西电东送重点项目
特高压"四交四直"8项工程列入大气污染防治行动计划
哈密南—郑州±800千伏特高压直流输电工程投运
溪洛渡—浙西±800千伏特高压直流输电工程投运
浙北—福州1000千伏特高压交流输电工程投运

2013年
发展特高压纳入《能源发展"十二五"规划》
淮南—浙北—上海1000千伏特高压交流输电工程投运

2012年
锦屏—苏南±800千伏特高压直流输电工程投运

2011年
发展特高压纳入《国民经济和社会发展第十二个五年规划纲要》
发展特高压纳入《国家能源科技"十二五"规划（2011~2015）》

2010年
向家坝—上海±800千伏特高压直流输电示范工程投运

2009年
晋东南—南阳—荆门1000千伏特高压交流试验示范工程投运

2008年
我国特高压交流输电标准电压成为国际标准电压

2007年
发展特高压纳入《中国应对气候变化国家方案》

2006年
发展特高压纳入《国民经济和社会发展第十一个五年规划纲要》
发展特高压纳入《国家中长期科学和技术发展规划纲要（2006~2020年）》
发展特高压纳入《国务院关于加快振兴装备制造业的若干意见》

2005年
国务院办公厅印发国阅〔2005〕21号文，同意启动发展特高压电网的工作
国家发展改革委发文对特高压输电技术前期研究工作做出部署

2004年
提出发展特高压的战略构想

（三）发展效益

加大电力外送：2009～2015年，特高压累计输送电量4347亿千瓦·时保障了东中部地区电力供应，实现了西南水电、西北火电以及风电、太阳能发电的大规模外送和消纳。

优化配置资源：通过特高压电网形成覆盖西部、北部煤电、风电基地，西南水电基地和东中部负荷中心的坚强网络平台，电网优化配置资源能力更强、范围更大、效益更好。

保障电力供应：到2020年，国家电网跨国跨区输电能力达到3.7亿千瓦，向东中部送电3.1亿千瓦，为实现2020年国内生产总值和城乡居民人均收入比2010年翻一番的目标提供坚强电力保障。

促进清洁替代：到2020年，每年可消纳清洁能源发电量2.2万亿千瓦·时，替代7.1亿吨标准煤，减排二氧化碳17.8亿吨、二氧化硫84万吨，从源头上解决化石能源污染和温室气体排放问题。

促进电能替代：通过跨区输电推动实施电能替代，减少化石能源消耗和环境污染，到2020年电能占终端能源消费的比重将上升到28.7%。

应对气候变化：全国碳排放峰值可以控制在101亿吨左右，峰值降低24亿吨，达峰时间将从2030年提前至2025年左右。

推动协调发展：到2020年，每年可拉动国内生产总值增长0.8个百分点以上；累计增加西部投资1.45万亿元、就业岗位66万个、年税收680亿元，促进区域经济协调发展。

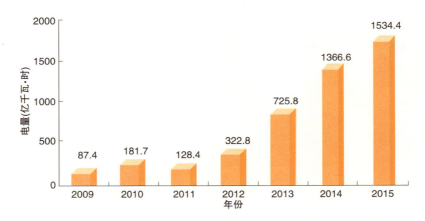

图3-7　2009～2015年特高压电网输送电量

（四）国际评价

诺贝尔物理学奖获得者、美国能源部原部长 朱棣文	中国挑战美国创新领导地位并快速发展的相关领域包括：最高电压、最高输送容量、最低损耗的特高压交、直流输电
国际大电网会议秘书长 科瓦尔	特高压交流试验示范工程是一个伟大的技术成果，是电力发展史上的里程碑
国际电工委员会主席 克劳斯·乌赫勒	中国的特高压输电技术在世界上处于领先水平，中国的特高压交流电压标准将向世界推广
国际电工委员会副主席 恩诺·里斯	国际电工委员会深信，特高压输电技术将能够极大地解决未来的能源危机
国际电工委员会高压直流输电新技术委员会主席 鲍武	发展直流和交流混合电力系统，通过特高压输电实现大容量电能的长距离输送是电力系统的发展方向
电气与电子工程师学会秘书长 詹姆斯·普兰德加斯特	中国的特高压技术是世界上独一无二的，是最领先的
电气与电子工程师学会电力系统分会标准委员会副主席 托马斯·普里沃斯特	中国特高压带给世界的是里程碑式的转折点。特高压技术有助于电网在大范围内的统一、快速发展
美国PJM公司首席执行官 特里·波士顿	特高压交流试验示范工程的建成投运必将作为一个重要的里程碑在电力工业发展史上留下浓墨重彩的一笔
美国电力公司 纳维·巴特	特高压交流试验示范工程代表了目前世界输电技术的制高点
俄罗斯电网公司总裁 布达尔金	中国目前在特高压交、直流输电技术研发和建设方面均处于世界引领地位
俄统国际公司副总裁、俄罗斯电力科学院院士 沙洛夫	特高压电网是输电领域最先进的技术，具有效益高、线损低、安全可靠的特点，是解决环保问题的重要手段之一，可以促进清洁能源发展
俄罗斯科学院院士 吉哈捷耶夫	发展特高压输电是一项成功的技术决策，特别是对于疆土辽阔的国家，建设这样的输电线路是很有必要的

三、特高压重大工程

截至2016年3月，国家电网公司已建成投运"三交四直"7项特高压工程，开工建设"四交六直"10项工程。在运、在建特高压线路长度2.88万千米，变电（换流）容量2.94亿千伏·安（千瓦）。

表3-3 在运、在建特高压输电工程情况

（一）在运特高压工程

序号	工程名称	电压等级（千伏）	投运时间	线路长度（千米）	变电/换流容量（万千伏·安/万千瓦）
1	晋东南—南阳—荆门（含扩建工程）	1000	2009年1月（2011年12月）	646	1800
2	淮南—浙北—上海	1000	2013年9月	2×656	2100
3	浙北—福州	1000	2014年12月	2×603	1800
4	向家坝—上海	±800	2010年7月	1907	1280
5	锦屏—苏南	±800	2012年12月	2059	1440
6	哈密南—郑州	±800	2014年1月	2210	1600
7	溪洛渡—浙西	±800	2014年7月	1680	1600

（二）在建特高压工程

序号	工程名称	电压等级（千伏）	开工时间	线路长度（千米）	变电/换流容量（万千伏·安/万千瓦）
1	淮南—南京—上海	1000	2014年11月	2×780	1200
2	锡蒙—山东	1000	2014年11月	2×730	1500
3	蒙西—天津南	1000	2015年3月	2×608	2400
4	榆横—潍坊	1000	2015年5月	2×1049	1500
5	宁东—浙江	±800	2014年11月	1720	1600
6	酒泉—湖南	±800	2015年6月	2383	1600
7	晋北—江苏	±800	2015年6月	1119	1600
8	锡盟—江苏	±800	2015年12月	1620	2000
9	上海庙—山东	±800	2015年12月	1238	2000
10	淮东—皖南	±1100	2016年1月	3324	2400

1. 世界首个商业化运营的特高压交流输电工程——1000千伏晋东南—南阳—荆门特高压交流试验示范工程

工程概况： 起于山西晋东南变电站，止于湖北荆门变电站，线路全长646千米，额定电压1000千伏，变电容量600万千伏·安，2006年8月9日核准、8月19日开工，2009年1月6日投运。二期工程于2010年12月29日核准，2011年12月16日投运。扩建后变电容量达1800万千伏·安，具备500万千瓦输送能力。

工程特点：世界上电压等级最高、首个商业化运营的特高压交流输电工程，既是我国发展特高压的起步工程，也是世界电网技术创新的领跑工程，全面验证了特高压交流输电技术的可行性、设备的可靠性、系统的安全性。

国家验收：2010年9月，工程通过国家验收。验收意见指出：特高压交流试验示范工程成套设备的研制采用以我为主、开放式自主创新的技术路线，实现了自主开发、设计、制造、试验和安装调试，全面掌握了特高压交流输变电设备的核心技术，形成了完整的技术标准和试验规范，具有自主知识产权。工程立项时"设备国产化"的承诺得到了圆满实现，全套特高压交流设备指标优异，性能稳定。工程的建设运行满足环保要求。

工程效益：连接华北、华中两大电网，成为我国南北之间的重要能源输送通道，对实现水火互济、缓解华中地区电力紧张、提供事故支援等具有重要意义。

工程荣誉：

2009年10月，入选新中国成立60周年"百项经典建设工程"。

2010年12月，获得国家优质工程金质奖。

2011年1月，获得中国标准创新贡献奖一等奖。

2011年4月，获得第二届中国工业大奖。

2011年12月，入选"国家优质工程奖30年经典工程"。

2013年1月，获得国家科学技术进步奖特等奖。

2. 世界首个同塔双回特高压交流输电工程——淮南—浙北—上海1000千伏特高压交流输电工程

工程概况：起于安徽淮南变电站，止于上海沪西变电站，途经安徽、浙江、江苏、上海等4省（直辖市），线路全长2×656千米，同塔双回路架设，额定电压1000千伏，变电容量2100万千伏·安。2011年9月核准、10月开工，2013年9月25日投运。

工程特点：由我国自主设计、制造和建设，是世界首个商业化运营的同塔双回特高压交流输电工程。

工程效益：连接安徽"两淮"煤电基地和华东电网负荷中心，是华东地区西电东送重要通道和华东电网骨干网架的重要组成部分，显著提升了华东电网接受区外电力的能力和电网安全稳定水平。

工程荣誉：2014年12月，获得国家优质工程金质奖。

3. 世界首个600万千瓦级特高压交流输电工程——浙北—福州1000千伏特高压交流输电工程

工程概况：起于浙江浙北变电站，止于福建福州变电站，线路全长2×603千米、双回路架设，额定电压1000千伏，变电容量1800万千伏·安。2013年3月18日核准、4月11日开工，2014年12月26日投运。

工程特点：集成特高压交流核心技术，实现特高压成套设备批量稳定制造，在高端设备及材料国产化方面取得突破，特高压设备国产化率超过95%。

工程效益：连接浙江与福建两省，是华东特高压交流主网架的重要组成部分，显著提升华东电网接受区外来电的能力和区内资源优化配置的能力。

4. 世界首个600万千瓦级特高压直流输电工程——向家坝—上海±800千伏特高压直流输电示范工程

工程概况：西起四川复龙换流站，东至上海奉贤换流站，途经四川、重庆、湖南、湖北、安徽、浙江、江苏、上海8省（直辖市），线路全长1907千米，额定电压±800千伏，额定输送容量640万千瓦。2007年4月26日核准、10月16日开工，2010年7月26日投运。

工程特点：世界上首个输送容量达到600万千瓦级的高压直流工程，首次应用全套±800千伏特高压直流设备，全面验证了特高压直流输电的技术可行性、环境友好性、安全可靠性和经济合理性。

国家验收：2013年11月，工程通过国家验收。验收意见指出：特高压直流输电示范工程在系统研究和集成、控制保护技术、绝缘配合技术、成套设备研制、相关技术标准、电磁环境技术、试验研究能力以及工程建设等方面实现了特高压直流输电技术的创新突破，掌握了特高压直流输电的核心技术，研制成功了全套设备，是我国电力科技和输电装备技术水平的重大进步。

工程效益：有力促进向家坝、溪洛渡和四川水电的送出，对实施西电东送战略、加快电网发展、促进装备制造产业技术升级具有重要意义。

工程荣誉：

2011年12月，获得国家优质工程金质奖。

2011年12月，入选"国家优质工程奖30年经典工程"。

5. 世界首个700万千瓦级特高压直流输电工程——锦屏—苏南±800千伏特高压直流输电工程

工程概况： 西起四川裕隆换流站，东至江苏同里换流站，途经四川、云南、重庆、湖南、湖北、安徽、浙江、江苏8省（直辖市），线路全长2059千米，额定电压±800千伏，额定输送容量720万千瓦。2008年11月核准，2009年12月开工，2012年12月12日投运。

工程特点： 建成时是世界上输送容量最大、送电距离最远、电压等级最高的直流输电工程，首次采用6分裂900毫米^{2}大截面导线，解决了高海拔、重覆冰、重污秽地区特高压直流线路的设计与施工难题，送电距离首次突破2000千米。

工程效益： 西电东送的重要清洁能源通道，保证了官地、锦屏水电站和四川水电的外送，有效缓解了华东地区迎峰度夏期间用电紧张局面和日益严峻的环保压力。

工程荣誉： 2014年12月，获得国家优质工程金质奖。

6. 世界上输电距离最长、首个800万千瓦级的特高压直流输电工程——哈密南—郑州±800千伏特高压直流输电工程

工程概况： 起于新疆哈密南换流站，止于河南郑州换流站，途经新疆、甘肃、宁夏、陕西、山西、河南等6省（自治区），线路全长2191千米，额定电压±800千伏，额定输送容量800万千瓦。2012年5月10日核准、5月13日开工，2014年1月27日投运。

工程特点： 输送容量首次达到800万千瓦级，是建成时世界上输送容量最大、输电路径最长的特高压直流输电工程。

工程效益： "疆电外送"的首条特高压输电通道，首次实现大型火电和风电基地电力打捆送出，成为连接西部边疆与中原地区的"电力丝绸之路"。

工程荣誉： 2015年11月，获得国家优质工程金质奖。

7．创造世界最大输电负荷纪录的特高压直流输电工程——溪洛渡—浙西±800千伏特高压直流输电工程

工程概况： 西起四川双龙换流站，东至浙江金华换流站，途经四川、贵州、湖南、江西、浙江等5省，线路全长1680千米，额定电压±800千伏，额定输送容量800万千瓦。2012年7月6日核准、7月28日开工，2014年7月12日投运。

工程特点： 首次实现高端换流变压器自主研发和设计制造，首次实现单回直流工程800万千瓦满负荷运行，创造了超大容量直流输电的世界新纪录。

工程效益： 连接西南水电基地和东部负荷中心的清洁能源大通道，对于推动西南水电规模开发、缓解浙江电力供应紧张局面、优化能源结构意义重大。

四、智能电网重大工程

国家电网公司在智能电网理论研究、技术攻关、设备研制、工程实践等方面开展大量工作，建成一批具有国际领先水平的智能电网示范工程。

1．世界领先水平的张北国家风光储输示范工程

工程概况： 世界上第一个集风电、光伏发电、储能、智能输电于一体的大型清洁能源工程，是国家科技支撑计划重大项目。工程分两期建设，2015年全面建成，包括风电45万千瓦、光伏发电10万千瓦、储能装置2万千瓦和一座220千伏智能变电站。

工程特点： 实现了风、光、储多组态、多功能、可调节的联合优化运行，在联合发电互补机制及系统集成、全景监测与协调控制、新能源功率预测、源网协调和大规模储能等5大关键技术领域取得突破，开辟了新能源与智能电网协调发展的里程碑。

工程效益： 连续4年实现安全稳定运行，风电场可利用率达98%，光伏电站可利用率同比增长23%，储能电站具备实现24小时不间断参与联合发电的条件。

2．世界首座实现无人值班的750千伏变电站——延安智能变电站

工程概况： 位于陕西省延安市洛川县，变电容量210万千伏·安。2009年4月10日开工，2011年3月1日投运，成为首座实现无人值班的750千伏变电站，也是建成时世界电压等级最高的智能变电站。

工程特点： 在一次设备智能化、电子式互感器应用、变电站自动化配置、二次系统整合、高级应用等方面取得重大创新和突破，技术水平世界领先。

工程效益： 全面实现变电站状态可视化、操作程序化、检修状态化、运行智能化，节约占地5%，节电7%，减少建筑面积15%，节约建设成本6%。

3. 世界上面积最大、功能最完整的智能电网综合示范工程——中新天津生态城智能电网综合示范工程

工程概况： 中国、新加坡两国政府战略性合作项目，2008年9月开工，一期工程于2011年9月19日建成投运。

工程特点： 世界上面积最大、功能最完整的智能电网综合示范工程，实现了生态城31千米^{2}的全区域覆盖，建成了分布式电源接入、储能系统、智能电网设备状态监测系统、智能变电站、配电自动化、电能质量监测和控制、用电信息采集系统、智能用电小区/楼宇、电动汽车充电设施、通信信息网络、电网智能运行可视化平台、智能供电营业厅等12个子系统。

工程效益： 提高了电能质量和供电可靠性，实现了分布式能源的充分利用，集中展示了智能电网发展理念和建设成果。

4. 世界电压等级最高、输送容量最大的柔性直流工程——厦门±320千伏柔性直流输电科技示范工程

工程概况： 世界上首个采用真双极接线、电压等级最高、输送容量最大的柔性直流输电工程，2014年7月21日开工，2015年12月17日投运。连接厦门岛和福建电网，包括2座换流站和10.7千米直流电缆输电线路，额定容量100万千瓦，每年可向厦门岛输送50亿千瓦·时清洁能源。

工程特点： 新一代高电压、大容量输电技术，具有可控性好、运行方式灵活、适用性广等优势，能够提高大规模清洁能源并网能力和安全水平。工程由国家电网公司自主研发、设计和建设，全部装备均实现国产化，在柔性直流关键技术研发、装备研制应用、工程成套等方面取得重大突破，达到世界领先水平。

工程效益： 标志着我国全面掌握高压大容量柔性直流输电关键技术和工程成套能力，对于推动清洁能源发展，带动国内高端电工装备"走出去"，构建

全球能源互联网具有重大意义。

5．世界首个五端柔性直流工程——浙江舟山±200千伏柔性直流输电科技示范工程

工程概况： 世界上端数最多、单端容量最大的多端柔性直流输电工程，2013年3月15日开工，2014年7月4日投运。工程连接我国首个国家级海洋新区——浙江舟山群岛新区所在的舟山本岛和其北部主要岛屿，包括5座换流站和141千米直流电缆输电线路，总换流容量100万千瓦，最大单端换流容量40万千瓦。

工程特点： 成功突破多项关键技术，研制了国内容量最大的柔性直流换流阀和电压等级最高的直流海底电缆，取得了一系列国内首创、具有完全自主知识产权的创新性成果，走在了世界前列。

工程效益： 标志着我国柔性直流输电关键技术达到世界领先水平，国家电网公司成为世界上继ABB公司、西门子公司之后第三家全面掌握柔性直流输电关键技术的企业。

6．世界上规模最大的500千伏地下变电站——上海静安（世博）500千伏地下变电站

工程概况： 世界第二个500千伏全地下变电站，2006年3月23日开工，2010年4月16日投运，安装2台500千伏、2台220千伏主变压器，变电容量分别为300万、60万千伏·安。

工程特点： 国内第一座超大变电容量、多电压等级的500千伏全地下变电站，通过500千伏电缆深入城市中心，简化了中心区域电网结构，增强了市区电网的受电能力，提高了供电可靠性，节约了大量的城市地面空间资源。

工程效益： 有力缓解了上海中心城区供电压力，为2010年上海世博会的成功举办提供了可靠供电，也为超大型城市电网建设提供了新思路。

五、推动全球能源互联网发展

国家电网公司认真贯彻落实习近平总书记联合国发展峰会重要讲话精神，从资源评估、科技攻关、装备研制、投融资创新、组织建设、规划研究、示范工程等方面，全力推进全球能源互联网发展，取得了重要进展和成果。

（一）理念传播

在特高压和智能电网发展实践的基础上，研究提出了全球能源互联网战略构想，利用会议、论坛、讲座、会谈等各种场合加强交流和宣传，推动全球能源互联网理念在国内外广泛传播，得到了各方面的高度评价，凝聚了发展共识。

时间	会议	地址
2016年3月30日	2016全球能源互联网大会	中国北京
2016年2月25日	2016剑桥能源周研讨会	美国休斯敦
2016年1月21日	全球能源互联网投融资高层研讨会	中国香港
2015年12月19日	北京大学光华管理学院第17届新年论坛	中国北京
2015年12月10日	全球能源互联网中欧技术装备研讨会	德国柏林
2015年12月8日	第二十一届联合国气候大会工商专题论坛和技术革新论坛	法国巴黎
2015年11月18日	2015年中国电机工程学会年会	中国武汉
2015年11月17日	国际能源署部长级会议	法国巴黎
2015年11月12日	全球能源互联网中美技术装备研讨会	美国芝加哥
2015年11月5日	2015国际能源变革论坛	中国苏州
2015年10月26日	第8届新加坡国际能源周	新加坡
2015年9月14日	《全球能源互联网》英文版首发仪式暨专家座谈会	美国纽约
2015年7月26日	电气与电子工程师学会电力与能源协会2015年会	美国丹佛
2015年7月22日	全球能源互联网技术国际研讨会	中国北京
2015年5月21日	气候变化世界商业峰会	法国巴黎
2015年2月3日	《全球能源互联网》中文版首发仪式暨专家座谈会	中国北京
2014年11月18日	2014年中国电机工程学会年会	中国合肥
2014年9月23日	联合国气候峰会企业论坛	美国纽约
2014年9月2日	第11届亚太经合组织能源部长会议	中国北京
2014年7月27日	电气与电子工程师学会电力与能源协会2014年会	美国华盛顿
2014年5月26日	全球可持续电力合作组织峰会	俄罗斯莫斯科

（二）组织推动

与有关国际政要、国际组织、能源企业、研究机构、高等院校、社会团体和专家学者开展交流，深化国际合作，推动全球能源互联网从理念向实践迈进。

2016年3月	在北京举办2016全球能源互联网大会
2016年3月	全球能源互联网发展合作组织在北京正式成立
2016年3月	改组成立全球能源互联网研究院
2016年2月	由国家电网公司发起的国际大电网会议"全球互联电网可行性研究"工作组提案获得批准并正式立项
2016年2月	在剑桥能源周发布北极风能和赤道太阳能资源矿究成果
2016年1月	由国家电网公司发起的国际电工委员会"全球能源互联网白皮书"特别工作组首次会议在北京召开
2015年12月	组建全球能源互联网集团有限公司
2015年12月	与英国伯明翰大学就电网储能技术合作签署谅解备忘录
2015年12月	与意大利电网公司、都灵理工大学就共同推动先进输配电技术发展签署谅解备忘录
2015年11月	与美国阿贡国家重点实验室签署储能电池关键技术研究合作协议
2015年10～12月	组织开展了148场国内外宣讲活动，全方位宣传全球能源互联网发展理念
2015年9月	与联合国秘书长潘基文在纽约联合国总部会见，就共同推动全球能源互联网发展形成共识
2015年9月	与美国国家可再生能源实验室签署战略合作协议
2015年8月	设立全球能源互联网研究中心
2015年7月	与国际能源署共同成立全球能源互联网联合工作组
2015年6月	成立全球能源互联网办公室
2015年2月	《全球能源互联网》中文版首发仪式暨专家座谈会
2014年10～11月	组织调研组到有关国家和北极、赤道地区进行实地调研，充实全球能源资源、电力发展和跨国联网等基础数据，丰富和完善理论体系
2014年5月	在全球可持续电力合作组织峰会上提出全球能源互联网发展构想

（三）各方观点

联合国秘书长 潘基文	全球能源互联网在应对气候变化中能够发挥重要作用，联合国将积极支持和推动构建全球能源互联网，共同促进人类社会可持续发展
联合国副秘书长 吴红波	全球能源互联网符合全人类共同利益，是一条能源变革转型和可持续发展的道路，最终实现人人享有可持续能源的目标，可以为世界的和平与和谐发展做出重要贡献
国际能源署署长 毕罗尔	全球能源互联网是解决世界能源和环境问题的有效方案，国际能源署支持全球能源互联网发展工作
全球契约组织总干事 金丽飒	全球能源互联网可以解决世界能源问题，体现了强烈的创新意识，非常具有远见
气候议会秘书长 邓洛普	习近平主席在联大的中国倡议体现了中国政府推进清洁发展的意志和行动，具有引领作用
全球契约组织特别高级顾问 乔治·科尔	全球能源互联网是一个面向未来的伟大构想，将带领世界走向能源可持续发展的正确道路
世界银行行长 金镛	全球能源互联网是一个非常令人鼓舞的愿景，世界银行将密切关注全球能源互联网的发展
美国国务院气候变化特使 斯特恩	全球能源互联网非常具有前瞻性，将在促进世界各国气候变化谈判和清洁发展中发挥积极作用
美国联邦能源监管委员会主席 诺曼贝	全球能源互联网是远见卓识，在美国能源界、工业界有广泛影响，将促使全人类团结起来
普利策奖获得者、剑桥能源研究协会董事长 丹尼尔·耶金	全球能源互联网启发我们从全球视角思考全球能源系统如何实现互联互通
日本软银集团董事长兼总裁、可再生能源协会创始人兼会长 孙正义	全球能源互联网是应对能源挑战最有效的解决方案，世界电网互联可以使间歇性的可再生能源成为永续的能源
世界可持续发展工商理事会主席兼首席执行官 彼得·贝克	构建全球能源互联网是"系统性、革命性"的解决方案，将有效改变能源地缘政治的现状，对保障全球能源安全、保护地球生态环境、实现人类社会共同发展具有重大意义
美国爱迪生电气协会主席 库恩	中国特高压的成功实践表明，构建全球能源互联网技术可行、安全可靠、经济合理
德国电气电子及通信技术协会董事长 齐默尔	全球能源互联网是大规模开发利用可再生能源最有效、最可行的方案，建成后将惠及中国、欧洲和全世界
中国科学院院士 卢强	全球能源互联网是一个与人类生活息息相关的开放巨系统，是站在全球高度提出解决能源环境问题的大策略

全球能源互联网发展合作宣言

（2016年3月31日，北京）

　　能源是经济社会的重要物质基础。面对能源安全、环境污染和气候变化严峻挑战，根本出路是加快能源变革，实现从化石能源为主向清洁能源为主转变。全球能源互联网是以特高压电网为骨干网架、全球互联的坚强智能电网，是清洁能源在全球范围大规模开发、配置、利用的平台。构建全球能源互联网，形成清洁主导、电为中心、全球配置的能源新格局，实施清洁替代和电能替代，是实现世界能源可持续发展的必由之路，对于推动清洁发展、应对气候变化、拉动经济增长、促进世界和平具有重大意义。

　　构建全球能源互联网，涉及世界政治、经济、能源、环境等方方面面，需要各国政府、企业加强合作。全球能源互联网发展合作组织（以下简称"合作组织"）正式成立和2016全球能源互联网大会成功召开，凝聚了共识和力量，将推动全球能源互联网创新发展进入新时代。为此，倡议：

　　一、明确发展方向。推动构建全球能源互联网，以清洁和绿色方式满足全球电力需求，实现联合国"人人享有可持续能源"和应对气候变化目标，服务人类可持续发展。

　　二、搭建组织平台。坚持共商、共建、共享、共赢的原则，广泛吸纳致力于推动能源可持续发展的相关企业、组织、机构和个人，共同建设具有全球影响力的合作组织，推动全球能源互联网在理念、战略、技术、合作、项目等方面实现全面突破。

　　三、加强理念传播。开展广泛宣传，让创新、绿色、可持续、和平发展的全球能源互联网理念深入人心，增进共识，形成合力。

　　四、开展规划研究。组织编制全球能源互联网发展规划和行动计划，推动纳入各国能源发展规划，引领全球能源互联网协调发展。

　　五、推动技术创新。开展全球能源互联网关键技术攻关，建立健全技术标准体系，发挥科技创新支撑作用。

　　六、强化沟通交流。发挥合作组织桥梁纽带作用，建立与国际组织、政府、企业和社会的沟通渠道，营造良好发展环境。

　　七、推进项目合作。建立各方积极参与、开放包容的合作机制，促进各国、跨国、跨洲电网互联项目实施，发挥示范引领作用。

　　八、共创美好未来。坚持开放、创新、合作、共赢，联合各方力量，共同推动全球能源互联网发展，促进世界和平、繁荣、进步，开启人类可持续发展的新篇章。

（四）示范项目

国家电网公司组织开展重点国家和地区能源电力需求、清洁能源开发条件、送电方向和规模、项目合作机制和投融资等关键问题研究，推进全球能源互联网重点示范项目建设。

（1）组织开展重点国家和地区能源电力需求、清洁能源开发条件、送电方向和规模、项目合作机制和投融资等关键问题研究。

（2）以张家口示范区、西部示范基地等项目为重点，加快中国能源互联网建设，促进西南、"三北"（华北、东北、西北）地区清洁能源开发。

（3）落实"一带一路"建设，推进我国与周边国家电网互联互通工程建设。

（4）推进亚洲—欧洲、非洲—欧洲、亚洲—非洲、北美洲—南美洲、大洋洲—亚洲、亚洲—北美洲等跨洲联网项目研究和落地。

表3-4　　　　　　中国国家电网与周边国家电网互联互通规划项目

项　目	电压等级	输电能力
俄罗斯叶尔科夫齐—中国河北	±800千伏	1000万千瓦
蒙古国锡伯敖包—中国天津	±800千伏	1000万千瓦
中国新疆伊犁—巴基斯坦伊斯兰堡	±800千伏	800万千瓦
中国新疆喀什—巴基斯坦吉尔吉特	±500千伏	300万千瓦
中国—尼泊尔	±500千伏	75万千瓦
中国—韩国—日本	±500千伏	200万千瓦

第四章
管理变革：企业科学治理

　　国家电网公司要脱胎换骨、浴火重生，实现科学治理，打造基业长青的体制机制，唯有变革一条路。以打造国际一流企业为目标，以提质增效为导向，以集中统一为方向，以强基固本、优化布局、"三集五大"为重点，是国家电网公司管理变革的基本主线。

　　构建"三集五大"体系，是国家电网公司实施的最具挑战性、影响最深远的管理变革，是电网业务管理体系的跨越式升级，对解放电网生产力具有历史性意义，为打造百年老店奠定了重要的管理基础。

　　持续的管理变革深刻改变了国家电网公司的面貌，加快了企业治理现代化进程，实现了公司发展方式转变，促进了电网发展方式转变。未来变革的步伐一刻不能停滞，变革永远在路上。

　　我们无法左右变革，我们只能走在变革时代的前面。

——彼得·德鲁克❶

---

❶ 美国管理学家，被誉为现代管理学之父。

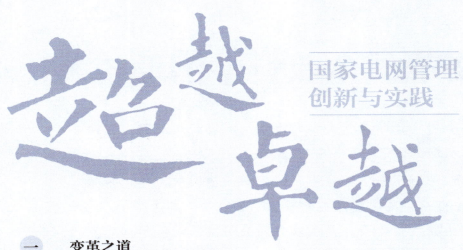

国家电网管理
创新与实践

管理实践

管理是企业永恒的主题，是提高企业素质和质量效益的根本途径。企业管理既要立足当前，解决历史遗留问题，整治薄弱环节，提高效率效益；也要面向未来，突破体制束缚，打造科学的治理体系。推进管理变革，要像农民翻地一样，不断发现问题、解决问题，持续转变发展方式，形成有利于企业可持续发展的业务布局、体制机制和管理模式。

一、变革之道

作为一个诞生于变革时代、资产过万亿的特大型国有骨干企业，国家电网公司成立初期，内外部环境复杂，管理粗放落后，不能适应国有资产保值增值和电网快速发展的需要。为了实现持续健康发展，推动从传统企业到现代企业的战略转型，需要大力推进管理变革。

（一）变革动因

解决突出问题。国家电网公司成立初期，管理层级多、链条长，业务条块分割，制度标准不统一，管理基础薄弱；集团管控力较弱，执行力层层衰减，内部发展不平衡，各单位习惯"自转"，缺乏全局"一盘棋"意识；存在不少"出血点""发热点"和历史遗留问题。这些问题给企业发展带来重大隐患和风险，严重影响企业可持续发展。

适应电网发展。国家电网公司成立之后的十多年，是我国电网持续快速大规模发展时期。随着以特高压电网为骨干网架的坚强智能电网加快建设，电网的功能定位、形态结构、运行特性、运行机理等发生了重大变化。电网的快速发展以及功能形态等方面的变化，对电网的规划、建设、运行、检修、营销等业务体系，以及核心资源运作方式和产业支撑能力，均提出新的要求。传统电网管理模式已经不适应电网发展的需要，必须通过变革创新，构建与电网生产力发展相适应的新型电网管理模式。

履行企业责任。国家电网公司承担着重要的经济责任、政治责任和社会责任，推进管理变革是提升履责能力的必然选择。要保障安全可靠供电，必须通过管理变革，创新电网管控方式，增强驾驭大电网的能力。要实现国有资产保值增值，必须通过管理变革，深入挖掘内部潜力，拓展新的发展空间。要贯彻中央决策部署，在关键时刻、重大任务、严峻挑战面前挺身而出、快速响应、及时处置，必须通过管理变革，实施集团化运作，提高服务大局的能力。

实现基业长青。国家电网公司要创建"两个一流"、打造百年老店，必须遵循现代企业发展规律，形成符合企业特点和现代制度要求的科学的体制机制，筑牢企业可持续发展的制度根基。要实现这一目标，唯有大胆进行管理变革。内外部形势的发展变化，需要企业通过持续不断的管理变革，有效把握机遇、应对挑战、防范风险，实现持续健康发展。

（二）变革方略

1．变革思路

推动管理变革的总体方向：以深化"两个转变"、创建"两个一流"为目标，以提高安全质量效率效益为导向，以优化发展布局、突破体制束缚、消除管理短板、激发企业活力、防控各类风险为目的，以集团化运作、集约化发展、精益化管理、标准化建设、信息化融合、国际化经营（"六化"）为方针，打造管理基础坚实、发展布局合理、体制机制科学、管理模式先进、风险管控有力、运营绩效卓越的现代电网管理体系。

"六化"方针贯穿国家电网公司管理变革的全过程。**推进集团化运作**，旨在构建全集团"一盘棋"的运作格局，发挥集团整体优势，统一集团管控，打造集团合力，实现从"自转"到"公转"的根本性转变；**推进集约化发展**，旨在发挥规模效应和协同效应，强化资源集约管理和优化配置，提升运营效率和效益，实现企业价值创造最大化；**推进精益化管理**，旨在深化专业管理和精益运作，细化量化管理，严控各类成本，强化风险防范，释放管理潜能，提升企业发展质量；**推进标准化建设**，旨在建立统一的技术标准、工作标准和通用制度，形成通用管理规范和标准化管理模式，完善考核评价工作机制，夯实企业管理基础；**推进信息化融合**，旨在建立覆盖各层级、各领域的一体化信息系统，自上而下、一贯到底，打破管理壁垒，消除信息孤岛，提高电网自动化、管理信息化水平；**推进国际化经营**，旨在统筹利用"两个市场、两种资源"，全方位推进业务、管理、品牌、人才的国际化，实现发展布局从本土到全球的转变，努力创建国际一流企业。

2．变革重点

强基固本。"基"就是基础管理，"本"就是核心业务。强基固本，就是要针对基础管理中的短板和业务发展的突出问题，通过依法从严治企，着力整治管理薄弱环节，消除管理违章行为，解决历史遗留问题，构建集团化运作机制，防范化解各种风险，夯实企业发展的管理基础。

强基固本的过程是不断发现短板、消除短板，循环往复、持续提升的过程，犹如农民翻地，年复一年、精耕细作、周而复始。所谓管理"翻地"，是指管理企业要像农民翻地一样，不断发现问题、解决问题，持续改进提高，努力超越、追求卓越。推进管理"翻地"需要坚持整体设计、统筹部署，根据轻重缓急和内在关系，有计划、有步骤地进行改进提升；需要坚持标本兼治、注重实效，在解决突出问题、化解风险隐患的同时，着力在体制机制上下功夫，对重点领域和重大问题持续反复"翻地"。

优化布局。长期以来，除电网基础业务外，国家电网公司各层级、各单位对外开展了不同规模和不同类型的投资，这些投资由不同主体持有，分散在各个领域，难以形成合力，资金利用率低，潜藏着较大风险，亟须强化管理、防范风险、提高效率效益。优化业务布局，就是在已有业务的基础上，根据企业发展战略需要，按照"同心圆"业务布局思路，积极推进各类业务资源的整合重组，减少交叉重叠，突出核心业务，强化业务支撑，增强产业协同，形成电网、金融、直属产业、国际业务四大业务板块，打造一个由基础层、支撑层、协同层构成的"同心圆"式的核心业务体系。

"三集五大"。2009年，国家电网公司在依法从严治企、推进资源整合、开展标准化建设、解决历史遗留问题的基础上，集成运用各种现代企业管理思想和方法，启动了"三集五大"体系建设。**建设目标：**全面实施人力、财力、物力集约化管理（"三集"），构建大规划、大建设、大运行、大检修、大营销体系（"五大"），建成管理集约、业务集成、资源共享、运转高效的现代企业管理体系，见图4-1。"三集"就是对核心资源实行集约管理，"五大"就是对核心业务实行统一管控。**基本内涵：**以"一强三优"现代公司战略目标为统领，遵循电网发展规律和企业发展规律，以集约化、扁平化、专业化为方向，变革组织架构，创新管理模式，优化业务流程，完善运营机制，全面提升管理效率、经济效益和服务水平，实现国有资产保值增值。

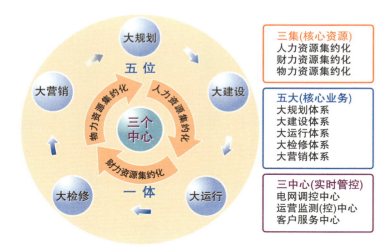

图4-1　"三集五大"体系的核心内容

二、全方位集团化

集团化运作是"六化"的核心，是国家电网公司推进管理变革的关键，既是国家电网公司做强做优的根本要求，也是贯彻国有企业改革发展要求，推进转型升级、提质增效的迫切需要。实施集团化运作，重点任务是打造坚强总部、压缩管理层级、强化统一管控、推行统一规范。

（一）打造坚强总部

总部是企业的首脑机构和总指挥部，在企业发展的进程中发挥着核心和统领作用。越是形势复杂，越是挑战巨大，总部的作用越关键、越突出。实施集团化运作，推进管理变革，首要任务是建设坚强有力的集团总部。

总部建设的总体思路： 转变思想观念，强化职能作用，增强能力素质，改进工作作风，提升工作水平，努力增强总部的领导力、调控力和影响力，打造战略领先、管理科学、运转高效、开放创新、追求卓越的世界一流企业集团总部。**领导力**，是指总部作为特大型企业集团的首脑机构，正确把握发展方向，科学制定发展战略，准确应对各种复杂局面，善于攻坚克难，实现又好又快发展必须具备的基本能力。**调控力**，是以发挥集团整体优势、实现规模效益为目标，创新体制机制，打破条块分割和资源分散格局，对全集团资源实行统一管理、统一运作、优化配置的能力。**影响力**，对内体现总部的工作能力、水平和成效，反映广大干部职工对总部的认可度和信任度；对外体现国家电网公司与社会的沟通互动关系，反映社会各方面对国家电网公司工作的满意度和支持度。

1．明确总部定位

总部是国家电网公司的战略决策中心、资源配置中心、管理调控中心和电网调度中心（"四个中心"）。

战略决策中心。总部要以实现经济、社会和环境综合价值最大化为目标，围绕事关企业发展全局的方向性、根本性问题，深入研究、前瞻谋划，实施依法决策、科学决策、民主决策，保证国家电网公司沿着正确的方向前进。作为战略决策中心，总部主要承担国家电网公司发展战略、电网规划、资本运营、重大投资、重大项目、重要干部任免和人力资源开发的决策，以及其他涉及改革、发展和稳定重大事项决策的职能。

资源配置中心。总部要以提高资源集中度和共享度、实现规模效益为目标，在全集团范围对各类重要资源进行全面系统的优化整合，保证资源的高效利用和价值最大化。作为资源配置中心，总部主要承担对国家电网公司人力、财力、物力、科技、信息、客户、文化、法律等战略资源实施集中管理和统一运作的职能。

管理调控中心。总部要以提高工作效率和经济效益为目标，对各项业务实施扁平化、专业化、规范化管理，保证资产运营效率和企业盈利能力持续提升。作为管理调控中心，总部主要承担对国家电网公司规划、计划、预算、基建、生产、安全、财务、营销、服务、科技、队伍建设等各方面工作实施过程中的重要环节、重要流程、重要目标进行调控和监督的职能。

电网调度中心。总部要以提高运行和管理大电网的能力为目标，按照统一调度、分级管理的原则，遵循电网规律，对电网运行进行统一组织、指挥和协调，充分发挥电网的电能传输、能源配置和网络市场功能，保证电网安全稳定运行和电力有序供应。作为电网调度中心，总部主要承担保障国家电网安全、实施电力资源优化配置和促进电力市场建设的职能。

2．强化总部功能

为落实总部"四个中心"的定位，国家电网公司通过持续优化总部组织机构，不断完善总部相应的功能。2004年底总部共有19个部门，2015年底增加到32个部门（包括国家电网公司工会）和6个区域分部，期间陆续强化了战略研究、科技创新、特高压建设与管理、改革研究与实施、运营监测（控）、国际化、金融与产业统筹发展与管理、电力市场建设与运行、物资管理、对外沟通联络、全球能源互联网研究推进等功能。其中，6个区域分部是总部职能的延伸，总部突出战略性、决策性、全局性职能，分部突出基础性、日常性、监督性职能，两者相辅相成、协调统一。

3. 完善法人治理结构

以中央深化国资国企改革精神为指导，贯彻落实国务院国资委的要求，围绕建立现代企业制度、提升企业治理能力，积极做好规范董事会和完善法人治理结构工作。2015年成立国家电网公司第一届董事会，设立董事会专门委员会，健全工作规则。按照分级分层决策原则，建立授权机制。结合国家电网公司实际，依法依规规范党组会、董事会、经理层之间的工作关系。通过修订《国家电网公司章程》，明确国家电网公司党组在企业法人治理结构中的法定地位，为加强党的领导、发挥党组的领导核心作用提供制度保障。

4. 加强总部队伍建设

根据事业发展需要，始终把培育优秀的团队作为重中之重。注重干部交流和培养，大力选拔优秀人才充实到总部队伍，每年从基层选拔一批青年干部到总部挂职（培养）锻炼，同时推进总部员工到基层交流锻炼。塑造总部卓越文化，切实加强总部作风建设。以培养总部"三型人才"（创新型、复合型、领军型）为核心，提高员工"四自能力"（自觉思考、自觉行动、自觉修正、自觉提升），完善"六大机制"（职责定位、流程管理、队伍开发、人才选拔、绩效提升、文化建设），努力建设一支追求卓越、素质优良、作风过硬、开放创新的高素质团队，为创建一流企业集团总部提供人才支撑和组织保证。

（二）压缩管理层级

认真贯彻国家关于增强国有企业集团控制力的要求，结合电网业务同质性高、规模效益显著的特点，根据电网快速发展需要和现代企业集团管理规律，确立了"两级法人、三级管理"的变革目标。两级法人，即国家电网公司和省公司；三级管理，即总部、省公司、地（市）公司三个组织层级的管理。

设立区域分部，与总部一体化运作。设立华北、华东、华中、东北、西北分部，与区域电网公司实行两块牌子、一套机构、一套人马；并根据电力资源优化配置和电网规划发展需要，设立了西南分部。总部与分部实行一体化运作，在增强总部管控能力的同时，有效压缩了管理层级。2016年，根据国务院常务会议精神和新的发展形势，注销华东、华中、东北和西北4家区域电网公司，进一步压减法人层级。

推进地（市）、县公司业务集约融合。通过集约融合，逐步将县公司管理职能向地（市）公司集中，县公司职责调整为以客户服务为主，解决"小而全"的问题，实现管理层级的压减。对于子公司身份的县公司，将逐步改为地（市）公司的分公司。

深入推进各管理层级内部组织机构扁平化。结合"三集五大"体系建设，推进省公司、地（市）公司、县公司和国家电网公司直属单位内部组织机构的扁平化。到2016年，国家电网公司已经基本形成"两级法人、三级管理"的电网业务组织架构，见图4-2。

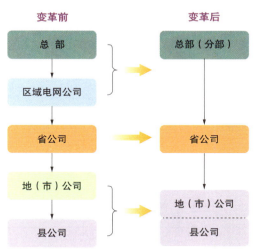

图4-2　国家电网公司管理层级压减示意图

（三）强化统一管控

强化统一管控，对于提高资源配置效率、生产效率、管理效率，加强企业价值管理、实现集团整体价值最大化，意义重大。重点是在战略规划统一管控、重大事项统一决策、重要资源统一配置、整体业务协同运作等方面不断探索实践。

战略规划统一管控。作为一个集团企业，必须以统一战略统领企业发展，实现全集团"一盘棋"。国家电网公司成立初期，受传统"自求平衡"发展模式的影响，各单位以"自转"为主。针对这种情况，国家电网公司首先明确未来的发展方向和战略目标，形成企业上下统一的发展战略，引领各级单位向同一个目标迈进，使各单位、各项工作都服从服务于统一的战略，发挥企业整体合力，实现全局一盘棋和企业整体价值最大化。同时，建立了统一的规划体系，包括总体规划、业务板块发展规划及若干专项规划。坚持以集团规划落实集团战略，层层落实、层层分解，形成从上到下逐级落实的战略规划管控体系，见图4-3。

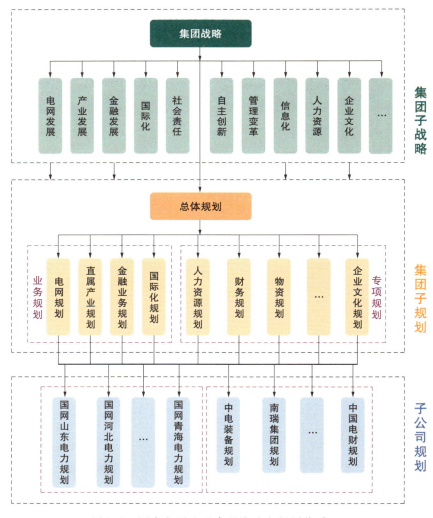

图4-3　国家电网公司发展战略与规划体系

重大事项统一决策。坚持民主集中制，对于"三重一大"事项（重大事项决策、重要干部任免、重大项目投资决策、大额资金使用）严格按照规定和程序要求进行决策。对于涉及员工切身利益的重大安排或变革调整，在广泛调研和征求意见的基础上，由职工代表大会审议通过。对于跨区跨省大型工程建设等重大任务，为了有效发挥集团合力，由国家电网公司统筹各单位资源和力量，进行统一决策和协调部署。对于各类突发重大事件的应急处置，由国家电网公司统一部署、统一组织和行动。

重要资源统一配置。高度重视资源潜力的挖掘，通过集约化管理和重组整合等手段实施统一配置，充分发挥重要资源的规模效应和协同效应。实施人财物集约化管理，集中统一配置核心资源。重组整合国家电网公司系统直属产业、金融等业务资源，实施集中统一运作，优化发展布局，实现集约化发展。为保证特高压等跨区跨省重大工程建设，建立资金投入、设备材料供应、建设队伍力量等方面的统一协调机制。对教育培训、审计、法律、后勤等具有较强规模效应、外部效应和协同共享价值的重要资源进行集约统筹利用，发挥共享价值，提高利用效率。

整体业务协同运作。推进不同区域、不同省公司之间的协同发展，通过重大项目投资安排、内部"东西帮扶"等工作机制，促使各经营区域、各省公司的平衡协调发展。推进板块之间协同运作，在统一发展战略指引下，通过统一规划机制和内部协调工作机制，着力推进电网、金融、直属产业各板块之间的协同发展，实现业务板块之间的相互支撑、相得益彰。推进各业务板块内部不同单位之间的协同运作，通过明确战略定位、规划制定审定、业务边界划分、综合计划、预算安排等多种手段实现业务板块内各单位的协调平衡发展。

（四）推行统一规范

建立统一的制度和标准，形成统一的管理规范，既是推进全方位集团化和"六化"工作的基础，也是提升管理效率效益的需要。

推行通用制度。按照"一元订立、一贯到底、一体遵循"的要求，制定发布通用制度，形成了覆盖主要业务和流程的通用制度体系。建立制度一元化管理机制，统一行使制度的制定权，防止制度"自转"。构建包括计划、执行、评估、改进在内的全闭环管理机制，实现制度管理自身的制度化、规范化、标准化和流程化。构建垂直一体的制度架构体系，把管理标准和工作标准融入管理制度，树立制度的唯一性和权威性。加强制度管理信息化建设，统一制度编码，实行制度联动管理和在线查询，开展制度落实情况的监督检查和分析评估。截至2015年底，建成了包括455项通用制度、243项非通用制度、10345项实施细则和一批补充规章制度的制度体系，制度总量比变革前下降13%。

推行统一标准。国家电网公司成立初期，电网工程建设标准不统一、重复性设计多，不同地区、不同电压等级的工程质量工艺水平差异较大，设备型式多、备品备件通用性差，造价控制困难，电网建设质量难以保障。针对这些问题，积极推进标准化建设，建立统一的技术标准，推行"三通一标"，在规划、设计、采购、建设、运营的全过程加强成本控制与优化，大幅降低电网建设成本。同时，把标准化建设作为提高集团管理效率和控制力的重要途径，从电网基建标准化开始，以国内、国际先进水平为标准，以典型设计、典型造价、通用设备为基础，全面推进规划设计、物资采购、运行维护等各个领域的技术标准化工作，并逐步建立各个领域的标准体系。

三、优化业务布局

国家电网公司以电网业务为核心，成立初期在总部以下层面还保留了大量其他相关业务，主要包括支撑保障电网发展的直属产业（如服务保障、经济咨询、技术研发、电工装备制造等）、金融业务（如财务公司、财险、寿险、信托、证券、期货等）、国际业务（各级单位自行开展的国际投资、贸易和工程等）。这些业务总体上呈现经营分散、管理粗放的特点，亟须通过重组整合，优化发展布局，挖掘存量资源潜力，支撑大电网建设，提高企业效率效益。

优化业务布局的总体思路：以实现做强做优做大、集约协同发展为目标，建立"同心圆"业务架构，形成产业链完整、竞争力强的主营业务体系，保障企业和电网安全健康可持续发展。"同心圆"业务体系结构见图4-4。

图4-4　国家电网公司"同心圆"业务体系结构

基本层，是"同心圆"的最内层，为电网基本业务，主要包括电网规划、建设、运行、检修、营销等。**支撑层，**是"同心圆"的第二层，主要是对电网基本业务发展具有重要支撑保障作用的业务，包括抽水蓄能、能源研究、科研信息、物资供应、通用航空、教育培训、出版传媒、后勤保障等。**协同层，**是"同心圆"的第三层，主要是与电网业务具有较强协同作用的业务，包括金融、电工装备制造、国际业务和处在培育期的新兴业务等。基本层、支撑层和协同层业务，共同构成了完整的电网业务体系。"同心圆"结构中的具体业务是一个动态演化、不断优化调整的过程，企业处在不同发展阶段将有不同的业务发展重点。

（一）强化基本业务

"同心圆"业务体系的基础与核心是电网业务。坚持以发展为第一要务，持续加大电网投资建设力度，积极推动以特高压电网为骨干网架、各级电网协调发展的坚强智能电网建设，不断完善电网结构，提高电网的大范围资源优化配置能力和供电保障能力。着力解决"两头薄弱"问题，高度重视特高压骨干网架建设，提升电网远距离输电能力；加快建设现代化的配电网，统筹城乡电网协调发展，提升配电网装备和技术水平，提高供电可靠性，努力消除"卡脖子"、低电压现象。开展电网业务管理创新，建设"三集五大"体系，加强规划、建设、运行、检修、营销等全过程管理，不断提高电网安全水平、运营效率和客户服务质量。

（二）整合直属产业

长期以来，直属产业与电网业务发展相互融合、紧密关联，已经融入电网发展的流程中，是电网业务科学发展的重要组成部分。

直属产业整合的总体思路：以培育具有国际竞争力的大型产业集团为目标，优先整合内部资源、适度合理利用外部资源，聚焦产业链高端和战略性新兴产业，持续优化产业发展布局，建立一批资产界面清晰、规模实力较强的产业集团。到2015年底，已形成了覆盖电工装备制造、信息通信、能源生产与服务等多业务板块的直属产业发展架构，为企业和电网发展提供了强有力的技术支撑和服务保障。2015年直属产业的利润贡献度达到27.6%。

电工装备制造业关系电网核心业务的发展，关系特高压技术的突破和工程应用。我国电工装备制造行业集中度低，电工装备市场长期被国际巨头垄断，核心技术受到严重掣肘，难以满足电网快速发展的需要。国家电网公司积极支持电工装备制造产业的发展，优化整合内部电工装备制造资源、推动做强做优做大，带动地方产业整合。2010年，根据河南省委、省政府的提议，经国务院国资委批复同意，正式重组整合许继集团、平高集团。通过重组整合，形成了包括南瑞集团、许继集团、平高集团、山东电工电气集团有限公司、国网信息通信产业集团有限公司在内的电工装备制造产业板块，推动了电网技术发展和电工装备研制，支撑了特高压电网的发展，对振兴民族装备制造业、加快国内电工装备制造业"走出去"具有重要意义。

（三）推进产融结合

金融服务是促进电网快速健康发展的重要支撑。2005年以来，在优化整合存量金融资源的基础上，遵循金融业务发展规律，按照"有进有退"的思路，加强内部金融服务平台建设，拓展金融业务布局，做专做精做优金融核心业务，积极推进产融结合，服务和支撑电网发展。通过深度优化整合、积极开拓市场、强化集约管理、强化风险管控，提高资本运作水平，增强市场竞争力和盈利能力，实现了产业资本和金融资本有机融合、互相促进的发展格局。到2015年底，国家电网公司初步形成了门类较为齐全、盈利能力较强的金融控股集团和金融产品体系。2015年金融业务对整个集团的利润贡献度达到18.6%。

（四）发展国际业务

积极实施"走出去"战略，落实国家"一带一路"建设、国际产能合作、"中国制造2025"等战略决策，以构建全球能源互联网为引领，以特高压、智能电网等先进技术为支撑，按照战略引领、依托主业、经营稳健的总体思路，以"三电一资"为重点，面向全球拓展业务，在全球范围优化配置资源，努力形成布局合理、优势突出、协同互补的全球业务格局。截至2015年底，已经成功投资运营菲律宾、巴西、葡萄牙、澳大利亚、意大利、中国香港等国家或地区的骨干能源网公司，境外资产380亿美元。

（五）开拓新兴业务

密切关注新能源、新技术等新兴产业发展趋势，瞄准市场发展方向，注重成长潜力和经济效益，着力发挥市场引导和示范作用，大力支持和培育新兴业务发展。

电动汽车充换电业务。高度重视充换电设施建设，将其作为服务国家大局、履行社会责任、培育潜在增长点的战略举措。发挥资源和技术优势，按照统一标准、科学布局、便捷实用的原则，因地制宜地推动电动汽车充换电业务发展。发展初期，从国家利益出发，加大投资建设力度，发挥示范引领作用；在条件成熟时，积极向社会开放，形成竞争性市场。通过加强配电网建设、精简业扩手续，为各类主体投资的充电设施提供报装接电服务。建设车联网服务平台，具备充换电设施查询、充电预约导航、支付结算等多重功能，提供覆盖全国的标准化、智能化、互动化用电服务。在国家有关部委指导下，开展充电标准编制修订工作，推动建立中国充换电标准体系。坚持"中国市场—中国标准"，主动与国外车企开展充电对接测试，推动采用中国标准，维护国内市场的标准自主权。截至2015年底，累计建成充换电站1500多座、充电桩接近3万个，覆盖81个城市和8条高速公路，续行里程1.1万千米。

电子商务。依托丰富的客户、产业、金融等资源，整合优化企业内部电子商务资源，组建电子商务公司，以网上交费、电力在线服务、物资电商化采购和销售为着力点，打造集公用事业交费、产业协同发展、电子商城、清洁能源替代、金融创新服务等线上线下服务功能于一体、特色鲜明、模式领先的电子商务平台，引领"互联网+"创新发展新业态，助力全球能源互联网建设。

节能与电能替代业务。积极推进风电、光伏发电、生物质发电等清洁能源开发，推进能源清洁绿色高效利用；统筹相关资源，强化节能技术与产品研发，向市场提供节能服务综合解决方案。持续加强政策研究和商业模式创新，积极推进电能替代业务发展，拓展对用户的增值服务。我国每年有约7亿吨煤炭在终端直接燃烧利用，产生大量的污染物和温室气体排放，是导致雾霾现象的重要原因。预计到2020年，电能代替直燃煤的市场潜力超过3亿吨，相当于电量5940亿千瓦·时。

智能用电业务。顺应技术发展趋势，充分发挥自身优势，加快发展智能用电业务。大力推广应用智能电能表，建设用电信息采集系统，实现对电力客户用电信息的实时采集。积极拓展智能小区/楼宇智能用能服务系统、用户侧分布式电源及储能系统等，实现智能电网与电力用户之间能量流、信息流、业务流的双向互动，增强电网综合服务能力，提高终端用户能源利用效率和电网运行效率。

四、人财物"三集"管理

国家电网公司人财物资源非常丰富，但长期以来管理较为粗放，资源分散，效率较低，积累了很多问题和矛盾。**人力资源管理上**：缺乏统一规划，机构设置和人员编制不规范；员工总量大，专业配置不合理，结构性矛盾突出；劳动用工管理不规范，人员入口把关不严、出口疏导不畅，"混岗"特别是农电"混岗"问题比较突出；薪酬分配制度执行不规范，激励约束机制不完善；教育培训体系不健全、资源分散，人才培养缺乏统筹协调。**财力资源管理上**：利益主体和会计核算主体多，财务管理模式不统一、会计信息不同质、会计政策不统一，对关键环节的监督不到位，"跑冒滴漏"现象时有发生；预算调控能力不强，财务执行力层层衰减；资金运作潜力没有充分发挥，资金短缺与资金沉淀并存现象突出，增加了企业发展成本。**物力资源管理上**：集团统一物资管理职能缺失，各单位物资管理模式不统一；采购招标机制不健全；库存物资多，管理标准化程度不高，技术参数不一致，设备和材料种类多、型号杂、通用性差；物资缺乏统筹，各单位之间物资积压与短缺情况并存。这些问题的存在，导致企业资源的配置和利用不够充分，也给企业带来很多风险点，必须加强人财物等资源的集约化管理。

集约化管理的总体思路是：以提高管理效率效益为目标，以加强资源整合和优化配置为重点，以标准化建设为基础，以信息化为支撑，坚持集中、统一、精益、规范、高效原则，强化资源管控，实行统一运作，理顺工作机制、优化业务流程、压缩管理链条，建立一贯到底的管理模式、组织体系、制度标准、业务流程和信息平台，做到全面覆盖、上下协同、管控有力、运转高效，提高人财物核心资源的集中度和调控力，最大限度发挥规模效益，防范经营风险。

（一）人力资源集约化

集约思路：以控制用工总量，优化人力资源结构，健全人力资源管理机制为重点，以"三全"（全员、全额、全口径）、"三定"（定编、定岗、定员）、"三考"（考核、考试、考勤）为抓手，以深入推进"六统一"（统一人力资源规划与计划、统一机构设置和人员编制、统一劳动用工制度、统一薪酬福利制度、统一绩效考核制度、统一人才培养和开发）为主线（见图4-5），以激励约束为保障，按照集约、规范、高效的原则，建立人力资源集约管控体系，优化规范各层级组织架构、岗位设置、业务流程、考核激励机制，建立完善的企业内部人力资源市场，引导和推进国家电网公司人力资源不断优化、素质持续提升、活力不断增强。

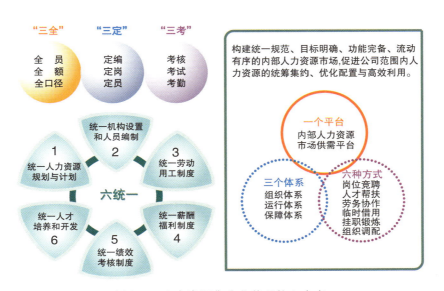

图4-5　人力资源集约化管理核心内容

集约措施：一是统一制定规划计划，实现人力资源管理战略引领，建立与规划相衔接的人力资源计划管理体系，覆盖用工总量、专项补员、人工成本、人才开发、劳动效率等板块。二是统一规范机构编制，统一制定并执行覆盖各级企业的组织机构设置规范和典型方案。三是统一用工制度，实现人力资源配置结构持续优化，总部统一管控所有用工，对关键人力资源实行统一调配。四是统一薪酬政策，实行薪酬总额控制，推广建立岗位绩效工资制度，将薪酬分配与岗位价值、绩效和能力素质紧密挂钩；实施工资集中审核发放，规范收入分配秩序。五是统一绩效管理模式，建立企业负责人分类考核和全员绩效管理体系，统一考核模式和指标体系，规范绩效管理流程和过程管控，统一考核结果分级与应用。六是统一管理人才培养与开发，制定全员培训规划，建立培训计划管控和培训组织实施体系，建成统一的企业网络大学，建立四级四类人才管理体系。

（二）财力资源集约化

集约思路：开展财力资源集中管理和统筹配置，强化经营全过程管控，全面推进"六统一"（统一会计政策、统一会计科目、统一信息标准、统一成本标准、统一业务流程、统一组织体系）、"五集中"（会计集中核算、资金集中管理、资本集中运作、预算集约调控、风险在线监控）（见图4-6），实现财务资源的统一集中运作及财务与相关业务的集成融合，积极推动"三加强"（加强电价管理、加强基建财务、加强财税筹划）、"三保障"（组织保障、业务保障、技术保障），增强财务管控能力，提升经济效益、企业价值和风险防控能力，建设集中、统一、精益、高效的现代化财务管理体系。

图4-6 财力资源集约化管理核心内容

集约措施： 一是实现财力资源由集团统一管理、集中运作。推行资金全面集中、支出统一审批、融资统一管控的资金集中管理模式，将集团所属单位资金全部集中到一个"资金池"，强化总部对资金资源的管理调控。建立完善会计集中核算体系，实施会计集中核算，实现会计核算"一本账"、会计报表"一键式"生成。二是构建集团统一的财务管理规范。实施财务管理标准化建设，形成统一的财务政策标准体系。三是实现财力配置与业务发展有机衔接。强化全面预算管理，将各类经济活动和资金运动全部纳入预算调控，充分发挥预算的调控作用，推进财务业务一体化管控，推动资产全过程价值与实物联动管理，建立覆盖国家电网公司的全面风险管理与内部控制体系。

（三）物力资源集约化

集约思路： 实施集中规模招标采购，建设"一级平台管控（电子商务平台）、两级集中采购（总部、省公司）、三级物资供应［总部—省公司—地（市）公司］"运作模式，建设"四个机制"（集中采购机制、供应保障机制、质量管控机制、风险防控机制），提升"五种能力"（体系协同运作能力、业务集中管控能力、资源优化配置能力、需求快速响应能力、队伍专业管理能力），建立健全统一的物资管理体系和标准体系，加强物资采购供应精益化管理，构建国家电网公司现代物流网络，打造国内领先、国际一流的供应链管理体系。

集约措施： 一是实施物资集中规模采购。建立集中高效的集团采购平台，实施总部、省公司两级集中采购，扩大物资集中招标采购范围，所有采购一律在电子商务平台上实施。二是建立科学的物资供应体系。打造现代物流体系，采用差异化物资供应模式，有效满足各类物资供应需求。三是建立全过程质量监督机制。贯穿招标、监造、交货、安装各个环节，建立物资招标采购、生产制造、安装调试、运行维护等全寿命周期质量信息贯通机制。四是建设全过程采购风险防控机制。针对采购过程中可能产生的法律风险、廉政风险、履约风险等各类风险，制定有针对性的风险防控措施，构建岗位、流程、制度一体化的风险防范长效机制。

开展资产全寿命周期管理。 按照远近结合、分步实施的原则，以安全、效能、成本综合最优为目标，以制度体系为保障、信息化系统为支撑，积极推进资产全寿命周期管理，综合考虑近期需求与电网未来发展需要，强调规划计划、采购建设、运维检修、退役处置等资产全寿命周期各个环节管理行为与技术要求的协调统一，实现物资流、信息流、价值流有效合一。从2012年开始，引入PAS55和ISO55000国际资产管理标准，逐步构建具有国家电网公司特色的资产全寿命周期管理体系（见图4-7），形成并发布了国内首个企业级资产管理标准。截至2015年底，国家电网公司系统参与推广实施资产全寿命周期管理的27家省公司和6家直属单位全部完成体系建设，其中5家通过"领先型"评价验收，28家通过"成熟型"评价验收。2015年与2012年相比，每万元电网实物资产的全寿命周期成本降低约7.6个百分点，电网安全事件减少22起，设备安全事件减少202起。

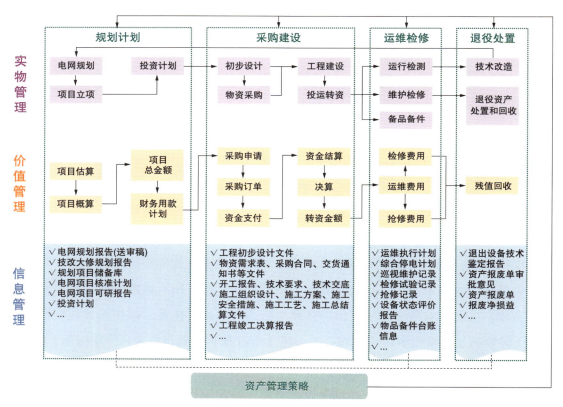

图4-7 国家电网公司资产全寿命周期管理流程框架

五、"五大"体系建设

规划、建设、运行、检修、营销是电网业务体系的核心环节，这五个环节环环相扣、彼此衔接，共同构成了电网业务体系的支柱。随着经济社会发展和科学技术进步，传统的电网企业运营体制机制已经不能适应电网生产力快速发展的形势和要求。围绕核心业务，变革组织架构，创新管理模式，优化业务流程，构建"五大"体系，既是服务经济发展方式转变的需要，也是适应现代电网发展的需要；既是实现企业内部资源集约高效配置、集团价值最大化的需要，也是遵循企业成长规律、建设国际一流企业的需要。

　　建设目标：通过"五大"体系建设，从组织架构、管理模式、业务流程上，为公司和电网科学发展提供有力保障，促进经营管理水平、价值创造能力和整体素质的全面提升，把国家电网建设成为结构坚强、布局合理、安全可靠、经济环保的一流电网，把国家电网公司建设成为管理先进、组织完善、流程优化、运营高效的一流企业。

　　建设思路：统一业务模式，以集约化、扁平化、专业化为方向，以统一信息平台、统一管理标准、统一支撑服务为保障，按照效率优先、目标导向，变革组织架构、创新管理模式、优化业务流程，推进省公司、地（市）公司、县公司管理的扁平化，突出规划、建设、运行、检修、营销等重点业务的专业化，建立集中统一、权责明晰、高度协同的组织架构和规范、高效、顺畅的运行机制，形成管理集中高效、资源集约共享、业务集成贯通的新型电网企业运营模式。

　　建设历程："三集五大"体系建设总体分为顶层设计、试点建设、体系构建、全面建设四个阶段。**顶层设计阶段**，从2010年1月到2010年底，主要是开展调研，明确思路，设计方案。**试点建设阶段**，从2011年1月到2011年底，主要是开展试点、探索道路、积累经验。**体系构建阶段**，从2012年初到2013年6月，主要是构建新型管理架构和运转模式。**全面建设阶段**，从2013年7月到2014年底，主要是系统设计、整体优化、全面提升，按照更集约、更扁平、更专业、更统筹、更重视基层的要求，全面提高管理效率、经济效益和服务水平，为企业持续健康发展奠定体制机制基础。2014年底，"三集五大"体系全面建成。

（一）大规划体系

1．建设目标

构建大规划体系，建立统一规划、各专业相互协调、各类规划计划有机衔接、集约高效的一体化规划计划管理体系，以统一的规划、计划引领和促进电网科学发展。加强国家电网公司系统规划、计划的集中管理和统一编制。集团规划由总部负责、相关单位参加，强化集团规划对各专项规划、各省公司（单位）规划的统领作用。电网规划由总部统筹，省公司参加，地（市）公司、县公司配合，各级经研院（所）具体编制，制定覆盖所有电压等级的统一规划。

2．建设思路

变革传统的规划管理模式，解决管理主体多、各类规划计划不衔接等问题，向统筹协调、统一规划计划转变，建立集团统一规划、各专业相互协调、各类规划计划有机衔接、集约高效的规划计划管理体系，形成完整的规划功能和完备的规划能力，确保国家电网公司业务全领域、经营全区域、各类各级规划统筹协调，切实发挥规划的"龙头"引领作用，保障战略有效实施。大规划体系框架概括为"三强化、三提升、四个一"。"三强化"即强化规划统筹、强化计划管控、强化技术支撑；"三提升"即提升发展质量、提升管理效率、提升综合效益；"四个一"即规划一个本、计划一条线、管理一个口、信息一平台。大规划体系组织结构见图4-8。

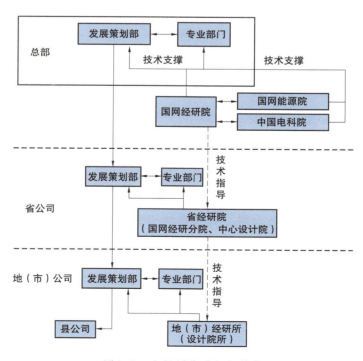

图4-8 大规划体系组织结构

3．建设重点

建立统一规划机制。制定实施统一的企业发展规划，将各类、各级、各专业规划全部纳入统一规划中。企业发展规划包括总体规划，以及电网发展规划、产业发展规划、金融发展规划、国际化发展规划、科技规划、人力资源规划等专项规划。电网发展规划包括主网架规划、配电网规划、通信网规划、智能化规划等专项规划。

重塑规划管理体系。发展部门负责总体规划，统筹主网架、配电网、通信网、智能化规划，各专业部门负责专项规划研究，实现规划统一归口管理。发展部门统一综合计划管理，专业部门协同配合，开展专项论证等有关工作，改变以往多部门并行上报下达、综合计划与专业计划和财务预算衔接不够等问题。

建立有机衔接机制。强化规划与计划的有机衔接，企业发展规划审定后，建立规划项目库，据此开展项目前期工作；完成前期工作的项目纳入储备项目库，通过年度综合计划的方式逐年付诸实施；计划全部细化到项目，确保项目安排和建设科学合理与可控在控，让规划切实落地。强化电网规划与经济社会发展规划的有机衔接，确保电网发展科学合理。

健全规划支撑体系。设立三级规划支撑机构，总部层面、省公司和地（市）公司层面分别由国网经研院、省经研院（国网经研分院、中心设计院）、地（市）经研所（设计院所）承担支撑任务，完善规划功能，提高规划能力。

（二）大建设体系

1．建设目标

构建大建设体系，通过建立科学的电网建设管理体系支撑坚强智能电网建设规划的落实，通过提升建设队伍的能力素质来保证电网建设质量和安全。大建设体系的基本框架概括为"三化、三统一、三加强"。"三化"即集约化、扁平化、专业化；"三统一"即统一管理制度、统一技术标准、统一业务流程；"三加强"即加强建设职能管理、加强工程项目管理、加强参建队伍管理。大建设体系的组织结构见图4-9。

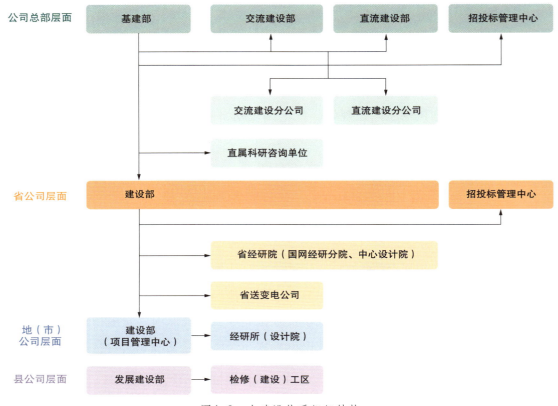

图4-9 大建设体系组织结构

2．建设思路

以提升电网建设质量、保障坚强智能电网建设为目标，统一电网建设管理制度、技术标准和业务流程，加强建设职能管理、工程项目管理及参建队伍管理，强化设计评审、参建队伍选择、工程结算等关键环节管控。建立职能管理与项目管理相协调、分工科学、分层管理、纵向贯通、横向协同的工程建设管理体系。统筹内部资源，建立电网建设与对外服务协同机制，增强对外协调能力。加强所属设计、施工、监理队伍建设与管理，推进送变电企业向施工管理型、专业技术型企业转变。

3．建设重点

建立统一管控机制。由总部统一组织制定工程建设方面的管理制度、技术标准、流程规范，切实解决总部多头管理、各单位标准规范不统一的状况。同时，按照电压等级，对电网工程建设的关键环节，如设计评审、参建队伍选择、工程结算等，实施集中管控。

完善建设管理体系。优化调整各组织层级的电网建设职责，优化各层级职责分工。构建特高压工程标准化建设管理模式，建立和优化完善总部统筹协调、属地省公司建设管理、直属专业公司技术支撑的管理模式，推行"两级管理、三方协同"〔"两级管理"即总部统筹，省公司（直属建设公司）实施建设管理；"三方协同"即省公司（省经研院建设管理中心）、直属建设公司、地（市）公司协同推进工程建设〕项目管理，提升项目管控能力与效力。非特高压的跨区、跨省项目，由相关省公司按照地域范围分别承担工程建设管理责任。在省域内，高电压等级的电网建设项目在省公司层面集中组织实施；在地（市）公司层面，统一组织所辖电网建设，提高工程建设质量和效率效益。

健全队伍管理机制。提升电网建设质量，必须加强所属设计、施工、监理队伍建设与管理，引导省级送变电公司将主要力量投入特高压工程建设。不管是国家电网公司系统内部还是外部队伍，都以公开招标的方式选择确定，并通过合同管理实施有效管控。同时，建立设计、施工、监理激励约束机制，依据合同履约情况对参建队伍进行评估。

（三）大运行体系

1．建设目标

构建大运行体系，通过优化调控层级、实施调控一体，推动调度业务转型，强化电网运行指挥中枢作用，建立输配电设备集中监控与电网调度业务高度融合、配电网故障研判及抢修指挥高效运转的调度控制体系，提升驾驭和运行大电网的能力，提高大范围优化配置资源的能力，保障电网的安全、经济、优质、高效运行。

2．建设思路

将变电设备运行集中监控业务（包括输变电设备状态在线监测与分析）纳入调度控制中心统一管理，在确保安全的基础上，逐步扩大调控远方操作范围。推进国调与分调一体化、地（市）调与县调调控业务集约统筹运作，逐步形成国（分）调、省调、地（县）调三级调控管理体系。整合配电网抢修资源，地（市）调、县调负责电网故障研判和抢修指挥。大运行体系的组织结构见图4-10。

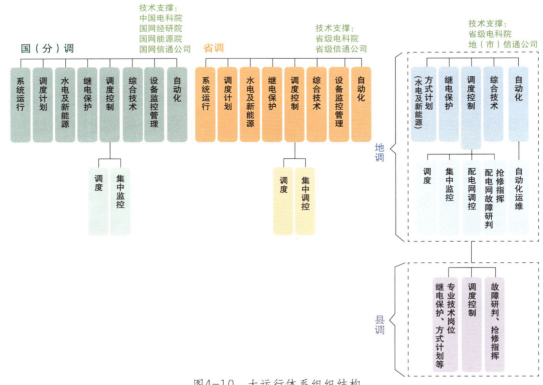

图4-10　大运行体系组织结构

3．建设重点

实施各级调控一体化。统筹电网调度和设备运行资源，推进输变电设备运行与电网调度运行的业务融合。按不同电压等级划分，将输变电设备集中监控、输变电设备状态在线监测与分析业务纳入相应调度机构统一管理，实现各级调控一体化。

构建三级调控体系。按照精简集团管理层级的总体部署，构建国（分）调、省调、地（县）调三级调控管理体系，推进国调、分调运行业务一体化运作，省调加强标准化建设、同质化管理，县调改为地调分中心，由地调统一开展专业管理。

优化职责配置。按照电压等级优化电网调控关系，国（分）调依法对电网实施统一调度管理，承担国家电网的调度运行、设备监控、系统运行等各专业管理职责，负责500（330）千伏及以上主网的调控；省调负责省级电网调控运行，承担省内电网的调度运行、设备监控、系统运行等各专业管理职责，负责调度管辖省域内220千伏电网和终端500（330）千伏系统、直调所辖电厂，承担省域内750/500/330千伏变电设备的集中监控、输变电设备状态在线监测与分析业务；地（县）调负责辖区内配电网的调控运行，承担地区电网的调度运行、设备监控、系统运行等各专业管理职责，以及配电网故障研判、抢修协调指挥业务，调度管辖10～110（66）千伏电网和终端220千伏系统，负责地域内35～220千伏和330千伏终端站变电设备的集中监控、输变电设备状态在线监测与分析业务。

（四）大检修体系

1．建设目标

构建大检修体系，以转变传统运维检修管理模式为重点，以实施运维、检修一体化管理和检修专业化为核心，建立设备全方位管控、技术全过程监督、运检资源高效利用的新型运检业务体系，实现运维业务高度融合、专业检修全面覆盖，推行资产全寿命周期管理，提升运检效率和设备运维检修水平，提高设备利用效率和可靠性。大检修体系的组织结构见图4-11。

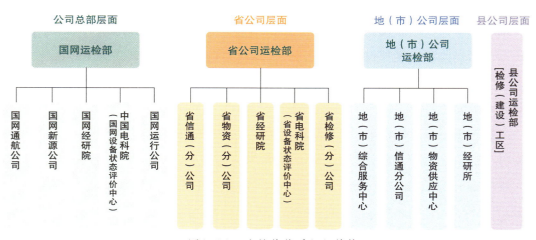

图4-11　大检修体系组织结构

2．建设思路

以"五化"（机构扁平化、资源集约化、运维一体化、检修专业化、管理精益化）

为建设方向，建立完善"五统一"（统一制度标准、统一业务流程、统一信息平台、统一绩效考评、统一资源调配）运转机制，建立分级管控、保障到位、管理精益的运维检修体系。统筹企业技术装备资源和内外部检修建设力量，加快变电站无人值守升级改造，深入推进运维一体化和检修专业化，深化电网设备状态管理，强化全过程技术监督和电网实物资产管理，规范运检业务外委（外包），提高运检效率和效益。

3．建设重点

推进检修专业化。通过基地检修、返厂检修、现场检修等方式，加强资源统筹、发挥规模优势，保障检修质量，提高检修效率，提升供电可靠性，降低现场检修的安全风险和备品备件成本，减轻缺员压力和经营压力。推行按照设备健康状态安排检修计划的状态检修方式，在总部和省公司层面建立两级设备评价中心，支撑设备状态检修工作。

推进运维一体化。融合现场运行与维护性检修业务，运维班组统一实施设备巡视、现场操作、带电检测及不停电清扫、消缺、易损易耗件更换等维护性检修业务，降低运维成本，提高运行、检修的协作能力、响应能力、应急处置能力，改变专业分工过细、人力物力投入过多、资源重复配置、整体效率低下的局面，提高运维劳动效率。

推进检修管理精益化。通过开展状态检修，降低设备全寿命周期运维成本，加强设备运行状态监测，延长设备使用寿命，降低电网运营成本。建立健全过程技术监督体系，实施设备全过程技术监督，根据电网各个时期的运行特点，强化对电网技术管理薄弱环节的监督。

高效利用运维检修资源。发挥集团优势，加强区域协作，集中优势技术装备资源。逐步引入社会化资源，充分利用外部运维检修资源，适应电网规模迅速扩大、工作强度大幅度提升的形势，提高检修作业效率，降低非电专业检修作业成本，提高工作质量。

（五）大营销体系

1．建设目标

构建大营销体系，建立以客户需求为导向、高效协同的一体化营销组织体系，统一服务平台、业务模式和管理标准，提高服务能力和客户服务水平，密切国家电网公司与用户及社会的关系，提升品牌形象。

2．建设思路

以市场和客户为导向，建立全天候面向客户的统一供电服务运行体系，建立"客户导向型、业务集约化、管理专业化、机构扁平化、服务一体化、市县协同化"的"一型五化"新型营销体系，建立完善营销"一口对外、内转外不转、首问负责"的服务机制，推进关键业务向上集约，强化地（市）公司、县公司营销业务协同化运作，提高营销优质服务水平和业务管控能力。大营销体系的组织结构见图4-12。

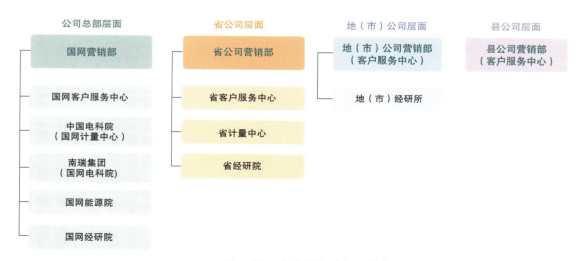

图4-12 大营销体系组织结构

3．建设重点

推进营销业务集约管控。整合省公司、地（市）公司、县公司的营销业务，将95598客户服务、计量检定配送、电费核算、账务处理等营销关键业务向上集约，通过集约化，增强业务的专业化运作能力，提升对各项业务的管控水平，从而提升客户服务质量，塑造国家电网公司良好的品牌形象。

构建统一的客户服务平台。设立总部、省公司、地（市）公司、县公司四级客户服务中心，作为营销业务具体执行单位和客户服务窗口。在总部层面设立国家电网客户服务中心，95598业务由各省公司向集团层面集中，建设全集团统一的95598客户服务平台。建立95598客户服务、供电服务窗口等全部营销业务的"一口对外"机制，客户服务中心、供电服务窗口等与客户直接发生业务和交互关系的部门和机构必须一揽子解决客户提出的需求，实现客户需求"内转外不转"，提升内部部门之间的协同水平，提升客户满意度。

"五大"体系之所以称为"大"，主要是基于与以往业务体系的四点不同：一是纵向上强调"贯通"，即强化业务条线的垂直管理，适当集中和上移职能权限，有效解决决策穿透力不强、专业化管理水平不高的问题。二是横向上强调"集成"，即重视对相关专业的集成和融合，如规划方面推进各专项规划集成、运行方面推进调控一体化、检修方面推进运维一体化等，以解决相关业务发展的协调和衔接问题。三是范围上强调"协同"，即重视支撑体系建设，并将其纳入核心业务体系建设范畴，如支撑大规划的技术服务体系、支撑大营销的95598客户服务体系等。四是整体上强调"统一"，即强化统一的制度标准体系和统一的管理信息平台建设等。

"五大"体系之间既相互独立又横向联系，"五大"体系建设涵盖规划、计划、建设、调度、运行、维护、检修、抢修、营销等全业务环节，构成了闭环管控，大大提升了电网业务体系的横向集成和纵向贯通能力，进一步提高了国家电网公司的效率效益和服务经济社会发展的能力。

六、建设"三个中心"

国家电网公司为确保电网安全、经营绩效和服务质量，创造性地开展"三个中心"建设，构建科学管控体系，对企业经营发展情况实行全方位、全天候、立体式、全流程的在线监控，为促进企业和电网持续健康发展提供坚强支撑。

（一）电网调控中心

根据电网安全运行需要和坚强智能电网发展趋势，将调度与控制合一，推动国调与分调的协同，建立备调系统，建成了功能更加完备、技术更加先进的电网调控体系。电网调控中心是保障电网安全稳定运行的综合管控平台，负责电网的安全、经济、稳定运行，是大电网安全可靠运行的神经中枢。按不同电压等级的变电站划分，将变电设备运行集中监控、输变电设备状态在线监测与分析业务纳入相应调度机构统一管理，实现各级调度的调控一体化运作。将县调改为地调的分中心，由地调统一开展专业管理，统筹地（县）调业务，实现集约统筹，实施国（分）调、省调、地（县）调三级调控（见图4-13），深化调度功能结构调整。各级电网调控中心实现了电网调度控制一体化、大电网全景监视、新能源智能调控、在线综合预警，为电网安全运行、能源大范围优化配置、全国电力市场运营提供有力支撑。

图4-13　国家电网三级调控架构

（二）运营监测（控）中心

运营监测（控）中心负责对企业主要经营活动和管理绩效进行实时在线监测，是集全面监测、运营分析、协调控制、全景展示、数据资产管理于一体的综合管控平台。通过这一平台，可以准确把握企业运营状况，及时发现并协调解决企业运营存在的异动和问题，有效消除业务壁垒、部门壁垒和管理薄弱环节，促进企业资源全面集约与高效利用、业务紧密衔接和高效协同，降低经营风险，提高企业整体运营效率效益。国家电网公司从企业实际需要出发，建立了总部—省公司—地（市）公司三级运营监测（控）体系并投入运行（见图4-14）。

（三）客户服务中心

为加强客户服务的内部集约管理、提高服务质量和效率、加强社会监督和服务监

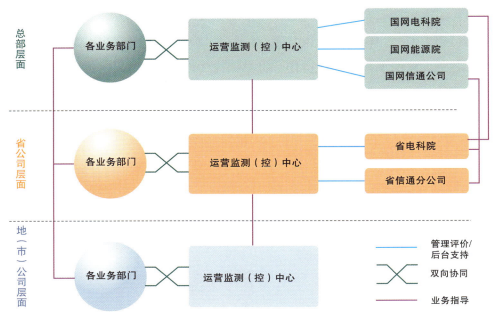

图4-14 国家电网公司三级运营监测（控）体系架构

控，建立了统一的客户服务中心，对95598开展全网全业务集中运营，打造95598一体化服务体系和服务平台。客户服务中心集咨询、投诉、报装、接电、客户信息服务等功能于一体，实现对服务质量和服务行为的在线监控。客户服务中心的建设思路是，以为客户和企业创造价值为导向，优化整合服务资源，大力拓展服务内容，致力于打造两全三化（全业务、全天候，服务专业化、管理精益化、发展多元化）的供电服务平台，积极探索新的营销模式和服务模式，持续提升服务能力、服务效率和服务效益。通过95598集中运营，将客服中心建成为客户诉求汇集中心、服务协同运作中心、服务质量监控中心、服务创新拓展中心，成为提升供电服务水平和社会责任履行能力的综合管控平台。客户服务中心总体架构分为四级，见图4-15。

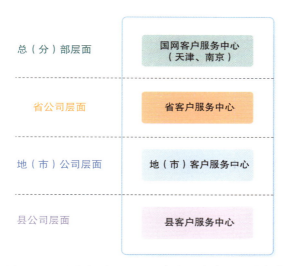

总（分）部层面　　国网客户服务中心（天津、南京）

省公司层面　　省客户服务中心

地（市）公司层面　　地（市）客户服务中心

县公司层面　　县客户服务中心

图4-15　国家电网公司四级客户服务中心总体架构

"三个中心"是企业管理的首创性工程，实现了对企业关键资源、核心业务、客户服务质量的实时监测和在线管控，在保证电网安全、降低经营风险、提升运营效率效益和客户服务水平等方面发挥了重要作用。"三个中心"的建成，不仅大大增强了整个企业的可控性，而且有效提升了企业运行效率，提高了企业管理精益化水平，同时成为对企业管理变革成效进行综合评价和全景展示的重要平台。

七、推进"五位一体"

建设"三集五大"体系，必须解决新体系如何有效落地、高效运转的问题。这就要求适应管理变革需要，建立与之相匹配的运营机制和支撑体系。职责、流程、制度、标准、考核"五位一体"协同管理机制，是根据电网企业日常管理和员工工作，遵循统一标准、淡化部门概念、还原业务本质，从工作机制上消除可能出现的部门隔阂、专业分歧和流程冲突等问题，形成跨越部门、贯通层级、汇集共识的流程体系。它以流程管理为核心，以职责体系为保障，以制度、标准为准则，以绩效提升为目标，将各专业管理要求贯彻到基层岗位，有效支撑"三集五大"体系扎根落地。其中，职责明确"谁来做"，通过它将任务落实到岗位和角色；流程明确"做什么"，是工作任务的脉络和基础；制度明确"怎么做"，是工作任务的原则要求；标准明确"做到什么程度"，是工作任务的质量要求；考核明确"做得怎么样"，是对完成目标和结果的检查。

建设目标：围绕"一强三优"现代公司战略目标，通过统一建设路线、统一组织协调、统一运行监控，引入统一集约、协同开放、资源共享、信息交互的"五位一体"协同机制，推动职责、流程、制度、标准、考核等管理要素的系统匹配和整体集成，有效消除生产运营实践中存在的管理冲突和盲区，统一规范企业经营活动运作模式，从源头上解决专业管理中横向协同、纵向贯通问题，实现管理水平不断提升。

建设思路：建设标准岗位体系，将岗位职责匹配至流程环节，落实到位；建设标准流程体系，实现供电业务统一规范管理；建设通用制度体系，将管理要求落实到业务执行过程；完善技术标准体系，将技术标准落实到岗位；建设流程绩效体系，将战略目标分解落实到相关业务区域、流程及岗位。

建设重点：基于流程管理平台，构建电网企业标准流程体系，并与职责、制度、标准、考核等管理体系相融合，形成完整的以流程为核心的一体化管理体系（见图4-16），其中包括五大体系（职责、流程、制度、标准、考核）、一个平台（协同管理平台）、两类手册（流程手册、岗位手册）。

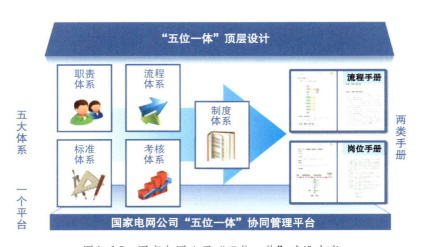

图4-16 国家电网公司"五位一体"建设内容

"五位一体"机制能够实现管理体系的自我完善，是解决特大型企业部门壁垒、专业分割问题的重大创新举措，是用"整体的"而不是"局部的"、"系统的"而不是"分散的"、"统筹的"而不是"割裂的"角度和立场去发现问题、分析问题和解决问题，是一种由业务驱动的新型管理模式和方法论，是在"三集五大"实践探索中形成的重要管理创新成果。

（一）构建业务流程体系

引入国际先进流程管理理念和平台，统一流程标准和设计规范，制定具有实际应用和推广价值的业务名录和管理要求，以企业级流程梳理为重点，建设覆盖各领域业务的标准业务流程体系。向上构建企业级、专业级流程，向下将流程细化到业务节点、落实到角色，明确到时间要求和操作规范，形成大到体系、小到节点、类级清晰、标准明确的业务流程体系。全面盘点战略决策、业务营运、保障支持等各类流程，建立流程地图、流程区域、流程群组、业务流程四个层级为主体的流程架构，推进流程整合优化，实现核心流程纵向贯通、横向协同、整体协调。

（二）匹配管理要素

基于业务流程体系，将职责、制度、标准、考核等要素细化拆分并与流程匹配，通过角色把各项任务和要求落实到岗位，实现岗位职责与岗位管理要求高度协同、一致。在流程梳理时建立"角色"体系，用流程关联角色、角色对应岗位，实现岗位与流程的"松耦合"管理，有效匹配岗位职责。将制度条款拆分，匹配至对应的流程环节，将标准与流程匹配，实现流程与制度、标准的匹配和深层次融合。将绩效指标与各级流程及流程环节匹配，建立客观反映工作开展情况、层级清晰的流程绩效指标体系，实现流程与绩效指标的匹配。

（三）形成规范管理手册

基于"五位一体"建设成果，导出流程手册、岗位手册，流程手册中详细描述流程相关管理信息，岗位手册中包含岗位职责、岗位参与的流程以及制度、标准、考核等"五位一体"信息。员工只需按照流程工作，无须查阅相关制度、标准等，就能够清楚所有管理体系对自己的要求。

（四）建设信息化平台

"五位一体"信息化平台是展示国家电网公司职责、流程、制度、标准、考核等管理要素协同情况和运行状态的载体，也是建设"五位一体"的基础工具。在总览界面下，可全景浏览五个要素的内容及相互之间的影响关系。基于平台定期实施评估分析，检查流程是否符合管理要求、管理要求是否冲突或缺失、岗位职责是否合理等，促进各管理体系完善提升。在员工界面下，每位员工均可直观浏览岗位对应的职责、流程、制度、标准、考核等"五位一体"相关信息，便捷下载制度、标准、流程手册、岗位手册等参考文件，促进岗位职责落实。

（五）建立常态管理机制

深化"五位一体"成果应用，制定《"五位一体"管理暂行办法》，明确运行与优化要求；基于信息平台建立了"五位一体"管理工作业务流程，实现各管理要素的一体化动态更新；同时建立"五位一体"成效考核评价机制，实施对机制运转的实时监测分析，实施各项业务流程比对和运营效能评价，通过数据分析、问题整改，推进协同机制的闭环管理。

八、解决遗留问题

国家电网公司面临的遗留问题主要有三类：管理遗留问题、改革遗留问题和政策遗留问题。

（一）管理遗留问题

管理遗留问题是指企业在计划经济时期粗放管理积累下来的突出问题，主要包括企业经营管理中存在的明显薄弱环节，如资金账户、物资采购、工程建设、营销服务、薪酬福利、对外投资、参加外部社团组织等领域的管理不规范问题。

实施"三清理一规范"。 针对所属部分单位资金管理不严格、银行账户多、随意办公司、设备物资采购管理不规范等问题，在国家电网公司系统清理账外资金、银行账户和开办的各类公司、规范招投标管理，即"三清理一规范"。到2015年底，累计取消银行账户约19000个，资金集中归集率提高到99.9%，建立了集中规模招标采购制度和总部、省公司两级招标平台，物资类集中采购覆盖率提高到100%、服务类达95%。

清理参加外部社团。由于历史上管理体制较为分散，国家电网公司各级单位独立参加了许多社团组织，同一个社团里不同层级、不同单位交叉重复参与，耗费了大量的人力、物力、财力。通过清理，全系统参加的社团组织总数从2200多个减少到30多个，减少98%以上；国家电网公司系统年缴会费及承担地方电力行业协会的费用降低94%以上。

规范薪酬福利管理。严格遵守国家政策，积极落实央企负责人薪酬调控要求，按照依法合规、从严管理、合理分配的原则，建立工资总额控制机制，规范工资收入来源和福利发放渠道。健全完善薪酬激励机制，规范各级企业负责人、机关人员的薪酬福利管理，推动工资收入发放向生产一线人员倾斜。2005年以来，多次对工资水平和工资结构进行优化调节。

规范因公出国（境）管理。针对出国（境）管理不严、不细、不规范等问题，制定严格措施，强化对各级人员出国（境）的计划管理和统一审批。在国际业务快速发展的情况下，2012年国家电网公司系统考察类因公出国（境）团组和人员分别比2004年降低65.5%和71.1%；自2013年下半年开始，彻底取消所有考察类出访团组。

开展营销服务专项治理。严格执行电价政策和供电服务规定，坚决杜绝"关系电""人情电"，针对客户报装接电中反映的突出问题，出台明确规定，对客户受电工程严格执行"三不指定"（不指定设计单位、施工单位和设备材料供应单位），解决对客户"吃拿卡要"问题，严肃查处各种形式的违规行为。

开展工程建设领域专项治理。针对工程建设领域问题高发、多发、易发的特点，启动实施工程建设领域突出问题专项治理，累计排查项目16000多个，对发现的各类问题均根据相关规定进行了整改，并吸取教训，建立健全源头防范机制。

党的十八大以来，新一届中央领导集体狠抓作风、严惩腐败，深入推进全面从严治党和全面依法治国。我们更加深刻地感到当初下决心、出重拳，推进依法治企、解决管理遗留问题的重要性和必要性。

（二）改革遗留问题

改革遗留问题是指2002年电力体制改革没有彻底解决、遗留下来的问题，主要包括主辅分离改革、暂保留发电资产处置、农电管理体制等。

1. 实施电力主辅分离改革

电力主辅分离改革是《电力体制改革方案》（国发〔2002〕5号文）确定的，计划在"十五"期间实施的重要改革任务。由于各种原因，2002年以后这项改革长期处于停滞状态，各省电力辅业单位一直没有与电网企业分离。由于去向不明，辅业单位员工人心不稳，企业管理水平下滑，经营发展受到很大影响。电网企业也因此承担着来自辅业单位的安全稳定和经营管理的巨大压力。

国家电网公司于2007年正式提出改革方案建议，2008年根据抗击雨雪冰冻灾害情况，对方案建议进行了完善。2009年9月，由国务院国资委牵头，改革工作再次启动。2011年1月，国务院正式批复实施主辅分离改革重组方案。根据改革方案，国家电网公司移交121家分离企业，涉及资产总额800多亿元、在职及离退休员工20余万人。2011年9月和12月，分别完成分离企业的管理权移交和国有资产划转工作，到2012年底主辅分离改革任务彻底完成。

在改革方案形成和实施过程中，国家电网公司始终从大局出发，科学处理讲原则与讲风格、整体利益与局部利益、共性问题与个性问题、管理责任移交与保持队伍稳定的关系，积极应对有关重大问题，协助新公司做好分离企业队伍稳定工作，对分离企业实行"扶上马、送一程"，保障改革任务顺利完成。

2. 处置暂保留的发电资产

按照国发〔2002〕5号文件，为保障电力改革平稳实施，国家预留了920万千瓦和647万千瓦发电权益资产，待变现后用于支付改革成本。其中，920万千瓦发电资产主要用于主辅分离改革中改善困难的施工、修造、勘测设计等辅业单位的经营状况，647万千瓦发电资产主要用于支持电网建设、降低改革风险、支付必要的改革成本。这些发电资产在处置前，暂保留在电网企业，由国家电网公司代管。在代管期间，国家电网公司认真履行管理责任，积极配合做好发电资产处置工作。2007年，920万千瓦和647万千瓦发电资产先后出售变现，所得款项全额上缴国家财政。

3．退出火电等相关业务

2002年电力体制改革后，为满足电网调峰和安全运行需要，国家电网公司保留了少量发电机组，个别三级以下企业也拥有少量发电、煤矿等资产。对这些资产，先后进行了多次重组整合和转让，逐步退出了相关业务。2008年和2009年，通过重组相关业务，将鲁能集团部分火电、煤矿等业务向其他中央企业转让，包括在运在建发电装机容量1002万千瓦、煤矿年产能800万吨、码头8个。2010年，鲁能集团向国网能源公司划转火电、煤矿等资产，包括在运在建发电装机容量1042万千瓦、煤矿年产能7295万吨。2011年，鲁能集团向其他中央企业转让铝业资产。2012年，再次重组能源生产业务，将从事火电、煤矿等业务的国网能源公司整体转让给其他中央企业，国家电网公司彻底退出火电等相关业务。

4．理顺农电体制

由于历史原因，我国县级供电企业长期存在中央电网企业直供直管、中央电网企业代管、股份制以及地方自供自管等多种管理体制。2004年底，国家电网公司管理的县级供电企业有1800多个，还有70多个涉农供电单位（含部分市郊区）；其中，直供直管、股份制、代管企业占比分别为43%、21%、36%。在代管体制下，由于国家电网公司不是产权所有者，投资渠道受限。在股份制体制下，常常出现地方政府的配套投资不到位影响电网建设的情况。根据《关于实施新一轮农村电网改造升级工程的意见》（国办发〔2011〕23号）和地方政府的要求，国家电网公司接收地方政府所属的县级供电企业资产，并对接收后的县级供电企业实行统一管理，加大投资力度。2010~2015年，累计接收供电企业886家，涉及资产总额2500多亿元、长期职工35.6万人、农电用工23.1万人。接收后的企业与接收之前相比，管理水平和投资能力得到显著提升，农村电网建设改造力度明显加大，在服务农村经济社会发展中的作用进一步凸显。2016年2月，国家印发《关于"十三五"期间实施新一轮农网升级改造工程的意见》（国办发〔2016〕9号），明确要求到2020年县级供电企业全部取消代管体制。2010~2015年国家电网公司接收地方县级供电企业情况见图4-17。

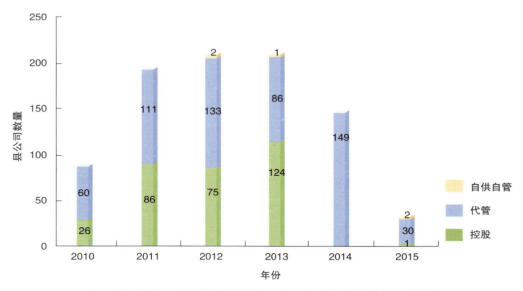

图4-17 2010~2015年国家电网公司接收地方县级供电企业情况

（三）政策遗留问题

政策遗留问题是指历史特定阶段为了解决特定问题，政府政策鼓励和支持企业开展的，但已经不适应新形势变化要求的有关业务，主要包括多经企业、集体企业等问题。

1．推动主多分开改革

国家电网公司系统多经企业数量多、分布广，与电网主业关联度高，曾经为解决就业、安置富余人员做出过贡献。多经企业问题不仅与职工利益密切关联，而且与集体企业问题紧密关联，解决起来难度很大。2010年，经过深入调研论证，做出了实施主多分开的重大决策。主多分开以"多经企业全部处置、员工股权全部清退、从业人员全部安置"为目标，领导干部按相关规定带头退股、引导员工自觉退股。多经企业处置方式包括主业收购、集体企业收购、对外转让、清算关闭等。整个改革工作按照"先网省后地（市）、县逐步深入、先试点后推广全面覆盖"的步骤推进。

区域和省公司层面主多分开工作于2011年6月底全面完成，地（市）、县公司层面主多分开工作于2012年12月底全部完成。累计处置多经企业3000余户，累计清退员工股权200多亿股，分流安置从业人员20多万人，涉及资产总额2800多亿元。主多分开后，国家电网公司可以集中精力做强做优核心业务，企业经营风险得到有效化解，员工合法权益得到有效保障。

2．推动集体企业改革

集体企业自20世纪70年代末兴办以来，在不同的历史阶段为解决返乡知青和职工子女就业、服务电网发展、稳定职工队伍等做出了贡献。截至2015年底，国家电网公司系统共主办集体企业4500多户，合并口径资产总额4000多亿元，从业人员72万余人，2015年实现营业收入3400多亿元。集体企业资产总体规模大、单个规模小，对主业依赖程度高、市场竞争能力弱、人员包袱重，其中92%的单位分布在地（市）县公司层面。集体企业在发展过程中暴露出许多问题，产权不清、定位不明造成企业发展缺乏动力，管理粗放、监管不到位问题普遍存在，安全生产、合规经营、廉政建设等方面的风险不容忽视。

近年来，按照国家关于国资国企改革与厂办大集体改革有关要求，进一步强化集体企业管控，着力完善各项规章制度，规范与主业的关系。2012年，开展清产核资，摸清了集体企业家底。在各单位设立集体资产经营平台，逐步建立了平台企业与其他集体企业的资本纽带关系，增强监管能力。2014年，在强化管理的基础上，研究制定了集体企业改革改制总体方案，并获国务院国资委批复。针对纳入改革改制范围内的4000多户集体企业，采取清算关闭、社会化改制、公司化改制三种处置方式妥善进行处置工作，2015年已处置集体企业524户，2016年计划再处置1100多户。力争通过强化管理和改革，将绝大多数集体企业改制为主营业务突出、管理规范科学、依法独立运作的法人实体和市场主体，实现持续健康发展。

九、管理变革无止境

（一）变革成效

经过十多年坚持不懈地推进管理变革，国家电网公司管理面貌焕然一新，在管理体制、资源配置、制度标准流程、管控体系、业务布局、化解历史包袱等各方面均取得显著成效，企业管理水平和效率效益实现跨越式提升。

建成扁平高效的企业管理体制。通过总部分部一体化、地（市）县公司集约融合等举措，将电网业务管理层级逐步从五级压减至三级/四级，明确各层级职责定位，理顺内部管理关系，统一规范机构岗位设置，建成扁平高效的组织架构，专业化公司内部也实行扁平化管理，有效解决了管理链条长的痼疾，大大提升了管理穿透力。

形成集约管理的资源配置方式。打破了人财物等核心资源分散管理、低效配置的格局，实施集中管控和统一调配，充分发挥规模效益，提高资源利用效率，保证重大决策的贯彻执行和重大工程的顺利实施，促进了集团整体价值的最大化。国家电网公司资源投入产出效率全面提升，见图4-18。

图4-18　国家电网公司资源投入产出效率变化

建成统一规范的制度标准流程。在国家电网公司系统建成"全职责、全业务、全流程"覆盖、全面贯通的通用制度体系，推行统一的技术标准体系，采用涵盖主营业务的统一贯通的流程体系，形成了系统完整的企业管理规范，改变了长期以来国家电网公司系统制度标准流程不统一的状况，为深化集约化发展、精益化管理夯实了基础。

建成集成贯通的运行管控体系。通过"三个中心"的建设，进一步强化了对核心业务、核心资源和供电服务的全面监测和实时管控，与财务、审计、安全、法律、监察等职能监督体系协同运作，共同构成科学完备的企业运行管控体系，并通过"五位一体"协同机制建设，保证了管控体系的高效运转。这对实现集团"公转"，确保安全质量，有效防控风险，具有重要意义。

形成协同运作的业务发展布局。通过整合优化拓展，形成了以电网业务为基础，产业、金融、国际业务协同发展的"同心圆"业务体系，不仅为电网发展方式转变提供了强有力的支撑保障，而且延伸了企业价值链条，扩大了企业发展空间，增强了企业综合实力，促进了国有资产的保值增值。2015年，产业、金融和国际业务对国家电网公司利润的贡献度达到42%。

化解历史包袱实现"瘦身健体"。国家电网公司根据国家政策，积极主动作为，大胆变革创新，有效解决大量历史遗留问题，消除很多薄弱环节，成功化解各种历史包袱，实现了固本强基和瘦身健体，使企业发展更加健康、更具活力，经营业绩保持中央企业前列，拥有专利位居中央企业首位，连续12年获得国务院国资委业绩考核A级。

在持续不断的管理变革实践中，国家电网公司逐步探索出一条中国特色的电网企业管理创新之路，形成一套具有国家电网特色的卓越管理模式。这一模式的核心内容可以集中概括为"**一个战略、六大支柱、三个中心**"（简称"163"卓越管理模式）。一个战略，即形成了一个以建设"一强三优"现代公司为核心的统一战略体系。六大支柱，即公司运作集团化、核心资源集约化、电网业务精益化、运营管控标准化、管理平台信息化、公司发展国际化，这"六化"是国家电网公司管理变革的基本方略，也是当前国家电网公司管理体系的六大显著特征。三个中心，即电网调控中心、运营监测（控）中心、客户服务中心。"一个战略、六大支柱、三个中心"共同构成了国家电网公司卓越管理模式的基本内涵，见图4-19。

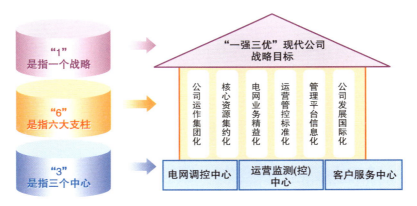

图4-19 国家电网公司"163"卓越管理模式

（二）变革展望

1．持续完善"三集五大"体系

"三集五大"体系是一个科学先进的管理体系，也是一个开放的管理体系，其完善和提升是长期的、动态的过程。要立足适应经济发展新常态、破解各种体制机制障碍，坚持集约化、扁平化、专业化总体方向，进一步强化核心资源集约化管理，优化核心业务运作模式，深化业务系统集成，强化"五位一体"机制的深化应用，完善提升"三个中心"的功能作用。同时加强总部和基层管理，推动地（市）县公司深度融合，更好地实现管理要素优化融合、资源高效配置和业务高效运转，推动企业管理水平和运营效率全面达到国际一流。

2．提升集团管控能力和水平

落实国资国企改革分类管控要求，在深化电网业务集约管控体系的基础上，根据直属产业、金融、国际业务的特点，探索建立基于业务特性的分类考核模式和差异化管控体系。持续优化各层级功能定位，深化总部分部一体化、国调分调一体化、地（市）县业务集约融合和营配调工作协同。下决心压缩法人层级，推动管理架构进一步优化，形成"两级法人、三级管理"的总体架构。对各单位组织架构实行标准化设置。深化劳动用工、绩效考核、薪酬分配制度改革，逐步实现管理人员能上能下、员工能进能出、收入能增能减。

3．积极探索和创新业务发展

随着电力市场不断开放，互联网、大数据等技术快速发展，电力行业传统的营销模式、盈利模式正在发生深刻变化。未来，需要进一步突破传统思想束缚，积极创新业务模式，努力创造新的增值空间。大力拓展用户增值服务，在智能用电服务、电能替代、节能服务、电动汽车充换电、大数据、互联网金融、电子商务等领域积极培育新型业务，加快向现代能源服务型企业转变。积极推进企业管理与"互联网＋"融合，充分利用大数据、云计算、物联网、移动终端等互联网技术，提升企业的经营管理水平，建设智慧企业。

4．加快企业治理现代化建设

全面依法治国是新时期党中央做出的重大战略部署。建设法治企业是落实依法治国方略、适应深化改革要求、提升企业管理水平、实现企业可持续发展的重要保障。"三集五大"体系建设全面促进了国家电网公司治理结构与企业管控体系的健全完善，企业管理运作更加科学规范。新时期，国家电网公司将依法建立和完善现代企业制度与法人治理体系，建立完善的决策、执行和监督机制；充分利用现代管理工具、信息网络，完善治理能力，拓展治理手段，扩展治理边界，降低治理成本；积极推进法治企业建设，以法治思维引领、以法治方式运作"一强三优"现代公司。

管理实践

一、管理变革原因

思想意识	关注本单位利益和短期利益多，关注企业整体利益和长远发展少；全局意识、企业意识、成本意识、市场意识、创新意识、忧患意识淡薄
组织层级	组织层级多、管理链条长，一般为"总部—区域公司—省公司—地（市）公司—县公司"5个层级，直属单位局部管理链条长达8级
管理基础	管理薄弱环节多，集团各级单位没有形成统一的制度标准，管理流程千差万别，管理制度层层颁发，管理不规范现象比较普遍，遗留问题多
集团管控	集团管控力弱，未形成"公转"机制，各级单位"自转"现象多，企业风险点多，总部缺少有力的管控抓手，不能形成企业整体合力，领导力、执行力不强
业务布局	业务布局单一、业务资源分散，一些重要资源层层沉淀，规模效应得不到有效发挥；资源交叉重叠严重，缺乏有效整合，对电网的支撑保障能力弱

二、薄弱环节整治

三清理一规范

基本情况	解决措施	实践成效
• 各单位银行账户多 • 存在乱投资、账外账、采购不规范等现象 • 资金资源利用效率低，风险点、出血点多	• 清理账外资金 • 清理银行账户 • 清理各类公司 • 规范招投标管理	• 物资类集中采购覆盖率提高到100%，服务类达到95% • 累计取消银行账户约19000个 • 资金集中归集率由83%提高到99.9% • 根据产权关系规范和处置各类公司

清理参加外部社团

基本情况	解决措施	实践成效

- 各单位、各级企业重复参加外部社团组织现象普遍，不利于企业品牌建设

→

- 2007年6月~2009年底，清理整顿各级单位参加的社团组织，避免重复参加

→

- 参加的社团组织总数从2200多个减少到30多个，减少98%以上
- 年缴会费从1.7亿元降低到900多万元，减少94%以上

精简内部报刊媒体

基本情况	解决措施	实践成效

- 各级企业都自办报刊等媒体
- 报刊个数达到539个，内部电视台79个
- 重复率高，受众面窄，造成人财物的浪费

→

- 2011~2015年，采取整合优化、停办措施进行整顿

→

- 报刊个数减少88.7%
- 内部电视台从79个减少到1个

规范因公出国（境）

基本情况	解决措施	实践成效

- 出国考察目的性不强，有的单位甚至把出国考察作为一种待遇
- 考察效果不佳，不仅浪费财力资源，而且容易形成不良风气

→

- 2004年开始实行出国计划的总部集中审批制度

→

- 2012年出访团组、出访人次比2004年分别降低65.5%、71.1%

规范薪酬福利

基本情况	解决措施	实践成效

- 薪酬福利发放不规范
- 渠道不统一
- 发放方式多样
- 各单位工资水平差异较大

→

- 建立工资总额控制机制
- 规范工资和福利发放渠道
- 建立科学的薪酬分配制度

→

- 国家有关政策要求得到落实
- 薪酬福利得以规范
- 员工收入得到有效调节

基建专项治理

基本情况	解决措施	实践成效
• 基建领域涉及人财物资源较多，问题多发、易发，影响企业安全健康发展，影响电网工程建设质量	• 2009年10月~2012年，专项治理工程建设领域突出问题	• 累计排查项目16889个，发现问题436个，全部进行整改

三、历史包袱化解

（一）主辅分离

● **问题成因**

2002年国务院5号文件规定的改革任务，由于各种原因搁置不前；

辅业单位的发展受到严重影响，企业管理下滑、队伍人心不稳、安全稳定压力大。

● **主要挑战**

涉及面广；

改革的影响大，影响队伍稳定；

辅业单位发展参差不齐，遗留问题多。

● **主要做法**

2004~2010年，国家电网公司多次向国家有关部委提出改革方案建议，积极推动、全力配合，加快主辅分离改革实施。同时，加强辅业单位的管理。

● **实践成效**

2011年1月17日，国务院正式批复主辅分离改革方案；

2011年9月29日，国家电网公司正式移交分离企业管理权，主辅分离全面完成；

涉及国家电网公司系统26家区域、省公司的121家辅业单位；

分离资产845亿元，移交人员21.8万人（其中在职职工12.6万人、离退休职工9.2万人）。

（二）主多分开

- **问题成因**

  电力多经企业是历史上响应国家政策，为解决就业、安置富余人员逐步发展起来的；

  随着形势的变化，与新的政策环境不相适应，存在关联交易多、管理不规范、利益关系不清等

  突出问题和风险。

- **主要挑战**

  问题复杂、影响面广；

  涉及员工切身利益；

  在多经企业就业的主业员工要求回归主业，员工安置难度大；

  多经企业解决了大量社会就业，一旦改革不当，将会给社会带来巨大就业压力。

- **主要做法**

  采取收购、转让、清算关闭等方式处置多经资产；

  坚持先区域/省公司、后地/市县公司，先试点、后推广，确保主多分开工作平稳有序开展。

- **实践成效**

  2011年6月底完成区域、省公司层面主多分开；

  2012年12月完成地（市）、县公司层面主多分开；

  处置多经企业3016户；

  累计清退职工股权229.67亿股，累计分流从业人员24.16万人，涉及资产总额2877亿元；

  保持了队伍稳定，实现了"无多经企业"目标，理顺了资产关系，消除了管理隐患。

（三）农电体制

- **问题成因**

  由于历史原因，县级供电企业存在多种投资和管理体制，包括国家电网公司直供自管、代管、

  股份制以及地方政府自供自管等；

  截至2004年底，国家电网公司管理的县级供电企业1800多个，直供直管、代管、股份制企业占

  比约为43%、21%、36%；

  实行代管和股份制的县级供电企业，投资渠道受限，影响农村供电保障和县域经济社会发展。

- **主要挑战**

非国家电网公司直管企业管理水平总体上与直供直管企业相比有较大差距；

企业管理效率低；

供电服务水平不高。

- **主要做法**

积极与地方政府进行协商，推动非直供直管供电企业上划；

加强县级供电企业的管理；

加大农村电网建设投入力度。

- **实践成效**

累计上划886家县级供电企业；

上划县级供电企业管理得到加强；

理顺了农村电网发展的投资关系。

（四）集体企业

- **问题成因**

在不同时期依据国家相关政策开办；

截至2014年底，国家电网公司所属集体企业有近5000户，资产4000多亿元，从业人员70多万人。

- **主要挑战**

用工规模大、人员多，影响面广；

企业经营状况参差不齐，一些企业效益好，一些企业资不抵债、经营困难；

产权界定不清晰，与电网主业存在关联交易；

企业管理较为薄弱，风险点多，存在较大的队伍稳定风险。

- **主要做法**

加强企业管理，规范各种关联交易；

2015年正式启动集体企业改革工作，用两年时间，将停产歇业、经营亏损、资不抵债的予以清算关闭或依法破产；从事电网非（弱）关联类业务的，通过合资合作出售等方式改为社会化企业；其余集体企业按照现代企业制度要求实施公司化改制。

● **实践成效**

2014年，国家电网公司研究提出的改革方案获得国务院国资委批复；

2015年处置企业524户，2016年上半年处置企业1093户，集体企业改革改制基本完成；

通过强化管理，集体企业管理不断规范，经营能力提升，对主业的支撑作用和贡献加大。

四、"同心圆"体系构建

（一）整合历程

国家电网公司分三个阶段推进业务优化整合。

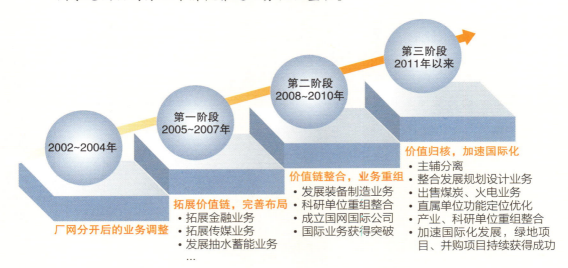

图4-20　国家电网公司业务优化整合历程

表4-1　　　　　　　　　　**国家电网公司业务优化整合实践**

阶段	时间	实践做法
第一阶段	2005～2007年	● 把发展特高压作为电网核心业务的发展重点 ● 整合优化金融业务、传媒业务、抽水蓄能业务等，初步完成金融、产业的优化重组

续表

阶段	时间	实践做法
第二阶段	2008～2010年	● 整合优化电工装备制造业务 ● 整合优化国际业务，"走出去"起步开局 ● 2008～2009年在特高压发展上实现重大突破
第三阶段	2011年以来	● 推动核心业务的管理再造，推进产业、科研单位的重组整合 ● 推进电动汽车、电子商务节能、智能用电等新业务发展 ● 加快国际业务发展 ● 总体形成电网业务、金融业务、直属产业三大板块

（二）产融结合

2005年以来，国家电网公司对系统内分散拥有的金融资产进行整合，以控制风险、提高效益，强化对电网业务的支撑，提升市场竞争能力，推进产融协调发展。

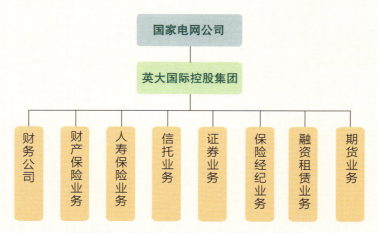

图4-21　国家电网公司金融业务基本架构

（三）产业链整合

1. 直属产业单位优化历程

对直属产业单位（不含科研单位）进行多次整合优化。

	1 电工制备制造	2 能源生产业务	3 信息通信产业	4 物资供应业务	5 出版传媒业务	6 新兴业务
关键举措	• 2010年，组建中国电力技术装备有限公司 • 2011年，成立国网智能电网研究院 • 2012年重组许继集团、平高集团、山东电工电气集团有限公司	• 2008年，重组国网新源公司、鲁能集团、国网能源公司的有关业务 2012年，将国网能源公司整体对外转让	• 2008年，重组成立国网信息通信有限公司 2012年，将国网信息通信有限公司的产业重组到南瑞集团 • 2014年，组建国网信通产业集团	• 2008年，将物流服务业务整合到国网中兴公司 2012年，组建国网物资公司	• 2006年，成立国家电网报社 • 2008年，将中国电力出版社和国家电网报社合并成立英大传媒投资集团	• 2013年，组建国网节能公司 • 2015年，组建国网电动汽车公司、国网电商公司

图4-22 直属产业单位优化整合历程

2. 许继集团、平高集团整合情况

（1）整合背景。

表4-2 许继集团、平高集团整合背景

企业概况	• 整合前，许继集团是平安信托的全资子公司，产品覆盖发电、输电、变电、配电、用电等电力系统各个环节，横跨一次设备、二次设备、交直流领域 • 平高集团是平顶山市政府下属全资企业，主营高压开关设备、输变电设备、控制设备及其配件的制造、销售
面临困境	• 全球电工装备制造业竞争加剧，许继集团、平高集团面临经营困境：2009年，利润总额分别仅为-2.6亿元和0.9亿元，市场占有率分别约为1.2%和1% • 国外电工装备制造企业技术水平和企业规模远远高于两家企业
发展需要	• 我国电网处于快速发展阶段，对技术、装备水平的要求越来越高，而我国电工装备企业竞争力普遍较弱，重大关键技术长期受制于人，不能满足电网发展需要 • 在部分高端输变电设备市场上，内资企业中标的设备中，主要部件、材料的进口率甚至超过50% • 重大电工装备、核心零部件和元器件的研发制造能力是影响我国电网发展的重大制约因素，是必须尽快消除的发展瓶颈
整合过程	• 2009年，河南省政府提出以许继集团、平高集团等骨干企业为依托，推进与国家电网公司战略合作 • 2010年，经国务院国资委批复同意，国家电网公司正式重组整合许继集团、平高集团

（2）整合成效。

• 自主创新

许继集团±800千伏及±1100千伏特高压直流输电换流阀、E200高压直流输电换流阀控制设备等产品填补了国际、国内空白，38项产品达到国际领先或先进水平。

平高集团1100千伏断路器、1100千伏隔离开关、1100千伏气体绝缘金属封闭开关设备、800千伏智能断路器等产品技术性能均达到国际、国内先进水平。78项产品通过国家级鉴定。

2010~2015年，许继集团、平高集团共获得授权专利1540项，荣获省部级以上科技奖励168项。

• 支撑电网

在自主创新的支撑下，截至2015年底国家电网公司累计建成"三交四直"特高压工程。

有效降低了电网工程建设成本，重组整合后，改变了特高压直流、大型水电、核电机组保护等核心设备和关键技术对国外企业的依赖，使得我国特高压直流输电工程的建设成本大幅降低。例如，许继集团中标的"溪洛渡—广东同塔双回直流输电工程"换流阀中标价较外商降低了43.3%。

• 经营绩效

2015年，许继集团新增合同额179亿元，营业收入92亿元，利润总额10.7亿元。与2010年相比，上述三项指标分别增长了75.96%、60.75%、422%；资产负债率降低了24.19个百分点，全员劳动生产率增长了200%。

2015年，平高集团新增合同额160.5亿元，营业收入111.6亿元，利润总额8.6亿元。与2010年相比，上述三项指标分别增长了6.1倍、3.8倍、61倍；资产负债率降低了7.33个百分点，全员劳动生产率增长了236%。

• 出口带动

光伏并网逆变器、真空断路器等产品获得多国认证，许继集团先后在越南、肯尼亚、尼日利亚等获得总承包项目，平高集团开拓了波兰、印度、韩国等市场。

五、"三集五大"体系建设

（一）变革缘起

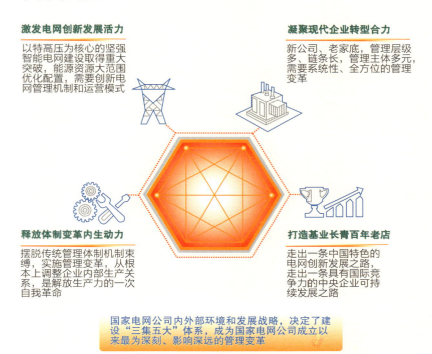

激发电网创新发展活力

以特高压为核心的坚强智能电网建设取得重大突破，能源资源大范围优化配置，需要创新电网管理机制和运营模式

凝聚现代企业转型合力

新公司、老家底，管理层级多、链条长，管理主体多元，需要系统性、全方位的管理变革

释放体制变革内生动力

摆脱传统管理体制机制束缚，实施管理变革，从根本上调整企业内部生产关系，是解放生产力的一次自我革命

打造基业长青百年老店

走出一条中国特色的电网创新发展之路，走出一条具有国际竞争力的中央企业可持续发展之路

国家电网公司内外部环境和发展战略，决定了建设"三集五大"体系，成为国家电网公司成立以来最为深刻、影响深远的管理变革

图4-23　"三集五大"管理变革动因

（二）变革方向和思路

表4-3　　　　　　　　　　"三集五大"变革思路和实践做法

基本方向	思路	实践做法
集约化	将分散在各级企业的各类生产要素进行集中，在集团内部进行统一配置、整合和优化	通过集合企业全部生产要素和核心业务，以效率效益提升为价值取向，从而达到高效管理、降低成本、提升价值创造能力的目的
扁平化	减少法人层级，压缩管理层次，缩短管理链条，科学确定各管理层级的定位，强化集团统一管控力度	通过纵向压缩产权层级、管理层级，横向整合非核心机构，缩短管理链条和业务流程，达到组织精干敏捷、集中管控有力、信息沟通顺畅、响应快、决策管理效率高的目的
专业化	聚焦核心业务，厘清职责界面，建立纵向到底的管控能力	建立统一的管理制度和技术标准，构建贯穿各层级，覆盖全经营区域的运营体系，提高对业务的管控水平，发挥规模经营优势，全面提升企业核心竞争力

（三）变革历程

国家电网公司2009年提出开展"三集五大"体系研究，在2010年研究探索、2011年试点建设的基础上，2012年开展全面建设工作，2014年底全面建成，2015年开始进入持续提升阶段。

顶层设计阶段	2010年1月到2010年底	开展调研，明确思路，设计方案
试点建设阶段	2011年1月到2011年底	开展试点，探索道路，积累经验
体系构建阶段	2012年初到2013年6月	构建新型组织架构和业务管理模式
全面建设阶段	2013年7月到2014年底	完善业务模式和管理运作机制，实现体系全覆盖

（四）变革重点

1．人力资源集约化管理

表4-4　　　　　　　　　　人力资源集约化管理变革情况

	变革前	变革后
总体情况	分散、粗放，标准和规范不统一，管控力弱	推进"三定""三考"；实施"六统一"（统一人力资源规划和计划、统一机构设置和人员编制、统一劳动用工制度、统一薪酬福利制度、统一绩效考核制度、统一人才培养和开发）
管控模式	规划计划管理方面，各单位自行编制规划，自行安排人力资源计划；入口管理方面，无统一标准，部分单位自主接收员工；人员配置方面，用工方式多样，结构性缺员严重，人才调剂壁垒高，调整结构难	规划计划管理方面，确定统一规划目标，实现人力资源计划管理全覆盖，提升人力资源计划调控力；入口管理方面，通过规划计划统一调控，严把人员入口关；人才配置方面，规范多种用工管理，构建内部统一人力资源市场，推进人力资源全集团范围内优化配置
岗位和机构设置	各级单位机构编制管理不规范、不统一，存在无序增加机构、超编配置人员、定员管理粗放等问题	严格定编定岗定员标准，统一规范组织机构与岗位设置，构建全员岗位责任体系，实施覆盖电网业务全口径全业务的劳动定员标准

续表

	变革前	变革后
薪酬福利管理	用工总量大，人均劳动生产率偏低，人工成本总额高，控制工资总额、控制人均水平、薪酬规范难度大，收入分配存在不规范现象，各单位收入分配制度、标准不统一	完善收入分配管理，提高人力投入产出效率，优化工资总额计划管理，建立岗位绩效工资制，规范福利管理
绩效管理	没有建立统一的绩效管理制度，各单位结合自身情况实施管理	优化绩效管理机制和考核指标，加强业绩考核过程监控，企业负责人实行业绩分类考核，管理机关实行目标任务制考核，一线员工实行工作积分制考核
培训管理	培训组织分散，各单位各自建立培训体系，资源交叉重叠，没有形成统一的培训开发机制	优化整合培训资源，建立规范的集团化培训体系；教育培训规范统一，推动培训计划统一管控、课程统一开发、题库统一建设、师资统一管理、人才统一选拔培养，建设网络大学，实施全员培训

2. 财力资源集约化管理

表4-5   财力资源集约化管理变革情况

	变革前	变革后
总体情况	分散运作，粗放管理，标准、规范不统一，资金沉淀与短缺并存	推行"六统一"（统一会计政策、统一会计科目、统一信息标准、统一成本标准、统一业务流程、统一组织体系）、"五集中"（会计集中核算、资金集中管理、资本集中运作、预算集约调控、风险在线监控）、"三保障"（组织保障、业务保障、技术保障）为主线的集约化管理
管控模式	各单位财务政策标准体系不统一，会计主体多，政策差异大，导致成本支出标准不统一、经济业务处理方法不相同、会计数据口径不一致，难以有效管控	以"六统一"构建统一的财务政策标准体系，实施集约管控
会计核算	各单位自行开展会计核算，账务分散部署	推行会计集中核算，实现账务集中部署、财务业务高度集成、内部关联交易自动抵消、实现"一键式"生成报表，全面开展辅助决策分析
资金管理	资金分散沉淀，银行账户总量大，开户范围广，资金集中度不足，资金统筹管理、统一监控、调配、使用困难	推行资金集中管理，强化融资保障、加大资金归集力度、实行统一结算、优化资金配置、加强资金安全管理

	变革前	变革后
资本运作	各单位分散开展资本运作	推行资本集中运作，加强存量资本重组运作，加强海外资产运营管控，深化产融协同运作，强化资产精益管理
预算管理	各单位分别编制预算，预算管理粗放，预算考核评价机制不健全	实施预算集约调控，财务资源统筹调控，优化预算编制，强化过程分析控制，健全考核评价机制
风险监控	各单位分散开展风险监控，国家电网公司总部对重要风险难以及时准确监控，内控与风险管理体系不够健全	实施风险在线监控，建立健全全面覆盖的内部控制与风险管理体系，财务在线稽核常态化

3．物力资源集约化管理

表4-6　　　　　　　　　　物力资源集约化管理变革情况

	变革前	变革后
总体情况	分散运作，没有统一标准和管理规范，管控力弱	推行一级平台管控（电子商务平台）、两级集中采购（总部和省公司）、三级物资供应［总部—省公司—地（市）公司］、四个机制建设（集中采购机制、供应保障机制、质量管控机制、风险防控机制）、五种能力提升（体系协同运作能力、业务集中管控能力、资源优化配置能力、需求快速响应能力、队伍专业管理能力）
管理模式	各级单位设立物资公司并具有独立采购权限，总部物资管理职能缺失，没有统一的物资管理机构；没有形成统一的制度规范；物资公司与业务运作不能充分协同；没有统一的物资采购和管理信息系统	建立规范的物资管理体系，构建全新物资管理组织体系，形成全套供应链业务制度规范，建立相互协同的业务运作模式，建设物力集约化信息系统
采购模式	各单位分散采购，未形成集中采购规模效应	实施两级集中采购，实现两级集中采购全覆盖，优化采购组织方式，全面实施一级管控，发挥计划管理引领作用
供应保障模式	没有统一的供应保障模式，物资不能实现内部调配，仓储配送资源分散，缺乏科学的库存管理，冗余与短缺并存，废旧物资没有建立统一的管理制度	提升物资供应保障能力，建立差异化物资供应模式，建立物资调配机制、合同管控机制，建立科学仓储配送体系、规范废旧物资处置管理

续表

	变革前	变革后
质量管控	未形成统一的采购物资质量监督体系，设备质量风险点多	强化物资质量全过程管控，健全物资质量管理体系，拓展物资质量监督深度广度，加强采购全过程质量管控，深化供应商关系管理
风险管控	分散自采模式下廉政风险点多，监督管理手段有限	健全风险防范机制，坚持"阳光"操作，完善监督管理手段，严格组织监督保障
专业队伍	各级物资公司队伍素质参差不齐，专业化管理水平低	推进人才队伍的专业化，开展人才规划、引进、培训等工作，提升人才队伍素质和能力

4. 大规划体系

表4-7　　　　　　　　　　大规划体系变革情况

	变革前	变革后
总体情况	规划计划管理主体和职责界面不统一，缺乏规划计划支撑机构，规划计划衔接不够紧密	实施规划计划统一归口管理，建设完整的规划支撑体系，实现规划计划有机衔接
管理模式	规划计划职责交叉重叠，规划管理条块分割、职能交叉、多头管理，规划计划存在多部门并行上报下达、专业部门自行安排或调整的情况，专业计划、综合计划、财务预算衔接不够	调整规划计划职责，实现规划计划一体化管理（规划、综合计划由发展部门统一管理）
组织体系	规划机构不健全，过于依赖外部设计咨询单位	建成规范统一的三级组织体系，建成总部、省、地县三级规划计划组织架构，形成"国网经研院—省经研院—地（市）经研所"三级规划设计支撑机构
业务流程	规划计划流程不顺畅，规划管理链条长，管理机构职能定位差异大，相同业务的上下级管理部门不一致，部分单位用户接入与电网规划分头管理，相关专业在规划阶段参与深度不够	优化业务流程，实现规划计划业务清晰、贯通、顺畅、规范统一
规划编制	规划深度广度不统一，配电网规划管理相对粗放，城、农网规划范围存在交叉，电网规划、专业规划衔接不够	统一规划深度，建立统一管理标准，明确规划边界范围，实现各规划的统筹衔接

5．大建设体系

表4-8　　　　　　　　　　大建设体系变革情况

	变革前	变革后
总体情况	分散运作，没有统一规范和标准，职责界面不清晰	推行"三统一"（统一管理制度、统一技术标准、统一业务流程）、"三加强"（加强建设职能管理、加强工程项目管理、加强参建队伍管理）
管理模式	建设管理职能分散，没有建立统一的集中管理操作平台，关键环节管控力度不够	推进职能管理集约化，建立集中管理操作平台，强化关键环节集中管控
项目管理	总部、省公司重点负责职能管理，较少具体负责工程项目的过程管理	推行项目管理扁平化，总部、省公司在负责职能管理的同时，又具体负责工程项目的过程管理
业务流程	业务流程存在不顺畅现象，工作标准、管理制度、技术标准、业务流程不统一	优化业务流程，规范工作标准，实现管理制度、技术标准、业务流程"三统一"（梳理完善管理标准、修订完善标准化体系、全面梳理管理职责）
建设队伍	建设队伍资源分散不均、能力参差不齐，制约电网建设	推进队伍管理专业化，加强技术支撑服务队伍能力建设和所属建设队伍专业能力建设

6．大运行体系

表4-9　　　　　　　　　　大运行体系变革情况

	变革前	变革后
总体情况	调控分离，五级调度，五级控制	调控一体化，三级调控，国调分调一体化，地调县调业务集约融合
运行模式	调控分离：电网运行业务实施相对分散的决策、组织、实施模式；调度运行和设备运行独立设置，电网运行体系分为调度运行和设备运行，输变电设备运行状态由供电企业驻变电站或集控站运行维护人员监控，各级调度通过设备运行人员，统一组织、指挥电网运行控制	调控一体化：将各电压等级变电设备运行集中监控业务分别纳入相应的调度统一管理，在调度机构内扩充集中监控岗位，实现调度控制一体化
组织架构	五级调度和控制：国调—网调—省调—地调—县调	三级调控：国（分）调、省调、地（县）调。将网调改为国调的分设机构，完善国家电网仿真中心、智能电网调度技术支持系统运维中心和省电科院电网技术中心

续表

	变革前	变革后
业务流程	按照调控分离、五级调度和控制设计业务流程	优化设备监控、电网调控、调度计划、运行方式、安全内控、配电网故障研判及抢险等主要业务流程
管理界面	按照五级调度和控制设置各层级界面；由于缺少配电网故障抢修统一指挥，或抢修指挥业务未纳入调度统一管理，导致配电网故障抢修定位难，影响抢修效率	调整各级调度职能定位和管辖范围，国（分）调依法对电网实施统一调度管理，省调负责省级电网调控运行，地县调负责地区及县域电网调控运行

7. 大检修体系

表4-10　　　　　　　　　大检修体系变革情况

	变革前	变革后
总体情况	定期检修，运维分离，没有形成统一的标准和制度	推行"五化"（机构扁平化、资源集约化、运维一体化、检修专业化、管理精益化）、"五统一"（统一制度标准、统一业务流程、统一信息平台、统一绩效考核、统一资源调配）
业务模式	运维分离：受调控分离影响，检修业务需要调度和设备管理的密切协作才能有效实施	运维一体化：重新优化变电运维一体化工作范围，减少停电作业，推进变电站无人值守，开展输电线路立体巡检业务，输电线路通道采用属地化管理方式；整合配电网运维操作资源，分片设置配电运维班组
组织架构	各单位、各层级组织架构不统一	优化组织架构，构建国家电网公司总部和省公司"一部一公司一中心"、地（市）公司"一部一公司"和县区公司"一部一工区"组织架构（一部即运检部，一公司即运检公司，一中心即设备状态评价中心，一工区即检修工区）
管理规范	实物资产管理制度标准不健全，外包管理不规范，运检装备资源不能有效整合利用	强化电网实物资产管理，健全管理制度标准，完善技改大修管理体系；规范运检业务外包管理，核心业务不允许外包，积极开展一般业务外包，建立外包厂家统一管理平台；加快运检装备体系建设，实施分级储备、分级调配

续表

	变革前	变革后
技术监督	设备故障对电网安全运行构成严重威胁，不能实现全寿命周期的技术监督与风险管理	强化设备全过程技术监督，建立质量、标准、检测三位一体的技术监督体系，统一规划设备全寿命周期的技术标准
资源利用	业务增长快，结构性缺员矛盾日益突出，社会化资源利用不足，企业拥有的大量检修资源分散在各个层面不能有效整合利用	深入开展检修专业化，规范检修基地建设方式和功能定位，加强输电检修业务外包和应急抢修专业化管理，推进配电网标准化抢修

8. 大营销体系

表4-11   大营销体系变革情况

	变革前	变革后
总体情况	生产导向的营销观念，内部各专业缺乏有效协同，没有统一的服务和管理标准，设置省—地—县三级呼叫中心	客户导向、服务导向的营销理念，推行"一型五化"（客户导向型、业务集约化、管理专业化、机构扁平化、服务一体化、市县协同化）
管理模式	营销专业化管理延伸不够，对控股县级供电企业未实行营销业务统一管理，城网、农网的营销工作标准和服务标准不统一	推进营销核心业务专业化管理，电费核算账务实行专业化管理，集中计费参数管理，推进农村电力营销专业化管理
运行模式	营销"一口对外"服务机制尚未有效建立，营销业务与相关专业资源共享、业务协同的深度不够，影响服务能力和效率	建立"一口对外、内转外不转"的营销协同服务机制，实现营销业务与其他业务的信息共享、分工协作，实现营销服务一体化；打造全天候95598客户服务平台；建立业扩报装协同机制；建立故障抢修横向协同机制；强化停电信息发布协同机制
组织架构	营销管理资源分散、效率偏低，各单位营销组织架构、岗位设置及运作模式不尽一致，客户服务和95598电话呼叫业务分散在地（市）层面，很多县公司也设有95598电话呼叫中心	客户服务业务向上集约，建立总部—省—地（市）—县四级客户服务中心，建立集团层面的统一客户服务中心；改革营销组织架构（总部：一部一中心；省公司：一部二中心；地县层面：一部一中心。一部即营销部，一中心即客户服务中心，两中心即客户服务中心+计量中心）

（五）变革成效

1．管理模式对比

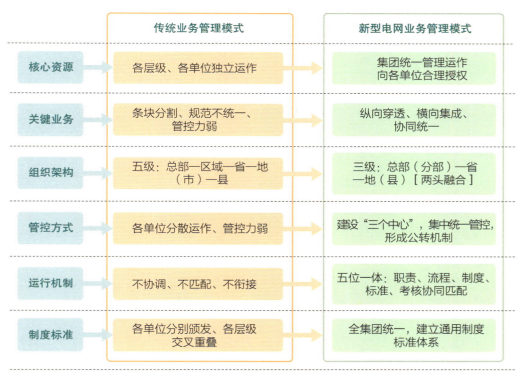

图4-24 国家电网公司管理模式变化情况

2．变革绩效对比

表4-12 国家电网公司管理变革成效

项目	指标	管理成效对比
人力资源集约化管理	机构精简程度	供电企业累计精简1.47万个，减少37.2%
	用工规范化	各级负责人职数精简28.7%； 累计清理规范全资、控股、代管单位、集体企业员工6.91万人，减少劳务派遣用工5.5万人
	全员劳动生产率	由2003年的15.3万元/（人·年）提高到2015年的65.3万元/（人·年），增长3.3倍
财力资源集约化管理	产权链条	由8级压缩到5级
	资金账户	由2004年的26732个压减至7800个
	资金归集率	由2004年的83%提高到99%以上
	低成本融资	2011～2015年，完成各类债券等低成本融资6855亿元

项目	指标	管理成效对比
物力资源集约化管理	年度集中招标采购金额	从2009年的1863亿元增加到2015年的5077亿元，累计节约资金1973亿元
	物资类集中采购率	从2011年的90.5%提高到2015年的100%
	仓库数量	从2011年的7860个减少到2014年的1967个，优化率达78.24%
大规划	规划计划体系完整性	建立国家电网公司统一的规划计划管理体系； 实现规划计划的统一归口管理； 形成技术完备的规划设计支撑体系
	规划计划衔接性	建成规划计划集约统筹、有机衔接的规划体系，形成了规划计划一体化管理格局
	单位电网投资增售电量	从2011年的1.408亿千瓦·时/亿元增长到2014年的1.794亿千瓦·时/亿元，提高27%
	电网规划准确率	从2011年的88.1%提高到2014年的99.5%，提升13%
	电网项目前期工作平均时间	从2011年的205天减少到2014年的160天，缩短22%
大建设	优质工程率	由2010年的74.4%提高到2015年的100%
	造价控制指标	从2011年的95.64分提高到2015的100分
	投产任务完成率	2015年100%实现均衡投产
大运行	变电站集中监控覆盖率	由2009年的88%提升至2014年的99.95%
	监控信息规范率	由2009年的42.3%提升到2014年的95.4%
	35千伏及以上变电站无人值班率	由2009年的29%提升至2014年的100%
大检修	配电网故障抢修平均修复时间	由2009年的5.11小时/次降低到2014年的4.05小时/次
	输电人员效率	从2011年的32千米/人增加到2014年的37千米/人
	变电人员效率	从2011年的2.01万千伏·安/人增加到2014年的3.71万千伏·安/人
	配电人员效率	从2011年的21台/人增加到2014年的33台/人
大营销	95598人工电话接通率	由2009年的83.23%提升至2015年的99.17%
	高压客户业扩报装平均接电时间	较2009年的59.6天缩短8.29天，业扩报装效率提高了13.91%
	核心业务集约化	2014年与2009年相比，业扩申请资料精简50%，报装环节压缩20%，计量检定效率提高10倍
	组织机构扁平化	2014年与2009年相比，二级机构减少77.86%，95598座席人员下降60.6%，计量检定人员下降76.4%
	城乡管理一体化	2015年，大营销体系累计覆盖1670个县，覆盖率97.78%
	用电信息采集系统覆盖用户	从2010年的0.46亿户提高到2015年3.08亿户

第五章
企业安全：可持续发展的根基

　　安全是电网企业生存发展的根基。电网安全是现代社会的基本保障，大面积停电事故是现代社会的灾难。确保电网安全，责任重于泰山，是国家电网公司必须牢牢守住的底线，必须始终摆在各项工作的首位。

　　安全是企业素质和队伍素质的集中体现。抓安全是一项系统工程，决不能就安全抓安全，关键是要树立大安全观，以人为本抓安全、打基础、强管理，一丝不苟落实安全责任，牢牢把握安全工作的主动权。

　　安全风险时刻存在，不容丝毫放松懈怠，安全永远在路上。实现企业长治久安，必须警钟长鸣、如履薄冰，坚持严字当头、敢抓敢管、精益求精，筑牢安全之盾，永葆基业长青。

　　所有企业都必须认真履行安全生产主体责任，始终把人民群众生命安全放在第一位，确保安全生产。央企在履行安全生产责任方面应该走在最前列。

——习近平

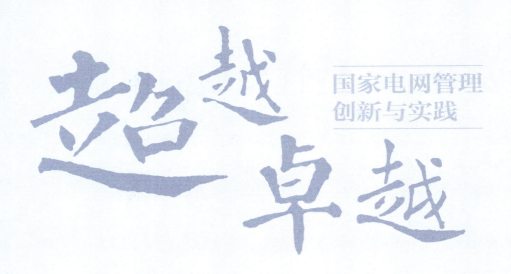

超越 国家电网管理
创新与实践
卓越

管理实践

安全是企业发展的基础和保障，是企业履行责任使命的基本要求。这些年，国家电网公司始终保持清醒的认识，时刻绷紧安全这根弦，全方位强化安全管理，沉着应对各种安全风险和挑战，全力以赴保障电网安全和企业安全。

一、安全之重

电网是覆盖面广泛、与经济社会发展关系密切、运行管理异常复杂的能源基础设施。国家电网公司作为投资运营电网、保障电力供应的特大型国有骨干企业，承担的安全责任之重、安全压力之大，超过其他任何行业，安全是国家电网公司必须牢牢守住的"生命线"。

电网安全是经济社会发展的基础。电力是现代文明的标志，是现代社会不可或缺的生产生活资料。随着电气化水平的不断提高，人类对电力的依赖程度越来越高，经济发展、社会进步都离不开持续稳定的电力供应。作为连接发电厂和电力用户的桥梁与纽带，作为资源优化配置和战略性新兴产业孕育的平台，电网的安全运行对于保障电力安全可靠供应至关重要，而且关系到能源资源开发利用、区域经济协调发展和能源及相关产业转型升级，意义十分重大。

电网安全是社会和谐稳定的保障。如果电网安全出现问题，造成电力供应中断，将影响人民群众生产生活。大面积停电事故甚至会给社会秩序和公共安全带来灾难性影响。2003年8月14日发生的美加大停电事故，造成美国和加拿大的航空和陆路交通瘫痪，影响人口约5000万。2005年5月25日发生的莫斯科大停电事故，造成43条地铁停运、化工厂爆炸，社会秩序陷于混乱。2012年7月30日和7月31日，印度接连发生两次大停电事故，分别影响人口3.7亿和6.7亿。国家电网虽然一直保持安全运行，但是国外大停电事故的惨痛教训提醒我们要警钟长鸣。

电网安全是实现国家安全的支点。当前我国国家安全的内涵和外延比历史上任何时候都要复杂。随着电网的发展和功能作用的提升，电网安全对国家安全的影响也越来越突出。无论是能源安全、经济安全、环境安全，还是军事安全和国土安全，与电网安全的关联性都日益增强。许多国家均把确保电网安全纳入国家安全战略。国家电网公司自觉树立总体国家安全观，从维护国家安全的战略高度，全力做好电网安全工作。

电网企业既要保电网安全，也要保企业安全。确保企业安全就是要求国家电网公司在生产、经营、管理、队伍建设等各个方面都保持健康发展的局面，有效防控市场风险、法律风险、廉政风险、队伍稳定风险等各类风险。如果这些方面出现问题，同样会给事业发展造成损失。电网安全与企业安全密切相关、相辅相成。电网安全工作做不好，企业可持续发展无从谈起。没有企业的安全发展，电网安全就成了无源之水、无本之木。

二、大安全观

安全工作事关全局，安全责任高于一切。做好安全工作，实现长治久安，必须牢固树立"大安全观"。**"大安全观"是指导安全工作的基本原则和方针，以实现电网安全可控、能控、在控和企业安全健康永续发展为目标，坚持以人为本、严字当头，树立全员安全理念，把队伍建设作为安全工作的根本着力点，把优化电网结构、提高设备质量作为保障安全的物质基础，把统一标准、执行制度、治理隐患、严控风险作为安全管理的硬约束，狠抓基层、基础、基本功，构建系统严密的安全防御体系，保障电力安全可靠供应，实现企业发展基业长青。**

安全理念——安全第一、长治久安。从党和国家工作全局出发，切实增强大局意识和责任意识，牢固树立安全第一的思想，以对国家和人民高度负责的精神，认真履行安全供电和企业健康发展的重大使命。电网安全事关重大，必须未雨绸缪，防患于未然。安全风险时刻存在，安全工作任何时候都不能松懈，必须牢固树立如履薄冰、如临深渊的风险意识和忧患意识，居安思危、警钟长鸣，牢牢把握安全工作的主动权。

安全目标——精益求精、万无一失。把防范大面积停电事故作为重中之重，确保大电网安全运行万无一失。坚持高标准、严要求，以精益求精的精神，以零容忍的态度强化安全工作，力戒安全工作"表面、表层、表演"现象，避免使小问题酿成大事故。安全工作必须常抓不懈，每天都是"安全日"。安全工作永无止境。

安全责任——全员履责、社会共治。安全第一，责任至上。做好安全工作必须全面落实各级安全责任，建立覆盖各专业、各层级、全过程的安全生产责任体系，确保责任到位、工作到位、措施到位、压力到位。各级政府、发电企业、电力用户和社会各界都承担着保障电网安全的责任和义务，团结治网，共同维护电网安全，才能确保电网安全稳定运行。

安全素质——以人为本、重在"三基"。影响安全的因素有两个方面，主观是人，客观是物和外力。归根结底，安全问题关键在人。人包括当事人、有关人和管理人，这三类人构成整个安全队伍。安全工作的核心要素是人，抓安全的根本是抓队伍，全面提高队伍的纪律、作风和能力，从思想作风源头抓好安全工作，重点是从基层、基础、基本功抓起，加强各领域安全管理，夯实管理基础。

安全管控——标本兼治、关键在严。安全工作是系统工程，不能头痛医头、脚痛医脚。必须坚持从源头抓起、标本兼治，针对安全风险产生的每个环节，强化安全组织保障，健全安全管理机制，完善安全应急体系，形成统一的安全制度和标准，构筑安全保障体系。安全管控重在要求严格。要按照"三个百分之百"（人员、时间、力量百分之百）要求，以"三铁"（铁的制度、铁的面孔、铁的处理）反"三违"（违章指挥、违章作业、违反劳动纪律），全面、全员、全过程、全方位强化安全监督与管理，坚持"四不放过"（事故原因不清楚不放过、事故责任者和应受教育者没有受到教育不放过、没有采取防范措施不放过、事故责任者没有受到处罚不放过）原则，严肃安全事故责任追究。

三、安全挑战

（一）电网安全

保障电网安全这项工作具有长期性、复杂性和艰巨性的特点。当前，电网处于快速发展阶段，影响电网安全的因素不断增加，安全管控难度很大，电网安全面临严峻挑战。

电网网架结构"两头薄弱"。电网的结构和布局对于电网的安全性、稳定性具有根本性影响，坚强电网是保障安全的基石。多年来，特高压和配电网"两头薄弱"问题突出，电网抵御事故风险的能力不够强。随着西部和北部大型水电、火电、新能源基地的大规模开发和远距离输送，电源布局和结构发生了较大变化。受电网建设滞后制约，电网跨区联系薄弱，大范围优化配置能源能力不足，尤其是特高压交流建设严重滞后，"强直弱交"问题突出，特高压直流大容量集中馈入带来一系列安全稳定问题，电网安全面临严峻考验。配电网结构不合理，供电能力较弱，配电网特别是农网改造升级任务很重。同时，随着电动汽车、分布式电源、微电网、储能装置等大量接入以及负荷快速增长，对配电网的安全性、经济性、互动性提出越来越高的要求。

新能源发展带来新的挑战。我国风能和太阳能发电发展迅猛，截至2015年底，风能和太阳能发电装机容量均位列世界第一，合计1.7亿千瓦，超过全球的四分之一。新能源发电具有随机性、间歇性的特点，且主要集中在"三北"地区，随着并网容量持续快速增长和大规模集中接入，系统调峰、调压、调频以及消纳矛盾加剧，给电网安全运行带来巨大压力。

厂网协调机制亟须完善。厂网分开后，电网与电厂在产权和管理权上分离，电网安全管理一体化的基础发生重大变化。由于厂网协调机制和体系不健全，电网统一调度和运行管理面临挑战。同时，新的电网、电源统一规划的机制尚未建立，电网规划在电力行业规划中的地位和作用削弱，电源无序建设和布局不合理的问题比较突出。

电网建设检修安全压力增大。"十二五"以来，电网处在快速建设、加快发展阶段，特别是特高压和配电网建设改造任务十分繁重，工期要求紧，施工人员多、作业现场多，施工安全风险防控难度大。建设高峰阶段，电网建设、检修等现场超过6万个，作业人员超过60万人，交叉作业、高空作业、大件吊装、线路跨越等带来的安全风险明显增大。同时，每年都有大量新技术、新设备、新设施投入运行，大量人员集中调试和检修，安全压力增大。

电力网络信息安全形势严峻。电力等基础设施是网络安全的重中之重，也是可能遭到重点攻击的目标。"物理隔离"防线一旦被跨网入侵，电力调配指令可能被恶意篡改，将可能造成很大的破坏性和杀伤力。2015年12月23日，乌克兰电力系统遭网络攻击引发大面积停电，是全球首例公开报道的因网络攻击导致的停电事件。随着大量风电、光伏发电、分布式电源的接入，各类投资主体增多且快速向电网末端延伸，加大了电力系统监控和电网安全统一管理的难度。

自然灾害和外力破坏频发。我国地震、台风、暴雨、泥石流、山火等自然灾害多发频发，严重危害电力设施安全。2008年雨雪冰冻灾害，国家电网累计停运35千伏及以上变电站884座，停运10千伏及以上输电线路1.53万条，损毁高压杆塔18.4万基，倒断低压线杆51.9万基，2700多万用户受到影响。外力破坏也时有发生，国家电网发生的一般性电网事故中，约2/5是由于外部违章作业、野蛮施工、树线矛盾、盗窃破坏等因素造成的。

安全管理存在薄弱环节。企业安全基础还不牢固，一些风险和隐患仍然存在，归根到底是人的问题，集中体现在思想认识、责任落实、制度执行、过程管控、责任追究等方面。有的单位安全组织体系、制度体系不健全，安全管理机制、人员配备等方面不适应新形势的要求。有的单位不同程度地存在安全工作标准不高、要求不严，安全责任和措施落实不到位等问题。部分干部职工安全意识不强，存在麻痹思想和侥幸心理。

（二）企业安全

国家电网公司资产规模大、管理层级多、业务领域多、地区分布广，企业安全涵盖电网安全、发展质量、经营效益、依法治企、营销服务、队伍稳定等多个方面，任何一个方面发生重大问题，都会给企业造成严重影响。强化依法治企、防范经营风险、提高发展质量、提升服务水平、维护队伍稳定，是长期而艰巨的任务。

经营风险。国家电网公司成立之初，管理松散、经营粗放、效率低下，各种各样的"自转"现象根深蒂固。资产规模10524亿元，而净资产收益率仅为0.57%，盈利能力明显偏低。同时，资产闲置、资源分散现象比较严重，部分直属单位债权、债务存在许多风险，累计陈欠电费超过200亿元，提高经营效率、确保资产保值增值任务艰巨。

质量风险。质量是"百年大计"，越是投入高、发展快的阶段，越要注重发展质量，以优异的质量保障电网安全，实现经济效益和社会效益最大化。随着电网和企业进入快速发展阶段，国家电网公司在统筹发展质量、速度和效益，电网结构和企业资产结构优化等方面均面临新的考验。

法治风险。依法治企是企业长治久安的根本所在。国家电网公司成立初期，干部职工的法治意识较弱，管理上存在不规范现象，个别违法违纪违规行为时有发生，一些"发热点""出血点"亟待消除。随着全面从严治党和全面依法治国深入推进，国家对中央企业依法治企的要求更加严格。

服务风险。国家电网公司服务面向各行各业和千家万户，服务范围点多面广，员工素质、服务水平、作风纪律任何一方面出现大的问题，都容易引发负面事件。国家电网公司成立初期，营销服务方面存在服务标准不统一、服务承诺不兑现等问题，"人情电、关系电、免费电"、客户工程"三指定"等现象部分存在，作风建设有待加强。

稳定风险。我国正处于社会转型期和矛盾凸显期，人们的思想认识、价值取向、道德观念趋向多元化，社会环境错综复杂。由于历史沿革和国家政策等原因，国家电网公司承继了辅业、多经企业、农电用工等诸多历史遗留问题。同时，在主辅分离、主多分开、集体企业改革改制、企业内部改革推进过程中，涉及部分职工利益，容易引发思想波动，职工队伍稳定面临较大压力，维护队伍稳定是一项长期任务。

四、电网安全管控

确保电网安全，必须遵循电网安全规律，以预防大面积停电事故为核心，从规划、体制、机制、管理、科技、应急等各个方面，增强抵御风险的能力，综合防控电网安全风险。

（一）科学规划建设

科学规划电网发展。保证电网安全必须从规划源头抓起，从电网结构和布局上整体考虑电网的安全性。规划出现问题，将给电网安全带来长期、严重的影响。以往较长时期内，我国电力发展是基于行政管理区划和就地平衡的思路进行规划，缺乏长远、科学的整体架构设计，电网跨区跨省联系薄弱，网间互济能力不强，难以适应能源基地大规模开发利用和远距离输电的需要，抵御重大事故风险的能力不足。国家电网公司遵循电网发展规律，立足于发挥电网优化配置资源作用，满足清洁能源大规模并网、新型用电设施快速发展和电力服务需求多元化的需要，按照坚强与智能并重、各级电网协调发展的原则，优化电网规划思路，积极推动跨区跨省联网，着力构建以特高压电网为骨干网架的坚强智能电网。2015年，国家电网已初步建成坚强智能电网。规划到2020年国家电网形成东部、西部两个同步电网，到2025年整个国家电网形成一个同步电网的发展格局。届时，将彻底消除"强直弱交"电网结构及其隐患，国家电网的抗风险能力将实现新的提升。

全面提高电网建设质量。保证电网建设质量是电网安全的基础。电网生产运行实践表明，大量电网安全隐患都与电网建设水平不高、设备"带病"入网有关。国家电网公司坚持把质量作为"百年大计"，深化资产全寿命周期管理，强化设计、设备、施工、调试、运行全过程管控，全面提高电网建设质量和设备健康水平。大力开展标准化建设，推行"三通一标"，提高电网设计水平。建立总部和省级两级招标平台，实行严格的产品准入制度，严格设备及材料选型、招标、监造、检查、供货商评级等全面质量控制，把好设备入口关。严格执行施工工艺标准，严把电网工程验收关，确保工程大规模建设优质高效。

（二）统一电网调度

调度是电力系统运行指挥中枢，是联系发电、输电、用电的纽带。电网企业通过调度实施电网生产组织和安全控制，电网调度是电网安全稳定运行的重要保障。

电网调度一体化管理。我国长期实行电网和调度一体化管理体制。这种体制符合电力系统生产运行规律，适应电网智能化和清洁能源大规模发展对电网安全运行的需要，是我国电网安全的重要体制保障。近二十年来国外大面积停电事故频发，与这些国家电网分散管理体制中存在的弊端密切相关。有的国家发电、输电、配电的所有权和经营权分散，有的国家调度与电网分离，造成利益主体过度分散，电网发展长期各自为政，只注重局部利益，不重视整体安全，电网统一调度指挥受到严重制约。

构建科学的电网调度体系。随着坚强智能电网的大规模建设，为保证大电网安全、稳定和经济运行，国家电网公司积极推进大运行体系建设，优化调度组织体系，实施调控一体化，提高大电网驾驭能力和应急能力。优化调整电网调控层级，推进国调分调一体化、地调县调集约融合，构建国（分）调、省调、地（县）调三级管理体系。减少电网运行管理环节，实行调度机构对设备运行的集中监控，拓展在线安全分析预警、实时计划优化调整和新能源实时预测控制等功能，电网调度运行水平显著提高。

提升调度精益化管理水平。按照"专、精、深"要求，全面提高电网调度的运行控制决策水平。优化整合调度核心业务流程，统一各层级管理标准，实现运行方式和运行计划安排等核心业务的集中决策。加强调度与其他电网业务的衔接，实现从规划到运行的全发展周期安全校核。适应节能发电调度、大用户直购电等需要，加强电网调度与电力市场交易职能的紧密结合，充分发挥电网在促进电力市场建设中的重要作用。建设智能电网调度技术支持系统，提高调度智能化水平。

（三）严格安全管理

推行"四全"安全管理。按照人员、时间、力量"三个百分之百"的要求，实行全面、全员、全过程、全方位的安全监督与管理。全面，要求将"安全第一"的要求贯穿到企业每一项工作中；全员，要求每一名员工都要负起安全责任，都要想安全、促安全、保安全，时刻绷紧安全这根弦；全过程，要求工作的全过程、每个工作环节都要保证安全；全方位，要求在人力、财力、物力上全面保证，全身心抓好安全。

提高驾驭大电网运行能力。把确保大电网安全作为重中之重，完善特高压网架及各级电网安全控制策略，强化"三道防线"。加强跨区跨省输电线路、重要枢纽变电站和换流站的巡视检查和运维检修，严格落实各项反事故措施，加大电力设施保护力度，提高关键设备和重要输电通道安全水平。加强对安全稳定控制、电力通信和自动化等装置的安全检查，保证二次系统安全可靠运行。积极应对恶劣天气和自然灾害，完善事故处置预案，坚决杜绝大面积停电事故。

严格落实安全生产责任制。按照"谁主管谁负责、管业务必须管安全"的原则，全面落实安全生产责任制，做到党政同责、一岗双责、失职追责，确保责任到位、工作到位、措施到位。健全安全生产责任体系，明确各级安全责任主体和工作要求，把安全责任分解落实到每个环节、每个岗位、每个人。严格执行《国家电网公司安全工作奖惩规定》，狠抓责任落实、制度执行。按照"四不放过"要求，加大事故处理和追责力度，严格监督、严厉查处，切实解决失之于宽、失之于软的问题。

严格安全薄弱环节管理。加强施工和作业现场安全管理，严格执行"两票三制"（工作票、操作票，交接班制、设备巡回检查制、设备定期维护及轮换制），全面实施标准化作业，强化大型机械、交叉跨越、高空作业、带电作业等风险防控，坚决防止人身伤亡和重大责任事故。严格落实施工、监理、建设管理各方责任，加强分包队伍准入管理和现场作业监督，严禁违规转包分包。加强电厂主设备、水电站大坝、生物质发电厂料场等重大危险源管理。强化产业单位和集体企业以及境外工程的安全管理，加强大件运输、通航飞行、施工爆破等高风险作业安全管控。

深入开展安全检查和隐患整治。按照全覆盖、零容忍、严执法、重实效的要求，采取"四不两直"（不发通知、不打招呼、不听汇报、不用陪同和接待，直奔基层、直查现场）工作方式，紧密结合迎峰度夏（冬）、工程建设、春（秋）检预试、重大活动保电等重点工作，定期开展安全大检查和缺陷隐患整治，严肃查纠违规违章行为，坚决彻底整改突出问题。坚持问题导向，加强对作业现场、重大危险源、设备质量、工程外包、供电安全等方面的缺陷隐患整治。对于发现的缺陷隐患，全面落实整改责任、措施和期限，做到每项整改过程可追溯、结果可核查、责任可追究，对逾期没有整改的进行严肃问责。

加强全员安全教育培训。安全必须抓住人这个关键因素，只有每个人用心、专心、精心工作，才能化解风险、避免事故；一旦分心、散心、漫不经心，就会导致风险扩大、事故发生。通过不断组织"爱心活动、平安工程"、百问百查、安全年、安全月、安全日等活动，坚持不懈地开展安全警示教育，着力增强全员安全意识、责任意识和风险意识，使安全真正根植于心、成为企业的文化基因。加强生产一线人员安全培训和考核，提高业务能力和安全素质，实现由"要我安全"到"我要安全"的转变，切实做到"三不伤害"（不伤害自己、不伤害他人、不被他人伤害）。高度重视并强化跨工种、跨专业、转岗人员和新员工的教育培训，切实加强农电用工和临时用工的培训和管理，确保安全教育工作不留死角。

（四）强化安全技防

科学技术是保障电网安全的关键。国家电网公司不断加强电网运行规律分析，积极开展科技攻关，破解安全风险防控难题。

研究大电网安全与控制技术。总结国内外电网安全稳定工作的经验和教训，深化对大型交直流互联电网稳定机理和运行机理、控制理论和技术手段的研究分析，增强大电网的支撑能力、系统潮流转移能力和应对连锁反立严重故障的能力。针对特高压网架过渡期面临的"强直弱交"、有功无功控制等问题，在特高压直流换流站建设一批高性能、大容量的调相机，加强抽水蓄能电站规划建设，优化布局，切实提高电压和频率控制能力；积极开展高智能化、高安全性的新一代电力系统保护控制技术研究，综合利用全网资源，构建大电网安全综合防御体系，提高电网安全稳定水平。

全面推动电网技术升级。加强新技术在电网规划、设计、建设、运行等各环节的推广应用，提高电网科技含量。积极推广应用特高压输电、紧凑型线路、同塔双（多）回、大容量变压器、灵活交流输电、快速保护等先进适用技术和设备。全面实施设备状态检修，强化电网运行状态监控与分析，推广直升机、无人机巡线和机器人巡检，提升雷区、污区、风区、冰区设备安全防护能力。

提升电网防灾抗灾能力。2008年南方低温雨雪冰冻灾害和汶川大地震发生后，国家电网公司从电网规划建设、生产维护、调度运行、供电服务和应急处置等环节入手，进一步加强电网防灾减灾工作力度。实施电网差异化规划设计，显著提高电网设防标准；加大电网抗灾能力专项改造；在冰灾机理、气象预警、新材料以及军工技术等交叉技术领域，开展科技减灾技术研究，推广应用线路融冰、电气设备防震垫、可控放电避雷针等技术和装置。

解决新能源并网技术难题。以功率预测技术、调度技术、大规模储能技术、虚拟同步机技术为重点，加大新能源并网关键技术研究与应用，提高新能源大规模接入条件下电网稳定控制能力和调度灵活性。推动建立新能源并网技术标准和规范，提升新能源并网技术水平。成立风电并网、太阳能发电并网两个国家级研发（实验）中心，做好试验检测服务，保障机组安全并网。

开展电网安全风险预警管控。开发应用电网运行风险预警管控信息化平台，做到国家电网公司系统全覆盖。针对电网运行方式变化和天气等外部因素带来的运行环境变化，进行风险辨识，明确风险等级，采取相应预警和管控措施，把传统的电网运行、生产作业安全管控工作纳入规范化、标准化的轨道。2015年发布电网运行风险预警2.6万项，其中四级以上风险140项，均得到有效管控。

（五）坚持团结治网

电网是一个实时平衡的系统，每一个并网设备的运行状况都将对电网运行产生影响。保障电网安全，仅靠电网企业是不够的，还需要政府部门、发电企业、电力客户和社会各方面共同努力。

凝聚共保电网安全的合力。对政府而言，需要科学统一规划电网、电源发展，制定完善并执行电力设施保护条例、电网统一调度等法律法规，严肃惩治蓄意破坏电网设施行为，营造良好政策法制环境。对发电企业而言，需要与电网企业加强协作配合，保证机组健康运行，服从统一调度，积极提供调峰、备用等辅助服务。对电力用户而言，需要科学用电、安全用电，重要用户应配备应急保安电源，及时消除各种安全隐患。对全社会而言，需要大家一起重视电力设施保护，减少各种外力对电网安全的影响，形成共同维护电网安全的社会氛围。

争取各方工作支持。国家电网公司积极向各级党委、政府汇报沟通，在电网规划发展、安全隐患治理、防范外力破坏、应对自然灾害等方面，努力取得各级党委、政府的关心、支持和指导。与发电企业、电力客户建立共同保障安全的长效机制，依法统一调度，主动加强与电厂的沟通协调，督促并网电厂落实系统安全稳定措施。积极开展电力供需形势和用电知识宣传，加强与用户沟通，建立良好互动关系，促进电力客户共同维护用电秩序。针对党政机关、交通枢纽、学校、医院等重要用户以及煤矿等高危用户，加强安全用电检查，合理安排客户供电方式，完善预控和应急措施，督促客户整治用电隐患、保障用电安全。

（六）强化应急管理

应急处置是安全工作的"最后一道防线"。电网一旦发生事故，发展快、危害大，做好应急管理是非常必要的措施。近年来国际上一些大停电事故之所以带来灾难性影响，与事故发生后应急不力、处置不当有重要关系。

建立健全电网应急体系。按照涵盖预防与准备、监测与预警、处置与救援、恢复与重建全过程的应急理念，着力建设统一指挥、资源共享、反应灵敏、保障有力的应急体系。建立总部、省公司、市公司、县公司四级互联互通的应急指挥中心，省公司、地（市）公司两级专业化应急抢修队伍可动员8万人；建立备用调度控制体系、集中式数据（灾备）中心、物资储备中心、应急电源救援体系、应急通信系统，逐级制定了综合、专业、现场处置等各类应急预案，逐步形成了由应急组织、应急制度标准体系、应急预案、应急机制和应急保障构成的应急体系（见图5-1），并与政府应急管理体系

图5-1　国家电网公司应急体系总体框架

进行有效对接和联动，在抗冰抢险、奥运保电、抗震救灾等实践中得到了充分检验，取得了良好效果。

提升电网应急处置能力。认真总结历次严重自然灾害的应对经验，加大应急工作人力、物力和财力投入，做到预案先行，人员、物资储备随时可用，应急状态下，人人各司其职，忙而不乱，有章可循。每年在不同层级都进行大量的应急演练，保障国家电网公司应急体系反应快速、运转高效。强化和完善应急制度和标准体系建设，建设常态化应急机制、应急综合处置机制和恢复重建机制。不断完善应急预案体系，实现"横向到边、纵向到底"的要求。加强应急保障体系建设，建立专门基地开展应急技能专项培训，打造专业化的应急抢修队伍。

五、企业安全管控

在确保电网安全的同时，国家电网公司高度重视企业安全工作，建立严密规章制度，发扬严细作风，实施严格管理，做到常抓不懈，不断消除重大隐患，努力根除隐患产生的条件，坚决防止发生影响社会和谐的不稳定事件和严重影响企业形象的事件，保障企业安全健康发展。

（一）依法从严治企

依法依规是企业管理必须坚持的基本底线，也是国家电网公司安全健康发展的根本保证。强化依法治企，必须在"严"上动真格、下功夫，杜绝各种管理上的"习惯性违章"。

以铁的标准强化管理。坚持把严格管理的要求贯穿在"一强三优"现代公司建设的全过程，按照标本兼治的原则，构筑思想、制度、管控、惩戒四道防线，着力解决经营管理中的突出问题，堵塞管理漏洞，严防经营风险。严格执行"三重一大"决策制度，做到依法决策、集体决策、科学决策。持之以恒解决历史遗留问题，主辅分离、主多分开改革全面完成，集体企业、农电用工管理进一步规范。坚持"你用电·我用心"，规范服务标准和行为，严格履行服务承诺，严肃纠正服务不规范、客户工程"三指定"等问题。坚持勤俭办企业，严控各类成本开支，坚决反对铺张浪费、大手大脚。

针对管理"习惯性违章"和"出血点""发热点"，扎实开展清理整顿、专项治理、检查监督等工作，反复抓、抓反复，狠抓问题整改，消除风险隐患和薄弱环节。

建设"三全五依"法治企业。 认真贯彻落实中央依法治国要求，以"全员守法、全面覆盖、全程管控，依法治理、依法决策、依法运营、依法监督、依法维权"（"三全五依"）为核心，在国家电网公司推进法治企业建设，促进企业治理现代化，见图5-2。以法治先行为重点，深化"三全"教育，引导干部职工牢固树立法治理念、合规意识，尊重法律法规和规章制度的权威性、强制性。以法治融合为重点，强化"五依"管控，推动国家法律法规、企业制度标准与企业管理深度融合，形成符合现代法治要求的决策机制、管理机制和监督机制。以法治保障为重点，加快构建基于共建共享的网络化、一体化、专业化、社会化法律服务保障平台。

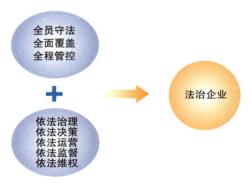

图5-2　国家电网公司法治企业建设思路

（二）确保网络信息安全

国家电网公司认真落实党中央关于加强网络安全的部署，从战略、规划、制度和标准入手，加强顶层设计，优化网络布局与防护策略，实行内外网物理隔离，健全网络安全体系。坚持管理、设备与技术并重，人防、物防与技防综合抓，把网络安全纳入国家电网公司安全管理体系，实行信息安全与信息系统同步规划、同步建设、同步运行，牢牢掌握电力信息网络空间的主动权和控制权。坚持自主创新，加强核心技术、核心设备、核心系统的自主研发建设和运行维护，网络系统关键软硬件实现国产化。公安部等部委召开现场会，宣传和推广国家电网公司国产化经验。加强主动防御，实时监测软硬件资源、网络边界等节点安全和运行状态，建立红、蓝两队模拟攻防演练制度，提高安全防护能力。开展网络信息安全专项检查，严格电源侧企业入网安全管理，努力防范风险，根除隐患。构建联合应急机制，提升数据资源、核心业务的实时动态灾备水平，定期开展应急演练，提升网络安全突发事件应急响应能力。

（三）完善企业内控体系

企业的内部控制体系，是现代企业提升资源配置效率和防范经营风险，实现安全健康可持续发展的重要保障。国家电网公司拥有庞大的资产规模和巨大的现金流量，打造企业内控体系，建立有效的内部约束机制，对国家电网公司的健康发展至关重要。

加强制度建设和制度约束。管理的有效性取决于制度约束，制度的生命力在于执行。国家电网公司始终把制度建设作为内控基本建设，以科学决策、信息公开、风险防控为重点，建立健全通用实用管用、一贯到底的制度体系。强化制度宣贯、执行、检查、考核、改进闭环管理，着力解决制度束之高阁和执行不严不力的问题，做到用制度管人、管权、管事、管企业。

强化对重点领域集中管控。通过"三集五大"建设，对关键资源和核心业务实行集约化管控，尤其是大力强化人财物关键领域管控，严肃法律底线和制度红线，确保管深、管实、管到位。严把人员入口关，严禁擅自新增机构、职数和人员。严格财务实时管控，杜绝预算外开支等问题。强化工程费用管理，严禁虚列和置换工程项目，严禁挤占、挪用和套取工程建设资金。严格招标全过程管理和监督，坚决杜绝虚假招标、围标串标、"打招呼、递条子"等问题。

建立全天候在线监测体系。大力加强信息化建设，建成了涵盖人力资源、财务、物资、营销、项目、设备、计划等业务环节的企业集团级信息系统，管理效率和透明化程度进一步提高。创新提出"三个中心"建设，实现对国家电网公司核心资源、主要业务、关键流程的全过程管控，进一步提高了电网安全稳定可靠性、企业运行效率与客户服务水平。

构建全方位协同监督机制。整合内部监督力量，横向强化审计、法律、纪检监察、民主监督等协同监督，纵向强化人力资源、财务、物资等业务部门职能监督，构建协调配合、信息互通、形成合力、监督到位的协同监督机制。通过成立协同监督委员会，定期召开联席会议，组织开展协同监督、效能监察、专项审计和依法治企综合检查，加强对重大决策部署落实情况的监督，集中整治违法、违纪、违规、违章问题，消除各种风险点，实现监督的全方位、常态化、制度化。

实现企业全面风险管控。在依法从严治企的基础上，全面梳理企业重大风险，以风险管控为导向，以标准流程为载体，以授权管理为约束，以规章制度为保障，以内控评价为手段，以信息系统为支撑，逐步建成了覆盖全公司、贯穿各层级的企业内控体系和风险管控机制。经过这些年的实践，已建成统一的、涵盖所有业务风险信息的集团级信息库，建立了包含常规授权（基本授权、岗位授权）和特别授权的分级授权体系，构建了标准化的专业内控流程，并将风险点、控制点、职责、岗位、制度、授权等管理要素与业务流程步骤匹配，在业务系统和风控系统固化，在线开展内控评价监督，实现风险管控闭环管理。

（四）保证队伍和谐稳定

国家电网公司员工队伍规模庞大，在改革发展中持续保持队伍稳定，是国家电网公司面临的长期考验。

维护职工合法权益。在跨省区中央企业中率先建立职工代表大会，积极创新职工民主管理的形式和内容，为职工参与民主管理、维护合法权益提供体制机制保障。对企业发展重大事项和涉及员工利益的重要事项，在决策前开展广泛调研，充分听取基层意见，提交职工代表大会审议后实施。在推进辅业、多经、集体企业改革，探索解决多种用工方式和农电用工等历史遗留问题时，充分考虑职工的合理诉求，依法维护合法权益。

关心关爱职工。建立总经理联络员制度，及时掌握了解基层实际和员工思想动态，及时帮助基层解决难题及职工关心的问题，超前疏导和化解矛盾。重大改革实施过程中，注重做好政策解释和思想疏导工作，努力争取广大员工的理解和支持，促进企业和职工共同发展。关心职工安全健康，改善劳动条件。对生活困难员工，在依法合规的前提下，积极帮助解决实际问题。

六、安全管理永远在路上

经过不懈努力，这些年国家电网持续保持安全良好局面，企业安全管理不断迈上新台阶。最近10多年来，无论北美、南美、欧洲或是俄罗斯、日本、印度，均发生电网大面积停电事故，国家电网持续保持安全稳定运行。国家电网公司也经受了深化改革、外部审计、中央巡视等一系列考验，整体保持队伍和谐稳定、企业稳健运营，实现了安全发展和可持续发展。面向未来，安全形势复杂严峻，安全挑战无处不在。**电网安全方面**，随着特高压交、直流混合电网运行日趋复杂、新能源接入规模快速增长以及接入电网的用户更加广泛，影响安全的因素增多，安全要求也越来越高，新问题、新挑战将不断出现。**企业安全方面**，随着我国经济发展进入新常态以及电力体制改革、国有企业改革等进入深水区，市场拓展难度、电费回收压力和企业经营风险增大，国有资产保值增值的任务艰巨，队伍安全稳定压力长期存在。安全工作没有完成时，一时一刻不能放松和懈怠。

（一）坚守安全责任

我国正处于实现"两个一百年"奋斗目标的伟大历史征程中，安全可靠的电力供应是全面建成小康社会的重要保障。电气化是国家现代化的物质基础，确保电力安全责任十分重大。国家电网公司需要始终坚持"人民电业为人民"宗旨，始终把安全工作放在各项工作的首位，全力以赴、扎实工作，用实际行动践行安全责任，确保电网安全可靠供电。

（二）建设平安企业

电网安全、员工平安是企业长治久安的基石，是建设平安企业的本质要求。国家电网公司需要始终坚持安全至上，以电网安全、企业安全、员工安全为目标，大力建设"平安文化"，将安全理念贯彻到每一名职工心里，把安全责任落实到每一个岗位，把安全要求体现到经营管理的方方面面，确保企业和谐发展，促进社会进步。

（三）营造安全环境

确保电网安全、建设平安企业，离不开良好的社会环境，电网安全、企业安全需要全社会的关心和支持。要动员全社会的力量维护电网安全，推动各方增强全局意识、服务意识、协同意识，促进各方密切配合、通力合作，营造团结治网的良好环境，实现安全共建、安全共保、安全共享。

（四）安全永无止境

现代电网已成为渗透到各行各业、千家万户的综合能源系统，电网安全的重要性更加凸显，安全管控的难度不断增大。每位电网企业的干部职工特别是领导干部，要经常有睡不着觉、半夜惊醒的压力，居安思危，警钟长鸣，在安全标准上追求万无一失，在安全管理上追求精益求精，在安全绩效上追求零事故零缺陷，确保电网安全，为人民安居乐业、国家长治久安、实现中华民族伟大复兴"中国梦"做出积极贡献。

一、电网安全实践

（一）电网安全管控体系

　　国家电网管控体系由责任体系、业务体系、保障体系、协调体系、监督体系以及应急体系构成。

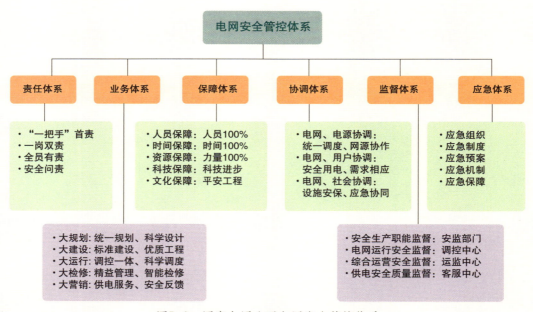

图5-3　国家电网公司电网安全管控体系

（二）电网安全应急体系

电网安全应急体系由应急组织、应急制度标准、应急预案、应急机制、应急保障等构成。

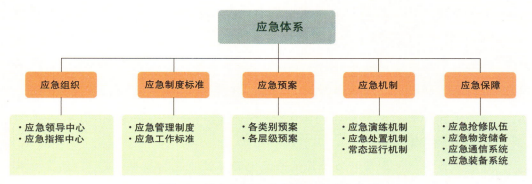

图5-4 国家电网公司电网安全应急体系

1．应急组织体系

分别在总部（分部）、省公司、地（市）公司成立了应急领导机构和应急指挥中心。各级应急指挥中心具备应急指挥、信息汇集、视频会商、辅助决策、日常管理等功能。

2．应急制度标准体系

应急制度标准体系由国家电网公司应急预案编制规范、应急管理工作规定、电网大面积停电事件应急联合演练指导意见等规章制度体系以及涵盖管理、技术和运行标准的应急标准体系构成。

3．应急预案体系

各层级均制定了覆盖大面积停电、雨雪冰冻等各类重大突发事件的电网安全应急预案，实行应急预案分类分级管理，按照突发事件的不同类型和发展态势制定了详细的操作规程。

4．应急机制体系

应急演练机制。常态开展综合性应急演练，定期组织开展专题演练和专项演练。

应急处置机制。形成规范化、标准化的应急处置工作流程，与各级政府、交通运输、新闻媒体等建立应急综合协调机制。

常态运行机制。把应急工作纳入企业发展规划、年度综合计划和年度工作计划，建立企业负责人应急管理监督评价考核机制。

5．应急保障体系

应急抢修队伍。组建省、地市两级专业化应急抢修队伍，可动员最大规模近8万人。建立专门基地，开展应急技能培训。

应急物资储备。建成总部和5个区域应急物资储备库，通过实物储备、协议储备、动态周转等方式，确保应急物资储备和快速供应。

应急通信系统。建成包括卫星中心站、应急指挥车、应急通信车、卫星便携站的独立应急通信系统。

应急装备系统。配备40万千瓦的应急电源系统（包括发电车等），总量可以满足一个中等城市灾害情况下的基本用电需求。

（三）电网安全工作长效机制

通过安全活动常态化、专项监督实用化、风险管理规范化、隐患排查流程化、应急管理体系化，建立了电网安全工作长效机制。

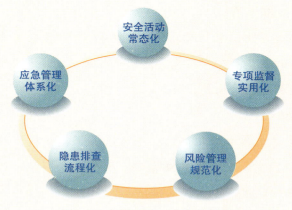

图5-5　电网安全工作长效机制

安全活动常态化。每年都组织开展安全专项活动，如反事故斗争、百问百查、"两抓一建"（抓执行、抓过程、建机制）、安全年、安全管理提升等，营造安全氛围、消除薄弱环节、促进工作落实。

专项监督实用化。针对某一时期安全工作存在的突出问题，组织开展高铁供电、基建安全、开关柜等专项监督检查，集中查找薄弱环节，及时采取整改措施，有效防范安全事故。

风险管理规范化。按照"关口前移、流程管控、过程把关"的要求，推进安全性评价工作，实施全过程风险管控，超前辨识、分析和控制风险，最大限度减少风险失控。

隐患排查流程化。按照"排查—评估—报告—治理（控制）—验收—销号"的流程，建立隐患排查全方位覆盖、全过程闭环工作机制，并纳入企业日常管理工作。

应急管理体系化。建立应急指挥中心、物资储备中心、应急电源救援体系、应急通信系统等应急组织和保障体系。逐级制定综合、专业、现场处置应急预案，强调实用、实际、实效。定期开展应急演练。

（四）重要安全活动

"爱心活动、平安工程"（2006年）

主要做法：以"奉献爱心，营造和谐"为主题开展"爱心活动"，大力倡导关爱企业、关爱他人、关爱自己、关爱家庭、关爱社会的良好风尚，融入员工的人生观和价值观，增强责任心，从我做起，从小事做起，主动奉献，自觉维护安全稳定的良好局面。以电网安全、员工平安、企业稳定、社会和谐为目标实施"平安工程"，树立"平安理念"，建立"平安机制"，建设"平安文化"，推动实现企业的长治久安、员工与企业的共同发展。

安全生产和优质服务"百问百查"活动（2007～2009年）

主要做法：坚持"四个服务"宗旨和"安全第一、预防为主、综合治理"的方针，通过问、查结合的方式对广大干部职工掌握安全生产规章制度的情况，以及生产、基建、农电、供用电、多经、信息等各专业领域安全措施的落实情况进行督促检查，及时发现和解决各种带有苗头性、倾向性的问题，堵塞管理漏洞。

"抓基础、控风险、防事故"基建安全主题活动（2010年）

主要做法： 紧紧围绕"三个不发生"（不发生大面积停电事故，不发生人身死亡事故和恶性误操作事故，不发生重特大设备损坏事故）目标，以有效防控基建人身事故为重点，以"抓基础、控风险、防事故"为主题，明确在巩固基建安全基础、控制基建安全风险、防范各类基建安全事故等方面的重点措施，落实安全责任，防范各类基建安全事故。

"两抓一建"安全风险管控活动（2011年）

主要做法： 以"抓执行、抓过程、建机制"安全风险管控活动为主线，以贯彻执行《安全风险管理工作基本规范（试行）》《生产作业风险管控工作规范（试行）》为抓手，优化安全生产流程，完善安全标准体系，严格执行安全制度，强化安全目标管理和过程控制，防范各类安全事故。

"安全年"活动（2012年）

主要做法： 坚持安全第一、稳定至上、服务为本，以"安全年"活动为载体，以隐患排查和风险管控为手段，以队伍建设、作风建设和制度建设为保障，树立"大安全"理念，围绕"安全生产、建设质量、队伍稳定、优质服务、依法治企、品牌建设"六方面工作，提高思想认识，落实全员责任，加强基础管理，深化隐患治理，消除风险隐患。

（五）重大活动保电

1. 重大活动保电安全管理模式

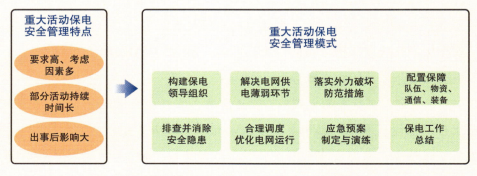

图5-6　国家电网重大活动保电安全管理模式

2．重大活动保电典型事例

•2008年北京奥运保电

保电时间： 从2008年7月27日运动员入住奥运村至9月17日残奥会闭幕，前后历时近两个月，包括4次开闭幕式。

保电范围： 40个奥运比赛场馆、62个训练场馆和239个新闻机构、交通枢纽、定点医院、宾馆饭店等涉奥重要客户的可靠供电。

组织机构： 成立奥运保电领导小组，建立总部、省公司和奥运场馆三级指挥体系。

应急预案： 制定1792个奥运保电应急预案。

投入资源： 实施专业人员、武警公安和群众队伍联合防护，共16.7万人坚守在保电一线；累计安排奥运场馆供电保障人员超过8.5万人次、应急抢修人员2.7万人次，出动抢修和应急发电车5300多车次。

保电效果： 以"零失误、零事故"的成绩首次实现了奥运历史上供电保障工作的世界纪录。国网北京市电力公司获得"北京奥运会、残奥会先进集体"荣誉称号。

3．重大活动保电任务列表

表5-1　　　　　　　**国家电网公司主要重大活动保电任务**

年份	重大活动保电
2003	全国"两会"、党的十六大
2004	全国"两会"
2005	全国"两会"、"神舟六号"发射
2006	全国"两会"
2007	全国"两会"、党的十七大、"嫦娥一号"卫星发射
2008	全国"两会"、北京奥运会、"神舟七号"发射
2009	全国"两会"、国庆60周年、第十一届全运会

续表

年份	重大活动保电
2010	全国"两会"、上海世博会、亚运会期间向南方电网供电
2011	建党90周年、西藏和平解放60周年、"神舟八号"发射、世园会、全国"两会"
2012	全国"两会"、党的十八大、"神舟九号"发射
2013	全国"两会"、党的十八届三中全会、"神舟十号"发射、亚青会、第十二届全运会、欧亚博览会
2014	全国"两会"、APEC峰会、亚信峰会、青奥会
2015	全国"两会"、抗战胜利70周年、西藏自治区成立50周年、新疆维吾尔自治区成立60周年

（六）救灾抗灾保电

1. 救灾抗灾保电安全管理模式

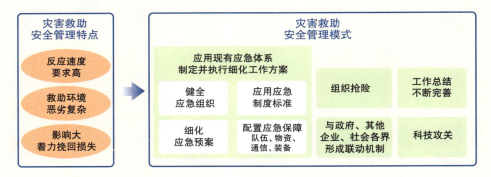

图5-7 国家电网救灾抗灾保电安全管理模式

2. 救灾抗灾保电典型事例

●2008年南方抗冰救灾

灾情： 10个省级电网受到影响。10千伏及以上高压杆塔损毁18.4万基、高压线路断线12.9万处、低压线路倒断杆51.9万根、低压线路受损15.3万千米。输电线路停运15.3万条、35千伏及以上变电站停运884座、停电台区21.93万个，80个县（区）供电中断。国家电网公司直接经济损失104.5亿元。

投入： 及时启动电网应急机制，举全集团之力投入抗冰抢险保供电的攻坚战，从各单位紧急调集价值56.6亿元的设备物资。来自21个区域公司、省公司的26.6万人参与电网抢修和恢复重建。

成效： 在6周的时间内完成了正常情况下需要6个月才能完成的工作量，提前22天完成了电网抢修和恢复重建任务。

- **2008年四川汶川抗震救灾**

灾情： 四川、甘肃、陕西、重庆4个省级电网、23个地市的110个县、1875个乡镇、18046个行政村供电受到影响，累计停电525.36万户。国家电网公司系统35千伏及以上变电站停运245座、10千伏及以上线路停运3322条，倒塌房屋19005栋（间），损毁机器设备58611台（套），直接经济损失超过120亿元。

投入： 地震发生后12分钟，国家电网公司启动应急预案，紧急调集4300余名电网抢修技术骨干、268名医疗技术骨干、242台大型机械和抢险车辆、1205台发电机（车）奔赴灾区，争分夺秒地挽救生命和抢修供电设施。灾后，安排五省一市电力公司对口援建汶川、茂县等6个受灾县地方电网。

成效： 经过两个月奋战，圆满完成受灾电网抢修和恢复重建工作。

- **2013年四川芦山雅安抗震救灾**

灾情： 累计造成34座35千伏及以上变电站、265条10千伏及以上线路停运，各电压等级626台（套）变电设备损坏，雅安、成都、内江、甘孜18.66万户用户停电，芦山、宝兴、天全全县停电，直接经济损失超过7亿元。

投入： 第一时间派遣13支服务队、52支突击队、2100余名抢险队员、300余辆应急车赶赴灾区抗震救灾。

成效： 经过争分夺秒抢修，使受损严重的芦山县城主干道当晚恢复供电。

（七）安全成效

最近十多年来国外大停电事故对当地经济社会造成了巨大损失，但国家电网一直保持安全平稳运行，保持了国际特大型交、直流混合电网最好的安全纪录。

表5-2   最近十多年来国外主要大停电事故

时间	地区	主要影响
2003年8月14日	美国、加拿大	损失负荷61800兆瓦，影响5000万人
2003年8月28日	英国伦敦	损失负荷724兆瓦，影响41万用户
2003年9月28日	意大利	影响5400万人，约占全国人口93%
2005年5月24日	俄罗斯莫斯科	影响约200万人
2005年8月18日	印度尼西亚	损失负荷2700兆瓦，影响约1亿人
2005年9月12日	美国洛杉矶	损失负荷500兆瓦，影响约200万人
2006年6月12日	新西兰奥克兰	损失负荷1000兆瓦，影响约70万人
2006年9月24日	巴基斯坦	影响全国70%以上的居民
2006年11月4日	德国、法国、意大利、比利时、西班牙、奥地利	损失负荷9700兆瓦，影响1500万用户
2007年1月16日	澳大利亚维多利亚州	损失负荷约2000兆瓦，影响30万用户
2008年2月26日	美国佛罗里达州	影响400万人
2009年11月10日	巴西、巴拉圭	影响5000万至6000万人
2011年2月4日	巴西东北部	影响4770万人
2011年9月25日	智利	全国1600万人口中近千万人受到影响
2012年7月30日	印度北部	影响印度9个邦，约3.7亿人
2012年7月31日	印度东部、北部、东北部	影响印度20多个邦，约6.7亿人

表5-3   国外主要大停电事故原因分析

原因	分析
设备故障与自然灾害是最主要诱因	● 在全球140次大停电事故的初始原因中，关键设备故障原因占67次，自然灾害原因占43次 ● 系统运行操作不当及误操作占14次，外力破坏占8次，供需严重失衡导致大面积限电占6次，计算机攻击占2次（均发生在巴西）

续表

原因	分析
系统保护等技术措施不当或处置不力是事故扩大的直接原因	● 系统保护设置不当，对于距离保护振荡闭锁考虑不足，容易引发连锁故障，印度"7·30"和"7·31"事故由距离保护三段动作引发，美国到1996年大停电事故之后才考虑将距离保护第三段停用 ● "最后一道防线"不可靠，1996年大停电事故后，北美电力可靠性公司才提出了类似我国的"三道防线"，但最终效果并不理想
电网结构"先天不足"是造成某些国家和地区事故频发的重要原因	● 北美是发生大停电事故最多的地区，长期以来由各州主导电网发展，缺乏统一规划，电压等级混乱，形成了长距离、弱电磁环网的不合理结构 ● 发生多次大停电事故的巴西电网缺乏合理的分区结构，受端主网架不强，动态无功支撑较差，头重脚轻
管理体制分散、调度运行机制不畅是多起大停电事故的深层次原因	● 美国2003年"8·14"、印度"7·30"和"7·31"大停电、欧洲2006年"11·4"等重大大停电事故都是由于电网、调度管理体制分散，系统调度协调管理与数据共享机制不畅而导致事态扩大，酿成重大停电事件 ● 美国1968年才成立北美电力可靠性公司（2005年之前是唯一的可靠性管理机构，而且是自愿性的组织，之后才纳入联邦能源管理委员会）

十多年来，国家电网事故数大幅下降。一般电网事故从2003年的134起下降到2011年的5起，降幅为96.3%；一般设备事故从341起下降到9起，降幅为97.4%。2012年以来，按照国务院新颁布的《电力安全事故应急处置和调查处理条例》统计，八级及以上电网事件、设备事件分别从2012年的67起、905起，下降到2015年的45起、703起。供电指标持续提升，城市供电可靠率从2003年的99.861%提高到2015年的99.963%，提升0.102个百分点；农村供电可靠率从2003年99.299%提高到2015年的99.850%，提升0.551个百分点。

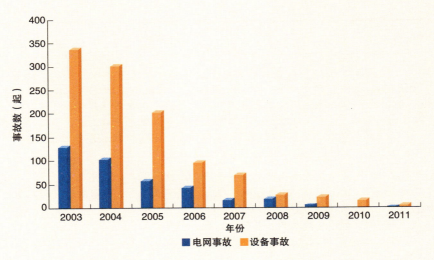

图5-8 国家电网事故数变化情况❶

图5-9 国家电网供电可靠性指标变化情况

---

❶ 2012年及以后的电网事故和设备事故数，按照《电力安全事故应急处置和调查处理条例》（国务院令第599号）新口径统计。

二、企业安全实践

（一）企业安全管控体系

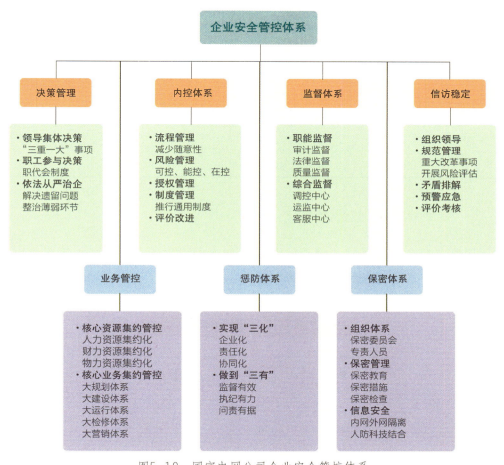

图5-10　国家电网公司企业安全管控体系

（二）依法治企主要实践

表5-4 依法从严治企主要举措

举措类型	具体举措
清理整顿	陈欠电费清理；资金账户清理；银行账户清理；社团组织清理；报纸杂志清理
专项治理	营销服务专项治理；工程建设领域专项治理；"小金库"专项治理
外部审计	电力建设情况审计调查；中央投资扩大内需审计调查；三峡输变电工程审计；西电东送审计；主要负责人任期审计
内部审计	领导干部经济责任审计；各类专项审计；依法治企综合检查
法治建设	全员守法、全面覆盖、全程管控；依法治理、依法决策、依法运营、依法监督、依法维权

（三）企业内控主要实践

国家电网公司从风险、流程、授权、制度和评价五个方面，构建各管理要素内在统一、动态关联的内部控制体系。

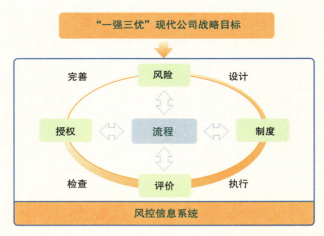

图5-11 国家电网公司企业内控框架体系示意图

内控流程： 构建了统一的全业务流程框架，建立了标准化的专业内控流程；内控流程贯穿各级单位部门与岗位的工作程序与步骤，明确专业纵向管理关系，实现跨层级管理；建立协同业务之间的流程接口，明确业务横向衔接关系，实现跨专业管理；内控流程将风险点、控制点、职责、岗位、制度、授权等管理要素与流程步骤匹配，形成以流程步骤为纽带的"网"状联动关系，促进了管理要素"一体化"融合；规范了内控流程管理程序。

风险管理： 建立了统一的、涵盖所有业务风险信息的集团级信息库；将具体风险细化落实到业务流程环节，明确风险控制点和管控要求，并在业务系统和风控信息系统予以固化，确保风险管理责任分解落实到具体岗位和个人；建立了全面风险评估和专项风险评估机制，明确风险信息收集与评估、风险管理策略确定、风险应对措施制定与实施、风险管理报告编制、监督与改进等基本程序。

授权管理： 明确了分级授权、有限授权、权责对等、全过程监督的授权管理原则，建立了包含常规授权（基本授权、岗位授权）和特别授权分级授权框架体系，建立科学明晰、相互制衡的授权关系；全面梳理"三重一大"决策事项，明确了基本授权事项及其所涉及的层级、金额标准、责任部门和审批机构，确保总部各项管控要求逐级落实到各部门、各单位；建立了与内控流程配套的岗位授权，规范了授权管理程序。

制度建设： 推进协调统一、垂直一体的通用制度体系建设，通用制度由总部统一制定并在全系统执行，各单位仅需根据客观实际制定差异条款，大幅精简了各管理层级、各业务规章制度数量；在风控信息系统中将现行规章制度与内控流程步骤、风险点、控制点相关联，增强了规章制度的针对性和有效性。

风控评价： 制定与内控流程相配套的测试程序，提供了科学系统的评价工具，建立了内控评价改进机制，实现了内控在线评价监督。

（四）保障队伍稳定主要实践

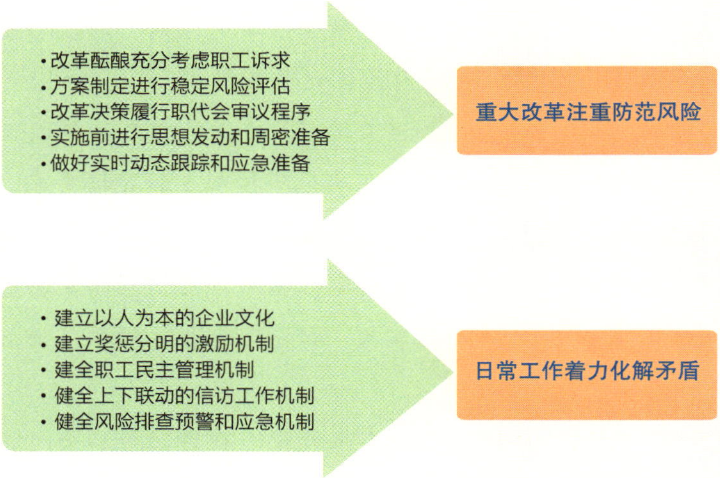

- 改革酝酿充分考虑职工诉求
- 方案制定进行稳定风险评估
- 改革决策履行职代会审议程序
- 实施前进行思想发动和周密准备
- 做好实时动态跟踪和应急准备

→ **重大改革注重防范风险**

- 建立以人为本的企业文化
- 建立奖惩分明的激励机制
- 建全职工民主管理机制
- 健全上下联动的信访工作机制
- 健全风险排查预警和应急机制

→ **日常工作着力化解矛盾**

图5-12　国家电网公司维护队伍稳定管理体系示意图

（五）信息安全主要实践

表5-5　　　　　　　　　**国家电网公司保障信息安全主要做法**

主要举措	具体举措
加强顶层设计，健全网络安全体系	● 成立信息化领导小组和信息安全专家委员会，实现网络安全和信息化工作"一盘棋" ● 自主设计研发并大规模应用电力专用网络边界安全强隔离装置 ● 生产控制区和管理信息区采用差异化防护策略 ● 构建覆盖信息网络、桌面终端、应用系统、数据资源的网络安全防护体系
加强自主研发，推进安全可信应用	● 建立信息系统全生命周期管控机制和网络安全技术督查体系，实现全过程安全管控 ● 电网生产和管理核心业务系统全部实现自主可控 ● 全面实施国产化战略，信息基础设施国产化率接近90% ● 应用电力物联网、电网大数据平台、企业私有云等新技术

续表

主要举措	具体举措
加强主动防御，提高安全防护能力	● 建立一体化信息系统调度运检体系 ● 实现对软硬件资源、网络边界等节点安全和运行状态的实时监测 ● 建立企业级信息安全攻防队伍 ● 建设梯次安全队伍 ● 组建具有多项国家级资质的企业信息安全实验室，提供全方位技术支撑
加强应急处置，提升安全应急水平	● 建立信息安全应急预案体系 ● 建设分布式电网备用调度控制体系和集中式数据（灾备）中心 ● 建立总部、省、地（市）县网络安全三级通报报送机制和电力行业、央企通报联系制度，实现安全风险防范与处置一体化联动 ● 建立与公安部、工信部等部委的联合应急保障机制，提高重大网络和信息安全事件应急处理能力

第六章
创新驱动：巨轮远航的动力

创新是企业竞争力的核心，是企业发展的不竭动力，是百年老店的长寿基因。企业不创新，就没有未来。

创新的目标，在于突破发展瓶颈，占领制高点，实现从追赶到超越、从跟随到引领。创新的动力，源自努力超越、追求卓越的精神，源自解放思想、敢为人先的胆识，源自不畏艰难、挑战自我的勇气。健全的体系、充足的资源、雄厚的基础是国家电网公司重要的创新优势。

特高压输电等系列重大创新突破，成就了国家电网公司的转型发展，使我国站上了国际电网技术发展的最前沿。身处科技创新的春天，国家电网公司需要把创新摆在战略全局的核心位置，勇当建设科技强国的排头兵。

> 领跑者和跟随者的区别就在于创新。创新无极限！只要敢想，没有什么不可能。
>
> ——史蒂夫·乔布斯❶

---

❶ 美国苹果公司的联合创始人，被誉为美国最伟大的创新领袖之一。

超越卓越

国家电网管理
创新与实践

管理实践

企业不断战胜困难和挑战，实现可持续发展，其根本要靠创新。国家电网公司过去十多年的发展道路，走的就是一条中国电网企业的创新之路。创新是引领国家电网公司不断向"两个一流"迈进的强大引擎。

一、创新提升价值

能否成为一家伟大的企业，科学定位至关重要，企业持续创新的能力也同样重要。缺乏创新能力的企业，注定会陷于平庸，甚至失败。创新是破解企业各种难题的金钥匙。

（一）创新决定命运

创新实力决定企业竞争的格局，也决定企业发展的命运。只有创新，才能紧跟时代步伐，开辟新的道路。一个重大创新的出现，会打破原来的发展方式和盈利模式，带来新的发展机遇和发展空间。我国电网发展面临的难题，不少是世界其他国家不曾遇到或不会遇到的，许多核心技术和关键设备无处可买，必须依靠自主创新加以解决。特高压、智能电网领域的重大创新，实现了"中国创造"和"中国引领"，巩固了国家电网公司的竞争地位，使国家电网公司掌握了发展的主动权。

（二）创新引领方向

世界的发展、社会的进步和企业的变革，都是在创新的驱动引领下实现的。一个国家、行业或者企业，只有抢占了创新高地，才能形成新的发展格局。要实现创新引领，必须敢为人先。特高压是世界电力领域的重大创新工程，国际上没有成功的先例。国家电网公司正是坚持需求导向，坚持自主创新，才建成了世界上技术水平最高的特高压交、直流工程，占领了国际电网技术的制高点，站在了世界能源电力行业的高峰。创新促进发展，发展提出新问题，新问题又要求再创新，事业就是这样在持续创新中不断实现新的跨越。

（三）创新增强活力

创新是企业活力的源泉。企业随着规模扩大，容易患"大企业病"，呈现机构臃肿、效率低下，逐渐安于现状、不思进取。电力行业由于长期受计划经济影响，容易自我满足、故步自封，习惯于四平八稳、按部就班，缺乏朝气蓬勃、奋发向上的干劲，与快速变化的形势不相适应。要让电网企业充满活力，就必须打破陈规，主动创新求变。企业要激发创新活力，需要弘扬创新精神，崇尚、鼓励、包容创新，形成人人关注、人人支持、人人参与的全员创新格局。

（四）创新奠定基业

纵观全球传承百年的优秀企业，都有一个共同特点，就是与时俱进、持续创新。企业只有持续创新、应时而变，才能跟上时代大潮，把握发展机遇，克服各种困难和挑战，增强抵御风险的能力，实现基业长青。但是，创新不可能一帆风顺、一蹴而就，面对磨难挫折要坚韧不拔、锲而不舍，不为困难所动，不为风险所惧。要实现百年老店的追求，必须把创新精神融入企业的骨髓和血液，大胆求变，勇于开拓，一步一个脚印，不断向着远大的目标迈进。

二、创新战略

坚持以科学战略为引领，在实践中创新，在创新中发展，这是国家电网公司发展经验的总结。国家电网公司坚持以"一流四大"为统领的创新驱动战略，即发挥科技创新在全面创新中的核心作用，形成创新支撑引领企业发展的驱动模式，不断开创新的发展局面，推动全面建成"一强三优"现代公司和实现"两个一流"远景目标。

（一）"一流四大"

"一流四大"即建设一流人才队伍，实施大科研、创造大成果、培育大产业、实现大推广，强化科技对企业和电网发展的支撑和引领作用，提升企业可持续发展能力和国际竞争力。

建设一流人才队伍。把培养建成一支具有国际一流水平的科技人才队伍，作为科技发展战略的重点和核心目标之一。依托重大项目、重大工程和重点实验室建设，面向国际和国内，大力培养、引进高水平顶尖人才。通过实践锻炼、技术交流、联合攻关等多种方式，积极推动优秀中青年科技人才成长。完善人才评价机制和激励机制，优化人才发展环境，为人才发挥作用、施展才华提供机会和平台。

实施大科研。构建以内部科研资源为支撑，以外部科研资源为协同，产、学、研、用紧密结合的大科研格局。整合内部科研资源，优化专业布局，明确各级各类创新主体在科技创新体系中的功能定位。以科研基地建设为重点，加强试验研究能力建设，完善科研基础设施。建立健全与外部科研力量协同创新的机制，最大限度地整合利用国际国内创新资源。

创造大成果。瞄准世界电力科技发展前沿和电网发展关键核心技术，组织重大技术攻关，取得一批国际领先的重大创新成果。着力突破具有重大战略引领意义的尖端技术，形成一批高质量的核心专利和高水平的技术标准，持续保持在特高压输电和大电网安全技术领域的国际领先地位，全面突破智能电网、新能源等领域的核心技术，占领电网科技发展的制高点。

培育大产业。完善成果转化机制，推动具有市场前景的高新技术产业化，建设具有国际影响力的高科技产业集团，实现科研和产业协调发展。依托创新成果和自主核心技术，提升系统设计与设备集成水平，推动优势产业进入国际市场。加快发展新能源、新材料、能源转换等前瞻性技术，大力发展战略性新兴产业。完善科研、产业协调发展机制，加快推动科技成果转化为现实生产力。

实现大推广。推动先进适用技术和设备在国家电网公司系统应用，提高电网和企业发展质量与效率。健全新技术应用工作组织体系和技术配套体系，加快建设新技术应用服务体系，完善新技术推广应用评价激励制度。优化完善新技术推广机制，建立科技成果推广应用"硬约束"制度，加强推广应用情况的监督检查和问责机制。加快完善新技术推广应用配套技术标准，加强新技术、新产品检测体系建设，健全风险管控机制。通过产研协作，向社会推广应用，大力推动特高压、智能电网等技术装备出口。

（二）创新目标

国家电网公司创新的目标，是以建设国际一流科研体系为基础，以电网基础理论、核心技术、关键设备重大创新为重点，以支撑引领企业发展为目的，努力建设全球电力行业科技领军企业，引领世界电网技术发展，引领装备制造产业升级，引领能源电力行业变革。

科研体系建设。培育和建设一批高水平实验室，打造业务领域全覆盖、基础条件先进、综合能力一流的试验研究体系；建成高水平的海外研发平台体系，广泛吸纳海外高端科研资源和人才；建成国际一流的科研机构，显著提升基础前瞻研究能力，形成科研与产业、直属与省属、内部与外部优势互补、紧密协同的科研格局。

重大技术攻关。着力突破和持续提升特高压、大电网安全控制、智能电网等技术，加快突破电网系统保护❶、半波长交流输电❷、储能、清洁能源发电等核心技术，研制特高压电缆、虚拟同步机❸等关键装备，全面支撑国家电网公司发展和全球能源互联网建设。加强基础性、前瞻性技术布局，推进新材料、直流电网、无线输电、信息通信等战略性新兴技术研发。

科技成果创造。在电网基础理论、核心技术、关键设备等方面取得一大批世界领先的重大创新成果，特高压、大电网安全领域要保持国际领先水平，电网智能化、新能源利用等关键技术要实现重大突破。到2020年，累计获得国家科学技术奖超过60项，累计拥有发明专利超过10000项，累计发布国家标准、行业标准2000项，巩固国家电网公司在世界电网科技领域的领先优势。

成果推广应用。加快创新成果的转化应用，年度专利许可、转让等业务收入超过10亿元。深化直流断路器、深冷液化压缩空气储能等重大科研成果的应用，在特高压、智能电网、清洁能源等领域完成一批重大新技术试点示范工程、首台首套工程（装置），扩大基建和技改中新技术的应用投入，提升新技术推广应用率。

产业发展带动。巩固电力自动化、电力电子等领域的产业优势，提升直流输电、新能源、智能一次二次设备、智能配用电终端、电动汽车充电装置等领域的产业竞争力，成为国际一流的电工装备整体解决方案提供商，建成具备强大技术创新和制造能

---

❶ 电网系统保护是针对特高压交直流电网和新能源快速发展带来的电网特性新变化，以有效控制大电网安全运行风险为目标，构建多目标控制、多资源统筹和多时间尺度协调的高可靠性、高安全性大电网安全综合防御体系。

❷ 半波长交流输电是一种超长距离的交流输电技术，输电的物理距离达到或接近1个工频半波长，即3000千米（50赫兹）或2600千米（60赫兹），具有电气距离极小、输送能力强、全线无功自平衡等特点。

❸ 虚拟同步机是一种基于先进同步变流和储能技术的电力电子装置，通过模拟同步电机的本体模型、有功调频以及无功调压等特性，使含有电力电子接口（逆变器、整流器）的电源和负荷具备与常规同步机相似的运行特性，从而参与电网调频、调压和抑制振荡，实现新能源发电机组的友好并网。

力的电力装备产业集群，打造国内领先、国际知名的信息通信产业。

人才队伍建设。培养一批国家级和世界级的创新领军人才，引进一批海外高层次人才，形成以院士和科技领军人才为核心、具有重大创新能力的科技攻关梯队；建立鼓励人才创新的有效激励体系，形成吸引优秀人才、留住高端人才的良好环境，全面提升人才创新的动力和活力。

三、创新体系

科技创新体系是企业创新发展的支撑与保障，是企业科技创新能力的重要依托。国家电网公司坚持创新驱动，着力建设创新型企业，持续深化科研体制改革，推进海外研发平台建设，不断完善创新机制，加强科技攻关与成果转化，初步建成了定位明晰、布局合理、协同有力的科技创新体系，有力支撑了企业科技发展战略的实施。

（一）整合创新资源

国家电网公司成立之初，科研力量分散，缺乏统筹管理，不同科研单位在科研专业设置上存在交叉重叠，不仅造成资源浪费，影响科研效率，而且不能形成合力，不适应电网和企业快速发展的需要。科研与产业混合经营的问题比较突出，科研单位很大一部分精力用在产业发展上，对技术研发工作的投入不足，削弱了对电网主业的科技支撑能力。

"十一五"以来，国家电网公司坚持精简高效、突出优势的原则，重组整合创新资源，推动科研和产业分立，强化特高压和智能电网技术研究力量，形成了以直属科研单位为核心、直属产业单位为重点、省属科研机构为依托、海外研发机构为延伸、外部科技资源为协同，层次清晰、分工合理的科技创新组织架构，显著增强了国家电网公司科技创新和支撑服务的能力。

（二）优化创新布局

国家电网公司根据不同单位的属性、业务特点和发展目标，按照基础研究、前沿技术研究、应用技术研究和产品研发的不同规律，界定了集团内部不同创新主体的功能定位和发展方向（见图6-1），明确了主体之间的业务紧密衔接关系，推动科技创新体系形成一个紧密耦合的有机整体。

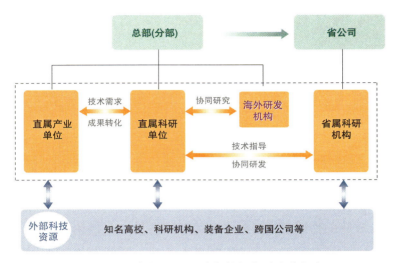

图6-1   国家电网公司科技创新体系总体框架

经过优化布局，不同主体在创新链条上的分工定位进一步清晰合理。其中，直属科研单位重点开展基础前瞻性技术、重大共性关键技术、重大应用技术研究。直属产业单位重点围绕电工装备制造产业链，发展具有核心竞争力的高端产品，开展产品及工艺研发与集成、科技成果转化和市场推广工作。省属科研机构重点承担重大项目配套研究、现场应用技术研究、技术标准编制、新技术试验示范等科研任务。海外研发机构重点开展前沿技术研究，跟踪和掌握世界能源电力行业技术发展前沿动态和趋势，吸纳海外高端人才。外部科技资源重点是利用国内外高校的基础理论、制造企业的工艺技术、知名科研机构和跨国公司的前沿技术储备等优势，开展重大项目协同研发。

（三）健全创新机制

激发创新活力与潜力，关键在于健全创新的激励约束机制。国家电网公司围绕科研决策、研发投入、成果转化、培养与激励、考核评价、开放合作等方面，强化机制建设，营造开拓进取的创新氛围，提升创新体系的运行活力和效率（见图6-2）。

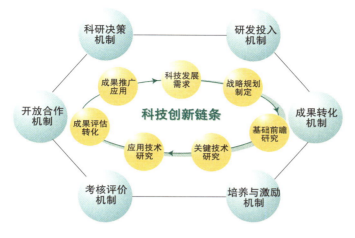

图6-2 国家电网公司科技创新关键机制要素

健全科研决策机制。扎实开展科技发展战略研究，包括2030技术路线图研究、电网中长期科技发展战略研究、重点领域关键技术框架研究等，准确把握电网发展趋势。集全国家电网公司智慧和力量，制定科技发展战略规划，明确科技发展目标和重点，甄选代表电网发展和装备制造中长期发展趋势的创新项目，实施年度滚动修订。以规划为指导，按照应用一批、研发一批、储备一批的原则，统筹制订项目年度计划，编制项目指南，确定研发项目布局。

完善研发投入机制。将研发经费投入纳入综合计划和预算管理，统一下达、统一考核，建立国家电网公司总部、省公司、各基层单位的多层级投入格局，发挥集团化运作优势，盘活全系统资金资源，形成研发经费稳定投入长效机制。加强研发资金集中管控，严控资金投向，加大对重点领域、基础性前瞻性和核心共性技术研究的投入倾斜力度，避免重复研发，切实满足重大研发工作的需求，确保研发经费得到高效配置。

建立成果转化机制。强化科研与产业协同合作，保障科研成果供需之间有效对接。强化成果评估，针对成果的不同类型构建差异化的评估标准，制定成果评估办法和成果转化应用指导意见，编制成果转化计划。拓宽成果转化渠道，采用合作开发、专利许可、技术转让等多种方式，在系统内外实现转化应用。加大新技术推广力度，完善管理制度，建立协同机制，规范工作流程，促进新技术成果在国家电网公司系统的共享和推广应用。

健全培养激励机制。加强领军人才团队建设，组建国家电网公司科技攻关团队，凝聚和培养具有一流水平、创新能力突出的学术带头人和技术骨干。加强科技人才梯队培养，制订科技人才分类培养计划，依托科技攻关团队、重点工程和科技项目等，在实践中锻炼和培养科技人才队伍。加强科技人才激励，畅通发展通道，完善与创新贡献挂钩的荣誉激励和薪酬激励机制。加强创新文化建设，营造争先创新的创新氛围，提升人才创新创造活力。

完善考核评价机制。实施创新主体分类考核，建立与主体定位相匹配的考核体系，明确科研单位、产业单位不同的考核评价重点，通过考核引导促进链条有效对接。实施业务分类考核，根据科技创新活动的不同特性，对项目、实验室、知识产权等管理工作实施有针对性的分类考核。将考核评价作为重要管理手段，与科研决策、成果转化、研发投入及激励等机制进行有机联动，发挥考核评价推动科技创新的重要作用。

建设开放合作机制。积极拓展国际交流，举办特高压、智能电网和全球能源互联网等领域的高端国际会议，与国外著名科研机构和实验室定期开展人员互访、技术交流，跟踪了解国际电力技术发展最新动态。采用项目联合研发、委托研发等方式，与国内外能源电力领域的优秀高校和科研机构开展研发合作。依托特高压等重大创新工程，将电力设备厂商、大学和科研院所等资源整合起来开展联合攻关，解决工程建设中的关键技术难题。

（四）建设国际研发平台

国家电网公司建设"两个一流"，争创国际电网科技领军企业，必须以全球视野谋划和推动创新。加快科技创新海外研发平台建设，广泛吸纳国际优秀人才，深化国际科技研发合作，抢占全球能源电力科技发展制高点。

建设海外研发机构。国家电网公司设立了两个海外研发机构——全球能源互联网研究院欧洲研究院和美国研究院，分别作为国家电网公司在欧洲和美国的前瞻性技术研发基地、科技创新机制实验基地以及高端技术成果输出平台。与葡萄牙国家能源公司联合设立了能源研究中心，重点开展特高压及智能电网等技术在当地的应用研究，以及开展其他新型电网技术研究和技术交流。

拓展海外创新资源利用方式。 依托国家电网公司海外研发机构，与国外顶尖的大学、科研机构和企业开展合作，联合研发重大研究项目。面向全球，设立具有战略性、基础性、前瞻性的研究项目，邀请全球范围的研究机构和大学参与，择优委托开展研究。与国际优秀的学术界和产业界机构共同设立研发项目开展合作，共享研究成果，相互借鉴优势技术。

四、创新成效

国家电网公司发挥创新战略的统领作用，大力推进自主创新，取得了丰硕的科技成果，实现了一批世界级水平的重大创新突破，使我国电网技术发展取得跨越提升，使国家电网公司成为全球能源电力领域具有竞争力和影响力的创新型企业。

（一）关键核心技术

围绕特高压输电和智能电网建设及运行需要的关键技术、设备、工艺和标准规范，通过重点攻关，取得了一大批具有自主知识产权、占据世界电网科技制高点的技术成果，在电网前沿领域、关键领域建立了核心优势。在特高压输电领域，全面掌握了远距离、大容量特高压输电核心技术，研制成功了全套关键设备，实现了"中国创造"和"中国引领"。在智能电网方面，掌握了柔性直流输电关键技术，攻克了风电场、光伏电站与电网协调配合的关键核心技术，新能源大规模并网、控制、消纳等方面达到了国际领先水平。在大电网控制方面，深入研究交、直流混联大电网运行控制技术，建立电网安全预警、决策和控制系统，显著增强了大电网驾驭能力。这些技术优势已经成为国家电网公司在境外国家级输电网和大型电网项目特许经营权、股权竞标的重要法宝。

（二）重大创新工程

国家电网公司建成了一批世界领先的重大创新工程。在特高压输电工程方面，建成了1000千伏晋东南—南阳—荆门特高压交流、淮南—浙北—上海1000千伏特高压交流、浙北—福州1000千伏特高压交流、向家坝—上海±800千伏特高压直流、锦屏—苏南±800千伏特高压直流、哈密南—郑州±800千伏特高压直流、溪洛渡—浙西±800千伏特高压直流等7个特高压工程，开工建设了世界首个±1100千伏特高压直流输电工程——准东—皖南工程。在智能电网综合示范工程方面，建成了世界上规模最大、集风光储输于一体的新能源综合利用平台——国家风光储输示范工程，世界上覆盖区域最广、功能最完整的中新天津生态城智能电网综合示范工程，世界上端数最多的舟山五端柔性直流输电工程，世界电压等级最高、输送容量最大的真双极接线柔性直流输电工程——厦门柔性直流输电工程，代表世界柔性交流输电最高水平的南京统一潮流控制器重大科技示范工程等。这些都是具有里程碑意义、享有国际声誉的重大科技创新工程，大幅提升了我国电工装备业的自主创新能力和核心竞争力，确立了我国在特高压输电和智能电网领域的领先地位。

（三）试验研究体系

国家电网公司建成了"四基地两中心"（特高压交流试验基地、直流试验基地、杆塔试验基地、西藏高海拔试验基地、国家电网仿真中心和计量中心），形成了目前世界上实验能力最强、技术水平最高的特高压试验研究体系，具备世界上最高参数的高电压、强电流试验条件，实验能力和指标创造了多项世界第一。其中，国家电网仿真中心首次实现了特高压输电系统的物理动态模拟、可控并联电抗器的物理动态模拟、可控串补的物理动态模拟，首次研制了动模系统专用电子式电压互感器和电流互感器，在电网仿真模拟技术水平上居世界领先地位。同时，国家电网公司建成了国家能源太阳能发电、大型风电并网系统、智能电网技术等研发（实验）中心，累计拥有国家级实验室（中心）18个，为特高压、智能电网、大电网安全、新能源接入等核心技术创新奠定了坚实的平台基础。

（四）专利拥有量

2005年底，国家电网公司专利累计拥有量仅有866个，在中央企业中排第十位。从2011年开始，国家电网公司专利累计拥有量在中央企业排名中跃升到第一位，并连续五年保持榜首地位。截至2015年底，国家电网公司专利拥有量总计达50165个，约为2005年的58倍。2015年申请专利22428个，授予专利10022个，其中授予的发明专利2350个。专利拥有量的快速提升，是国家电网公司科技创新能力显著提升的直接体现。

（五）国家级科技奖项

国家电网公司成立以来，累计获得国家科学技术进步奖51项，其中特等奖1项、一等奖6项；累计获得中国工业大奖2项、中国专利奖58项、中国电力科学技术奖578项。2013年1月18日，在北京人民大会堂召开的国家科学技术奖励大会上，习近平总书记亲自为获得国家科学技术进步奖特等奖的"特高压交流输电关键技术、成套设备及工程应用"颁奖。这是我国电工领域在国家科技奖项上收获的最高荣誉，标志着我国攀上了世界电工科技领域的最高峰。

（六）国际科技影响力

国家电网公司在世界上率先建立了完整的特高压交直流、智能电网技术标准体系，发起设立国际标准28项，特高压交流电压成为国际标准电压，中国标准"走出去"步伐不断加快。在已开工建设的巴西美丽山一期和二期±800千伏特高压输电等项目中，采用中国技术标准，推动中国技术、装备、标准整体输出。主导成立了高压直流输电、智能电网用户接口、可再生能源接入电网和特高压交流系统 4 个国际电工委员会的新技术委员会，将助推我国乃至全球能源电力工业技术创新和产业升级。连续主办了以特高压、智能电网、全球能源互联网等为主题的一系列高水平大型国际会议，增强了我国在世界电力技术领域的影响力。

五、全面创新

国家电网公司不仅在科技领域大力开展创新，而且在理论、战略、管理和文化等方面全方位开展创新。这些创新与科技创新互相影响、相互促进，共同为国家电网公司的可持续发展注入了强大的动力。

（一）理论创新

思想是行动的先导，理论是实践的指南。一些重大现实问题找不到破解途径，往往是因为理论上没有突破，没有正确地理解和认识问题的本质。只有坚持解放思想、转变观念，我们才能突破惯性思维和传统习惯的束缚，我们的工作思路、工作内容和工作方法才可能真正与时俱进地加以调整，企业才能在不断变化的环境中，始终保持发展的主动性，不断开创新局面。

国家电网公司坚持以理论创新推动实践创新，围绕电网和企业发展中的重大战略问题深入开展研究，取得了一系列重大理论成果，不断丰富了企业发展理论体系。针对能源电力发展问题，提出了"全球能源观""两个替代"等能源电力发展理论，提出了坚强智能电网、特高压交直流互联电网、中国能源互联网、全球能源互联网等电网发展理论，为转变电网发展方式提供了理论指引。针对企业发展问题，提出了"四个服务"的定位理论，提出了管理"六化""翻地""公转""大安全观"等管理理论，为转变公司发展方式提供了实践指南。这些理论创新为电网和企业发展奠定了重要的思想基础。

（二）战略创新

战略事关全局、影响长远，只有战略上站得高、想得远、看得准，才能科学谋划全局、引领发展、推动工作。战略制胜关键是把握大方向、抢占制高点，要求企业重点研究和解决关系长远发展的战略问题、制约改革发展的关键问题和生产经营的重大问题，确立科学的战略目标、坚持正确的战略方向，保持战略的科学性和先进性，引领企业把握机遇、应对挑战。

国家电网公司立足党和国家工作大局，科学构建了以推进"两个转变"和建设"一强三优"现代公司为核心的企业发展战略体系，提出了"一特四大"电力发展战略和"一流四大"科技发展战略，并不断丰富完善，引领企业和电网可持续发展。总结这些年的实践经验，其中重要的一条就是以科学发展战略统领全局，走上正确的发展道路，一以贯之，一步一个脚印，一年一个台阶，不断攀登新的高峰，沿着中国特色电网企业创新发展道路奋力前行。

（三）管理创新

一流的企业，必须有一流的管理。不管体制如何改革，作为一个企业，管理创新是永恒的课题。企业作为市场主体，要在竞争中求生存、求发展，就必须主动适应新形势，转变管理理念，变革管理方式，完善制度流程，建立科学高效的现代企业管理体系，提升体制活力和企业效率。对于国家电网公司而言，尤其需要通过管理创新，从传统低效的经营运作模式中脱胎换骨，实现管理再造。

国家电网公司一直走在管理创新的道路上。我们像农民翻地一样，反复诊断和查找短板，不断改进和提升，努力解决历史遗留难题。持续推进集团化运作，打造坚强总部，实施统一战略，推行统一标准，构建"一盘棋"的运作格局。以建设"三集五大"体系为核心，调整组织架构，变革管理方式，优化业务流程，构建了新型电网业务管理体系。正是我们持之以恒地强化管理，才能够在外部环境复杂、安全稳定压力增大、经营形势严峻的情况下，开创了电网企业管理运营新模式，实现综合指标、经营业绩、企业素质的全面提升，为建设百年老店、实现基业长青奠定了坚实基础。

（四）文化创新

文化是影响企业发展的深层次力量，是企业软实力的集中体现。文化创新要深入践行社会主义核心价值观，丰富企业文化内涵，以优秀文化提升职工素质和企业素质。要强化创新意识，倡导创新精神，激发广大职工创造热情和创新活力，努力营造崇尚创新、勇于创新、激励创新的良好氛围，增强企业软实力。

国家电网公司企业文化创新的过程，是直面挑战、推动特高压和智能电网发展的过程，是不怕困难、科学管理、依法从严治企的过程，是在企业各项工作中弘扬"努力超越、追求卓越"的企业精神和"诚信、责任、创新、奉献"的核心价值观，并将其内化于心、外化于形、固化于制的过程。始终坚持以人为本，以共同愿景统一行动，以优秀企业文化凝聚力量，在攻坚克难、干事创业中磨砺意志、锻炼队伍，广大干部职工的精神面貌焕然一新，队伍的凝聚力、向心力、执行力和战斗力全面提升，企业的素质形象由内而外大幅提升。

六、创新无极限

企业发展没有止境,创新一刻不能停止。习近平总书记在2016年全国科技创新大会上指出,创新是国之利器,不创新不行,创新慢了也不行。国家电网公司在新的发展阶段,需要深入贯彻实施创新驱动发展战略,时刻保持对环境变化的敏锐性,坚持创新自信,以更高的目标追求,持之以恒推进创新,推动实现国家电网公司更高质量、更快速度、更好效益的发展。

(一)始终把创新摆在战略全局核心位置

创新是国家电网公司发展的第一驱动力,抓创新就是抓发展。面对建设"一强三优"现代公司、加快创建"两个一流"和构建全球能源互联网的发展要求,国家电网公司仍然面临着艰巨的创新任务,必须把创新摆在国家电网公司战略全局的核心位置。坚持走中国特色的自主创新道路,面向世界能源电力科技前沿,加快各领域创新突破,掌握全球能源科技竞争先机。坚持勇攀高峰的创新进取精神,不断培育和拓展新的领先方向,持续占据世界电网科技制高点,增强在全球能源可持续发展中的影响力。坚持完善创新体系,深入推进科研资源协同,建好海外研发平台,加强基础研究能力建设,形成国内与海外、科研与产业、直属与省属、内部与外部资源高效协同的创新格局。

(二)充分释放创新驱动原动力

国家电网公司需要持续开展卓有成效的创新,不断增强发展驱动力、核心竞争力和综合影响力。增强发展驱动力,就是要将创新贯穿各层级、各领域,依靠创新破解国家电网公司各个方面的难题,发挥创新对企业发展的支撑引领作用,让创新真正成为推动国家电网公司可持续发展的核心驱动力。增强核心竞争力,就是要坚持不懈推进创新,不断培育优势、弥补短板,构建核心竞争能力,持续占领制高点。增强综合影响力,就是要依靠创新提升产业影响力和带动力,全面提升国家电网公司内质外形和品牌价值,带动相关产业发展和转型升级,服务创新型国家建设。

（三）持续拓展"三创"新局面

"三创"（创新、创造、创业）是国家电网公司建设世界一流创新型企业的重要着力点。创新，要致力于突破关键技术，抢占科技制高点；创造，要致力于创新成果转化应用，实现产品、产业高端化；创业，要致力于开辟事业新领域，开拓发展新空间。实现"三创"，需要增强开放意识、进取意识和竞争意识，克服故步自封和守成懈怠思想，自觉把"创新、创造、创业"融入日常工作，充分发挥聪明才智，在本职岗位上不断创新突破。尤其要抓住科技创新这个牛鼻子，完善创新投入机制、激励机制和成果转化机制，利用国内外创新资源，加快推进关键核心技术攻关、重大技术装备研制和重大示范工程建设，为建设创新型国家、提升我国科技实力做出积极贡献。

2016年全国科技创新大会的召开，吹响了建设世界科技强国的号角。面向"两个一流"，需要倍加珍惜来之不易的创新优势，坚持以更高标准持续推进理论创新、战略创新、科技创新、管理创新和文化创新，始终保持走在世界能源电力创新的前列，为建设世界一流的创新领军企业不懈奋斗。

管理实践

一、创新原则

　　国家电网公司坚持走中国特色电网企业自主创新道路，实现了技术从追赶到超越、从引进到输出的转变。

图6-3　国家电网公司科技创新原则

二、研发投入

2003～2015年，国家电网公司研发投入累计达到667.1亿元。2015年，研发投入为73.8亿元，是2003年的3.4倍。

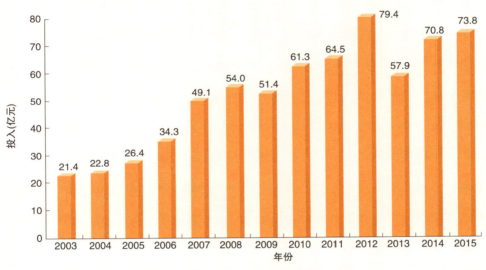

图6-4 国家电网公司历年研发投入情况

三、科技资源整合

1. 整合过程

坚持同源合并、精简机构、强化优势、弥补不足的原则，国家电网公司先后进行了6次较大的科研资源重组整合。

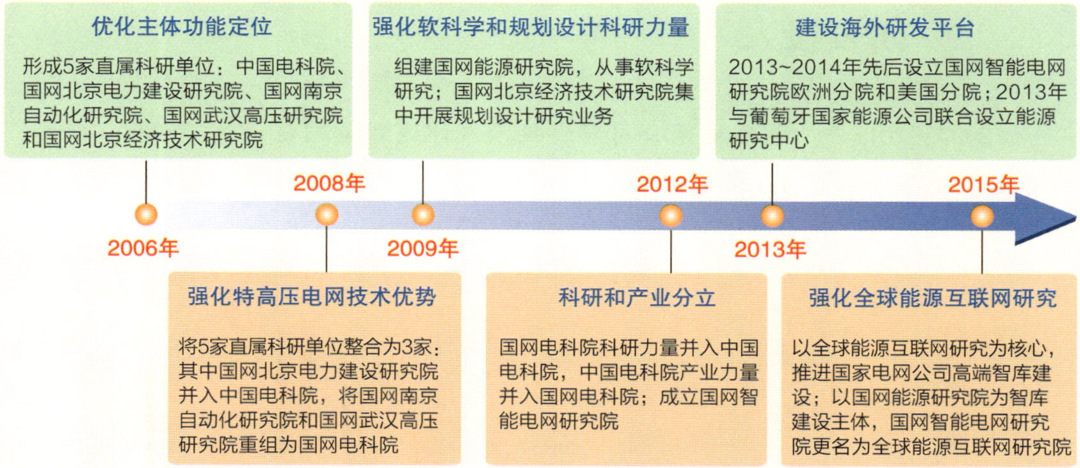

优化主体功能定位	强化软科学和规划设计科研力量	建设海外研发平台
形成5家直属科研单位：中国电科院、国网北京电力建设研究院、国网南京自动化研究院、国网武汉高压研究院和国网北京经济技术研究院	组建国网能源研究院，从事软科学研究；国网北京经济技术研究院集中开展规划设计研究业务	2013~2014年先后设立国网智能电网研究院欧洲分院和美国分院；2013年与葡萄牙国家能源公司联合设立能源研究中心

2006年　　2008年　　2009年　　2012年　　2013年　　2015年

强化特高压电网技术优势	科研和产业分立	强化全球能源互联网研究
将5家直属科研单位整合为3家：其中国网北京电力建设研究院并入中国电科院，将国网南京自动化研究院和国网武汉高压研究院重组为国网电科院	国网电科院科研力量并入中国电科院，中国电科院产业力量并入国网电科院；成立国网智能电网研究院	以全球能源互联网研究为核心，推进国家电网公司高端智库建设；以国网能源研究院为智库建设主体，国网智能电网研究院更名为全球能源互联网研究院

图6-5　国家电网公司历次科研资源重组整合

2．整合成效

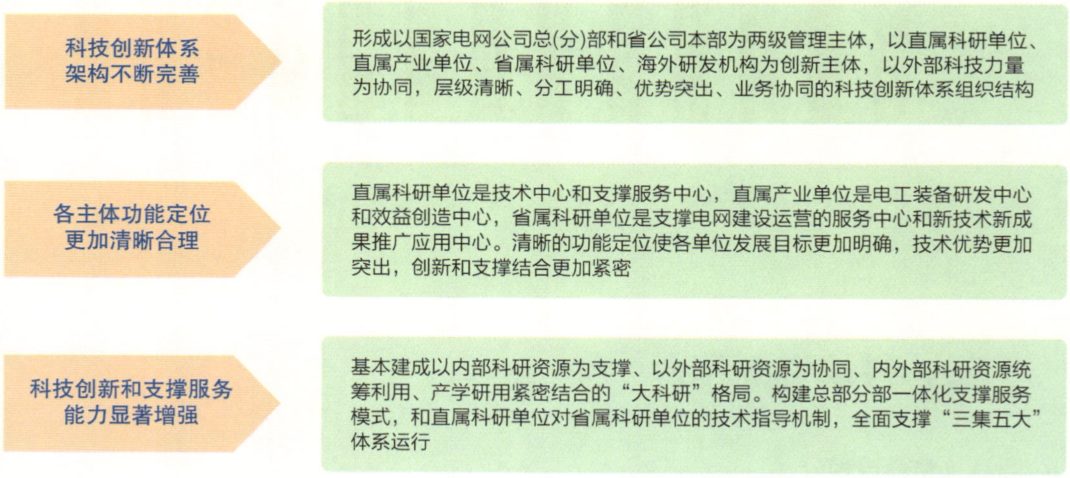

科技创新体系架构不断完善	形成以国家电网公司总(分)部和省公司本部为两级管理主体，以直属科研单位、直属产业单位、省属科研单位、海外研发机构为创新主体，以外部科技力量为协同，层级清晰、分工明确、优势突出、业务协同的科技创新体系组织结构
各主体功能定位更加清晰合理	直属科研单位是技术中心和支撑服务中心，直属产业单位是电工装备研发中心和效益创造中心，省属科研单位是支撑电网建设运营的服务中心和新技术新成果推广应用中心。清晰的功能定位使各单位发展目标更加明确，技术优势更加突出，创新和支撑结合更加紧密
科技创新和支撑服务能力显著增强	基本建成以内部科研资源为支撑、以外部科研资源为协同、内外部科研资源统筹利用、产学研用紧密结合的"大科研"格局。构建总部分部一体化支撑服务模式，和直属科研单位对省属科研单位的技术指导机制，全面支撑"三集五大"体系运行

图6-6　国家电网公司科技资源整合成效

四、试验研究体系

国家电网公司建成了以"四基地两中心"为核心、世界最先进的特高压试验研究体系，国家级实验室（中心）达到18个，形成了世界上功能最完备、电压等级最高、技术最复杂的大电网试验研究体系。

表6-1　　　　　　　　国家电网公司国家级实验室（中心）情况

主管部门	名称	依托单位
科技部	电网安全与节能国家重点实验室	中国电科院 全球能源互联网研究院
	电网环境保护实验室	中国电科院
	新能源与储能运行控制实验室	中国电科院
	电网输变电设备防灾减灾实验室	国网湖南电力
	智能电网保护和运行控制实验室	南瑞集团
	先进输电技术实验室	全球能源互联网研究院
	国家高压直流输变电设备工程技术研究中心	许继集团
	国家电力自动化工程技术研究中心	南瑞集团
国家发展改革委	电力系统仿真国家工程实验室	中国电科院
	特高压工程技术国家工程实验室（武汉、北京）	中国电科院
	输配电及节电技术国家工程研究中心	中国电科院
	电力系统自动化—系统控制和经济运行国家工程研究中心	南瑞集团
国家能源局	国家能源大型风电并网系统研发（实验）中心	中国电科院
	国家能源太阳能发电研发（实验）中心	南瑞集团
	智能电网研发（实验）中心	中国电科院 南瑞集团 全球能源互联网研究院
	国家能源特高压直流输电工程成套设计研发（实验）中心	直流建设分公司
	国家能源电力控制保护技术研发（实验）中心	南瑞集团
	国家能源高压直流输电技术与装备研发（实验）中心	全球能源互联网研究院

1. 特高压交流试验基地

特高压工程技术（武汉）国家工程实验室设在该基地。

技术亮点： 在功能设计、设备研制、控制及试验技术和工程应用方面创造了12项世界第一，科研试验能力世界领先。

重要成绩： 取得近百项重大技术创新，申请并获受理专利181项。

2. 特高压直流试验基地

特高压工程技术（北京）国家工程实验室设在该基地。

技术亮点： 设备参数和性能指标取得15项世界第一，是国际领先的特高压直流输电技术试验研究中心。

重要成绩： 在功能设计、设备研制、控制及试验技术和工程应用等方面取得50余项重大技术创新，申请并获受理专利56项。

3. 西藏高海拔试验基地

可满足海拔4000米及以上输变电线路、设备绝缘和电磁环境特性研究需求。

技术亮点： 世界上海拔最高的超/特高压试验基地。

重要成绩： 在高海拔地区外绝缘配置、电磁环境等领域取得一大批世界领先的研究成果。

4. 特高压杆塔试验基地

可满足特高压工程杆塔真型试验要求，可开展杆塔构件和部件承载力试验等多个研究方向的试验研究工作。

技术亮点： 我国唯一从事特高压杆塔真型试验研究的基地，是世界最大规模的杆塔真型试验研究基地。

重要成绩： 完成淮南—南京—上海、浙北—福州特高压交流输电工程，锦屏—苏南、哈密南—郑州等特高压直流输电工程杆塔相关的真型试验研究。

5. 国家电网仿真中心

电力系统仿真国家工程实验室和电网安全与节能国家重点实验室同时设在该中心。

技术亮点： 综合试验能力达到国际同类实验室领先水平，在电网仿真规模、技术水平和功能手段等方面达到国际领先。

重要成绩： 研究成果先后获得国家科学技术进步奖一等奖、中国专利奖金奖和中国电力科学技术奖一等奖等奖项。

6. 国家电网计量中心

获得"中华人民共和国专项计量授权"证书，被北京市政府授权为节能评估机构和节能量审核机构。

技术亮点：在无功计量、数字量仪表计量、特高压计量标准等方面填补了国内空白。

重要成绩：研究成果多次获得国家电网公司科技进步奖。

五、重大创新工程

国家电网公司以特高压、智能电网为核心，组织实施了多项电网发展重大创新工程，取得了一系列世界领先的原创成果。

表6-2　　　　　　　　　　　　典型重大创新工程

工程名称	工程简介
晋东南—南阳—荆门1000千伏特高压交流试验示范工程	世界首个商业化运营的特高压交流输电工程，在世界上率先掌握了特高压大容量输电系统集成技术；成功研制特高压变压器、串联补偿装置、开关等代表世界最高水平的特高压交流设备。2013年获得国家科学技术进步奖特等奖
向家坝—上海±800千伏特高压直流输电示范工程	在世界上首次实现了直流输电电压和电流的双提升、输电容量和送电距离的双突破。工程投运标志着国家电网全面进入特高压交、直流混合电网时代。2011年获得国家优质工程金质奖
锦屏—苏南±800千伏特高压直流输电工程	世界首个700万千瓦级特高压直流输电工程，输电距离首次突破2000千米。首次由国内企业完成特高压直流工程的成套设计，推动了民族装备制造业的创新发展。2014年获得国家优质工程金质奖
张北国家风光储输示范工程	世界上首个集风电、光伏发电、储能系统、智能输电于一体的大型新能源综合性开发工程，实现了风、光、储多组态、多功能、可调节的联合优化运行，成为新能源与智能电网协调发展的里程碑
舟山±200千伏多端柔性直流输电科技示范工程	世界上首个五端柔性直流输电工程，是世界上已投运的端数最多、单端容量最大的柔性直流工程。工程投运标志着我国全面掌握柔性直流输电关键技术，达到了世界领先水平

续表

工程名称	工程简介
厦门±320千伏柔性直流输电科技示范工程	世界上首个采用真双极接线、电压等级最高、输送容量最大的柔性直流输电工程，标志着我国在世界高压大容量柔性直流输电技术和装备领域已经占据制高点
南京220千伏西环网统一潮流控制器科技示范工程	世界上首个基于模块化多电平换流技术的工程。在保持现有网架结构、不新建输电通道的前提下，解决了常规电网建设、改造和运行中难以解决的潮流控制、供电能力提升等难题

六、成果与奖项

1. 专利申请与授权

截至2015年底，国家电网公司累计拥有专利50165项，是2010年的7.7倍；累计拥有发明专利8330项，是2010年的13倍；累计拥有专利数从2011年起连续5年排名央企第一。

表6-3　　　　　2005～2015年国家电网公司专利申请及授权情况

年份	2005	2010	2011	2012	2013	2014	2015
当年申请专利	177	3992	6253	10124	16969	16719	22428
其中发明专利	50	1596	2303	3935	7473	7970	10523
当年授权专利	113	2826	4010	7504	11126	10475	10022
其中发明专利	—	289	533	1066	1768	1709	2350
专利累计拥有量	866	6528	10653	16399	28311	40646	50165
其中发明专利	—	634	1162	2117	3962	6080	8330
专利累计拥有量在央企中排名	10	3	1	1	1	1	1

2．标准制定

2003～2015年，国家电网公司累计拥有国际标准9项、主导立项26项；累计拥有国家标准453项、行业标准1027项、企业标准1628项。

表6-4　　　　　　2010年以来国家电网公司标准制定情况　　　　单位：项

年份	2010	2011	2012	2013	2014	2015	2010～2015年合计
国际标准	4	8	3	5	1	5	26
国家标准	35	43	30	36	22	75	241
行业标准	62	83	68	170	122	110	615
企业标准	162	166	105	133	484	311	1361

3．科技奖项

2004～2015年，国家电网公司累计获得国家科学技术进步奖51项（其中特等奖1项、一等奖6项）。

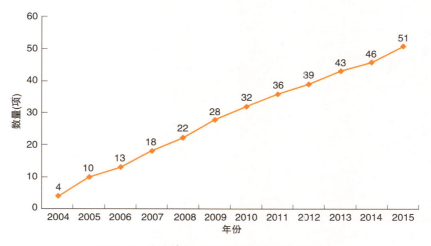

图6-7　累计获得国家科学技术进步奖数量

表6-5　　　　　　　　国家科学技术进步奖特等奖、一等奖获奖项目

获奖时间及奖项	获奖项目	技术创新及成效
2012年特等奖	特高压交流输电关键技术、成套设备及工程应用	实现电压控制、外绝缘技术、成套设备研制、电磁环境控制、示范工程建设、试验研究能力提升等六大突破，建成世界上电压等级最高、输电能力最强的特高压交流工程并实现安全运行。带动了我国电力科技水平显著提升和输变电装备制造业全面升级，确立了我国在高压输电领域的国际领先地位
2014年一等奖	国家电网智能电网创新工程	突破新能源并网、特高压输电、柔性直流输电、配电自动化等领域核心技术，达到国际领先水平。极大地提升新能源接纳能力，支撑我国新能源开发年均超过80%的快速增长及并网
2013年一等奖	电网大范围冰冻灾害预防与治理关键技术及成套装备	开发集电网冰灾预测、监测与决策、防跳闸、防倒塔系列防冰技术与成套装备，在8省132家单位1023条线路广泛应用，成功应对2009~2013年多次冰冻灾害。为电网冰灾预防构建了科学完备的技术支撑体系，为灾害治理提供了经济高效的解决方案
2010年一等奖	三峡输电系统工程	先后完成130余项国家和行业重点科技攻关项目，实现直流输电成套设计和主设备国内自主设计及制造，直流主设备国产化率提升到100%，直流建设技术达到世界领先水平。获得国家优质工程和设计奖、行业及省部级科技进步奖45项，获亚洲输变电工程年度奖1项、国家环境友好工程奖1项
2009年一等奖	电力系统全数字实时仿真关键技术研究、装置研制和应用	成功研制出世界上首套可模拟规模达1000台机、10000条母线，可同时进行大电网动态仿真和局部电网快速电磁暂态过程仿真的大型电力系统实时仿真装置，在保障电力系统安全稳定运行中发挥了重要作用。打破了国外在电力系统实时仿真领域的垄断地位
2008年一等奖	输电系统中灵活交流输电（可控串补）关键技术和推广应用	填补了我国可控串补技术和标准的空白，有效推动了其他FACTS技术的工程化应用，并为其在配电及更高一级高压电网的研发及应用奠定了坚实的基础，提升了电网装备水平，突破技术壁垒，实现进口替代，实现了跨越式发展和高新技术产业化

续表

获奖时间及奖项	获奖项目	技术创新及成效
2007年一等奖	750千伏交流输变电关键技术研究、设备研制及工程应用	自主研发750千伏输变电工程全套电气设备设计、制造、施工、调试、电网安全自动控制等关键技术，节省技术引进费约1.3亿美元。建成当时世界上海拔最高的750千伏输变电工程——青海官亭至甘肃兰州东140.7千米示范工程

七、全球能源互联网关键技术

加快构建全球能源互联网，提高大电网运行的安全性、经济性，关键要靠技术创新。特高压交直流输电、大电网安全分析与运行控制、柔性输电、清洁能源、储能、分布式电源和微电网等技术是当前和今后一段时期需要重点研究的技术领域。

表6-6　　　　　　　　全球能源互联网关键技术现状与需求

技术领域	发展现状与未来需求
特高压交流	现状：1000千伏特高压交流关键技术和设备得到广泛应用，中国正在研制1100千伏可控并联电抗器等设备
	未来：极端环境下的特高压交流变压器、小型化特高压GIS设备、交流半波长输电技术等
特高压直流	现状：特高压直流关键技术和设备得到广泛应用，中国正研制±1100千伏相关设备
	未来：±1500千伏特高压直流成套设备；极端环境下特高压线路设备研制及试验验证
大电网安全分析与运行控制	现状：电力系统安全分析和控制技术比较成熟，中国系统掌握交、直流混联大电网运行控制技术
	未来：下一代电力系统仿真分析及决策技术；面向全球能源互联网的电网调度运行控制体系
柔性直流输电和直流电网	现状：柔性直流输电技术处于示范应用阶段，中国研制首台±320千伏柔性直流换流变压器；直流电网技术处于技术研究和关键设备研发阶段，中国完成200千伏/3毫秒/15千安高压直流断路器样机研制
	未来：柔性直流输电构建复杂直流电网技术；特高压直流海底电缆技术

续表

技术领域	发展现状与未来需求
清洁能源	现状：风电已大规模商业化运营，高空风力发电机开始研制；光伏发电快速发展；海洋能发电已形成一批实验样机和工程样机
	未来：低成本陆上风电；海上风电和高空风电施工技术；新一代高效太阳能电池技术
储能	现状：各类储能技术发展阶段不同，全球投运储能项目中，99%以上是抽水蓄能；各类储能技术和工程应用不断突破
	未来：经济高效的电化学储能技术和氢储能技术；低成本、无地理条件限制的深冷液化空气储能技术装置
分布式电源和微电网	现状：分布式电源效率有较大提升；通过微电网研究实践，供电可靠性、灵活性不断提升
	未来：高效率分布式光伏设备；低风速风机技术；分布式电源协调控制技术

第七章

智慧企业：信息化新高度

信息革命开启智慧时代，信息化、智能化是大势所趋。

信息是先进生产力，信息资源是战略资源。智慧企业是企业信息化的发展方向，本质上是信息技术与企业管理变革的深度融合，使企业更"聪明"。建设智慧企业，信息是基础，智能是关键，企业是载体。

电网是网络型产业，也是信息密集型产业。建设智慧企业与建设智能电网相互促进、相辅相成，是智慧管理、智慧生产和智慧服务的集中体现，是创建"世界一流电网、国际一流企业"的本质要求。

国家电网公司在信息化企业建设中的跨越提升，为建设智慧企业奠定了坚实基础。面向未来，要贯彻网络强国战略，筑牢"两个网络"（电力网络和信息网络），打造"一个平台"（一体化信息平台），推进"三个融合"（先进信息技术与管理、生产和服务深度融合），实现电网发展和企业发展的智慧转型，为人类美好智慧生活提供高品质能源保障。

这个世界在不断改变，然而有一点毋庸置疑：世界将变得越来越小，越来越平坦，越来越智慧。

——IBM中国商业价值研究院

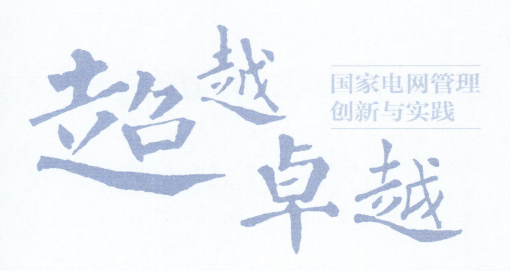

超越卓越

国家电网管理
创新与实践

以互联网为代表的信息革命是20世纪以来人类社会的一场伟大革命，在21世纪持续深刻影响经济社会发展。国家电网公司把信息化建设作为重大战略方向，经过十余年的快速发展，企业信息化建设取得了显著成绩，对信息化发展的认识也不断深化，进入了建设智慧企业的新阶段。

一、智慧时代

进入21世纪以来，信息革命深入发展，智能化成为社会发展的重要趋势，我们正迎来一个全新的智慧时代。

（一）信息革命

进入21世纪，信息化融入人类社会生产生活的方方面面，促进经济、社会、文化、军事等领域急剧变革。人工智能、大数据、云计算、物联网、移动终端等新一代信息技术蓬勃发展。信息化成为全球性、全局性、战略性变革的关键要素，引发所有重要领域深刻变化，带来人类社会深刻变革。

互联网成为信息化的重要标志。随着信息化技术深入发展，信息系统走向互联互通，信息网络广泛渗透、无处不在，构造出一个高效率、跨时空、多功能的网络空间。互联网在产业、金融、商业、社会服务和个人生活等领域的创新应用层出不穷，互联网用户数快速增长，人与人、人与物、物与物，以及各类信息系统之间交互融合，几乎所有产业都呈现出互联网化的新特征。我国已发展成为世界互联网新技术应用大国。根据中国互联网络信息中心（CNNIC）发布的《中国互联网络发展状况统计报告》，截至2015年12月底，我国网民规模达6.88亿，互联网普及率为50.3%，手机网民规模达6.20亿。信息网络基本实现城乡人口的全覆盖。

智能化是未来信息化的发展方向。新一代信息技术发展，本身就深度融入了智能化技术，愈来愈多地使用了智能控制、知识推理、图像识别、专家系统等技术。随着认知科学与智能技术的发展，将进一步拓展信息技术与人工智能技术融合发展的深度和广度。可以说，未来信息化、网络化的实质就是智能化。无人自动驾驶汽车是智能化的标志性产品，它融合集成了实时感知、导航、自动驾驶、联网通信等技术，给人带来更安全、舒适的驾车体验。德国提出的"工业4.0"，其特征也是智能化，设备和被加工的零件都有感知功能，能实时监控，实时对工艺、设备和产品进行调整，保证加工质量。全息技术、虚拟现实、人工智能、量子计算、仿生机器人等前瞻性技术更是给信息化发展插上了"智慧"翅膀，人类追求的智慧生活将逐步变为现实。

（二）企业智慧化

加快信息化建设成为企业构建竞争优势的战略举措。在信息化浪潮席卷下，全球越来越多的企业认识到，信息化对提高企业竞争力具有战略意义。当前产业发展呈现全球化、知识化、服务化、绿色化的趋势，其背后体现的是信息化在工业领域引发的产业转型和升级，将不断催生出新的经济增长点。信息化具有的巨大创新潜能，为现代产业发展提供了强大动力，在企业构建竞争优势、优化价值链、实施管理再造、开展技术创新等方面的作用越来越突出，包括优化企业组织结构、促进企业流程再造、提升企业内部效率、提高企业员工素质以及为企业营造健康生态环境等。

向智慧企业跨越是企业信息化发展的必然趋势。随着信息化深入发展，企业发展环境发生深刻变化。新一代信息技术的发展使企业在信息化基础上进一步实现智能化成为现实。依托物联网可实现智能化感知、识别、定位、跟踪和监测；借助云计算及智能分析技术可实现海量信息的处理和决策支持；机器人解放劳动力，3D打印技术可以快速将信息转化成产品，等等。与此同时，智慧地球、智慧城市、智慧生活等应运而生，市场需求向个性化、多样化、高品质趋势加快转变，互联网跨界融合，市场竞争加剧，对企业生态、治理理念、管理模式以及日常运营都提出了全新变革要求。在新形势下，企业对内外部的感知和应变需要变得更加"聪明"，具备拟人化的智慧。快速适应环境变化，不断增强企业的快速响应能力、可持续发展能力和抗风险能力，打造独特的管理优势、创新优势和竞争优势，实现管理更高效、业绩更优秀、风险更可控，这就是未来信息化条件下企业发展的方向——智慧企业。

对我国企业而言，更需要抓住信息革命带来的战略机遇，在信息化道路上实现"弯道超车"，推动管理变革创新，加速转型升级，全面提质增效，从根本上改变过去传统粗放的经营管理模式，在智慧企业建设上实现跨越发展，适应和引领经济新常态。

二、智慧企业

（一）基本内涵

智慧企业本质上是深度融合先进信息技术的企业信息化发展高级阶段，是实现信息在企业范围内全面感知汇聚、智能融合、共享应用的新型现代企业。实质就是信息技术与企业管理变革的深度融合，信息是基础，智能是关键，企业是载体。具体来说，智慧企业就是应用先进的信息技术和智能科学的理论方法，感知、传递、分析、处理企业运行的各类信息，优化配置企业各类要素资源，做出智能决策和响应，实现企业智慧式管理和运营，促进企业安全、高效、可持续发展。

汇聚海量信息是智慧企业的先决条件。利用物联网、移动互联网等先进信息通信技术，打造高感知度的基础环境，使企业拥有"数字感官系统"，通过一体化的信息网络平台，全方位感知企业内外环境变化，具备敏锐的自感知和洞察力，灵敏、迅速、无障碍地获取企业各类信息。

赋予信息生命是智慧企业的本质要求。利用大数据、云计算等先进信息技术，汇集人的智慧，赋予物以智能，实现企业信息的高度共享和自由传递，以信息流带动业务流、资金流、物资流，使汇集智慧的人和具备智能的物开放互动、互补互促，使企业拥有"数字神经系统"，具备自适应、自优化、自协同的能力，让企业更聪明。

成就信息价值是智慧企业的根本目的。利用人工智能、人机交互、机器学习等智能技术，最大限度地开发和利用信息和知识资源，使信息成为一种先进生产力，推动企业核心要素和关键业务处理全过程高度智能化，高效整合和运用企业内外部资源，实现企业管理精益化、效率最优化和价值最大化。

（二）主要特征

智慧企业代表企业信息化的发展方向，是一种全新的企业发展形态。与传统企业相比，智慧企业在"内质外形"上有着显著的区别。

从内部看，智慧企业具备四个核心能力。

全面感知能力。通过互联开放的信息网络，全面、迅速地获取与企业关联的任何信息，对企业外部环境和内部运营有更加透彻的感知。基于全面感知，实现企业运营全景可视化。

智能研判能力。借助智能、高效的分析研究工具和手段，基于对企业内外部海量信息的深度挖掘、智能分析，揭示规律，评估形势，预测趋势，提出对策建议，支撑科学决策。

高效协同能力。对各种有价值的信息进行快速交换和协同，保证数据传递的高效性和一致性，实现集中统一管理和共享服务，大幅提高效率、降低成本。

自愈优化能力。自动监控、预判、识别企业管理短板和经营风险，通过智能控制手段达到自适应调节优化。对市场需求变化做出快速反应，快速调整优化经营决策、资源配置和业务运作。

从外部看，智慧企业具备四个重要特征。

信息化。智慧企业是一体化的信息化企业。从小系统，到大系统，再到巨系统，使企业内部各个层级、各项业务连成一个有机整体，以信息化加强企业管理、提高生产效率、优化运营绩效，促进企业现代化。

网络化。广泛覆盖、开放互联的网络是智慧企业的基础。随着网络范围的不断扩大，企业组织的范围更加广泛化、层级更加扁平化，形成泛在互联、开放协同、具有巨大经济价值和社会价值的智能服务网络，实现信息的互联互通和高度共享。

智能化。企业各领域、各环节高度智能化运行。利用智能科学的理论方法、信息通信和自动化技术，实现企业规划设计、建设运行、调度控制、市场营销等核心业务智能化，以及经营管理智能化和客户服务智能化。

互动化。从传统单向传递、受众被动接受模式转变为平等交流、满足多样化个性需求的即时互动模式，实现企业内外部所有环节全方位互动，人与物、物与物、人与人之间相互感知、相互交流。

三、向智慧企业迈进

（一）发展基础

国家电网公司以投资、建设、运营电网为核心业务。电网是最复杂的工业化系统，发电、输电、用电即时平衡，产、供、销瞬时完成，要求信息化程度更高，任何环节都离不开信息化支撑。坚强智能电网是未来电网的发展方向，具有信息化、自动化、互动化特征。信息化是核心，是实现自动化、互动化的基础。只有实现信息化技术与电网技术高度融合，才能够为电力客户及其他利益相关方提供优质、多样化服务，灵活适应和满足各类发、用电客户的需求。

国家电网公司体量大、人员多，业务链条长、层级多，地域分布广、差异大，要管理好、运营好、发展好这样一个特大型企业，必须以信息技术为依托，推进信息技术与企业管理高度融合，在规划发展、生产运营、业务协同、供电服务等方面实现全方位信息化，加快建设智慧企业，全面迅速地掌握、分析、判断企业内外部各种信息，及时精准地实施有效管控，提升管理效率和抗风险能力。

国家电网公司成立以来，信息化建设取得显著成效，经历了三个阶段。

第一阶段：基于自动化的信息化建设阶段（"十一五"之前）。随着信息技术的发展和应用，电力生产环节自动化水平逐步提高，企业管理信息化建设开始起步，国家电网公司总部初步建成了公文管理、统计管理、财务核算、资金监控、企业网站等系统，省公司自主开展了办公自动化、财务管理、人力资源管理、安全生产管理、营销管理等业务应用建设，形成了一些部门级管理信息系统，建立了企业本部局域网和企业广域网，建成包括2兆到1000兆光纤、VPN公共数据通道的多种信息网络。到"十五"末，国家电网公司信息化建设初具规模，但总体水平不高，信息技术手段较为落后，覆盖面不广，上下不贯通。而且，无论国家电网公司系统还是省公司系统，都缺乏统一的信息化规划，信息资源分散、标准不统一、集成度不高，应用系统五花八门，信息孤岛林立，低水平重复建设现象普遍，亟须建设顶层设计科学、体系架构合理、覆盖各层级、涵盖各业务的一体化企业级信息系统。

第二阶段：基于数字化的信息化建设阶段（"十一五"期间）。国家电网公司制定了"十一五"信息化发展规划，确定了建设"数字化电网、信息化企业"的目标，重点实施了SG186工程（即构筑一体化企业级信息集成平台、建设八大业务应用和建立健全六个保障体系）。2009年，SG186工程全面建成。其中，一体化企业级信息集成平台由信息网络、数据中心、数据交换、应用集成、企业门户五个部分组成，覆盖国家电网公司总部（分部）、省公司、地（市）县公司、直属单位；八大业务应用由人力资源管理、财务（资金）管理、物资管理、营销管理、安全生产管理、协同办公、项目管理和综合管理组成，涵盖国家电网公司主要业务范围和业务工作；六大保障体系由安全防护、标准规范、管理调控、评价考核、技术研究、人才队伍等体系构成。SG186工程有效解决了信息系统分散、低水平重复建设、系统利用效率低下等问题，实现了信息系统从孤立到集成、数据从分散到集中、业务从手工到在线的转变，大幅提升了数据共享、业务集成水平，支撑了国家电网公司业务创新和管理变革。国家电网公司信息化整体水平明显提高，基本建成数字化企业。

第三阶段：基于智能化的信息化建设阶段（"十二五"至今）。 为满足坚强智能电网和"三集五大"体系建设需求，针对跨专业数据横向共享和业务融合不够、辅助分析决策能力不足、高度集约精益管理支持不强等问题，国家电网公司制定了"十二五"信息化发展规划，明确了建设"智能化电网、信息化企业"的目标，重点推进国家电网资源计划系统工程（SG-ERP工程），全面开展"三个中心"建设。到"十二五"末，全面建成"覆盖面更广、集成度更深、智能化更高、安全性更强、互动性更好、可视化更优"的SG-ERP工程，打造了全球规模最大的一体化企业集团信息系统，实现了信息网络100%覆盖，建成北京、上海、西安三地集中式数据（灾备）中心，拓展人资、财务、物资等十大业务应用系统，建成应用集成平台、统一数据交换平台和统一应用开发平台，强化了信息安全管控，全面建成信息安全主动防御体系；建成了具有世界领先水平的电网调控中心、运营监测（控）中心、客户服务中心。通过SG-ERP工程和"三个中心"建设，国家电网公司信息系统实现了由分散向集中、由孤岛向共享转变，实现了核心资源和主要经营活动在线管控，全面支撑了坚强智能电网建设和"三集五大"管理变革。国家电网公司信息化水平进一步提升，初步建成了信息化企业。

通过十多年的建设，智慧企业的雏形在国家电网公司已经形成，为全面建设智慧企业奠定了坚实基础。

（二）方向目标

建设智慧企业是国家电网公司在信息化建设达到新高度的基础上，适应中央实施网络强国战略、"互联网＋"行动计划、大数据战略等要求，进一步向信息化更高阶段迈进的重大战略方向。电网是网络型产业，也是信息密集型产业。建设智慧企业与建设智能电网相互促进、相辅相成，是创建"世界一流电网、国际一流企业"的本质要求，将成为实现电网技术革命和企业管理革命的新的里程碑。

建设智慧企业总的方向是：遵循科学发展理念，贯彻网络强国战略、"互联网＋"行动计划、大数据战略，筑牢"两个网络"，打造"一个平台"，推进"三个融合"，实现电力流、信息流和业务流高度一体化，使信息化融入全公司、全业务、全流程，实现电网发展和企业发展的智慧转型，引领智慧企业发展方向。

未来，国家电网公司建设智慧企业需要分三个阶段推进。

第一阶段：全面建成信息化企业。构建一体化信息云平台，初步建成具有智慧化特征的基础网络和信息平台。建设完善一体化业务应用系统，信息化融入国家电网公司全业务、全流程，全面提升数据共享、业务互动、决策智能水平，实现主要业务领域和运营管理智能化。

第二阶段：基本建成智慧企业。建成智慧基础网络和信息平台，形成由生产控制云、企业管理云、公共服务云组成的"国网云"。建成高度互动、智能优化、闭环运作的一体化业务应用系统，实现核心资产和业务活动全方位监控和多维度分析，持续驱动业务和管理智慧化。

第三阶段：全面建成智慧企业。建成高度智慧的一体化信息平台，实现数据资产集中管理、数据资源充分共享、信息服务按需获取。电力网络和信息网络深度融合，电网成为能源综合服务平台。企业管理、生产和服务高度智慧化，实现信息化企业向智慧企业的跨越。

（三）建设重点

智慧企业建设是复杂的系统工程，需要在已有信息化建设的基础上，重点从基础网络、信息平台、业务领域等方面推进新一代信息技术的融合应用，全面提升企业智慧化水平。

1．智慧基础网络

网络基础设施智慧化是建设智慧企业的重要前提。重点是加快建设骨干通信网、终端接入网，以及加快与公共通信网络融合发展，提升信息自感知能力和高速传输能力。**加强骨干通信网建设。**应用高速光纤通信技术，建设高速宽带信息通信骨干网络体系，为智慧企业建设提供大容量、高可靠性的通信传输服务。加快信息骨干网节点延伸扩展，实现信息网络全覆盖。**加快终端接入网建设**。应用物联网技术、智能传感器技术，提升电网末端接入服务能力，实现传感器网络和电力用户端网络的安全接入，全方位拓展电网和企业各环节的信息感知深度和广度。**推进与公共通信网络融合发展**。加快推进与卫星通信网、移动通信网等公共通信网络互联互通，建设完善基于专网、公网融合的高速宽带信息通信网络，为电网、物联网和互联网深度融合提供网络基础。

2．智慧信息平台

智慧信息平台是智慧企业的运行中枢。重点是建设集团级信息平台、业务系统平台以及信息安全防御平台，全面提升信息智能化分析、处理和安全交互能力。**建设集团级信息平台**。建设包含互联网络、企业门户、移动应用等组件的一体化云平台，提供网络传输、数据资源、信息集成、应用构建和访问渠道等资源和服务支撑，实现基础设施即服务（IaaS）和平台即服务（PaaS）。**建设业务系统平台**。建设承载资源管理、电网业务、非电业务、智能决策等业务运行的一体化业务应用系统平台，实现对业务应用的集中服务，并具备可扩展、可配置等特性，实现软件即服务（SaaS）。**建设信息安全防御平台**。优化安全顶层设计，深化信息安全主动防御体系，建设统一的信息风险监控预警平台，打造"可管可控、精准防护、可视可信、智能防御"的信息安全智能防护体系。

3．智慧业务领域

业务智慧化运作是智慧企业的集中体现。重点是加强新一代信息技术在电网规划建设、运维检修、调控运行、营销服务、运营监测等业务领域的融合应用。

规划建设智慧化。电网规划方面，拓展规划信息库，构建电网规划知识库，建设一体化电网规划设计信息平台。依托信息系统空间服务平台，构建规划可视化载体，实现电网可视化规划设计。电网建设方面，应用人工智能、机器人技术，全面推进机械化、智能化和可视化施工建设。应用图像识别技术、移动互联技术实现工程建设全景展示和全过程管控。

运维检修智慧化。运维方面，建设远程作业智能监护系统，实现变电站多维可视化展示、远程监护操作，通过人脸识别技术、远程管控技术、智能区域检测等技术实现远程多方位作业现场监视及智能告警。检修方面，推广应用智能机器人、穿戴式装备、移动终端等新技术，实现电网设备状态自动采集、实时诊断、可视化和远程感知；开展变电和配电检修机械臂应用、无人机辅助检修作业、机器人和直升机带电作业、备品备件3D打印，实现检修工作智能化。

调控运行智慧化。大电网运行控制方面，强化电力系统动态特性感知与分析，实现电网调度范围广域同景感知与同步告警；强化调度智能协同控制，提高电网抵御事故的能力以及事故后的电网自愈能力；强化电网在线智能分析和决策手段，提升电网紧急控制能力。调度技术装备方面，构建具备尖端仿真技术与高速计算能力的新一代特高压交、直流仿真平台，建设基于云平台的新一代智能电网调度控制系统，全面支撑调度运行的精准仿真、实时协同、智能预警和综合防御。

营销服务智慧化。服务体系建设方面，推进客户服务全业务集中运营，完善95598运营管理体系；全方位整合营销业务功能，打造线上线下、多位一体的智能互动服务体系，建设互联互通的服务门户；全面融合电网、互联网和物联网，建设社会化公用事业服务平台。服务技术手段方面，应用移动互联技术，构建面向社会公众的移动应用平台组件，实现立体化、移动化的电子服务渠道应用；建设企业级营销数据资源中心，开展营销大数据平台建设和大数据应用服务。

运营监测智慧化。运营监测平台建设方面，建设更加完善的集"全面监测、运营分析、协调控制、全景展示"于一体的智能监控分析决策平台，实现"全天候、全方位、全流程"对主营业务、核心资源、关键流程的在线监测与分析，及时发现问题、分析问题、解决问题，增强集团管控力和风险防控力，发挥"千里眼、顺风耳、铁算盘、预警机"的作用。运监技术手段方面，深化大数据技术应用，深度开发运营数据资产，持续提升海量数据实时获取、存储、计算、分析与处理能力，不断丰富监测手段。

四、智慧企业创造未来

智慧企业作为信息化时代企业发展的高级阶段，给未来企业发展描绘出一幅崭新的蓝图，充满智慧、活力、人性的管理，更加智能、安全、高效的生产，更为超前、敏捷、舒适的服务，延伸人类智慧，拓展新兴领域，创造更大价值，开创自治、开放、互动的企业发展新境界。展望未来，实现全面智慧化的国家电网公司，将拥有强大的快速响应能力、可持续发展能力和抗风险能力，具备独特的管理优势、创新优势和竞争优势，电力供应安全高效，企业运营精益智能，推动能源革命和企业管理革命，为人类美好智慧生活提供服务支撑和能源保障。

（一）智慧管理，激发企业新活力

决策凝聚智慧。科学决策是现代管理的核心，是成为智慧企业的应有之义。未来，借助于先进信息技术和智能科学理论方法，企业将拥有更多智能、高效的决策支撑工具和手段，形成集信息挖掘、量化分析、智能研判、仿真推演等功能于一体，覆盖战略决策、经营决策和管理决策等领域的企业智能决策平台，赋予企业领导者更加敏锐的洞察力、更加精准的判断力和更加睿智的决断力。智库专家的作用将得到充分发挥，利用人机交互、群决策和分布式决策支持技术，汇聚各方智慧，能够实现对高度复杂问题的多主体并发、协调决策，进一步提升决策的科学性和决策效率。电网是信息密集型产业，利用信息技术加强海量信息数据快速计算、深度分析挖掘，可以实现面向企业战略、电网生产、经营管理和优质服务的智能分析与决策支撑。

运营更加智能。企业运营管理过程实现全景可观可控，全面具备自适应、自优化、自调节的能力。未来，依托企业运营监控中心，可以实现企业资源状况和运营情况的全天候实时在线管控。管理人员通过企业运营可视化平台在线监测人力、财力、物力及计划、建设、运行、检修、营销等经营活动，实时感知汇聚企业各类数据信息。应用大数据、云计算技术对运营数据进行分析处理，可以自动诊断和识别运营中存在的异动、问题和风险。利用人工智能、人机交互、知识学习等智能化手段，可以实现异动自适应调节、问题自愈化处理、风险自动化控制。

管理精益高效。数据深度共享、资源最优配置、业务高效协同是企业迈入智慧企业的重要标志。未来，企业将拥有公共数据资源池，集中存储企业数据资源，所有数据实现一源录入、多端按需使用。通过一体化智能信息平台，企业组织架构、管理模式、业务流程将不断得以优化并固化到企业日常管理中，能够实现对企业各种资源的实时动态、精益化调配，管理流程与职责、制度、标准、考核等管理要素之间有效匹配和深层次融合，全面支撑人力、财力、物力等企业核心资源集约高效配置，以及电网规划、建设、运行、检修、营销等核心业务高效协同开展。

创新无处不在。智慧企业本质上是知识社会高度发展的产物，无所不在的网络、无所不在的数据、无所不在的计算、无所不在的知识共同驱动了无所不在的创新。未来，由于实现了企业内外广泛互联互通，企业的边界变得越来越模糊，跨界融合不断驱动着业务创新。信息在企业内部自由流动和共享，不断优化原有的组织、结构和流程，时时催生和孕育着管理创新与变革。信息化带来的广泛开放和连接，使服务的理念、内容和模式深刻变化，加速推动服务创新。电网与互联网、物联网将实现深度融合，成为能源综合服务平台，电子商务、电动汽车等业务将不断拓展。

员工全面发展。智慧企业基于以人为本的发展理念，体现对人性的尊重，人的价值将充分发挥。未来，电力生产高度智能化将使员工从体力劳动和简单的脑力劳动中解放出来，移动办公、全息办公、人工智能助理等将带来更为舒适和人性化的办公体验，员工将有更多时间与精力投入到具有更高价值的创造性劳动中，真正实现创新、创造、创业。构建全球能源互联网、国际化快速发展、新业务加快拓展等，将为广大员工自我价值的实现提供更加广阔的发展空间。企业将致力于发现、引导、开发员工的各种潜力，为员工发展搭建能力开发、干事创业、价值回报平台，最大限度满足员工多元化、个性化需求。

（二）智慧生产，构筑能源新格局

生产更智能。电力生产实现全景可视化、高度自动化、自适应优化，智能生产工具手段更加丰富。未来，通过智能传感器和物联网，所有生产设备都实现互联互通，电网生产各环节实现广域全景展示、在线实时监控。由于支持各种智能元件的开放式"即插即用"，电力生产领域的智能设备将越来越多，随处可见智能机器人在电网工程建设、运维检修、市场营销等领域进行变电施工、设备巡检、客户服务等工作。通过智能元件故障诊断、快速隔离和自动恢复，可以实现电力生产故障自愈、自适应和自优化。

网络更安全。大电网运行实现主动灵活调度、智能安全防御、故障快速自愈。未来，具备高度智慧化的坚强智能电网利用全景仿真、全息成像、智慧决策技术，可以实现大规模互联电网运行的前瞻感知、主动预警和超前防御。基于云计算可实时仿真几十万个节点的大系统稳定状态，精确预测用电负荷，动态调整电力系统结构，保障电网安全稳定运行。电网抵御风险能力高，能够自动预判、识别大多数的故障和风险，具备故障自愈功能，能够更高效地应对自然灾害和外力破坏。

供应更高效。电力供应实现全链条、全环节、全过程资源最优配置和高效经济运行。未来，依托坚强网架和泛在网络，可以充分发挥智能电网的规模性、经济性和灵活性，实现电力生产、输送和分配的整体优化和实时调整，大幅提高电力供应效率。在生产端，可以实现清洁能源资源大规模开发和分布式灵活接入，充分利用不同地区负荷特性差异实现清洁能源联合高效协调运行。在消费端，通过电网智慧运行引导用户节能降耗、削峰填谷，提高能源利用效率，促进清洁能源在更大范围内进行消纳，从根本上消除弃光、弃风、弃水问题。

（三）智慧服务，开启美好新生活

客户需求超前感知。超前感知客户需求趋势、开展主动服务是营销领域的发展方向。未来，所有用电设备都通过智能传感器和信息采集终端与电网连通，依托电网、互联网和物联网的全面融合，电网企业可以实现对客户需求的精准感知，准确掌握每一个用户每一个用电设备的信息，借助大数据分析平台可以充分挖掘客户用电规律，超前把握客户需求发展趋势。以此为基础，细分客户群体，实施差异化、精准化服务，为不同客户打造量身定制的服务方案，开展针对性的主动服务，充分满足用户个性化、多元化需求，真正做到"你用电·我用心"。

服务响应更加敏捷。实时、在线、互动、零距离是高品质服务的体现。未来，通过物联网、移动互联网等先进技术手段，可以大大缩短客户服务业务的时空距离，做到服务就在身边。电网企业通过一体化营销信息平台和客户服务中心，对外整合客户互动服务、用电信息采集、能效管理、客户关系管理等业务功能，对内实现规划建设、业扩报装、故障抢修等各专业业务高效协同，为客户提供集成化、一站式的在线咨询、电力交易、资源置换等全方位综合服务。电费支付渠道更加多样化，用户可以通过实体营业厅、网上营业厅、智能自助服务终端、手机APP、即时通信工具软件等多种服务渠道享受到方便、快捷的互动化服务体验。

全面满足智慧生活。智慧化的能源综合服务将是人类全面开启智慧生活的钥匙。

未来，人类社会将进入智慧时代，在人们的吃、穿、住、行等领域全部实现智能化，智能机器人、智能穿戴设备、智能家电、电动汽车等将元所不在，这些都离不开高品质的能源电力服务保障。依托国家电网公司的社会化公用事业服务平台，普通家庭都能够实现用户能源管理、移动终端购电、综合信息服务、智能家电远程控制等，甚至可以利用家庭储能设备、分布式电源、电动汽车充换电等设施实现能源生产、分享和定制。智慧能源企业将给人类智慧生活带来空前便利，实现人人享有充足能源、人人享有清洁能源、人人享有廉价能源、人人享有高效能源、人人享有便捷能源，全面提高生活智慧化水平。

一、信息化基础

国家电网公司成立初期，信息化水平总体不高。

表7-1	国家电网公司成立初期信息化存在的不足
信息资源分散	各自为政，分散建设，标准不一，普遍孤立运行，"孤岛"现象突出
信息难以共享	上下之间、部门之间的信息纵向不贯通、横向不集成，难以共享
业务支撑不够	少数业务建设了信息系统，已建系统实用化水平不高，缺乏技术支撑手段和统一平台
安全难以保障	信息安全体系不健全
缺少战略规划	信息化建设的顶层设计缺失，重复建设问题突出

二、信息化历程

2006年，制定"十一五"信息化发展规划，启动建设信息化SG186工程。

2007～2008年，全面推广实施信息化SG186工程。

2009年，信息化SG186工程竣工验收。

2010年，制定"十二五"信息化发展规划，启动建设信息化SG-ERP工程。

2011年，建成投运北京、上海、西安三地灾备中心。

2012年，智能电网信息系统上线，实现业务应用深度覆盖、核心资源和主要经营活动在线管控。

2013年，建成三级运营监测（控）信息支撑系统、集中统一的95598客户服务信息系统和呼叫平台。

　　2014年，建成SG-ERP工程，实现平台集中、应用融合、决策智能、安全实用。

　　2015年，制定"十三五"信息化发展规划，推进信息通信新技术行动计划，启动SG-ERP提升工程，全面推进信息化企业建设。

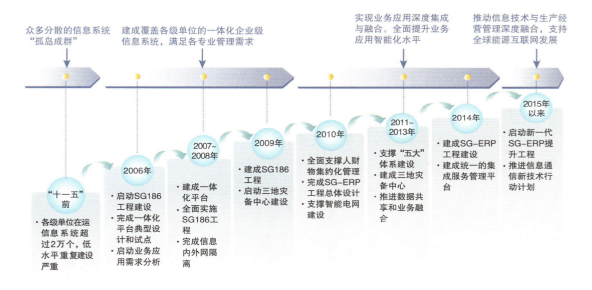

图7-1　国家电网公司信息化建设历程

三、SG186工程

　　建设时间： 从2006至2009年。

　　建设原则： 统一领导、统一规划、统一标准、统一实施。

　　建设内容： 主要包括一体化企业级信息集成平台、八大业务应用和六个保障体系。其中：

　　一体化企业级信息集成平台由信息网络、数据中心、数据交换、应用集成、企业门户五个部分组成，对内覆盖国家电网公司总部（分部）、省公司、直属单位、地（市）县公司；对外面向整个供应链。

八大业务应用由财务（资金）管理、营销管理、安全生产管理、协同办公、人力资源管理、物资管理、项目管理和综合管理组成，涵盖国家电网公司主要业务范围和业务工作。

六大保障体系由安全防护、标准规范、管理调控、评价考核、技术研究、人才队伍构成。

主要特点：

规模大。覆盖26个省（自治区、直辖市），信息主设备4万余台，桌面终端46万余台；各系统注册用户数总计达209万个，日使用系统人数达21万人。

时间短。通过典型设计、统一研发、整体推广等方式，仅用4年时间在全国家电网公司范围内建成通常需要8～10年时间建设的企业级系统。

提升快。应用从孤立到集成、数据从分散到集中，信息化水平迅速提升，达到国内领先、国际先进水平。

建设应用：统一编制信息标准近400项，培训人员52万人次。分级部署1700余套，接入110（66）千伏及以上变电站8900多个，接入营业所9700多个。

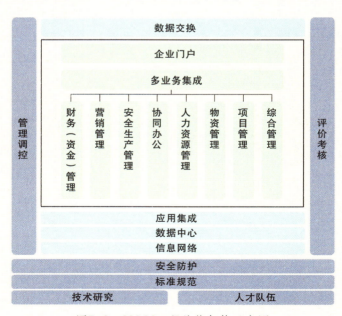

图7-2 SG186工程总体架构示意图

建设成果：核心技术取得重大突破，申请专利380余项，获得省部级及以上奖励和表彰140项，连续五年被评为国务院国资委中央企业信息化A级企业，"电网信息安全等级保护纵深防御示范工程"等多个项目被评为国家信息化试点工程和中央企业信息化示范工程。

四、SG-ERP工程

建设时间：2010至2014年。

建设原则：统一架构、统一标准、统一平台、统一建设、统一安防、统一运维。

建设内容：

建设广泛覆盖的信息接入网。提供光纤、电力线载波（PLC）、无线等多种接入方式，全面支撑智能设备信息接入，支持应用系统集中部署和海量数据传输。

建设集中式三地数据（灾备）中心、企业级公共数据模型和数据资源管理工具。统一管理结构化数据、非结构化数据、电网空间数据和实时数据等各类数据资源，实现信息资源的共享和交换，满足业务纵向集成需求，支撑业务横向协同。

建设统一的集成服务管理平台。支持跨业务应用的业务流程集成，实现重要业务流程的端到端、全过程的追踪和预警。

建设高级可视化展现工具。应用先进的可视化和人机交互技术，实现决策支持可视化、业务管理可视化和生产操作可视化。

深入推进主要业务应用。建设人力资源、财务管理、物资管理、规划计划、项目管理、运行管理、生产管理、营销管理、协同办公、综合管理等十大业务应用，以资产全寿命管理、能量全过程管理、客户全方位管理等核心业务价值链为主线，实现业务应用深度集成和融合，全面提升业务应用智能化水平。

主要特点：

覆盖面更广。向前延伸至规划领域，向后扩展到用电领域，进一步扩展至能量管理领域，消除信息管理盲点，覆盖全部业务范围。

集成度更深。按照业务主线深度集成所有业务流程，高度集中相关业务应用，实现国家电网公司整体资源共享和业务协作，建设整合共享的信息资源池，提升信息资源的使用效率。

智能化更高。 提高数据分析利用能力，实现经营决策智能分析、管理控制智能处理、业务操作智能作业。

互动性更好。 实现电力系统各个环节的良性互动与高效协调，建设高效的企业门户、电子商务平台和呼叫中心，提升协作水平、用户体验和服务水平。

安全性更强。 实现主动防御，确保信息安全可控、能控、在控。

可视化更优。 更直观地反映电网运行和企业经营状态，更形象地展现业务管理全过程，更好地辅助决策。

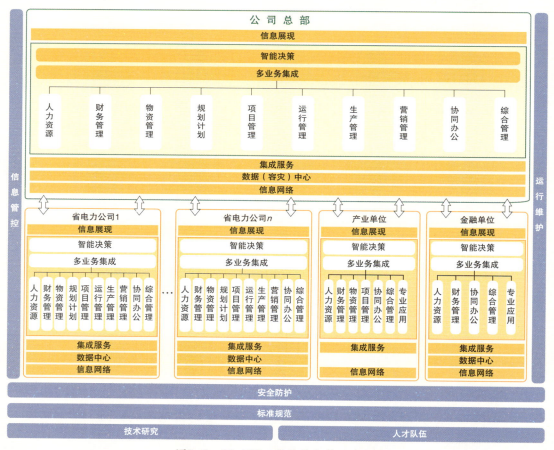

图7-3　SG-ERP工程总体架构示意图

建设应用： 建设项目11405个，贯穿电源接入、输电、变电、配电、用电、调度六大业务环节，覆盖规划、建设、运行、管理、决策等生产经营管理全过程，新增接入110千伏及以上变电站4528座、营业网点10326个。

建设成果：建成世界规模最大的企业级信息系统，在特大型企业信息化一体化平台、集成化应用方面达到国际领先水平。

五、SG-ERP提升工程

建设时间：从2015开始。

建设内容：构建"四个一体化"。

建设一体化平台。包括网络传输、基础设施、数据资源、信息集成、应用构建、访问渠道等6个部分，1网络、1门户、9组件，共11项内容。

图7-4　SG-ERP提升工程总体架构示意图

　　建设一体化业务应用系统。包括企业核心资源与综合业务、电网主营业务、产业金融业务、智能分析决策4个板块15项应用。

　　建设一体化信息安全体系。包括顶层设计、全生命周期管理内控体系、智能可控技术体系、新技术应用防护等4个部分。

　　建设一体化运行维护体系。包括组织体系、运维基础、核心能力、支撑应用等4个部分。

六、"三个中心"

　　电网调控中心：实现国调、分调和省调的调度控制业务协同贯通，支持实时数据、实时画面、应用功能的全网共享，在先进性、实用性、安全性等方面达到世界领先水平。

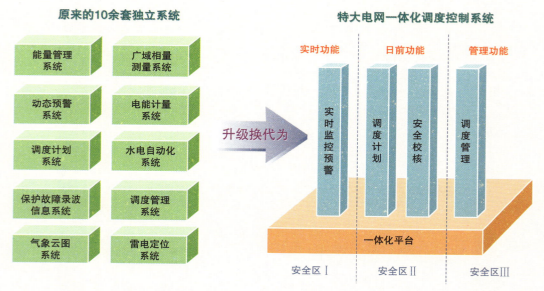

图7-5　电网调控中心总体功能示意图

　　运营监测（控）中心：建设集"全面监测、运营分析、协调控制、全景展示、数据管理"等功能于一体的智能监控分析决策平台，实现对重要资源、核心业务进行"全方位、全天候、全流程"在线监测和分析，保证全部资源和经营行为可控在控。

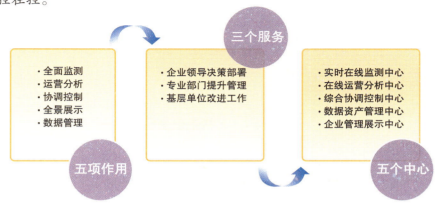

图7-6 运营监测（控）系统总体功能示意图

客户服务中心：建设集中式95598一体化服务平台，实现95598数据资源集中管理、统一调配，纵向贯穿总部、省、地（市）和县四级客服体系，横向涉及运检、营销、调控、信通等多个专业领域。

图7-7 客户服务中心总体功能示意图

七、电力通信网

电力通信网由骨干通信网和终端通信接入网组成。

骨干通信网分为跨区、跨省、跨地（市）、地（市）县四级，各级均由传输网、业务网和支撑网组成。

终端通信接入网以配电自动化、用电信息采集、电动汽车充换电站、供电服务营业场所等之间的交互为支撑服务目标，是骨干通信网向电网末端节点的延伸。

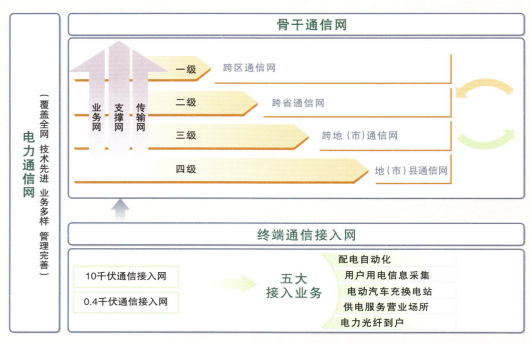

图7-8 国家电网公司电力通信网示意图

第八章
队伍建设：卓越事业钢铁队伍

企业发展，根本在人。人是企业的核心资源，是企业兴衰的决定因素。企业管理的核心就是带队伍，激发每个人的创造潜能，实现组织目标。

队伍素质决定企业素质，做强做优做大国有企业，重在建好、管好、用好队伍。建设高素质队伍，要发挥企业党组织的政治核心作用，树立科学的人本观，瞄准国际一流企业目标，遵循队伍建设规律，在选人用人上做到"好不好不用找、亲不亲工作分、行不行看水平"，用事业锤炼队伍，靠队伍成就事业。

人才培养、百炼成钢。特高压、"三集五大"、国际化的创新突破，为国家电网公司造就了一大批优秀人才，奠定了创建"两个一流"的坚实基础。实现国家电网事业长远发展，需要持之以恒地加强队伍建设。

正确路线确定之后，干部就是决定因素。

——毛泽东

国家电网管理
创新与实践

管理实践

企业的竞争归根结底是人才的竞争。实现企业安全、健康、可持续发展，根本上要靠建设一支高素质、能战斗的干部职工队伍。坚持不懈地抓队伍建设，既是国家电网公司不断攻坚克难，实现更好更快发展的重要保障，更是实现基业长青的根本要求。

一、坚持党的领导

国有企业、特别是中央政府监督管理的国有企业，是全面建成小康社会的重要力量，是中国特色社会主义的重要支柱。坚持党对国有企业的领导，是国有企业改革发展中必须牢牢坚持的政治原则，也是国有企业的独特优势。国家电网公司加强队伍建设，必须坚持党的领导，着力加强企业党组织和党员队伍建设。

率先垂范加强公司党组自身建设。作为企业的领导核心，国家电网公司党组始终把坚定政治立场和政治信念放在首位，牢固树立政治意识、大局意识、核心意识、看齐意识，严守政治纪律和政治规矩，在思想上、政治上、行动上与党中央保持高度一致。坚持不懈开展政策和理论学习，加强理论武装，增强中国特色社会主义的道路自信、理论自信和制度自信，坚定做强做优做大国家电网公司的信心和决心。将国家电网公司党组发挥领导核心作用纳入《国家电网公司章程》，严格执行民主集中制和"三重一大"决策制度，确保依法决策、民主决策、科学决策。坚持以身作则，积极改进作风，深入一线真抓实干，认真执行中央各项纪律规定，努力发挥表率作用。

坚持不懈抓好党性党风教育。近年来，中央先后组织开展了保持共产党员先进性教育、深入学习实践科学发展观、党的群众路线教育实践、"三严三实"专题教育等活动。国家电网公司结合实际，深入贯彻中央要求，坚持问题导向，在务求实效上下功夫。2013～2015年，通过贯彻"八项规定"精神，严肃整治"四风"，国家电网公司系统"三公"经费及会议费显著降低，累计处理各类供电服务客户投诉12.5万件；通过开展教育实践活动，国家电网公司系统落实整改措施5060项，解决了一批服务群众"最后一公里"问题；通过开展"三严三实"专题教育，累计整改问题7.4万余项。随着党性党风教育深入开展，广大党员干部的党性修养、宗旨意识、思想作风和纪律意识明显增强。

提高各级党组织和党员队伍战斗力。建立健全企业党建工作责任制，坚持把党的建设与企业改革发展共谋划、同落实，在国家电网公司系统不断完善党组（党委）统一领导、有关部门齐抓共管，一级抓一级、层层抓落实的党建工作格局。严格执行"三会一课"、党员党性定期分析、领导干部双重组织生活等制度，强化对制度执行情况的监督、检查和考核。落实中央关于加强基层服务型党组织建设有关要求，健全集体企业和农电党组织，实现国家电网公司党组织和党员管理全覆盖。按照"控制总量、优化结构、提高质量、发挥作用"总要求，严把党员"入口关"。教育引导广大党员立足岗位创先争优，发挥模范带头作用。

深入推进党风廉政建设。全面落实党组主体责任和纪检监督责任，认真学习贯彻《中国共产党章程》《中国共产党廉洁自律准则》和《中国共产党纪律处分条例》，深入扎实开展反腐倡廉工作。坚持把纪律和规矩挺在前面，及时协调解决重大问题，督查督办重要案件。自上而下逐级签订党风廉政建设责任书，把党风廉政责任落实情况纳入各单位企业负责人年度业绩考核，并与薪酬分配兑现挂钩。

持续完善廉政管控体系建设。国家电网公司根据企业发展特点和反腐倡廉形势，倡导"干事、干净"的理念，坚持"三严一常"（建立严密规章、发扬严细作风、实施严格管理，做到常抓不懈），将企业经营管理和惩防体系相结合，构建具有国家电网公司特色的"三化三有"（企业化、责任化、协同化，监督有效、执纪有力、问责有据）的廉政管控体系，并持续完善提升，形成不敢腐、不能腐、不想腐的长效机制。强化纪检监督执纪问责，加强对工程建设、招标采购、资产财务管理等重点领域权力运行的协同监督，以零容忍的态度惩治腐败。2013～2015年，国家电网公司各级纪检监察部门践行监督执纪"四种形态"❶，严肃查处违规违纪行为。

二、人本观

国家电网公司抓队伍建设，始终坚持科学的人本观，以创建"两个一流"为引领，

---

❶　2015年9月24日，中共中央政治局常委、中央纪委书记王岐山在福建调研并主持召开座谈会，提出党的反腐倡廉建设要坚持"四种形态"：第一种形态，党内关系要正常化，批评和自我批评要经常开展，让咬耳扯袖、红脸出汗成为常态。第二种形态，党纪轻处分和组织处理要成为大多数。第三种形态，对严重违纪的重处分、做出重大职务调整应当是少数。第四种形态，严重违纪涉嫌违法立案审查的只能是极少数。

开展全员培训，全面提升素质，严格队伍管理，激发队伍潜能，努力在事业发展中锤炼和铸就一支政治坚定、能力突出、作风过硬、善打硬仗的高素质队伍，为电网和企业可持续发展提供可靠的组织保障和智力支撑。

坚持战略树人。十年树木、百年树人。立足于保障企业长治久安、实现企业基业长青，我们把人才培养、队伍建设与企业战略目标紧密结合，坚持以企业战略统揽队伍建设工作，超前谋划、统筹布局，科学编制人力资源发展规划，统筹考虑从总部到基层一线的各级各类队伍建设工作，增强队伍建设工作的针对性、系统性和有效性。在确定队伍建设目标时，注重学习借鉴国内外先进企业的宝贵经验，注重长远目标与近期目标的衔接，注重战略规划的可操作性；优先在关键领域选拔和培养企业紧缺的经营、技术、管理人才，为企业可持续发展奠定坚实的人才基础。

全员教育培训。加强教育培训是提高队伍素质、加速职工成长成才的重要途径。国家电网公司秉持人人皆可成才的理念，健全完善教育培训体系，加大培训投入，统筹利用各种资源，对全体员工持续进行大规模培训。国家电网公司根据事业发展需要和队伍建设实际，不断拓展培训范围，创新培训方式，提高培训的针对性和实效性。同时，注重在重大工程实践中、在完成急难险重任务中磨炼干部职工队伍，为各类人才成长创造条件、搭建舞台，使每个优秀人才都有脱颖而出的机会。

全面提升素质。队伍素质是企业素质的根本所在，队伍素质的高低决定了企业的发展动力和发展质量。提升队伍素质，核心是要提升政治素质、专业素质和文明素质。提升政治素质，要求加强政治学习，坚定理想信念，树立正确的世界观、人生观、价值观，强化大局观念，提高责任意识。提升专业素质，要求培养职业素养，强化业务学习，提高业务技能，创造性地解决问题，增强岗位胜任能力。提升文明素质，要求把对国家、对社会、对企业的贡献作为人生价值追求，遵守社会公德，恪守职业道德，崇尚家庭美德，全面提高品德修养。

严格管理队伍。严是爱，宽是害。企业管理越严格、越规范，越能减少问题、防范风险。加强队伍建设，要从基层抓起、从基础抓起、从基本功抓起，健全机制，严肃纪律，强化监督，在从严、从实、从紧上下功夫，用铁的面孔、铁的制度、铁的处理，切实筑牢思想、制度、惩戒"三道防线"，根本解决思想上"松"，管理上"软"的问题。**思想防线**，就是要求每一位干部职工都要牢固树立法制观念和风险意识，学法、懂法、守法，严守道德底线、不碰法纪红线。各级领导干部要强化组织观念和纪律意识，自觉做到敬畏法纪、敬畏权力，有令则行、有禁则止。**制度防线**，就是坚持制度面前人人平等、执行制度没有例外，真正做到用制度管人、管权、管事、管企业。强化制度执行、检查、考核力度，改进闭环管理，严肃纠正违章行为，保证制度的严肃性。**惩戒防线**，就是以零容忍的态度，严肃严格、有力有效，及时查处各类违纪违规行为，发现一起查处一起，决不姑息迁就。坚持抓早抓小，对领导干部身上的问题早发现、早教育、早提醒、早处理。

三、建设卓越领导团队

领导国家电网公司这样一家责任重大、规模庞大、风险压力巨大的传统国有企业转型发展，建设世界一流电网、国际一流企业，对国家电网公司领导团队的能力素质提出了很高要求。以总部和各单位领导班子为重点，努力打造具有强大领导力的卓越领导团队，是国家电网公司队伍建设的首要任务。

（一）卓越领导团队特征

卓越领导团队必须拥有运筹帷幄的战略思维、锐意开拓的进取精神、善解难题的综合能力、雷厉风行的务实作风。只有这样才能有效驾驭这艘国企航母，为实现"两个一流"奋斗目标提供坚强有力的领导。

战略思维。眼界决定境界。领导团队必须高瞻远瞩，树立战略思维和大局观念，具备开放理念和全球视野，始终围绕党和国家工作大局，围绕国家电网公司发展的全局定战略、做决策、想问题；善于在纷繁复杂的内外环境中把握影响全局的关键要素，顾大局、判大势、干大事；能够把握大势、运筹帷幄，不僵化、不保守，眼光长远，对未来趋势具有敏锐的洞察力和准确的预见性。

进取精神。企业要持续创新突破，领导团队首先要不畏艰难、勇往直前、锐意进取。要有高远追求，永不满足、永不懈怠，不断向更高标准看齐，向更高目标迈进。越是任务重、挑战大、要求高，越要知难而进、迎难而上，带领队伍顽强拼搏、百折不挠、攻坚克难。敢于走别人没有走过的路，勇于开拓、善于创新，努力超越、追求卓越，面对困难不退缩，面对挫折不气馁，不断谋求新发展、开拓新境界。

综合能力。企业发展中会面临许多错综复杂的局面和极富挑战性的问题，领导团队必须具有很强的综合能力。既能够着眼全局、科学谋划，又能够掌控细节，推动战略落地；既能够推进企业管理变革，提高企业运营水平，又能够带好队伍，推动企业创新、创造、创业；既能够主动自我加压、培养自觉行动、强化自身管理、提升自身能力，又能够充分发挥表率带头作用，凝智汇力、勇打硬仗。

务实作风。喊破嗓子不如甩开膀子。作为企业领导团队，必须求真务实、真抓实干，求"三实"、戒"三表"。要有担当精神，坚持原则、勇于负责、守土尽责。面对困难挑战和历史遗留问题，不做表面文章，而是直面应对，砥砺前行，苦干实干。不搞短期行为，多做打基础、利长远的工作。

（二）建设一流总部团队

一流企业要有一流的总部，一流的总部要有一流的团队。总部是企业的首脑机关，代表着企业的形象，体现着企业的作风，反映着企业的水平，在内质外形建设中发挥着重要的统领作用和示范作用。正确应对各种挑战，团结带领集团上下攻坚克难，实现发展战略目标，必须建设一个能力强、作风硬、威信高的总部团队来统领、调控、带动全局。国家电网公司党组始终把培养优秀的总部团队作为重中之重，从企业发展需要出发，确立了总部作为"四个中心"的定位，通过优化组织机构、强化队伍建设、完善工作机制、提高信息化水平等，持续优化完善总部功能定位、组织架构、业务流程、管理机制，着力建设一支追求卓越、素质优良、作风过硬、开放创新的高素质总部团队，全面提升总部领导力、调控力和带动力。

增强总部力量。按照坚强总部对人员结构和素质能力的要求，遵循"分层分类、急需先补、宁缺毋滥"的原则，统筹国家电网公司人才资源，分层次、按专业选拔基层优秀人才充实总部队伍，优化总部队伍结构。完善总部和基层干部之间交流挂职锻炼的常态机制，加大横向、纵向交流轮岗力度，促进总部与基层队伍建设的上下贯通。目前，总部队伍综合素质同前些年相比已经显著提高，三分之二以上的总部职工拥有硕士以上学位。

提高工作能力。着力提高战略决策能力，加强对宏观经济形势的分析和政策研究，加强对关系国家电网公司改革发展稳定重大问题的研究，努力提高对国家电网公司内外环境变化的洞察力、判断力和驾驭全局的能力。着力提高决策执行能力，完善决策执行体系，加大决策督办和考核力度，严格各项规章制度和政策措施的贯彻执行。着力提高统筹协调能力，强化与国家各有关方面的沟通，提高协调内外各种关系的水平，加强重点工作的综合策划和过程设计，及时帮助各单位解决实际困难和问题，促进企业协调发展。着力提高干部职工履职能力，加强岗位培训，倡导终身学习，确保广大职工的素质能力符合岗位职责要求。

优化管理机制。加强总部团队建设的关键是建立分工明确、规范有序、责任清晰、运转高效的工作机制。完善选人用人机制，严格干部选拔任用程序，逐步健全人才公开招聘制度，对优秀的年轻干部，通过放到艰苦环境、重要岗位锻炼等多种方式，加大培养力度。完善绩效考核机制，明确总部团队各岗位职责和工作标准，突出工作能力、工作业绩、工作态度等因素，把考核结果作为职工发展和收入分配的重要依据，形成岗位靠竞争、收入凭贡献的激励机制。完善监督约束机制，综合发挥安全监督、纪检监察、审计监督和法律监督的作用，切实防范和化解国家电网公司发展中面临的安全风险、经营风险和法律风险。

转变工作作风。要求总部干部职工带头转变思想，更新观念，实事求是、敢抓敢管，在原则面前旗帜鲜明，不让步、不变通，敢于正视问题和隐患。带头增强服务意识，放下架子、扑下身子，多深入一线，服务基层，帮助基层解决实际问题。带头增强组织纪律性，严格自律、克己奉公、廉洁办事、勤俭节约，自觉抵制不正之风和各种诱惑，做到"干事、干净"。带头发挥示范表率作用，在困难和考验面前始终冲在前面，坚持原则、勇于负责、敢于担当，在重点工程建设中深入一线、研究解决难题，在抗灾抢险中靠前指挥、与基层职工一起攻坚克难。

通过坚持不懈地努力，国家电网公司总部队伍素质显著提升，作风明显改进，领导力和执行力全面增强，成为一支政治素质好、业务水平高、团队意识强、工作作风硬，敢打硬仗、善打硬仗的优秀团队。总部全体干部职工牢记责任与使命，以事业为重、以大局为重，持续高负荷、大强度工作，高质量地完成了一系列急难险重任务，充分发挥了总部"四个中心"的作用。

（三）建好各级领导班子

实现企业又好又快发展，关键在各级领导班子。把电网发展好、把企业管理好、把队伍建设好、把文化塑造好，对国家电网公司各级领导班子的思想作风和能力素质提出了很高要求。十多年来，国家电网公司认真落实中央关于"四好"（政治素质好、经营业绩好、团结协作好、作风形象好）班子建设的要求，以各级领导班子的思想建设、梯队建设、机制建设为重点，打造了一支政治上靠得住、工作上有本事、作风上过得硬的各级领导班子队伍，为企业科学发展提供坚强有力的组织保障。

提升班子整体水平。以"四好"领导班子创建为主线，以提升领导力为核心，不断优化领导班子结构，配强配好各级领导班子，增强领导班子的整体功能。在各级领导班子配备中，综合考虑年龄梯次、专业类型、能力特点、性格气质等各种因素，努力形成强有力的领导集体。严格执行民主集中制原则，完善领导班子议事和决策机制，促进领导班子协调高效运转，把制度优势和组织优势转化为企业的管理优势。

建设领导干部梯队。把培养选拔年轻干部、健全干部梯队作为重大战略任务来抓，不断完善程序和标准，高质量地做好后备干部考察工作，创造条件、搭建平台，着力培养选拔学历层次高、发展潜力大、群众公认、业绩突出的优秀人才作为后备干部。适应产业、国际业务发展需要，动态优化调整后备干部队伍结构，加大对懂外语、潜力大、转型快的优秀年轻干部培养力度。为促进年轻干部成长，国家电网公司有计划地安排年轻干部到艰苦地区、复杂环境、关键岗位上去，磨砺品质、锤炼作风、增长才干。同时，加大年轻干部跨专业、跨单位、跨层级交流力度，通过多专业锻炼、多岗位考验，丰富年轻干部的阅历、提高能力。

健全选人用人机制。坚持党管干部原则和正确的用人导向，坚持"好不好不用找、亲不亲工作分、行不行看水平"，坚持德才兼备、以德为先，努力做到选贤任能、用当其时，知人善任、人尽其才。贯彻执行"信念坚定、为民服务、勤政务实、敢于担当、清正廉洁"的"好干部"标准，大胆选拔使用党性坚定、素质过硬、善于攻坚、能打硬仗、群众公认的优秀干部，提高选人用人的公信度和满意度。不断完善干部考评机制，建立科学的干部考评体系，提高干部考核的全面性和针对性。同时，强化考核结果运用，充分发挥考核的导向、评价和监督作用。

四、打造一流职工队伍

国家电网公司的事业是广大职工共同的事业，国家电网公司的发展需要广大职工共同努力。打造一流的职工队伍，增强职工的主人翁意识，发挥职工的创新创造能力，是建设"一强三优"现代公司、实现"两个一流"的根本保证。

（一）全员教育培训

全员教育培训需要综合考虑人才成长周期和企业战略的实施进程，实现全员培养与业务发展的有机衔接，全面提升员工队伍整体素质。

健全培训体系。国家电网公司在学习借鉴国际一流企业人才培养经验的基础上，结合自身发展需要，整合集团培训资源，形成了包括国家电网管理学院、国家电网公司高级培训中心、国网技术学院在内的国家电网公司级培训组织体系，建立了可以满足各级各类人才培训需求、覆盖国家电网公司全系统的培训网络，建设了一支高水平的培训师队伍，有效支撑保障了全员教育培训工作开展。

制定规划计划。根据国家电网公司发展战略、队伍建设实际和人才成长规律，对教育培训工作进行长远规划和部署。制定实施国家电网公司"十一五"教育培训规划和"十二五""十三五"人力资源规划，就教育培训工作的目标、任务做出安排，并通过年度计划滚动落实。通过信息化手段，依托国家电网资源计划系统（SG-ERP）中的人力资源管理信息系统模块，开展在线监测，建立月报分析制度。

狠抓培训实施。国家电网公司结合实际，针对培训项目管理、培训班管理、培训基地建设、培训师队伍建设、培训课程开发等制定出台了一系列办法和制度，实现了对教育培训工作的规范化、科学化管理。每年从培训计划完成率、培训效果等方面，对国家电网公司各单位教育培训工作情况进行考核，考评结果纳入各单位同业对标及企业负责人年度业绩考核中。

2015年，国家电网公司系统各单位共举办培训班83626期。全员培训率持续提高，2015年达到94.5%，比2003年的69.0%提高25.5个百分点，高技能人才比例由2005年的48.8%提高到2015年的81.2%，年均增长率为5.3%，有效提高了职工队伍素质。

（二）骨干人才培养

随着企业发展壮大，国家电网公司对各类优秀人才的需求日益迫切。特高压电网建设、金融运作、国际能源合作以及电力体制改革等任务繁重，急需一批高素质的领军人才、高层次的复合型人才和高水平的专家型人才，必须下大力气重点培养。

培养领军人才。着眼于培养和造就一批精通业务、善于管理、具有国际视野和战略思维的高水平、复合型、权威型专业领军人才，改变国家电网公司高端专业人才缺乏的状况。自2012年起，每两年选拔一批专业领军人才，进行为期3年的系统培养，经过考核合格后最终产生各专业领军人才。

培养复合人才。着眼于拓宽管理人员视野，学习先进管理经验，感受先进企业文化，打造国际一流水平的高级管理团队，自2006年起，分批将国家电网公司各部门、各单位的主要负责人送到国外知名企业轮训。截至2012年底，累计有366人次分别在西门子公司、ABB公司、GE公司等企业接受了每次为期15天左右的培训。

培养专家人才。国家电网公司根据坚强智能电网建设、新业务发展、支援西部企业发展等需要，细分各类专项人才，有针对性地制订实施各类专家型人才的引进与培养计划。通过建立引才机制、拓宽引才渠道、制定配套政策、搭建事业平台，加大了人才引进工作力度，有效缓解了智能电网、特高压、金融等领域专家型人才紧缺局面。截至2015年底，国家电网公司拥有两院院士7人，享受国务院政府特殊津贴的专家146人，中央"千人计划"专家25人。

（三）激发队伍力量

职工队伍中蕴含无穷的智慧和力量，把这些智慧和力量汇聚起来，将成为推动企业持续做强做优做大的不竭动力。

事业激励。事业是最好的人才培养平台，工作是最好的人才成长途径。建设"一强三优"现代公司、创建"两个一流"，为全体职工搭建了广阔的发展平台，提供了实现人生价值的有效途径，成为职工团结奋进的内生动力。国家电网公司鼓励广大职工立足岗位、履职尽责、创新创效，积极为职工的成长进步创造条件，不断改善职工的工作环境，提升职工的生活水平，使企业发展的成果惠及广大职工。

发扬民主。坚持全心全意依靠职工办企业的方针，积极推进职工民主参与企业管理。在跨省经营的国有特大型企业中率先建立职工代表大会制度，颁布实施《国家电网公司职工民主管理纲要》，构建了具有国家电网公司特色的"双路径、三保障"❶职工民主管理体系，畅通了广大职工参与企业民主管理的渠道，依法保障了职工的合法权益，满足了职工的合理诉求，尊重了职工的首创精神，有效激发了广大职工的主人翁责任感。国家电网公司特色职工民主管理体系见图8-1。

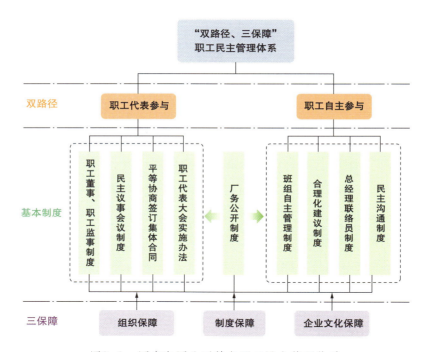

图8-1　国家电网公司特色职工民主管理体系

---

❶ "双路径"是指职工代表参与和职工自主参与相结合的两条路径。职工代表参与路径涵盖了职工代表大会，平等协商签订集体合同，民主议事会议，职工董事、职工监事4种实现形式，是职工代表参与国家电网公司民主选举、民主决策、民主管理、民主监督的有效途径；职工自主参与路径涵盖了班组自主管理，合理化建议，聘任总经理联络员，民主沟通4种实现形式，是职工个体或团队依据民主管理原则，积极主动参与生产、经营、管理等工作的有效方式。"三保障"是指组织保障、制度保障和企业文化保障。

强化基层。把管理的重心下沉，高度重视加强基层班组建设。2009年，制定印发《国家电网公司关于加强班组建设的实施意见》，提出班组建设30条重点要求，指导推进基层班组建设。从2010年开始在全公司部署开展"创建先进班组、争当工人先锋号"活动，每年评选出100个国家电网公司先进班组和100名优秀班组长，并在国家电网公司职工代表大会和年度工作会议上进行表彰。通过持续5年的达标班组创建活动，2015年国家电网公司达标班组覆盖率已经达到95%，班组建设的规范化、标准化水平不断提升。

凝聚合力。坚持党建带团建，加强党组织对团组织的领导，率先在中央企业中建立团校。围绕电网建设、生产经营、优质服务等中心工作，发挥青年文明号、青年岗位能手、青年突击队等载体作用，激发团组织和团员青年活力，实现团员青年与企业共同成长。建立三级志愿服务体系，常态化开展"青春光明行"志愿服务活动。通过青年论坛、技能大赛、岗位比武等活动，为广大青年搭建成长成才平台，有力提升青年员工能力素质。一大批先进集体和个人荣获全国青年文明号、全国安全生产示范岗、全国五四红旗团委（团支部）、全国青年岗位能手、中国青年五四奖章等荣誉称号。

示范引领。为吸引广大职工积极为企业发展建功立业，国家电网公司高度重视先进人物的示范带动作用，在全系统大力开展劳模创新工作室建设。劳模创新工作室由国家电网公司各级单位选拔具有较高技术水平、丰富实践经验和较强创新能力的劳动模范作为牵头人，吸收技术强、业务精和有创新热情的职工参与，围绕企业安全生产、电网建设、经营管理、优质服务等方面的重点难点问题开展技术攻关、发明创造，使创新活动扎根基层、贴近实际、融入日常工作，取得良好效果。

"十二五"期间，国家电网公司大批基层创新成果得到推广应用，累计推出的12.5万余项成果中，已转化和运用6.06万余项，一批职工技术创新成果获得国家专利，产生了显著的经济效益。"供电网无功电压优化运行集中控制系统""架空线路清障检测机器人""±660千伏直流架空输电线路带电作业技术和工器具创新及应用"等3项职工技术创新成果获得国家科学技术进步奖二等奖，10项成果获得第四届全国职工优秀技术创新成果奖。2014年11月，中华全国总工会首次命名了97个全国示范性劳模创新工作室，国家电网公司17个劳模创新工作室获此殊荣，占表彰总数的18%。截至2015年底，国家电网公司共创建了1500余个劳模创新工作室，共有核心成员1.6万余人，近10万职工直接参与了工作室活动；涌现出一大批"创新蓝领"和"金牌工人"。广大职工创新创造活力的充分发挥，成就了国家电网公司的发展壮大；国家电网公司的发展壮大，也促进了各种优秀人才的脱颖而出。

五、队伍是"炼"出来的

事业是干出来的，队伍的能力和素质必须在干事创业中得到锤炼，个人的价值和贡献必须在企业发展中得到彰显。国家电网公司在建设运行的主战场、营销服务的第一线、改革创新的最前沿，用一个个"攻坚战"、重大工程、急难险重任务和跨地域、多岗位交流，锻炼干部职工队伍，激发队伍创造力、增强队伍战斗力、提升队伍凝聚力。

（一）攻坚克难增长才干

国家电网公司在推进"两个转变"的过程中，面临不少极富挑战性的难题和深层次矛盾。破解这些难题和矛盾，既是发展人才的"试金石"，也是人才成长的"助推器"。在攻克特高压核心技术过程中，一批优秀科技人才大胆创新、勇攀高峰，不断取得突破，自身科研能力大幅提升，成为专业领域的权威专家。通过实施企业管理变革，推进体制机制创新，培养出了一批懂改革、善管理的优秀人才。主多分开、集体企业改革等一些重大历史遗留问题的解决，对领导干部的党性观念、政策水平、统筹协调和集中攻坚等方面能力提出了全方位的考验。通过这样的实践过程，极大地提升了这些领导干部驾驭复杂局面的能力。

（二）重大工程锤炼作风

作风关系队伍形象，关系事业兴衰成败。建设坚强智能电网、保障电网安全供电、拓展海外业务等，为国家电网公司人才培养提供了得天独厚的事业舞台。国家电网公司积极安排具有发展潜力的干部参与重大工程建设、重大项目实施和急难险重任务，磨炼意志，经受考验，从中培养和发现人才。这几年，在建设特高压工程、推进跨区跨省联网、拓展海外项目、开展重大抢险救灾保电过程中，一大批作风过硬、意志坚强、能力突出的年轻干部和优秀人才迅速成长起来。面对困难和挑战，他们不畏惧、能吃苦、敢担当，执行力强，在推动工作取得突破的同时，增强了自身素质，体现出很好的潜质。

（三）交流锻炼磨砺品质

近年来，大批年轻干部走上各级领导岗位，给国家电网公司系统各级领导班子增添了新鲜血液和生机活力。但是很多年轻干部缺少不同环境、不同岗位的历练，有的干部基层经验相对不足，需要通过交流任职、挂职锻炼等办法，使这些年轻干部在艰苦实践中"补课"。越是有培养前途的年轻干部，越是放到艰苦环境中，越是派到改革发展的第一线去。

"十一五"以来，国家电网公司持续深入广泛地开展了各种形式的干部交流。截至2015年底，选派到西部电网企业挂职的援疆、援藏、援青干部累计达313人次，这些干部为西部企业带去了新思路、新方法，同时也开阔了自身眼界、提高了应对困难局面的能力；国家电网公司总部部门、各单位领导班子中半数以上的同志为交流干部，正职中四分之三为交流干部。省公司及直属单位正职中一半以上的干部有两个及以上单位主要领导工作经历，有的同志先后担任多个省公司主要负责人。这种方式既推动了干部能力结构的完善，同时也拓宽了选人用人路径，增强了队伍活力。

（四）自我修身提升素质

优秀干部和人才的成长，除了组织培养、环境磨砺外，自身修炼非常重要。能够自重、自省、自警、自励的人才，才是真正有用、真正可以信赖的人才。国家电网公司一直要求广大干部强化内在修养，提高自我净化、自我完善、自我革新、自我提高的主动性。能够正确对待是与非，在大是大非面前立场坚定、旗帜鲜明；正确对待公与私，为了党和人民事业，敢想敢做、勇于担当；正确对待实与虚，把功夫多用在办实事、求实效上，脚踏实地做好本职工作；正确对待俭与奢，强化艰苦奋斗的思想，从小事做起、点滴做起，勤俭办一切事情；正确对待严与宽，强化讲责任、重制度、守规矩的意识，形成有令则行、有禁则止的自觉性。

经过十多年的精心培育、严格管理和实践锤炼，国家电网公司打造出一支特别负责任、特别能战斗、特别能吃苦、特别能奉献的电网铁军，培养出大批思想作风能力过硬的优秀人才，涌现出许多先锋模范和典型人物。他们有的在重大工程建设、重大技术攻关和重大管理创新中做出了突出贡献，有的在平凡的岗位上勤奋进取、默默奉献，做出了不平凡的业绩。国网浙江省电力公司宁波市供电公司原副总工程师江小金，生前长期奋战在电网建设一线，在罹患重症和治疗期间仍然加班加点、忘我工作。国网吉林省电力公司吉林市供电公司工人吕清森，30多年如一日在山区开展输电线路巡护，及时发现供电缺陷5000多处，保证线路持续安全运行。国网黑龙江省电力有限公司哈尔滨供电公司的李庆长，几十年来始终坚持为人民群众做好事、办实事。在抗击2008年雨雪冰冻灾害中，国家电网公司二十多万职工冒严寒、顶风雪，奋战在冰雪覆盖的崇山峻岭，10名职工不幸因公殉职，用热血与生命诠释了对事业的无比忠诚。他们是国家电网公司干部职工的优秀代表，是新时期最可爱的人。

国家电网公司过去十多年的发展成就，得益于党的领导，归功于国家电网公司广大干部职工队伍的共同努力。未来，随着中央深入推进"四个全面"战略布局，随着国家电网公司加快"两个一流"建设，国家电网公司各级领导班子和广大干部职工将不断面临新的考验，加强队伍建设必须作为一项重大战略任务驰而不息、坚持不懈地抓下去。

一、国家电网公司党组历年1号文件

国家电网公司连续12年以党组1号文件部署开展党的建设、队伍建设和企业文化建设工作。

2005年	《关于加强和改进公司系统党建工作的意见》
2006年	《关于开展"爱心活动"、实施"平安工程"的决定》
2007年	《关于创建和谐企业的意见》
2008年	《关于转变公司发展方式 推动公司发展再上新台阶的意见》
2009年	《关于建设优秀企业文化 促进公司科学发展的意见》
2010年	《关于进一步加强公司党的建设、企业文化建设和队伍建设的意见》
2011年	《关于进一步加强员工队伍建设 不断提高企业素质的意见》
2012年	《关于深化创先争优活动 实施95598光明服务工程的意见》
2013年	《贯彻落实〈十八届中央政治局关于改进工作作风、密切联系群众的八项规定〉实施细则》
2014年	《关于加强队伍建设 推动企业持续健康发展的意见》
2015年	《关于全面建设法治企业的意见》
2016年	《关于全面从严加强公司党的建设的意见》

图8-2 国家电网公司党组历年1号文件

二、国家电网公司特色惩防体系

（一）基本框架

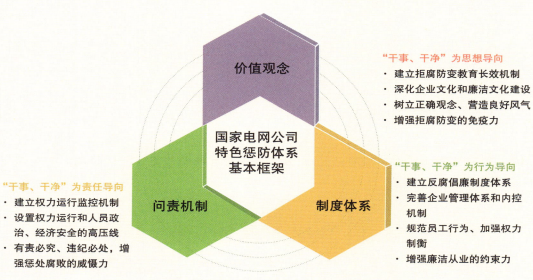

"干事、干净"为思想导向
- 建立拒腐防变教育长效机制
- 深化企业文化和廉洁文化建设
- 树立正确观念、营造良好风气
- 增强拒腐防变的免疫力

"干事、干净"为责任导向
- 建立权力运行监控机制
- 设置权力运行和人员政治、经济安全的高压线
- 有责必究、违纪必处，增强惩处腐败的威慑力

"干事、干净"为行为导向
- 建立反腐倡廉制度体系
- 完善企业管理体系和内控机制
- 规范员工行为、加强权力制衡
- 增强廉洁从业的约束力

价值观念

国家电网公司特色惩防体系基本框架

问责机制

制度体系

图8-3　国家电网公司特色惩防体系基本框架

（二）建设思路

基本要求	建立"干事、干净"的价值观念，"干事、干净"的制度体系和"干事、干净"的问责机制
建设路径："三化"	将中央部署的惩防体系建设企业化、责任化、协同化
主要功能："三有"	通过建设监督有效、执纪有力、问责有据的反腐败管理体系和工作系统，为"一强三优"现代公司建设提供坚强保障

图8-4　国家电网公司特色惩防体系"三化三有"建设思路

（三）主要制度

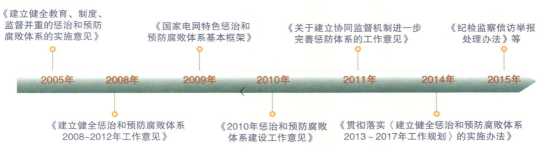

图8-5　国家电网公司特色惩防体系主要制度

三、教育培训工作特色

（一）培训网络

按照统筹规划、整体布局的原则，推进培训资源优化整合，清晰界定各层级培训功能，形成优势互补的培训基地网络。

国家电网公司总部。重点建设国家电网管理学院、国家电网公司高级培训中心、国网技术学院，以及高技能人才、带电作业、特高压及新能源、应急培训等国家电网公司级专项培训基地。

表8-1　　　　　　　　　　国家电网公司级培训机构的功能定位

国家电网公司级培训机构	功能定位
国家电网管理学院	高级管理人员培养基地
国家电网公司高级培训中心	专家队伍培训基地
国网技术学院	高层次应用型技术、技能人才培训基地

省公司（直属单位）。每家省公司重点建设1个（综合性）或2个（1个技能和1个管理）培训中心，满足本单位高级工以上技能人员培训、鉴定、竞赛的需要。

地（市）公司。重点建设变电运行、变电检修、配电线路、抄核收、装表接电等技能实训室，满足本单位中级工及以下技能人员培训、鉴定、竞赛的需要。县公司和工区（供电所），建设适量的基本技能训练室和网络学习室。

（二）培训资源

统一组织对课程、课件和题库进行结构化设计、体系化开发、标准化建设。

统一课程开发。建立领导干部培训课程大纲、管理人员培训课程体系、生产技能人员职业能力培训规范、新员工入职培训标准，系统开发生产技能人员、兼职培训师等培训教材，开发领导干部、专业管理和技能人员网络课件。

统一题库建设。统一题库开发标准和开发方法，明确开发工作要求，统筹任务分工，分专业岗位建立管理人员考试题库、技能人员考试题库、兼职培训师资格认证考试题库和新员工入职培训考试题库。

统一师资管理。建立兼职培训师任职资格标准和培训标准，开展资质认证，建立健全国家电网公司级、省公司级和地（市）公司级兼职培训师队伍，推进培训中心学历教师和管理人员向培训师转型。

（三）培训方式

建立健全网络培训管理机制，形成集中培训、现场培训、在线培训等多种形式有机结合的培训格局，有效落实全员培训规划，缓解工学矛盾，提高培训效率。建成国家电网公司统一的企业网络大学，最大可支持200万注册用户、10万同时在线用户、1万并发用户，实现"一套平台，三全覆盖，七大模块"（构建统一的网络大学平台；覆盖全部单位、全部岗位和全体人员；包含培训管理、学习提升、在线考试、培训资源、知识体系与知识中心、人才发展、辅助决策7个功能模块）。

（四）培训管理

建立国家电网公司教育培训工作闭环管理、动态优化、持续提升的良好机制。每个培训项目实施后，都要对培训效果进行评估分析，据此对后续培训安排进行改进和优化。同时，将培训工作纳入同业对标，促进各单位诊断发现薄弱环节、学习借鉴典型经验、改进提高培训工作。

2003～2015年，国家电网公司累计组织开展员工培训1060.4万人次；全员培训率年年攀升，2015年达到94.5%，比2003年的69.0%提高25.5个百分点。

图8-6　2003～2015年国家电网公司全员培训率

四、基层供电企业负责人培训

2013～2014年，国家电网公司面向地县供电企业负责人和乡镇供电所所长组织开展了大规模轮训，着力强化基层干部思想建设、作风纪律和能力建设。

规模庞大 覆盖面广	地（市）供电企业党政主要负责人培训覆盖27个省公司、286家单位，共572人；培训县级供电企业负责人9474人，供电所所长32181人
内容丰富 针对性强	紧密结合地（市）县供电企业现状和培训需求，精心编制大纲，总部专业部门选派业务骨干授课
周密组织 确保效果	建立班委会、班会制度，形成"小组承诺"，激发学员参与培训的积极性
形式多样 联系实际	举办学员论坛，总部专业部门参加研讨，实现培训"两个带来"，即带来学员单位的管理典型经验、带来学员对国家电网公司的意见建议

图8-7　国家电网公司基层供电企业负责人培训工作主要特色

五、高管境外培训

1．基本情况

培训时间： 2006～2012年。

培训地点： 西门子公司、ABB公司、GE公司、IBM公司、法国电力公司等国际一流企业。

培训对象： 各部门、各单位的主要负责同志，共336人次。

培训目的： 近距离观察和感受跨国公司的管理模式和企业文化，熟悉国际惯例、培养全球视野，全面提高战略决策、经营管理、市场竞争、开拓创新和应对复杂局面的能力。

培训内容： 涵盖战略管理、企业运营、管理创新、风险管控、国际经营、技术创新、人力资源、企业文化等各个方面。

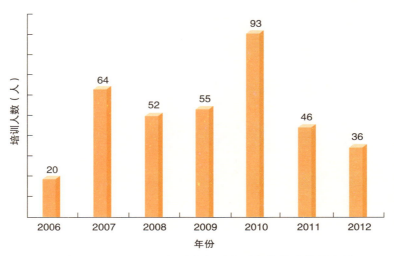

图8-8 2006~2012年国家电网公司高管境外培训人数

2．主要特点

训前充分准备，组织工作严密有序。每次培训前，国家电网公司党组都专门召开动员会进行安排部署。结合企业发展形势和任务，为每期培训班设定一个聚焦性主题，以发展战略为引领，系统设计培训内容。

理论授课与研讨分析、模拟演练相结合。由培训企业组织专家和教授授课，传授理论知识，研讨相关案例，进行现场操作。

学员深入思考，学以致用。学员紧密结合培训内容和工作实际，深入思考，主动与授课专家和教授就关心的问题深入探讨，增强学习的针对性和有效性，保证培训效果。同时，学员之间相互沟通交流，相互启发，积极研讨，营造浓厚的学习氛围。

健全培训组织体系，确保培训效果。每期培训均成立临时党支部、班委会、学习小组，确保培训期间的政治安全、人身安全和学习效果。

六、人才队伍建设成效

（一）队伍素质变化情况

2003～2015年，国家电网公司全员劳动生产率由15.3万元/（人·年）提升至65.3万元/（人·年），提高了3.3倍；高技能人才比例，由2005年的48.8%提升至2015年的81.2%，年均递增3.2个百分点；人才当量密度，由2005年的0.8140提升至2015年的0.9992。

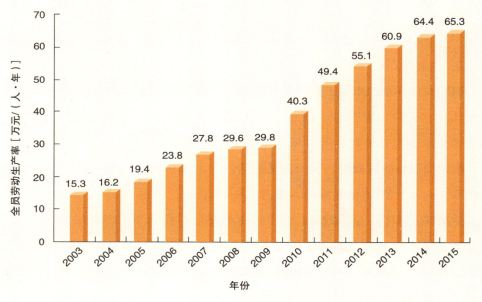

图8-9　2003~2015年国家电网公司全员劳动生产率变化情况

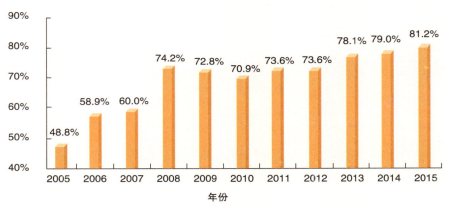

图8-10 2005~2015年国家电网公司高技能人才比例变化情况

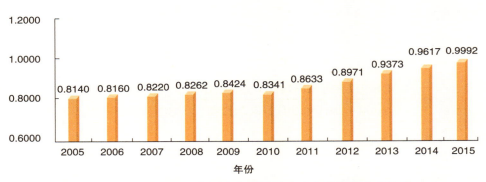

图8-11 2005~2015年国家电网公司人才当量密度变化情况

（二）专项人才培养成效

根据坚强智能电网建设、业务发展、支援西部企业发展等需要，"十二五"期间，国家电网公司有针对性地制订实施系列专项人才培养计划，成效显著。

表8-2　　　　　　"十二五"国家电网公司部分专项人才培养成效

人才培养计划	工作成效
培养引进高端人才	新增2名院士、124名国家级优秀人才；吸引45名海外优秀学者和科技领军人才

续表

人才培养计划	工作成效
培养引进紧缺人才	补充各类紧缺人才3540名
培养专业领军人才	选拔培养1047名国家电网公司级专业领军人才
强化特高压专项人才开发	培养引进特高压技术人才1336名
推进智能电网专项人才开发	培养引进智能电网高层次科研人才1006名
加强西部地区人才建设	从西部企业选派310名优秀青年人才到东部企业挂职锻炼

（三）荣获国家级表彰情况

2006～2015年，国家电网公司累计有246个所属单位荣获全国五一劳动奖状，311名员工荣获全国五一劳动奖章。

表8-3 　　　2006年以来国家电网公司先进集体和个人主要获奖情况　单位：个（人）

奖项	2006～2010年	2011年	2012年	2013年	2014年	2015年	2011～2015年
全国劳动模范	76	—	—	—	—	64	64
全国五一劳动奖状	147	21	35	20	23	—	99
全国五一劳动奖章	161	32	43	38	37	—	150
全国工人先锋号班组	134	55	68	63	61	—	247
中央企业先进集体*	39	—	—	30	—	10	40
中央企业劳动模范*	62	—	—	50	—	10	60
全国优秀共青团员、团干部	26	8	5	2	3	4	22
全国五四红旗团委（团支部）	78	11	5	8	8	8	40
全国青年文明号	492	13	12	10	9	11	55
全国道德模范（中央企业道德模范标兵）	—	—	—	1	—	1	2
全国道德模范提名奖（中央企业道德模范）	—	—	—	6	—	5	11

*中央企业先进集体、中央企业劳动模范每三年评选一次。

第九章
走向世界：打造国际一流企业

中国从经济大国迈向经济强国、实现"中国梦"，亟须培育一批世界级跨国公司。加快"走出去"、实现国际化，是国家电网公司服务"一带一路"建设的责任担当，是创建"两个一流"的必由之路。

国家电网公司致力于建设国际一流企业，树立全球战略思维，立足技术优势、管理优势和资源优势，大力推进业务、管理、资源和品牌全方位国际化，开辟了一条战略引领、立足优势、依托主业、稳健经营的电网企业创新发展之路。成功投资运营6个国家和地区骨干能源网，特高压走出国门、享誉世界，全球能源互联网战略实施，国际化硕果累累，彰显了中国企业的全球竞争力和影响力。

国际化通向未来，互联互通前景无限。新的起点，新的目标，新的境界，国家电网公司任重而道远。

> 在21世纪，只有两种企业，一种是国际化企业，另外一种就是被淘汰的企业。
>
> ——迈克尔·波特[1]

---

[1] 美国管理学家，曾担任美国总统里根的产业竞争委员会主席。

超越卓越

国家电网管理
创新与实践

管理实践

实施"走出去"战略，推动"一带一路"建设，是党和国家做出的重大决策，意义重大、影响深远。国家电网公司认真贯彻实施党中央、国务院决策部署，致力创建"两个一流"，推动业务、管理、资源和品牌全方位国际化，走出一条战略引领、立足优势、依托主业、稳健经营的国际化创新发展道路，企业核心竞争力和国际影响力不断增强。

一、全球视野

进入21世纪，经济全球化使中国与世界的联系更加紧密。企业立足国内、面向世界生存、发展、竞争成为常态。国家电网公司要实现更高层次发展、创建"两个一流"，必须树立开放理念和全球视野，顺应我国经济深度融入世界经济的新趋势，走中国特色的电网企业国际化创新发展之路。

（一）经济全球化

当今世界，经济全球化深入发展，科技进步日新月异，我国与世界经济的联系和相互影响日益加深，国际经济、能源格局发生深刻变革。

世界经济新常态。经济全球化进程加快，各国围绕国际贸易、气候变化、能源资源、粮食安全、金融安全的合作与博弈加强，世界经济与政治进入大调整、大变革时期。国际金融危机给全球经济带来严重冲击，世界经济进入深度转型调整期，呈现经济低速增长、主要经济体走势分化的新特征。一些国家加快电力市场化改革步伐，有的国际电力企业通过出售资产缓解经营压力。我国经济持续增长，综合国力持续增强，国际影响力和话语权不断上升。

能源格局新变化。能源安全、能源效率、能源环境等问题受到全球广泛关注，能源可持续发展成为世界各国面临的共同挑战。以电为中心、清洁化和智能化为特征的新一轮能源革命在世界范围兴起，全球能源发展日益呈现结构多元化、开发清洁化、配置远程化、消费电气化、系统智能化、资源金融化的新特征。能源配置的范围和规模不断扩大，电网的功能作用更加突出，构建全球能源互联网受到广泛重视。中国、印度、巴西等发展中大国能源消费需求快速增长，在全球经济治理中的话语权快速上升。

电力发展新高潮。发达国家积极推进新能源和可再生能源发展，并对现有电网进行升级改造。新兴市场国家进入工业化、城镇化快速发展阶段，亟须引进资本、先进技术和装备，加快电力基础设施建设。区域经济一体化带动跨国跨洲电力联网进程加快，欧盟、美国、俄罗斯、巴西、印度、南部非洲等国家和地区对发展远距离、大容量输电技术和智能电网的需求日益迫切。这为我国企业参与国际能源电力投资建设，输出特高压、智能电网等技术装备和工程技术服务提供了契机。

"走出去"新形势。加入世界贸易组织以来，我国积极参与国际经贸规则制定，推动建立以合作共赢为核心的新型国际关系，全球影响力和经济地位不断提升。国家实施"走出去"战略、推进更高水平对外开放，鼓励和扶持具有比较优势的企业开展国际化经营，着力培育我国的跨国公司和国际知名品牌。有关部门加强对外投资和产业布局规划，优化调整相关审批标准和流程，在资金、信贷、外汇等方面出台一系列鼓励企业"走出去"的政策。特别是中央做出推进"一带一路"建设的重大战略决策，推动国际产能和装备制造合作，加快实施自由贸易区战略，为我国企业开展国际化经营创造了新的机遇。

（二）竞争多元化

随着经济全球化趋势深入发展，企业的外部环境日趋开放，国际市场竞争更加激烈。

综合较量。跨国公司成为国家之间竞争的重要载体。发达国家的跨国公司占据全球价值链的主导地位，发展中国家的跨国公司快速崛起，围绕全球优质资产、战略性资源和新兴市场的竞争日益激烈。跨国公司之间的竞争从产品、市场的竞争延伸到技术、资本、品牌、信用、人才、文化的综合竞争，从企业综合实力比拼演变为产业链、价值链的对抗，呈现全方位、立体化竞争态势。跨国公司国际化水平进一步提升，正在呈现向全球公司演变的趋势。

跨界竞争。国际能源市场进一步开放，全球化贸易逐渐扩大到能源行业各个领域，跨国能源电力企业在全球范围扩张业务，积极抢占新兴市场。能源电力行业发展空间广阔、潜力巨大，吸引越来越多的跨国公司进入能源电力投资领域和电力装备制造产业。尤其是国际金融危机以来，电网等监管资产收益稳定，越来越受到国际资本市场的青睐，私募基金、主权财富基金和财务投资者纷纷涌入电力行业，激进的竞标策略带来跨国并购的高溢价。

国家角力。企业竞争的背后是国家角力。国际金融危机导致保护主义抬头，各国普遍加强对能源、电力等重点行业外资的监管。主要发达国家实施"再工业化"，力求重塑实体经济竞争优势，加快构建高水平自贸区网络、推动"跨太平洋伙伴关系协定"（TPP）、"跨大西洋贸易和投资伙伴关系协定"（TTIP）、"服务贸易协定"（TISA）等，旨在主导未来国际经济新秩序，给我国国有企业"走出去"带来不确定因素。

（三）企业国际化

经济全球化背景下，企业不能偏安一隅，必须走出国门，融入世界。这是企业发展的必然规律，是国家战略的需要，也是国家电网公司可持续发展的需要。

对外开放要求。国家鼓励有条件的企业"走出去"，利用国际国内"两个市场""两种资源"，培育具有国际影响力的大企业集团。加快"走出去"步伐、开展国际化经营，是时代赋予中央企业的使命和责任。国家电网公司有责任，也有能力加快"走出去"步伐，深化国际交流与合作，促进国家能源战略的实施，进一步增强国家综合实力，提高我国在国际政治、经济格局中的影响力和话语权。

企业发展规律。经济全球化、竞争国际化是时代发展的大趋势。树立开放思维，把握机遇，应对挑战，扬长避短，积极参与国际竞争，是打造世界级跨国公司的必由之路。国际化发展是我国企业做大做强、实现更高层次发展的重要途径，也是创建国际一流企业的必备条件。

战略提升需要。从本土向全球拓展发展空间，从中国能源互联网到全球能源互联网，国家电网公司的战略视野不断开阔、战略格局持续提升，对国际化发展提出新的要求。积极参与全球能源和电力领域竞争与合作，是国家电网公司实现可持续发展、构建全球能源互联网的重要方向。

二、发展道路

与国际一流企业相比，国家电网公司是参与国际市场的后来者、追赶者。"十五"

期间，国家电网公司国际化发展开始起步，国际业务主要以送变电施工、装备出口和劳务输出为主，投资运营海外资产的经验和人才储备不足，缺乏对海外资源的整合能力，"走出去"面临不少困难和挑战。"十一五"以来，国家电网公司做出全面推进国际化的战略决策，坚持服务国家战略与提升企业国际竞争力相结合，坚持扩大规模与提高效益相协调，坚持加快发展与防控风险并重，面向国内国际"两个市场"推进"两个转变"，走出一条**战略引领、立足优势、依托主业、稳健经营**的国际化创新发展之路。

（一）战略引领

战略引领就是将国际化作为转变公司发展方式的重要内容，纳入国家电网公司发展战略，持续完善国际化战略内涵，增强国际化战略的科学性、前瞻性和指导性。

1. 发展方向

依托特高压、智能电网核心技术和管理优势，全面推进发展战略、业务布局、运营管理、资源配置、人才队伍、企业文化、品牌形象等全方位国际化，加快建设治理科学、运转高效、持续创新能力强的国际化公司。

2. 发展原则

坚持安全发展。安全发展是国家电网公司实施国际化战略的基本前提。国际政治、经济环境复杂，存在较多不确定性，必须注重防范和化解由于政治、经济环境变化以及突发事件造成的境外投资风险，安全稳健运营境外资产，保障员工生命和企业财产安全，保障境外国有资产的安全。

坚持创新发展。结合企业实际，以市场为导向，以科技创新为核心，依托国家电网公司在特高压、智能电网、新能源并网、电动汽车充换电等领域的领先优势，积极争夺国际高端市场，抢占国际标准制定的制高点，走创新型发展道路，开创国际化发展的新局面。

坚持规模发展。整合企业内外部资源，集中管理、技术、资金、人才力量，根据所在国家和地区的经济与市场发展格局，优先发展具有较强竞争力和市场潜力的业务，加快形成区域规模优势，积极抢占市场，逐步带动其他业务发展。

坚持高效发展。把效率、效益作为衡量国际化工作成效的重要标准。重点培育和推广回报率高的业务，科学合理配置资源，提高投入产出效率，不断开拓优质高效发展的新途径。

3．战略重点

核心技术引领。持续实现特高压、智能电网高端装备、新能源、电能替代等核心技术国际领先，保持创新发展的强大动力。

业务全球布局。依托国家电网公司战略优势、技术优势、资源优势，以"三电一资"为重点，积极、稳健、安全地开拓国际业务，实现海外业务合理布局，提高国际业务对国家电网公司利润贡献率。

企业管理国际化。开展资产管理、资本运作、风险管控、人力资源管理等国际对标，优化国际业务组织架构与管控模式，全面提高管理效率和运营绩效。

提升国际影响力。加强与国际能源和电力组织机构、知名电力企业的战略合作，推动特高压、智能电网先进技术转化为国际标准，增强国际影响力和话语权。

（二）立足优势

立足优势就是充分利用技术创新上的制高点、大电网管理的丰富经验、国际组织中的影响力以及国际标准制定上的话语权，发挥技术、管理、投资、建设、运营、装备等综合优势，努力打造国际化发展的核心竞争力。

技术优势。国家电网公司在特高压、智能电网等领域掌握核心技术，实现了"中国创造"和"中国引领"，在境外国家级输电网和大型电网项目竞标中多次成功，走出了一条依靠自主创新、加快"走出去"步伐的新路。

管理优势。国家电网公司运营世界上规模最大、电压等级最高的电网，电网安全运行水平、供电可靠性、线损率等指标居世界前列，拥有超过1.5亿千瓦新能源装机容量的运行管理经验。在国际项目投资中，立足长期战略投资者定位，发挥管理方面的优势，统筹考虑目标企业发展与股东利益，持续提升海外运营管理水平。

资源优势。国家电网公司集电网投资、建设、运营及装备制造于一体，能够为海外电网运营提供从规划咨询到运营维护的全生命周期服务，具有较强的产业链综合优势；同时，国家电网公司国内经营收入稳定、资产负债率低，国际资信水平高，具备低成本海外融资的有利条件。

市场优势。国家电网处于快速发展阶段，2003～2015年累计完成电网投资3.17万亿元，2014～2015年年均电网投资4188亿元，"十三五"规划年均电网投资超过5000亿元，为推广应用各类先进技术和装备、积累运行经验提供了巨大的市场空间。我国节能环保、绿色低碳等能源电力相关产业快速发展，越来越多的跨国企业寻求与国家电网公司合作，共同拓展中国市场。这为国家电网公司依托国内市场、创新国际经济技术合作模式提供了有利条件。

（三）依托主业

依托主业就是发挥主业核心优势，以"三电一资"为重点开拓国际业务，向能源电力产业链上下游拓展，形成布局合理、优势突出、协同互补的全球业务格局，输出管理经验、品牌文化、技术标准，扩大国际影响力和话语权，提升可持续发展能力。

电网投资运营业务，主要包括境外电网的投资、建设、运营和相关技术咨询，以及与周边国家电网互联互通的投资、建设与运营。

电源开发业务，主要包括境外大型电源项目的投资、建设和运营。电源开发是电网运营的上游业务，国家电网公司在大型电源开发及送出一体化项目方面具有显著优势。

电工装备及服务出口业务，主要包括电工装备产品出口、海外电力工程承包，以及在海外投资设厂等。国家电网公司电工装备产品的性价比高、质量好，具有较强的竞争优势。

海外资源并购业务，主要是结合国家战略需求和市场机遇，开展战略资源或资源性产品贸易与股权并购。这对于保障国家经济安全、实现国家电网公司境外资产保值具有战略意义。

（四）稳健经营

稳健经营就是始终以确保安全作为前提，坚持加快发展与防控风险并重，建立健全对境外资产的管理制度和监督机制，加强对驻在国风险研判和法律法规研究，严格落实重大事项报告制度，完善决策审批程序，提高抵御政治风险、经济风险、法律风险、安全风险的能力，安全稳健开拓国际业务、运营境外资产，切实保障员工和境外国有资产安全。

优中选优。面对日益增多的市场机遇，始终保持清醒头脑，坚持高标准、严要求，有所为有所不为，在抓住机会的同时更加注重项目的质量，力争干一个成一个。建立科学的项目评价筛选体系，把握项目选择的关键维度，遵循综合效益最大化和风险可控的原则，努力向价值链的高端延伸。在市场布局上，缜密研判、优中选优，主要面向市场成熟度高、发展潜力大的国家和地区；在项目选择上，把主要精力放在收益好、风险低和影响力大的电网等监管资产并购项目，以及产业带动力强、国家电网公司优势突出的绿地投资和工程总承包项目。

合规运营。建立健全国际业务风险管控制度，全面防范法律风险、财务风险、监管风险、廉政风险。严格遵照驻在国法律和国际市场惯例，依法合规开展经营，做优秀企业公民。综合考虑业务类型和地区差异，对全资、控股和参股等不同类型项目实行差异化管控。推动本土化运营，合理保留并购企业的原有员工，积极履行社会责任，负责任地建设和运营海外项目。与利益相关方加强合作交流，推进文化融合，积极融入东道国经济社会发展。

风险在控。把风险防控放在首要位置，全面梳理评估潜在风险，注重强化项目前期尽职调查，保障对外投资安全。制定科学的竞标策略，确保项目决策科学性和合理的投资回报，不搞恶性竞争，不单纯追求中标。科学设置管控治理结构，争取与股比相应的董事职位，保证在董事会重大决策中的相应权责；努力争取项目关键岗位的设置权、管理人员的提名权，委派高管直接参与所投资企业的经营管理，确保知情权、管控力和股东权益。建立境外资产运营监测（控）中心，强化对境外资产运营的在线监测。

三、全方位国际化

全方位国际化涵盖发展战略、业务布局、运营管理、资源配置、人才队伍、企业文化、品牌形象等各个方面。随着国际化的拓展与深入，国家电网公司正致力于实现从业务国际化到企业发展国际化的跨越提升。

（一）业务布局国际化

业务布局国际化是企业国际化的核心。只有形成合理的国际业务布局，才能有效发挥比较优势，拓宽发展空间，提升在全球市场的竞争力。国家电网公司以"三电一资"为方向，按照统一规划、统一运作、有序发展的要求，重点在市场成熟、法律健全和发展潜力大的地区开展电力优质资产并购，积极推进国际绿地投资项目和电力工程总承包，大力开展国际能源电力合作，统筹推进境外资产多元化配置和全球业务布局。

欧美地区电力市场化程度高，业务收益稳定。积极投资并购欧美国家能源电力监管资产，推动洲际电网互联互通，是国家电网公司在欧美市场拓展业务的重要领域。

拉美地区清洁能源丰富，巴西等国面临能源远距离输送问题。在稳健运营巴西项目的基础上，大力推动绿地项目投资和电工装备出口，输出特高压技术，是拓展拉美市场业务的重要方向。

非洲地区水能、太阳能和风能资源丰富，能源电力基础设施需求快速增长，但技术和资金不足。以大型流域综合规划开发和跨国电网互联项目为重点，积极拓展绿地投资、技术咨询和工程承包项目，推动洲内和洲际电网互联，是开发非洲市场的战略重点。

亚洲国家多处在经济快速发展期，能源电力发展需求大。东北亚地区国家之间能源互补性强，跨国电力联网前景广阔。巴基斯坦、印度、印尼等国电力需求快速增长。落实"一带一路"建设，积极推进与周边国家电网互联互通，推动电工装备和工程承包"走出去"，是拓展亚洲市场的重要内容。

大洋洲地区清洁能源丰富，市场环境成熟，但电力资产并购竞争较为激烈。持续跟踪输配电资产并购和私有化机遇，择机开展资源并购项目，推动清洁能源大规模开发利用，是拓展大洋洲市场的重要方向。

（二）运营管理国际化

运营管理国际化是企业国际化的保障。拓展国际业务，必须建立与国际业务发展相适应的组织架构和管控体系，具备较强的风险管控能力和跨文化整合能力，形成与国际接轨的管理制度、标准和文化。只有这样，才能有效保障国际业务持续健康发展。国家电网公司以提升运营效率和稳健经营为目标，优化调整国际业务管控模式，开展国际对标，强化投资并购、资产运营、工程建设全过程管控，探索出一套符合自身实际、行之有效的运营管控体制机制。

国际对标方面，围绕资产管理、资本运作、风险管控、人力资源管理等开展国际对标诊断，掌握国际同行的最新发展动态，找差距、赶先进，在高起点上推进国家电网公司管理、业务、人才、品牌国际化。**运营机制方面**，实施集团化运作，由国家电网公司总部对国际业务实施战略管控。推进国际业务平台建设，成立国网国际公司、中电装备公司、海外投资公司，作为境外投资、工程承包和国际融资的专业平台。省电力公司和直属单位在总部统筹协调下为国际业务项目主体提供支撑和保障，形成体系化的国际业务发展格局。**保障体系方面**，设立美国、俄罗斯、德国、巴西、菲律宾、印度、中国香港、南非、澳大利亚、日本等十个驻外办事处，承担信息搜集、市场开发、前期调研、对外联络和市场协调等任务。**管控策略方面**，对葡萄牙、意大利和港灯等境外参股项目，通过派驻董事、关键职位高管等方式参与企业治理，保障管控力和股东权益。对巴西、澳大利亚等全资、控股项目，积极推进本土化运营，尽可能保留当地优秀管理团队。

（三）资源配置国际化

资源配置国际化是企业国际化的关键。国家电网公司坚持立足国内、放眼世界，积极在全球范围配置资源，通过国际资本市场筹措发展资金，合理利用国际人才、研发和市场资源，努力提高资源配置总体效率，降低国际化发展成本。

资本国际化。资本国际化是企业国际化发展的重要支撑。设立专门的国际融资平台，能够更好地支撑国际业务快速发展，同时也是抵御汇率风险、提升竞争力的重要手段。国家电网公司设立专门的国际融资平台，通过项目融资、过桥贷款、境外发债等多种方式，集中统筹货币融资和使用，保障国际业务资金需求，降低了投资外汇风险。2013年至2016年上半年，累计完成海外发债65亿美元、20亿欧元，利用境外低成本资金投资境外资产，提高了国际业务自我滚动发展能力。

人才国际化。人才是国际化发展的"第一资源"，决定着企业国际化发展走多远、走多久。大力推进人才国际化，集聚和吸引全球高端人才，积极利用当地人力资源，是国际业务发展壮大的必然要求。国家电网公司在加大自主培养力度的同时，完善市场化、国际化人才选用和管理机制，打造具有国际视野、熟悉国际惯例、具备跨文化沟通能力的经营管理和专业技术团队。在境外资产并购项目中推进本土化运营，充分利用当地人力资源。

研发国际化。突破电力科技关键技术、建设世界一流电网，离不开国际研发资源的有效利用。国家电网公司设立了两个海外研发机构——全球能源互联网研究院欧洲研究院和美国研究院，作为在欧洲和美国的前瞻性技术研发基地、科技创新机制实验基地以及高端技术成果输出平台。同时，与葡萄牙国家能源公司联合设立了能源研究中心，开展特高压及智能电网等技术在当地的应用研究，以及其他新型电网技术研究和技术交流。

营销国际化。建立集中统一的营销与售后服务体系是提升装备出口竞争力的重要途径。国家电网公司以所属的工程承包和装备制造企业为龙头，打造电力工程承包平台、电工装备出口平台，促进协同运作和资源共享，构建覆盖全球主要市场、集中统一的境外营销及售后服务体系。电工装备"走出去"步伐不断加快，海外电力工程承包业务核心竞争力大幅提升，连续中标一批重大项目。

（四）品牌形象国际化

品牌形象国际化是企业国际化发展的综合体现。业务、管理、资源等各方面国际化的成效，最终都要在品牌国际影响力上体现出来。国家电网公司基于战略理念、先进技术、重大项目、国际交流，积极推动品牌形象国际化，向世界传递中国声音、树立中国品牌。

以战略理念提升品牌形象。先后提出坚强与智能并重的电网发展思路、亚欧洲际输电通道构想、东北亚电力联网构想、"两个替代"的能源变革趋势、"一极一道"能源开发、以特高压电网为骨干网架构建全球能源互联网，引发行业内外强烈反响，树立了国际能源电力行业领跑者的品牌形象。

以先进技术提升品牌形象。立足特高压、智能电网和清洁能源技术优势，以及丰富的新技术实践应用优势，积极推动特高压等先进技术转化为国际标准，在高压直流、智能电网用户接口、电动汽车充换电设施等领域发起和主导立项26项国际标准。同时，在菲律宾项目、巴西项目和承包建设的埃塞俄比亚、肯尼亚、巴基斯坦等国家电力工程项目中，全部或大量采用中国标准，国际影响力和话语权快速提升。

以重大项目提升品牌形象。投资运营菲律宾、巴西、葡萄牙、澳大利亚、意大利、中国香港等国家和地区的骨干能源网，成功中标巴西美丽山水电±800千伏特高压直流送出一期、二期2个工程，埃塞俄比亚、印度、波兰等国家大型电网工程总承包连续取得突破，国家电网公司的综合实力和品牌形象得到了国际市场和有关国家政府的高度认可，为进一步开拓国际市场奠定了坚实基础。

以国际交流提升品牌形象。围绕科技研发、技术咨询、标准制订等方面，积极参与国际电工委员会、国际大电网会议、电气与电子工程师学会等国际组织活动，与国际企业、咨询机构以及政府组织建立长期合作关系。以特高压、智能电网、全球能源互联网为主题，举办了一系列大型国际会议和论坛（见图9-1）。国家电网公司在特高压和智能电网建设、拓展国际业务、创新能源电力发展理念等方面的成就，得到国际社会的广泛肯定。

2016年 全球能源互联网大会：发布《全球能源互联网发展合作宣言》；成立全球能源互联网发展合作组织

2015年 商业与气候峰会、国际能源变革论坛、全球能源互联网中美和中欧技术装备研讨会、国际能源署部长级会议、第21届联合国气候大会：阐述"全球能源互联网发展"构建思路

2014年 全球可持续电力合作组织领导人峰会：提出"全球能源互联网"发展构想
联合国气候变化领导人峰会：提出"两个替代"

2013年 智能电网国际论坛：提出"大能源观"
全球可持续电力合作组织领导人峰会：提出以电为中心的"大能源战略"
第22届世界能源大会：提出坚强智能电网将承载和推动第三次工业革命

2012年 国际大电网会议年会：
提出建设跨洲特高压工程、构建洲际输电大通道的战略构想

2011年 智能电网国际论坛：
阐述坚强和智能是现代电网发展的本质要求

2009年 特高压输电技术国际会议：
提出建设坚强智能电网的战略目标和发展思路

2006年 特高压输电技术国际会议：
提出发展特高压输电，构筑中国电力高速公路

图9-1 国家电网公司举办或参加的主要国际论坛

四、一步一个脚印

"十一五"以来，国家电网公司认真落实中央"走出去"战略部署，成功投资运营6个国家和地区的骨干能源网，境外工程承包和装备出口连续取得重要突破，实现业务布局从发展中国家向新兴经济体、发达国家全面拓展，业务模式从工程分包向工程总承包、特许经营、股权投资协调发展提升，业务领域从劳务输出向技术、装备、标准、管理协同输出转变，开辟了参与国际竞争与合作的新天地。国际业务里程碑见图9-2。

图9-2　国家电网公司国际业务里程碑

（一）亚洲

中俄电力联网项目：2005年7月，在中俄两国元首见证下，国家电网公司与俄罗斯统一电力系统股份公司签署了长期合作协议。2007年12月中俄500千伏直流背靠背联网工程正式开工，2009年1月中方侧交流部分投入运行，2011年11月与俄罗斯东方联合调度局首次进行联合调度操作。2012年4月，工程投入商业运行。截至2015年底，累计从俄罗斯进口电力176亿千瓦·时，中俄电力合作取得了实质性进展。该工程是中国第一个对外合作的国际联网工程，是国家电网公司第一个境外合作项目，标志着中俄两国能源合作取得重要突破。该工程对于提高俄远东地区能源利用率，落实国家"一带一路"建设、推进我国与周边国家互联互通，具有重要的示范效应。

菲律宾国家输电网项目： 菲律宾国家输电网公司是菲律宾唯一的输电公司，特许经营范围为全部国土面积，拥有69～500千伏线路20246千米，变电容量2503万千伏·安，电网规模大致和我国吉林省相当。2007年12月12日，国家电网公司牵头的投标联合体以39.5亿美元成功中标菲律宾国家输电网为期25年的特许经营权，国家电网公司作为单一最大股东和技术支持方拥有40%股权。该项目是中国公司首次成功中标境外国家级电网运营权，是国家电网公司第一个境外大型投资项目。菲律宾项目的成功运营，使国家电网公司在国际投资领域首战告捷，为后续海外业务开拓树立了标杆。

香港港灯电力投资公司项目： 香港港灯电力投资公司成立于1890年，是一家垂直一体化的电力公用事业公司，主营业务是发电、输电、配电及售电，是香港岛和南丫岛唯一的电力供应商。2012年，港灯公司售电量为110.36亿千瓦·时，服务客户56.7万。2014年1月，港灯公司在世界主要交易所之一的香港证券交易所上市。2014年1月，国家电网公司以基石投资人身份，投资96.88亿港币，通过认购和增持取得其20%股权。该项目是国家电网公司迄今为止最大的上市公司股权投资项目，进一步提升了国家电网公司在国际资本市场的品牌形象和影响力。

（二）南美洲

巴西输电特许权公司项目： 2010年12月，国家电网公司从4家西班牙公司手中收购了巴西7个输电特许权公司100%股权及其输电资产30年特许经营权，并成立国网巴西控股公司对其进行管理。这7个项目主要电压等级为500千伏，总长度3100多千米，位于巴西经济最发达的东南部地区，为巴西3个重要城市巴西利亚、里约热内卢、圣保罗提供电力。该项目是国家电网公司首次独立运营海外全资输电网资产，也是当年中国企业在巴西规模最大的投资。2012年，国网巴西控股公司在1000多家电力企业中脱颖而出，被巴西权威媒体评为巴西电力行业最佳公司。

2012年12月，国家电网公司成功收购西班牙ACS公司5家巴西输电特许权资产100%股权，股权投资额4.33亿美元。该项目线路总长2800千米，资产分布跨越巴西10个州，主要电压等级138～500千伏。该项目扩大了国家电网公司在巴西的资产规模，增强了利用自身经营积累实现滚动发展的能力。2014年，国网巴西控股公司再次被评为巴西电力行业最佳公司。

巴西特里斯皮尔斯水电送出绿地投资项目：该项目是巴西特里斯皮尔斯河流域水电站（总装机容量3450兆瓦）的配套送出工程，是巴西南北电力通道重要组成部分。项目投资总额为11.4亿美元，包括A、B两个标段，包括新建500千伏同塔双回线路1353千米、单回线路239千米，新建500千伏变电站1座、扩建变电站3座。2012年3月，国网巴西控股公司与巴西巴拉那州电力公司组成的联合体（股比51%：49%）成功中标该项目，项目特许经营权期限30年。2016年5月18日，项目A标段成功投运。该项目是国家电网公司在巴西中标的首个大型输电特许经营权绿地项目。项目投运后将对缓解巴西东南部地区电力紧张，优化巴西输电网结构，加强巴西电网安全稳定，推动地方经济发展起到重要作用，并将有效带动中国电工装备和工程承包企业进入巴西市场。

巴西特里斯皮尔斯水电送出二期项目包括新建500千伏输电线路1005千米，230千伏输电线路275千米，新建230千伏变电站1座，扩建500千伏变电站4座，新增无功补偿容量2190兆乏。工程建设总投资6.6亿美元，计划于2020年投运。2016年4月13日，国家电网公司成功中标特里斯皮尔斯水电送出二期项目30年特许经营权。新建线路比邻特里斯皮尔斯水电送出一期项目，变电工程在现有一期变电站中扩建，具有较好的协同效应。该项目将有力带动国内工程承包和电力设备"走出去"，中国电力技术装备有限公司等单位将负责项目所有变电工程和部分线路工程的总承包。

巴西美丽山水电送出绿地投资项目：美丽山水电站是巴西第二大水电站，设计装机容量1100万千瓦。其送出工程绿地项目可将巴西北部的水电资源直接输送到东南部的负荷中心。工程包括一回2092千米的±800千伏输电线路及两端换流站，施工工期46个月，特许经营权期限为30年，项目总投资额约18.72亿美元。2014年2月，国网巴西控股公司与巴西国家电力公司组成的联营体（股比51%：49%）成功中标。该项目为美洲大陆第一条±800千伏特高压直流输电线路，是国家电网公司首个采用±800千伏特高压直流方案的海外大型绿地建设项目。项目竞标成功，体现了国家电网公司在特高压输电方面的优势，标志着中国特高压技术"走出去"取得重大突破。

美丽山二期项目将新建一回2518千米的±800千伏特高压直流输电线路，总投资超过22亿美元，计划于2020年正式投入运行。2015年7月，国家电网公司独立中标巴西美丽山二期30年特许经营权项目，实现在巴西市场的新突破。该项目是国家电网公司在海外中标的第二个特高压输电项目，也是首个在海外独立开展工程总承包的特高压输电项目。该项目运作将采用"投资＋总承包＋运营"的模式操作，标志着中国特高压技术、装备和工程总承包"走出去"再次取得重大突破。该项目预计将带动50亿元人民币的国产电力装备出口，同时为当地创造1.6万个就业岗位，实现中巴国际产能合作与互利共赢。

（三）欧洲

葡萄牙国家能源网公司项目：葡萄牙国家能源网公司（REN）是葡萄牙唯一的国家级输电网及输气网络运营商，持有自2007年起葡萄牙全国输电网50年特许经营权，以及葡萄牙国家级天然气高压输送网络自2006年起的40年特许经营权。2012年5月，国家电网公司出资约5.1亿美元，成功收购葡萄牙国家能源网公司25%股权，成为单一最大股东。该项目是国家电网公司投资发达国家电力资产的首个项目，也是首次以战略投资者和单一最大股东身份入股欧洲国家级能源网公司。

意大利存贷款能源网公司项目：意大利存贷款能源网公司是意大利存贷款公司的全资控股公司，持有意大利输电网公司29.85%股权和意大利天然气网络公司30.01%股权。其中，意大利输电网公司是世界第六大电网运营商，拥有和运营覆盖意大利全境的输电网络，并负责调度意大利全国输电网，2012年底总资产约202亿美元；意大利天然气网络公司主营输气、配气、储气等业务，其输气管网是欧洲主要输气走廊的重要组成部分，2012年底总资产约301亿美元。2014年7月，国家电网公司投资28亿美元收购意大利存贷款能源网公司35%股权。该项目是中国企业迄今为止在意大利的最大单笔投资，对于提升中国企业在发达国家的市场地位和影响力具有重要意义。

比利时伊安蒂斯公司项目：伊安蒂斯公司是比利时最大的能源配网公司，为比利时弗拉芒区80%地域提供配电和配气服务。弗拉芒区是比利时人口最多、经济最发达、发展前景最好的行政区，国内生产总值占全国50%以上。伊安蒂斯公司拥有配电线路约12.1万千米，市场份额占全国的45%；拥有配气管线约4.2万千米，市场份额占全国的54%。该公司资产优良，运营管理水平高，投资回报稳定。2016年6月1日，国家电网公司认购比利时伊安蒂斯公司增发的14%股权，实现了在西欧发达国家市场的突破。

（四）大洋洲

澳大利亚南澳输电网公司项目： 南澳输电网公司是澳大利亚南澳州唯一的输电网运营商以及系统控制运营商，运营输电线路5591千米，变电站88座，输电网规模占全澳大利亚的6%。2012年12月，国家电网公司收购南澳输电网公司41.11%股权，并于2013年5月再次增持南澳输电网公司5.45%股权，合计持股达到46.56%，为该公司第一大股东，项目特许经营权期限为188年（从2012年起）。该项目是中国企业首次成功投资澳大利亚输电网股权，为国家电网公司深度参与发达国家电网资产投资运营积累了经验，为立足澳大利亚市场奠定了基础。

澳大利亚新加坡能源公司项目： 新加坡能源国际澳洲资产公司（SPIAA）在澳大利亚的维多利亚州、新南威尔士州、昆士兰州和首都领地开展配电、配气、输气、水务和基础设施服务等业务，拥有上述业务的永久所有权。新加坡能源澳网公司（SP AusNet）在维多利亚州开展输电、配电、配气等监管业务。2014年1月，国家电网公司成功收购新加坡能源国际澳洲资产公司60%的股权和新加坡能源澳网公司19.9%的股权，并在新加坡能源国际澳洲资产公司（SPIAA）基础上组建国网澳洲资产公司（SGSPAA）。该项目是澳大利亚年度最大规模的外商投资项目，是国家电网公司迄今为止投资额最大的境外投资项目，也是国家电网公司第一次涉足国外配电、配气领域。国家电网公司依托自身良好国际信用评级，在该项目中利用海外发债资金和境外融资进行投资，不再依赖国内注资。

（五）非洲

埃塞俄比亚GDHA500千伏输变电工程： 该工程是埃塞俄比亚国家骨干网和东非骨干网架的组成部分，也是目前非洲输电线路最长、电压等级最高、输送容量最大的输变电工程。该工程新建2×620千米500千伏同塔双回线路和总长98千米的双回400千伏输电线路，新建两座500千伏变电站，扩建3座400千伏变电站，输送容量600万千瓦，项目总投资14.58亿美元。工程沿线多为高山、丘陵，全线海拔平均高度2300多米，其中近500千米线路位于无人区和膨胀土区，雨季时间长，施工难度非常大。2013年4月，中电装备公司与埃塞俄比亚国家电力公司签署GDHA项目总承包合同，于2014年3月正式开工建设，经过22个月的艰苦奋战，于2015年按期竣工。该项目是国家电网公司首次以工程总承包方式承揽境外国家级骨干电网项目，投运后将有效促进埃塞俄比亚资源优化配置和经济社会发展。

国家电网公司大力拓展南美、南亚、非洲等地区的工程总承包、成套设备输出及咨询服务业务，成功中标印度、波兰、缅甸、巴基斯坦等国大型电网建设项目总包合同，电网控制保护、变电站自动化、调度自动化和电力电子等高端装备进入了葡萄牙、波兰、俄罗斯等欧洲国家市场。"十二五"期间海外工程承包、设备出口合同金额分别达212亿美元、18亿美元，有力带动了电力施工、技术装备、设计咨询等业务进入国际市场。

五、前景无限

经过"十一五"以来的快速发展，国家电网公司在国际化经营、国际交流等方面连续取得重大突破，品牌形象和国际地位显著提升，站在了新的更高起点上。展望未来，国家电网公司将在更大范围、更广领域、更高层次上推动国际化发展，全面融入国家对外开放新格局，实施更加积极的开放战略，构筑国际化发展新优势，加强交流合作，推动互利共赢，未来发展前景广阔。

（一）服务大局

面向未来，要立足国内、放眼世界，主动顺应经济全球化浪潮，在中国经济深度融入世界经济的新趋势中顺势而为、乘势而上，积极参与全球市场竞争，在服务"一带一路"建设、加快供给侧结构性改革、国际产能合作、中国制造2025等国家战略实施中，做强做优做大，在时代前进潮流中把握机遇、赢得主动，在国际治理体系中传递中国声音、展示中国形象，提升国家影响力和话语权，为发展更高层次的开放型经济、实现中华民族伟大复兴"中国梦"做出积极贡献。

（二）开放开拓

面向未来，要始终坚持开放发展理念，进一步解放思想、开拓创新，以思想解放推动理念和视野开放，以全球战略思维开拓新兴业务和新兴市场，以创新思维提升国际交流层次，以拼搏进取、敢于担当的精神推动国际化发展不断取得新突破，促进国内国际资源高效配置、市场深度融合，加强科技、管理、文化交流，全方位提升国家电网公司国际化水平，开创国际化发展新局面。

（三）优势带动

面向未来，要洞察经济社会发展趋势、能源变革特征、科技进步方向，加快创新发展步伐，巩固提升以特高压、智能电网、清洁能源为代表的技术优势，抢占全球科技和产业制高点，努力发挥对全球电网科技发展的引领作用。充分利用以全球能源互联网为核心的战略优势，凝聚广泛共识，开创全球能源电力发展新格局。充分利用国家电网公司技术优势和以集团化运作为基础的管理优势，深化资源共享和优势互补，拓展走向世界舞台的更大空间。

（四）合作共赢

面向未来，要坚持互利共赢共同发展，全面加强与利益相关方的交流合作，实现价值创造最大化。深化与国际企业、政府机构、行业组织和咨询机构互利合作，形成深度融合的共赢格局。加大联合出海力度，以资本、业务为纽带，跨行业、上下游联合"走出去"，提升集群竞争力，推动业务模式转型升级。积极履行企业社会责任，承担国际责任和义务，为东道国创造经济、社会和环境价值，促进世界经济共同繁荣。

一、国际业务体系

（一）业务实施体系

国家电网公司推进国际项目，主要是集团内部统一协调、分工协作，统筹直属单位、省电力公司等资源，发挥整体优势，共同推进海外项目实施和稳健运营。这种业务实施主体的体系化，有利于集团各单位明确责任、优势互补、形成合力，为国际项目顺利推进和高效运营提供了坚强保障。

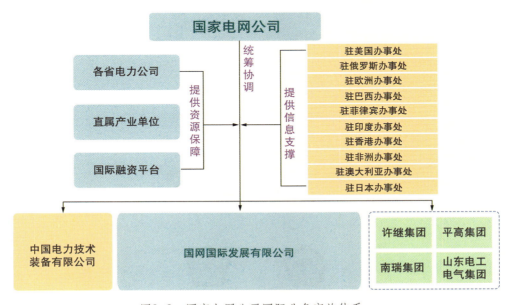

图9-3　国家电网公司国际业务实施体系

（二）项目决策机制

国家电网公司为提高境外投资科学决策水平，建立健全了从信息收集到项目前期，再到项目评审和审批的投资决策机制。

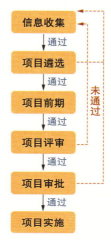

图9-4　国家电网公司境外投资项目决策机制

（三）业务平台体系

投资运营平台。组建国网国际发展有限公司，作为境外资产投资运营专业平台。

图9-5　国家电网公司国际业务投资运营平台

国际融资平台。在香港设立国家电网海外投资有限公司，作为国际融资专业平台。

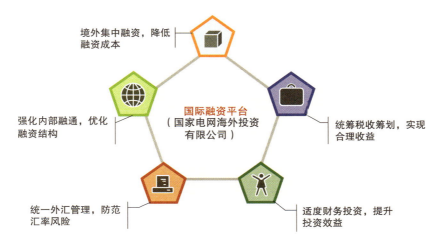

图9-6　国家电网公司国际融资平台

电力工程承包平台。以所属的中国电力技术装备有限公司为基础，整合系统内工程设计、项目管理等资源，打造以输变电工程系统集成和工程总承包为核心的境外电力工程承包平台。

图9-7　国家电网公司境外电力工程承包平台

电工装备出口平台。以所属的电工装备企业为龙头，搭建了电工装备出口平台，有效增强了电工装备业务的国际竞争力。

图9-8　国家电网公司电工装备出口平台

（四）境外资产运监体系

国家电网公司在国网国际公司建立专门的境外资产运营监测（控）中心，对境外资产运营状况和运营环境进行实时跟踪和异动预警，强化对境外资产的在线监控。

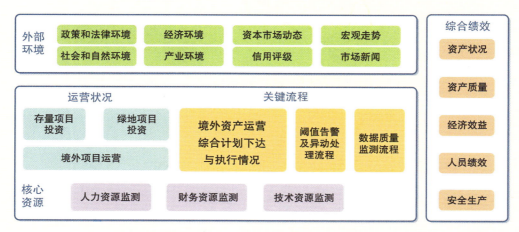

图9-9　国家电网公司境外资产运监体系

二、境外资产分布

　　截至2015年底，国家电网公司投资运营菲律宾、巴西、葡萄牙、澳大利亚、意大利、中国香港等6个国家和地区的骨干能源网项目，其中在澳大利亚的三个项目占境外资产总额的半数以上；境外资产达380亿美元、境外利润达11亿美元，分别比2010年增长5.6倍和5.2倍，境外投资项目全部盈利。

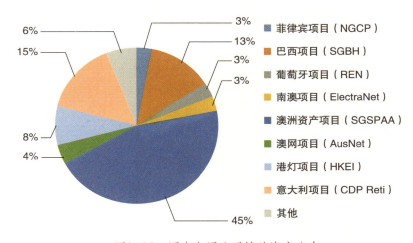

图9-10　国家电网公司境外资产分布

注　图中比例为截至2015年底各项目境外并表资产总额的占比。其中，巴西项目包括存量项目、绿地项目。

三、跨国公司对比

　　国家电网公司于2007年启动实施国际化战略，在较短时间内取得了显著进展，进入中国跨国公司10强。与国内外知名的跨国公司相比，包括与能源电力领域的跨国公司相比，未来国家电网公司国际化水平还有较大提升空间。

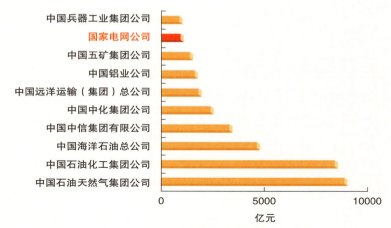

图9-11 中国100强跨国公司前十名境外资产规模比较

注 数据来源于中国企业联合会发布的2015年度中国100强跨国公司榜单。

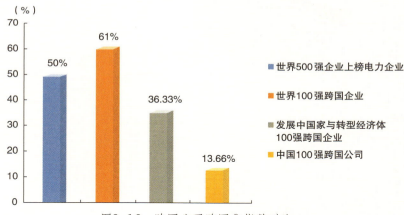

图9-12 跨国公司跨国化指数对比

注 根据联合国贸发会议《世界投资报告》世界100强跨国企业榜单、《财富》杂志世界500强企业榜单、中国企业联合会中国100强跨国公司榜单等资料整理。

第十章
企业文化：可持续发展之魂

　　文化之于企业，就像土壤之于树木。建设根深叶茂、基业长青的百年老店，最根本、最艰难的是塑造优秀的企业文化。优秀企业文化能够最大限度地调动一切积极因素，推动企业鼎力前行、攻坚克难。

　　国有企业在企业文化建设方面既需要发扬优良传统，更需要与时俱进。建设国际一流企业、实现可持续发展，要继承创新、兼收并蓄，塑造符合社会主义核心价值观，具有鲜明时代特征和国企特色的卓越企业文化，充分发挥企业文化这一特殊生产力的作用。

　　国家电网公司一路走来，攻坚克难，披荆斩棘，发展了电网，强化了管理，壮大了实力，更具深远意义的是培育了"努力超越、追求卓越"的企业精神，形成了"诚信、责任、创新、奉献"的核心价值观，铸就了推动企业可持续发展的文化灵魂。

　　一个伟大的组织能够长期生存下来，最主要的条件并非结构、形式和管理技能，而是我们称之为信念的那种精神力量以及信念对组织全体成员所具有的感召力。

——汤姆·彼得斯[1]

---

[1] 美国管理学家。

国家电网管理
创新与实践

管理实践

一流的企业必然有一流的文化。纵观国内外大型企业发展历程，其兴衰往往与企业文化有关。国家电网公司要创建"两个一流"、建设百年老店、实现可持续发展，必须把企业文化建设摆在重要位置。

一、文化力量

企业文化是企业的灵魂，是凝聚员工干事创业的精神支柱，是企业持续发展的动力源泉。国家电网公司在向现代企业转型发展的过程中，必须高度重视企业文化建设，努力培育一种勇于超越、追求卓越的企业文化，在广大干部职工中形成坚实的思想基础、统一的步调、规范的行为和不竭的精神动力，凝聚起推动企业发展的强大正能量。这是国家电网公司服务社会主义文化强国建设的需要，是增强企业核心竞争力的需要，也是确保发展战略有效实施、实现基业长青的需要。

（一）助力文化强国建设

当今世界，各种思想文化的交流、交融、交锋频繁，文化越来越成为综合国力竞争的重要因素和经济社会发展的重要支撑。许多国家把提高文化软实力作为发展战略的重要内容，把企业作为传播国家价值观、提升国家文化软实力的重要载体。国有企业是中国特色社会主义的重要支柱，是弘扬社会主义核心价值观、建设社会主义先进文化的重要力量，在提高我国文化软实力、推进文化强国方面具有不可替代的作用。国家电网公司要以高度的文化自觉，模范践行社会主义核心价值观，将其融入企业文化，内化于精神追求，外化于实际行动，在促进企业发展的同时，为实现文化强国目标做出积极贡献。

（二）增强企业核心竞争力

世界一流企业之所以能够在激烈的国际竞争中发展壮大、脱颖而出，除了拥有强大的资本、技术等优势外，还普遍拥有优秀的企业文化。优秀的企业文化是驱动企业变革创新、保持竞争优势的深层次力量。相对于资本、技术等因素形成的竞争力，构建在优秀企业文化基础上的竞争力，更难模仿超越，更具持久影响。国家电网公司要建成国际一流企业，与国际同行同台竞技，必须把企业文化建设作为一项根本任务，培育卓越的企业文化，充分发挥企业文化的功能作用，内强素质、外塑形象，形成强大的文化竞争力，为实现基业长青打牢文化根基。

（三）保证企业战略实施

推动国家电网公司转型发展，建设"一强三优"现代公司，创建"两个一流"，是极富挑战性的事业，会经受各种各样的困难和考验，需要有强烈的创新精神、坚定的战略定力、钢铁般的干部职工队伍，需要形成一种符合企业特点、体现时代特征，且能够为企业发展提供正确的价值引领、坚强的思想保证、强大的精神动力的优秀企业文化。国家电网公司虽然成立较晚，但沿革复杂，在思想解放、观念更新、价值观培育等方面需要做的工作很多，必须在抓发展、抓管理的同时，高度重视企业文化建设，与党的建设和队伍建设统筹推进，在全公司形成服务大局、勇于担当、锐意进取、追求卓越的文化氛围，凝聚起攻坚克难、干事创业的强大力量。

二、统一企业文化

国家电网公司成立初期，存在思想上"松"、行动上"散"、管理上"软"、企业大而不强等问题。要深刻改变这一状况，发挥企业规模优势，团结广大职工共同推进企业转型发展，既要靠战略目标来引领，靠纪律制度来约束，也要靠企业文化来驱动，归根到底是要打造统一优秀的企业文化。这是因为，无论战略目标引领、还是纪律制度约束，其效果都体现在职工的思想行为上，最终会在企业文化层面反映出来。对国家电网公司这样规模庞大、分布广泛的特大型企业而言，打造集团统一的企业文化，是企业凝聚力、向心力、执行力的最根本保证。

国家电网公司企业文化的统一性，具体体现在统一价值理念、统一发展战略、统一制度标准、统一行为规范、统一公司品牌，即"五统一"（见图10-1）。

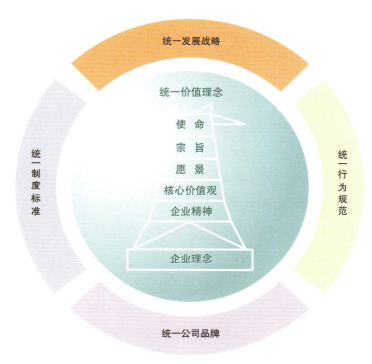

图10-1　国家电网公司统一企业文化体系

　　统一价值理念，就是坚持"以人为本、忠诚企业、奉献社会"的企业理念，发扬讲政治、顾大局和全心全意依靠职工办企业的国企文化传统，倡导"诚信、责任、创新、奉献"的核心价值观，培育"努力超越、追求卓越"的企业精神，将企业理念、核心价值观、企业精神与公司使命、宗旨、愿景等共同构成企业价值理念体系，贯穿渗透到企业各层级、各单位和每位员工，形成共同的思想认识和一致的价值取向。

　　统一发展战略，就是在全公司实施一套战略，形成统一的战略目标、战略途径、工作思路和工作方针，明确不同层级、不同单位的职能定位，改变各自为政的"自转"倾向，建立分工协作的"公转"模式，形成"一盘棋"发展格局，自上而下保持战略的一致性和协同性，最大限度地调动一切积极因素，推动战略有效落实，努力实现集团整体价值最大化。

　　统一制度标准，就是在企业各层级、各业务领域实行统一的管理制度、技术标准，将企业文化与制度标准、业务体系、管理流程深度融合，保证内在要求的一致性，既做到凡事有章可循、有标准可依，又在落实执行通用制度标准中，体现国家电网公司的价值追求，促进职工对企业文化的认同。

统一行为规范，就是在全公司推行统一的员工守则、基本礼仪规范和"三个十条"等行为准则，严格执行"三严三实"和各项纪律规矩，培养良好行为习惯、职业道德和优良作风，增强执行力，做到纪律严明、令行禁止、廉洁自律，自觉维护国家利益和企业利益。

统一公司品牌，就是建设统一的客户服务体系，遵守统一的服务规范，履行统一的服务承诺，塑造统一的"国家电网"品牌形象，在企业内外构建基于价值认同的信任关系，将优秀的企业品质转化为影响力、感召力和凝聚力。

三、国企文化特质

企业文化建设根植于社会文化土壤，必须与企业定位、社会环境相适应。国有企业是推进现代化、保障人民共同利益的重要力量，是党和国家事业发展的重要物质基础和政治基础，企业文化建设必须突出讲政治、顾大局和全心全意依靠职工办企业的国企文化特质。

（一）讲政治、顾大局

国家电网公司始终把坚持正确的政治方向、以党和国家工作大局为重，作为企业文化的重要内涵，想国家之所想，急国家之所急，在企业发展和经营管理中坚决贯彻国家意志，积极服务党和人民的事业。

模范贯彻国家大政方针。坚持党对国有企业的领导，始终与党中央保持高度一致，贯彻"四个全面"战略布局，全面落实创新、协调、绿色、开放、共享的发展理念，在执行国家路线方针政策方面发挥表率作用。认真执行国家关于电力改革发展的决策部署，加快电网发展，深化电力改革，推进全国统一电力市场建设。认真执行国家深化国企改革的决策部署，推进体制机制变革和管理创新，加快企业"走出去"步伐，确保国有资产保值增值。认真执行国家法律法规和各项宏观调控措施，令行禁止，规范运作，自觉接受监管监督。

主动服务党和国家中心工作。立足企业，主动作为。开拓中国能源转型和可持续发展道路，推进特高压技术攻关和中国能源互联网建设，促进"两个替代"，努力从根本上解决能源与环境矛盾。服务和谐社会建设，实施"三新"农电战略，开展"户户通电"工程和新农村电气化工程，促进"三农"问题解决。服务区域协调发展和边疆长治久安，在雪域高原建设"电力天路"，加快西部边疆电网建设，促进西部大开发和边疆地区经济社会发展。

关键时刻为国为民挺身而出。在重大灾害、突发事件面前和关键时刻，以大局为重，不讲条件，不惜代价，挺身而出，勇于担责，发挥国有企业的"脊梁"作用。2008年南方低温雨雪冰冻灾害、四川汶川特大地震，2010年青海玉树地震、南方洪涝、舟曲泥石流灾害，2013年四川芦山地震，2015年陕西商洛山体滑坡等抢险救灾中，国家电网公司迅速调集力量，全力支援抢险救灾，圆满完成电网抢修和恢复重建工作。哪里有国家和人民的需要，哪里就会有国家电网公司员工的身影。

（二）依靠职工办企业

职工群众中蕴含着无穷的智慧和创造力。紧紧依靠职工办企业，鼓励广大职工参与企业民主管理，是国有企业的优良传统，也是企业文化建设的重要内容，对激发职工的主人翁责任感和事业心，保障企业科学决策，维护职工合法权益，促进企业和职工共同发展，具有重要意义。

国家电网公司始终坚持以改革创新的精神推进职工民主管理工作，通过加强组织领导和制度保障，营造众志成城、团结奋进的良好文化氛围。2005年，国家电网公司在跨省区经营的特大型中央企业中，率先成立集团公司工会，并于2006年建立了覆盖全系统的职工代表大会制度。企业职工代表大会一般每年召开一次，讨论和审议关系企业改革发展稳定和职工切身利益的重大问题。建立总经理联络员制度，定期组织召开总经理联络员座谈会，听取各级企业和广大职工的意见建议，深入了解基层单位工作开展情况。制定以《国家电网公司职工民主管理纲要》为核心的制度体系，明确职工民主管理的权利保障和实现途径。通过探索和创新，国家电网公司逐步形成一套科学的职工民主管理体系，实现了发挥职工智慧力量与维护职工合法权益的有机统一，呈现出企业和职工共同发展的良好局面。

民主管理的思想深深融入国家电网公司的企业文化中，在激发职工积极性、主动性、创造性方面发挥了积极作用。2010年启动开展的"三集五大"体系建设，是国家电网公司多年来对电网业务管理方式最重大、最深刻的变革，涉及资源整合、业务重组、流程再造和人员优化，涉及职工责权利的调整，任务艰巨复杂。为最大程度凝聚职工智慧，统一思想认识，维护职工合法权益，国家电网公司先后多次召开职工代表大会和专题工作会议，听取职工代表和基层干部职工的意见和建议。各单位逐级召开职工代表大会，就方案内容和涉及职工切身利益的重大事项广泛征求意见，统一了思想和行动，为顺利推进"三集五大"体系建设提供了保证。这既是民主管理在改革创新中的具体实践，也是以人为本的企业文化在企业发展中的生动体现。

四、企业核心价值观

企业核心价值观是企业的核心价值取向，是企业实现使命和愿景的信念支撑，是决定企业文化性质和方向的深层次要素。塑造企业文化的过程，就是培育和实践核心价值观的过程。国家电网公司基于企业的定位和使命宗旨，深入贯彻社会主义核心价值观，大力倡导以"诚信、责任、创新、奉献"为基本特征的企业核心价值观。

诚信，就是忠诚可靠，忠诚于党、忠诚于人民，坚决维护国家和企业利益，大是大非面前旗帜鲜明、立场坚定、毫不动摇。信守承诺，言行一致，讲信誉、重信义、守信用，言必行、行必果、诺必践。严格自律，守纪律、讲规矩，始终襟怀坦白、光明磊落，扬正气、干正事。

责任，就是对党和国家负责，始终把实践"四个服务"、履行"三大责任"扛在肩上，根植于企业运营和发展的过程中，始终站在服务党和国家工作大局的角度想问题、作决策、干工作。对企业负责，在其位、谋其事、履其职，种好"责任田"，守土有责、守土负责、守土尽责。对自己负责，把责任落实到每项工作中，体现在实际行动上，用责任推动事业发展。

创新，就是大胆探索，不墨守成规，敢想、敢做、敢闯，用开放思维、广阔视野、长远眼光分析和解决问题，敢于走前人没有走过的路，创造性地推动各项工作。锐意进取，不满足于现状和取得的成绩，以加快发展为第一要务，主动求新求变，努力抢占先机，不断攀登新高峰、创造新业绩。勇于突破，面对改革发展、经营管理、安全稳定等方面的难题，坚持以新思路谋划工作，以新举措解决问题，开创企业发展新局面。

奉献，就是以大局为重、无私无畏，在抢险救灾、重大保电、重点工程建设等急难险重任务中不惧艰险，冲锋在前，恪尽职守，努力拼搏，自我加压，主动作为，在推动事业发展中实现企业价值和自身价值。

通过坚持不懈地加强企业文化建设，"诚信、责任、创新、奉献"的核心价值观在国家电网公司得到大力弘扬和实践，成为广大干部职工干事创业、履职尽责的基本遵循，成为推动国家电网公司上下努力拼搏、攻坚克难，不断迈上新台阶、实现新跨越的最深层力量。

五、企业精神

企业精神是企业文化的精神内核，是企业理想信念、思想境界、价值追求的综合反映。国家电网公司从企业实际出发，着力培育"努力超越、追求卓越"的企业精神。

努力超越，是一种不甘落后、持续奋进的信念和意志，反映国家电网公司和广大员工发展壮大国家电网事业，勇于超越过去、超越自我、超越他人的精神状态，体现出永不自满、永不懈怠、永不停顿，不断向更高标准看齐、向更高目标迈进的决心和勇气。

追求卓越，是一种精益求精、求臻至善的境界和格局，反映国家电网公司和广大员工心系党和国家工作大局，保持强烈的事业心、使命感，立志于创造一流业绩、打造百年老店的理想抱负，体现出把各项工作做到最好、为经济社会发展创造最大价值的不懈追求。

"努力超越、追求卓越"的企业精神具有丰富的内涵，在不同方面有不同的体现。这些年来，国家电网公司在深化"两个转变"的实践中，一直倡导"四坚""三吃一担""求三实、戒三表""干事、干净"等富有特色的精神和理念，是"努力超越、追求卓越"企业精神的重要组成和生动体现（见图10-2）。

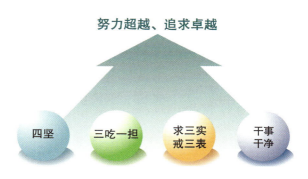

图10-2　国家电网公司企业精神的具体体现

"四坚"，即坚持、坚守、坚韧、坚强。就是永远保持有追求、有力量、有恒心、有韧劲的良好精神状态和工作作风。坚持，是指国家电网公司发展战略和重大部署确定后，就要咬定目标不放松，一以贯之、坚定不移，确保企业沿着既定的战略方向奋力前行。坚守，是指面对是与非、公与私、实与虚、俭与奢、严与宽的选择时，牢记使命责任，守住做人做事的原则和底线，特别是在涉及国家、人民和企业利益的根本问题上，敢于碰硬、不怕得罪人。坚韧，是指具有顽强的意志品质，在发展特高压等重大任务中，不怕质疑和非议，一切用事实说话，突破一道道难关，直到取得成功。坚强，是指勇于同困难较量，敢于向极限挑战，面对电网建设、抢险救灾、体制机制变革、重大技术攻关等繁重任务，不畏艰险、勇往直前、百折不挠，推动各项工作不断迈上新台阶。

"三吃一担"，即吃苦、吃亏、吃气、担风险，就是困难面前不怕吃苦、利益面前不怕吃亏、委屈面前不怕吃气、挑战面前敢担风险。越是任务重、挑战大、要求高，越知难而进、迎难而上，埋头苦干、任劳任怨，不计较个人名利得失，经得住挫折和困难考验。吃苦、吃亏不容易，吃气更难。只要符合党和国家利益，符合人民的利益，就坚决干、加油干、一刻不停歇地干，做到问心无愧、无怨无悔。在重大灾害、突发事件的关键时刻，在重点工程建设、体制机制变革的艰巨任务面前，挺身而出、勇挑重担，不推诿、不退缩、不为任何风险所惧。

"求三实、戒三表"，即追求实干、实用、实效，力戒表面、表层、表演。对于搞形式、走过场、一阵风、浮夸浮躁等影响事业发展的不良风气，要坚决反对、努力克服，倡导求真务实之风，做到谋事要实、创业要实、做人要实，做老实人、说老实话、办老实事。把工作的着力点放在保障安全、提质增效、深化改革、推动发展上，多在打基础、利长远的事情上下功夫，不贪图虚名、不摆花架子、不搞形式主义、不做表面文章，杜绝弄虚作假、表里不一、报喜不报忧、遇到问题绕道走等行为。对工作中存在的矛盾和问题，不遮掩，不回避，沉下心思、扑下身子，扎扎实实地研究解决。通过务实有效的措施，真正把企业经营好、管理好、发展好。

"干事、干净"，即干事创业、干净做人，就是保持奋发向上的劲头和干事创业的热情，负责任、能干事、有作为，在推动企业改革发展中体现自身价值、做出应有贡献。同时，树立正确的世界观、人生观、价值观，遵守党纪国法和企业规章制度，做到公私分明、公道正派、清正廉洁，经济关系清白、人际关系简单，筑牢拒腐防变的思想防线、纪律防线、法律防线。干事但不干净是腐败，只求干净而不干事、不作为是另一种形式的"腐败"，两种现象都要坚决反对、坚决避免。

六、企业文化建设

国家电网公司自成立以来，紧紧围绕创建"两个一流"，实施文化强企战略，积极培育企业核心价值观，弘扬"努力超越、追求卓越"的企业精神，将统一的企业文化深度融入企业科学发展全过程，使之真正成为干部职工的普遍共识、自觉行动和精神力量（见图10-3）。

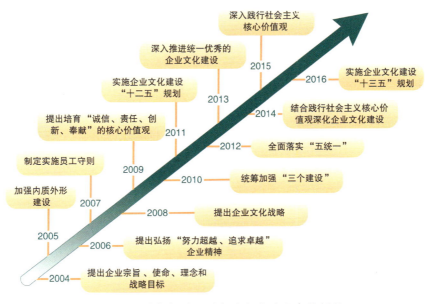

图10-3　国家电网公司企业文化建设发展历程

　　实施战略引领。把培育统一优秀的企业文化作为重大战略任务，纳入发展总战略，从企业发展全局的高度谋划企业文化建设，积极探索具有国家电网公司特色的企业文化发展路径。制定实施企业文化建设规划，明确目标、任务和工作重点，深入推进企业文化传播工程、落地工程和评价工程，将企业文化建设细化为实实在在的工作行动。建立健全企业文化建设管理办法，将建设成效纳入各级企业负责人业绩考核，推进企业文化建设制度化、规范化、标准化。

　　攻坚铸就精神。企业文化源于实践并作用于实践。国家电网公司坚持把完成各种急难险重任务作为培育、检验和践行企业文化的重要载体，让广大干部职工在发展特高压、建设"电力天路"、推进管理变革、抗灾抢险保电等重大工程、重点任务中经受考验，培养勇于创新、锐意进取、甘于奉献、坚韧不拔的意志品质，锤炼过硬的思想作风，让"努力超越、追求卓越"的企业精神在攻坚克难中得到充分体现和生动诠释，并不断丰富和升华。

　　坚持以德育企。积极开展企业道德建设，通过开展教育培训等方式，引导每一位干部职工提高精神境界、端正价值追求，树立良好的社会公德、职业道德、家庭美德、个人品德。在干部队伍建设上，坚持以德为先的选人用人标准，重视提升各级领导干部的思想道德修养。对各级企业，要求依法诚信经营，积极履行社会责任，在全公司范围内讲道德、重道德、守道德，不断夯实企业文化的道德根基。

　　典型示范带动。选树具有先进性、时代性和企业特色的先进典型是企业文化建设的重要内容。一方面，要求各级领导干部做践行核心价值观的表率，发挥示范带动作用；另一方面，通过开展"践行核心价值观，争做最美国网人""感动国家电网十大人物""大力弘扬劳模精神"等活动，发现和表彰先进事迹、模范人物，激励全体干部职工以先进典型和劳动模范为榜样，积极践行企业核心价值观，努力创先争优，保持昂扬向上、奋发有为的精神风貌，为建设"一强三优"现代公司奉献智慧和力量。

管理实践

一、精神财富

国家电网公司在特高压发展、抗冰抢险、青藏联网工程建设等重大任务中，大力弘扬优秀企业文化，积极践行"努力超越、追求卓越"的企业精神，创造了宝贵的精神财富。

1. 特高压精神

在特高压电网建设中开拓创新、攻坚克难，塑造出以"忠诚报国的负责精神、实事求是的科学精神、敢为人先的创新精神、百折不挠的奋斗精神、团结合作的集体主义精神"为核心内容的特高压精神。

忠诚报国的负责精神：牢记保障国家能源安全、满足经济社会发展和人民群众电力需求这一基本使命，以崇高的追求和执着的信念投入到特高压的探索实践中。

实事求是的科学精神：坚持严谨论证、大胆实践，充分尊重客观规律，秉持科学的技术路线，使特高压沿着科学的路径跨越发展。

敢为人先的创新精神：勇于超越现在、超越自我、超越他人，敢于走前人没有走过的路，实现"中国创造"和"中国引领"。

百折不挠的奋斗精神：一次次向艰难险阻发起挑战，以钢铁般的坚强意志和坚韧不拔的执着追求夺取特高压建设的胜利。

团结合作的集体主义精神：众志成城、高效协同，层层衔接、环环相扣，营造齐心为电网、全力保成功、一心干事业的良好氛围。

2．抗冰抢险精神

在抗击2008年历史罕见的大范围持续低温、强雨雪冰冻灾害中，塑造出"忠于祖国、忠于人民、忠于职守、胸怀全局、奉献社会"的抗冰抢险精神。

忠于祖国： 以国家利益为最高利益，坚决落实党中央、国务院抗灾救灾决策部署，将抗冰抢险恢复重建、保证电网安全稳定运行作为义不容辞的责任。

忠于人民： 以对人民的赤胆忠诚，保供电、保民生，竭尽全力、争分夺秒、千方百计恢复灾区电力供应，保障广大人民群众用电需求。

忠于职守： 坚持使命高于一切，无论环境多么恶劣、条件多么艰苦，都坚守岗位、顽强拼搏，直至抢险救灾取得最后胜利。

胸怀全局： 在大灾面前以大局为重，局部服务整体、个人服从组织，将抗冰抢险保供电作为最重要的中心任务。

奉献社会： 舍小家顾大家，牢记职责、不辱使命，不惧挑战、不怕牺牲、连续作战，用实际行动为灾区送去光明。

3．青藏联网精神

在建设世界上海拔最高、施工难度最大的输电工程——青藏联网工程中，形成了"缺氧不缺斗志、缺氧不缺智慧、艰苦不怕吃苦、海拔高追求更高"的青藏联网精神。

缺氧不缺斗志： 在含氧量不及内地一半的青藏高原，始终保持昂扬向上的精神状态，团结拼搏、奋勇争先，坚持战斗在工程建设一线。

缺氧不缺智慧： 面对高原冻土、生态脆弱、施工环境恶劣等挑战，向科技要效率，勇于攻克世界性工程技术难题，创造生命禁区施工奇迹。

艰苦不怕吃苦： 以顽强的作风，克服高寒缺氧、低气压、严寒、大风、强辐射等困难，不断挑战生命极限，直到全面完成建设任务。

海拔高追求更高： 以打造"安全可靠、优质高效、自主创新、绿色环保、拼搏奉献、平安和谐"高原输电精品工程为奋斗目标，争创施工质量、施工速度世界一流水平。

4．劳模精神

在改革发展的过程中，涌现出一大批劳动模范，形成了"爱岗敬业、争创一流，艰苦奋斗、勇于创新，淡泊名利、甘于奉献"的劳模精神。

爱岗敬业、争创一流： 在岗位上兢兢业业工作、踏踏实实钻研，瞄准世界一流目标开拓奋进，努力为国家电网事业做出卓越贡献。

艰苦奋斗、勇于创新： 面对困难不退缩、面对挫折不气馁，敢于应对挑战、解决困难，擅于打破常规，以求新求变的思维方式突破重点难点问题。

淡泊名利、甘于奉献： 严守党纪法规底线，不计较个人得失，任劳任怨、默默付出，自觉将自身发展融入企业发展，积极为企业创造价值。

5．鲁能体育精神

在鲁能体育文化事业发展中，创造了优异的运动成绩，塑造出以"自我加压的负责精神、精诚团结的团队精神、奋不顾身的拼搏精神、追求卓越的创新精神"为主体内容的鲁能体育精神。

自我加压的负责精神： 在巨大挑战面前，牢记责任、坚定信念，敢于担当、主动作为，以顽强毅力和过硬作风，奋力前行、勇攀高峰。

精诚团结的团队精神： 在复杂考验面前，齐心合力、和衷共济、众志成城，共同用努力和汗水，不断谱写新篇章、赢得新胜利。

奋不顾身的拼搏精神： 在各种困难面前，坚韧不拔、百折不挠，始终保持高昂的斗志，不畏强手、勇往直前，顽强拼搏、奋勇争先。

追求卓越的创新精神： 在荣誉与成绩面前，始终保持清醒头脑、不骄不躁，勇于超越自我、敢于挑战极限，不断树立更高目标、追求卓越境界。

二、企业文化建设工程

1．企业文化传播工程

开展企业文化宣传：构建统一的传播平台，用身边事教育身边人。

开展企业文化培训：将企业文化纳入全员培训体系，增进企业文化认知。

开展企业文化活动：组织开展各种主题实践活动，促进文化理念入脑入心。

开展企业文化环境建设：统一和规范品牌标识，推进文化环境规范化和标准化。

2．企业文化落地工程

执行能力建设：明确各级领导干部的企业文化管理责任，将企业文化建设要求落实到各项管理工作。

激励体系建设：将企业文化要求贯穿于人力资源和干部人事管理全过程，引导和激励员工践行核心价值理念。

制度标准建设：将企业文化理念融入"五位一体"工作机制，加深员工对企业文化的认同。

行为规范建设：制定统一的员工行为规范，将企业文化理念落实到每一位员工、每一个行为。

3．企业文化评价工程

强化评价考核：将企业文化建设纳入企业负责人年度综合业绩考核，不断增强评价考核的科学性。

强化动态评估：对各单位企业文化建设进行跟踪、督查和指导，持续提升企业文化管理水平。

强化先进选树：评选表彰企业文化工作先进集体、先进个人和优秀成果，发挥先进典型的示范带动作用。

三、模范事迹

（一）为民服务模范

1．"电力110"四川电力共产党员服务队

先进事迹： 国家电网四川电力共产党员服务队坚持"辛苦我一个，幸福千万家"的服务理念，十多年以来坚持开展便民服务活动，爱心帮助军烈属、孤寡老人、残疾人、特困居民等弱势群体，用辛勤、汗水、奉献和真情架起了一座党与群众、企业和客户的"连心桥"。

2011年8月，习近平同志考察了国家电网四川电力共产党员服务队，肯定服务队一贯坚持为人民服务，有呼必应，有难必帮。

获得荣誉： 全国五一劳动奖状、全国工人先锋号、全国优秀志愿服务组织

2. "电力雷锋"陈牧云

先进事迹： 国网北京市电力公司城区供电公司营销部主任工程师陈牧云，带领国家电网首都电力（城区）共产党员服务队在北京市东城区、西城区设立了34个社区服务站，连续16年为西城区福绥境敬老院开展志愿服务，为社区260位高龄老人和残疾家庭免费安装遥控节能小夜灯，开展差异化用电延伸服务760余次，直接受益群众5万余人。

获得荣誉： 国企敬业好员工、最美央企人

3. "爱心大使"韩克勤

先进事迹： 国网江苏省电力公司苏州供电公司客户服务中心市区客户经理组客户经理韩克勤，三十多年坚持义务献血，是苏州市的献血状元。以她名字命名的共产党员服务队诚信履职，奉献爱心，推动"亲情电力"进万家，成为苏州市行业文明服务十大品牌之一。

获得荣誉： 全国劳动模范、全国无偿献血银奖

（二）敬业奉献模范

1. "不倒的铁塔"江小金

先进事迹： 国网浙江省电力公司宁波供电公司原副总工程师江小金，生前长期奋战在电网建设一线，亲手完成300多条输电线路的工程设计，制作校核18000多张图纸，踏遍宁波11750多座电力铁塔下的土地，在罹患重症和治疗期间，仍然加班加点、忘我工作，去世前三天仍然在病榻上和相关人员交代变电站投产注意事项。中央领导对他的事迹做出重要批示，给予高度评价。

获得荣誉： 浙江省委追授江小金同志为浙江省优秀共产党员

2. "电力雄鹰"吕清森

先进事迹： 国网吉林省电力公司吉林供电公司检修分公司输电运维工人吕清森，30多年如一日，坚持巡护吉林地区海拔最高、环境最差、巡视难度最大的66千伏红

白线，每月徒步巡线超过200千米，累计行程近9万千米。他总结并运用"采光巡线法"，及时发现供电缺陷5000多处，累计为企业减少直接和间接经济损失6000万元。

获得荣誉： 全国创先争优优秀共产党员、全国五一劳动奖章、中央企业优秀共产党员标兵、中央企业先进职工标兵

3. "蓝领工匠"张黎明

先进事迹： 国网天津市电力公司滨海供电公司运维检修部第四党支部副书记张黎明，28年如一日坚守生产一线，写下8万多千米的巡线日志，亲手绘制线路图1500余张，人称抢修"活地图"，形成30多种类型、300多个故障的"黎明急修案例库工作法"。天津港"8·12"特大火灾爆炸事故发生后，他多次挺进核心区，为现场救援提供应急照明。

获得荣誉： 全国劳动模范、全国职工职业道德标兵、全国五一劳动奖章、全国优秀共产党员、中央企业优秀共产党员

（三）岗位成才模范

1. "工人专家"夏晓宾

先进事迹： 国网山东省电力公司青岛供电公司检修试验工区继电保护班班长夏晓宾，立足岗位、自学成才，勇于创新实践，从一名初中学历的工人，逐渐成长为继电保护领域的专家，带领职工完成中国首座智能电站改造安装任务，被誉为"工人专家"、中国220千伏智能电站安装第一人。2012年，"国家级夏晓宾技能大师工作室"正式揭牌。

获得荣誉： 全国劳动模范、山东省首席技师

2. "高空舞者"王进

先进事迹： 国网山东省电力公司检修公司输电检修中心带电作业班王进，扎根一线17年，先后参加500千伏及以上线路带电作业100余次，为社会和企业创造经济价值近2亿元。深入开展"±660千伏直流架空输电线路带电作业技术和工器具创新及应用"项目研究，并于2015年荣获国家科学技术进步奖二等奖。2016年1月，当选为中国能源化学工会兼职副主席。

获得荣誉： 全国五一劳动奖章、全国青年五四奖章、全国青年岗位能手标兵

3."金牌工人"许启金

先进事迹： 国网安徽省电力公司宿州供电公司输电带电作业班班长许启金，从业30余年来，坚持不懈学习，积累2万张资料卡片，实现了从技能型职工向知识型、专家型、创新型职工的跨越，被国家电网公司聘为生产技能专家。研制了"输电线路吊点卡具""砼杆避雷线提吊装置"等技术成果，获得国家专利7项，解决生产技术难题162项。

获得荣誉： 全国劳动模范、全国五一劳动奖章、中央企业优秀共产党员

（四）高尚道德模范

1."助学老人"解黎明

先进事迹： 国网山西省电力公司临汾供电公司离休干部解黎明，热心资助贫困学生和贫困家庭，18年间将自己近一半的退休金拿出来资助贫困学生150余名、贫困家庭48户，使许多孩子圆了上学梦。

获得荣誉： 第四届全国道德模范、全国创先争优优秀共产党员、全国老干部先进个人、中央企业道德模范标兵

2.昆仑山下的"活雷锋"艾尼瓦尔·芒素

先进事迹： 国网新疆电力公司和田供电公司员工艾尼瓦尔·芒素，在5年时间里，自掏汽油（天然气）费、过路费等14万元，开着私家车免费接送老弱病残乘客和外地游客上万人。在长期义务帮扶他人过程中，他始终把党徽带在胸前，把"我是共产党员"字样印在车上。

获得荣誉： 第四届全国道德模范提名奖、第六届全国民族团结先进个人、中央企业优秀志愿者

3."爱心奶奶"高君芷

先进事迹： 国网福建省电力公司管理培训中心离休干部高君芷，26年如一日资助失学儿童，尽己所能支援灾区，累计捐款20余万元，资助学生330余人。在她的感召和带动下，国网福建电力管理培训中心全体职工自发成立了"高君芷助学基金会"和"高君芷助学基金"青年志愿队。

获得荣誉： 第五届全国道德模范、中央企业道德模范标兵、全国优秀志愿者

四、社会评价

国家电网公司企业文化建设成效获得社会各界的高度评价，"努力超越、追求卓越"的企业精神被誉为与时俱进、努力创新、自强不息的民族精神的生动体现。

表10-1　　　　　　国家电网公司系统企业文化建设荣誉（部分）

奖项	获奖时间	颁奖单位
全国文明单位	2005年、2009年、2011年、2015年	中央精神文明建设指导委员会
全国企业文化优秀奖	2007年	中国企业联合会、中国企业家协会
全国厂务公开民主管理先进单位	2007年、2010年、2013年	全国厂务公开协调小组办公室
全国模范劳动关系和谐企业	2007年、2011年	劳动和社会保障部、中华全国总工会、中国企业联合会、中国企业家协会
全国抗震救灾英雄集体	2010年	党中央、国务院、中央军委
中宣部"五个一"工程奖	2012年	中央宣传部
新中国60年最具影响力十大企业精神	2010年	中国企业文化研究会
世界品牌100强	2009～2016年	世界品牌实验室
中国500最具价值品牌排行榜第一名	2016年	世界品牌实验室
共和国60年最具影响力品牌	2009年	人民日报、人民网、中国新闻周刊
中央企业抗击雨雪冰冻灾害先进单位	2008年	国务院国资委

第十一章
责任央企：有担当行更远

　　责任源于使命，责任铸就价值。一切伟大的公司，都是具有高度责任感的公司。

　　国家电网公司作为国有重点骨干企业，履行经济责任、政治责任、社会责任是天然使命。围绕"三大责任"，践行"四个服务"宗旨，加强品牌建设，营造健康生态，努力建设可靠可信赖的责任央企，是国家电网公司的不懈追求。十多年来，国家电网公司在履责中成长壮大，在服务中彰显价值。

　　发展只有起点，没有终点。对党和人民事业的责任与担当，是激励我们努力超越、追求卓越的永恒力量。

　　百年长盛不衰的企业具有一个共同的特征，就是树立了超越利润的社会目标，不以利润为唯一追求目标。

——美国兰德公司

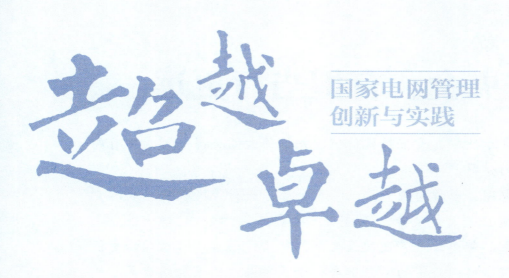

超越卓越

国家电网管理
创新与实践

企业生存发展的根本意义在于价值。每一个伟大企业的成功与进步，归根结底来源于责任、根植于责任。在改革发展过程中，国家电网公司始终坚持讲责任、敢担当，把履行经济责任、政治责任和社会责任这"三大责任"（见图11-1）作为立身之本。

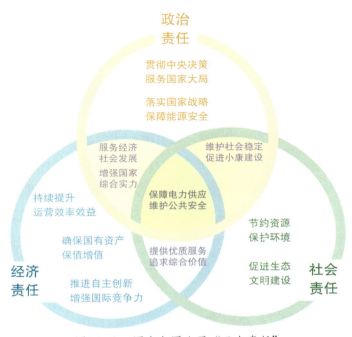

图11-1　国家电网公司"三大责任"

一、一切源于责任

国有企业是推进国家现代化、保障人民共同利益的重要力量，在经济社会发展中肩负着"三大责任"。国家电网公司作为关系国计民生和国家能源安全的特大型央企，是国有经济的骨干和中坚力量，其发展关系到国家富强、民族复兴、人民幸福，肩负责任更加重大、使命更加光荣。

经济责任。企业是社会的经济细胞，创造经济价值是企业推动社会发展的本源。"是公鸡就要打鸣，是母鸡就要下蛋，是公司就要赚钱。"国家电网公司作为一个企业，必须讲求效率效益、创造经济价值。作为国有重点骨干企业，要代表国家参与国际竞争，带动产业转型升级和可持续发展，努力实现国有资产保值增值；作为特大型能源企业，要通过保障电力供应，为电力客户和合作伙伴创造经济价值，服务国民经济发展；作为公用事业企业，要确保电网安全，提供优质服务，保障可靠供电，维护社会公共安全。

政治责任。国有企业是党和国家事业发展的重要物质基础和政治基础。国家电网公司是关系国家能源安全和国民经济命脉的国有骨干企业，必须把企业发展与中国特色社会主义伟大事业紧密联系起来，时刻与党中央保持高度一致，积极贯彻党的路线方针政策，模范执行国家各项重大战略部署，在保障国家安全、推动现代化建设、促进生态文明、维护社会和谐中发挥关键作用。

社会责任。企业要实现可持续发展，必须履行社会责任。国家电网公司利益相关方众多，承担着一般企业难以比拟的、广泛的社会责任，既要对社会公众、电力客户、合作伙伴、企业员工等利益相关方负责，保障电力供应，做好普遍服务，支持社会公益，维护社会公平；又要对生态环境负责，倡导绿色低碳，积极节能减排，保护生态环境，努力创造经济、社会、环境综合价值。开展国际业务，要履行海外社会责任，负责任地开展国际化运营。

二、服务为责任之本

电力服务与各行各业、生产生活息息相关。国家电网公司履行责任，最根本的就是做好"四个服务"，即服务党和国家工作大局、服务电力客户、服务发电企业、服务经济社会发展。"四个服务"是国家电网公司的根本宗旨，企业价值最终体现在不断提高"四个服务"的能力和水平上。

服务党和国家工作大局。服务党和国家工作大局的成效，是检验国有企业发展业绩的根本标准。国家电网公司坚持把党和人民的利益放在首位，始终与党中央保持高度一致，无论是制定发展战略、做出重大决策，还是部署工作，都把是否有利于党和国家工作大局作为重要判断标准；任何工作都以贯彻中央精神、保证中央政令畅通为前提。只要符合国家和人民利益，就勇往直前、勇于担当，不为任何困难和风险所动。

服务电力客户。为广大电力客户提供优质服务，是国家电网公司的基本职责，是"人民电业为人民"的直接体现。国家电网公司坚持把优质服务作为企业的生命线，把持续为客户创造价值作为不懈追求，科学发展和管理电网，确保电网安全，保障电力可靠供应；坚持以客户需求为导向，按照"优质、方便、规范、真诚"的服务方针，创新服务手段，拓展服务内容，提高服务标准，改进服务质量；坚持以社会监督为保证，规范服务行为，提高服务水平，打造服务品牌，树立开放、进取、诚信、负责的形象。

服务发电企业。电网是连接发电企业和广大用户的桥梁与纽带，是电力市场的载体和物质基础。国家电网公司作为能源电力配置主体，坚持为发电企业的电源开发、并网运行、电量消纳提供服务。科学规划建设电网，安全稳定运行电网，全力解决大型电源基地集约化开发和分布式电源大规模并网带来的电网安全运行和电量消纳难题。积极推动统一电力市场建设，开展公开、公平、公正调度交易，营造良好市场环境。

服务经济社会发展。国家电网公司坚持为经济发展提供充足、经济、可靠的电力供应，支撑和推动我国经济转型升级；保障电网安全运行，杜绝大面积停电，维护社会公共安全；提供普遍服务，让无电地区和贫困人口共享电力文明成果，促进城乡、区域协调发展；发挥电网优化配置资源的作用，推动能源生产和消费革命，服务能源可持续发展和生态文明建设；发挥中央企业在和谐社会建设中的作用，支持社会公益事业，提供对口援助、定点扶贫等服务，努力做优秀企业公民。

三、全面履行责任

履行责任的关键在行动。多年来，国家电网公司始终以理念真诚、内容规范、品质一流的服务，将履行责任贯穿于企业运营的全过程，努力建设可靠可信赖的责任央企。

（一）服务理念

理念是行动的先导和实践的指南。做好"四个服务"必须以先进的服务理念为引领，体现电网企业的功能定位、使命价值，指引方向、促进行动。服务理念的核心，就是坚持客户至上，以客户满意和价值提升为目标，最大限度满足客户需求，在全心全意为客户服务中赢得发展。

"你用电·我用心"是国家电网公司的基本服务理念。"你用电"表明了国家电网公司系统的企业属性，"我用心"诠释了"四个服务"的企业宗旨，表达了实现自身价值和使命的态度。这一理念继承了电力行业"人民电业为人民"的优良传统，又融合了客户导向的现代服务理念。**服务意识上**，体现了设身处地想客户之所想、急客户之所急、解客户之所忧的强烈意愿，将优质服务要求落实到每一项具体工作中的行动自觉；**服务方式上**，体现了为让百姓用上安全电、放心电、舒心电，竭尽所能拓展服务渠道，创新便民举措，探索利民途径，追求更便捷、更高效、更智慧服务的不懈努力；**服务品质上**，体现了把客户满意作为衡量供电服务的最高标准，矢志不渝提升服务质量，改进客户体验，塑造服务品牌的卓越追求；**服务效能上**，体现了在普遍服务、绿色发展、电力市场建设等方面主动作为、发挥更大作用，努力创造经济、社会、环境综合价值的责任担当。

（二）供电服务

电网是输送电能的重要载体，保障可靠供电、提供优质服务是电网企业的核心责任。建立健全供电服务体系，是做好供电服务的基础和保障。

健全服务网络。加强优质服务基础建设，着力构建覆盖全面、功能完善、便捷高效的服务网络。**搭建统一平台**。构建大营销体系，建设总部、省公司、市公司、县公司四级客户服务体系，实现95598全网全业务集中和全天候服务。**布点服务窗口**。完善供电服务网点布局，合理规划每个网点的服务半径，建成城市"十分钟交费圈"，实现农村"村村有交费点"。**拓展服务渠道**。推广应用大数据、云计算、物联网、移动终端等新技术新设备，提供高效便捷的现代化服务方式，丰富服务渠道，使客户不受时间、距离的限制，享受贴心服务。**开展现场服务**。持续推出为民服务新举措，开展电力服务"进社区""进企业""进校园"等活动，上门走访了解客户需求，现场办公解决用电问题。

完善服务机制。坚持市场和客户导向，着力构建标准统一、流程精简、协同高效、全程管控、闭环提升的服务机制。**统一标准**。健全供电服务制度标准体系，规范服务内容，统一服务标准，实现供电服务规范化、标准化。**精简流程**。从国家电网公司层面整体优化服务受理、业务处理、质量检测、回访评价流程，消除各省差异；推行"一证受理"和"一站式办理"，最大程度压缩业务流程，简化办电手续，提高服务效率。**协同响应**。强化服务协同管理，构建市场需求快速传导、整体高效协同的"一口对外"机制，以用电需求为服务时限，实行首问负责制和限时办结制，变链条式服务为扁平式服务，保障用户快用电、用好电。**全程管控**。加强统一管控机制建设，以统一的服务平台为支撑，供电服务受理、流转、处理和反馈情况实时在线，实现对客户服务集约管控。**闭环提升**。健全供电服务品质评价体系，建立供电服务持续改进、闭环管理机制，持续推进"渠道多样化、覆盖普遍化、响应实时化、内容丰富化"的现代服务体系建设，提升服务品质。

丰富服务手段。坚持为民、便民、惠民，不断丰富服务手段，提升服务能力。**智能互动**。发挥科研技术支撑作用，建设用电信息双向互动、储能设备多向交互等智能互动体系，满足客户实时互动服务需求，推动智能用电发展。**实时在线**。打造"互联网＋"服务模式，提供电量查询、电费交纳、家庭用电优化等在线服务功能。**个性满足**。高度关注客户变化，精准分析客户需求，推行差异化套餐服务，满足客户个性化需求。积极拓展分布式能源接入、电动汽车充换电、电力光纤到户等新业务，快速响应新需求，用心服务每一个客户。**便民利民**。全面推广低压客户"免填单"、新能源报装"绿色通道"、社区服务经理制等便民措施，方便客户办理业务。

严格服务监督。坚持外举内查、外奖内罚相结合，健全投诉举报奖励制度和违纪处罚制度，敞开大门整顿行风，花钱买批评。**公开承诺**。2005年，主动向社会公开发布"三个十条"，即《供电服务"十项承诺"》《员工服务行为"十个不准"》和《调度交易服务"十项措施"》，接受社会各方面监督。2011年，修订发布新"三个十条"，服务标准更高，要求更严格，并新增服务措施和服务承诺。**严格自查**。充分发挥纪检监察、审计部门的职能作用，常态开展供电服务明察暗访，发现问题纳入督办整改。制定完善优质服务考评办法，对服务窗口达标率、服务承诺兑现率等指标严格考核。**接受监督**。建立健全社会监督评价机制，定期开展客户满意度调查和行业作风测评，以客户内在需求和外部评价为导向，深化和延伸优质服务工作。

十多年来，国家电网公司供电服务质量和水平持续提升，经营区域内城市电力用户年均停电时间从2003年的12.1小时，下降到2015年的3.7小时；农村电力用户年均停电时间从2003年的61.4小时，下降到2015年的13.1小时。供电企业在各地公用事业和服务行业作风测评中均名列前茅。

（三）普遍服务

电力是人们生产生活的必需品，向包括农村和边远地区用户、低收入人群在内的全社会提供经济可靠的供电服务是电网企业的重要责任。针对我国农村和西部边疆地区电力设施普遍比较薄弱，供电可靠性不高，制约当地经济社会发展和人民生活水平提高等问题，国家电网公司认真履行电力普遍服务责任，统筹城乡、区域电网建设，积极推动欠发达地区电力发展。

实施"三新"农电战略。为服务社会主义新农村建设，2006年国家电网公司提出"新农村、新电力、新服务"农电战略（见图11-2），大力实施农村电气化工程，加快农网改造升级，推进城乡供电一体化发展。"十一五"以来，累计完成农村电网投资超过8400亿元，经营区域内孤网问题全部解决，农村户均供电容量从2010年的不足1千伏·安提高到2015年的1.72千伏·安，农网发展、农电安全、供电服务水平均显著提高。

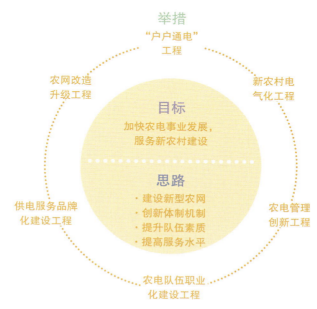

图11-2　国家电网公司"三新"农电战略

实施"户户通电"工程。为使偏远无电地区民众共享电力发展成果，2006年启动农村"户户通电"工程❶。截至2015年底，累计投资381亿元，通过大电网延伸、分布式电源补充等方式，解决192万户、750万无电人口用电问题，提前实现"户户通电"目标。"户户通电"工程，从根本上改善了通电地区的生产和生活条件，对促进当地经济发展和农民生活水平提高、缩小城乡差距，具有重要意义。"户户通电"工程被各级党委政府和社会各界誉为"爱心工程""惠民工程"。

实施电力扶贫工程。认真贯彻落实中央扶贫开发决策部署，自1995年起持续扶贫革命老区湖北省秭归县、长阳县、巴东县、神农架地区，2003年起对口支援西藏阿里地区措勤县，2011年起定点扶贫、对口支援青海省玛多县，取得良好成效。十八届五中全会明确了新时期脱贫攻坚目标，到2020年实现"两个确保"，即确保农村贫困人口实现脱贫，确保贫困县全部脱贫摘帽。国家电网公司坚决贯彻落实中央部署，面向"十三五"，制订"国网阳光扶贫行动"计划，实施村村通动力电工程、光伏扶贫项目接网工程、定点扶贫工程，努力为脱贫攻坚多做贡献。

加快西部地区电网建设。服务国家西部大开发和民族、边疆地区发展战略，积极推进新疆、西藏等西部地区电网互联与骨干网架建设，提高供电质量，促进资源优势转化。2010年11月，新疆至甘肃750千伏输电工程建成投产，结束了新疆电网长期独立运行的历史。2011年11月和2014年11月，冲破生命禁区，战胜千难万险，在雪域高原分别架起青藏、川藏两条"电力天路"，为兴藏富民和边疆长治久安做出重要贡献。2014年1月，建成投运世界上输送距离最长、容量最大的哈密南—郑州特高压直流工程，有力促进了"疆电外送"和西部大开发战略实施。

（四）绿色服务

电是清洁高效的二次能源。清洁能源主要通过转化为电能实现大规模高效利用，电能可以替代各种化石能源。电网是推动能源绿色转型、社会绿色发展的战略平台。

服务清洁能源开发。太阳能、风能、水能等清洁能源是大自然的恩赐，取之不尽、

---

❶ 截至2006年，国家电网公司经营区域内仅山东、北京、天津、上海、江苏、浙江、吉林、辽宁8省市完成"户户通电"，其余20个省份均存在无电人口。

用之不竭，今天用了明天还来。开发利用清洁能源，是应对气候变化、实现绿色发展的根本选择。**做好并网服务**。制定分布式电源并网服务规范，统一标准、简化流程、细化服务措施，提升并网效率。开辟新能源项目"绿色通道"，优先安排接入项目计划，加快并网工程建设，确保电网电源同步投产。开展新能源并网技术攻关和科技示范工程建设，研究解决风、光等间歇性电源并网难题。**畅通输电通道**。建设以特高压电网为骨干网架的坚强智能电网，促进西南水电开发和送出，推动"三北"地区风电全国范围统筹消纳。2015年，复奉（向家坝—上海）、锦苏（锦屏—苏南）、宾金（溪洛渡—浙西）三大特高压直流向上海、江苏、浙江等地区输送四川清洁发电999亿千瓦·时，天中（哈密南—郑州）特高压直流以"风火打捆外送"形式向华中地区输送新疆风电和光电19.7亿千瓦·时。**全力配置消纳**。发挥大电网资源配置作用，推进新能源跨省跨区交易、异地消纳。建立新能源优先调度工作机制，优化电网运行方式，挖掘现有输电通道潜力和系统调峰潜力，优先保证新能源发电上网。截至2015年底，累计完成330千伏及以下新能源送出工程投资295.3亿元，投运线路26294千米；国家电网并网风电、光伏发电容量分别达到1.17亿千瓦和3973万千瓦，成为全球接入新能源装机规模最大的电网。"十二五"期间，累计消纳可再生能源3.76万亿千瓦·时，相当于减少煤炭消耗12亿吨，减排二氧化碳30亿吨、二氧化硫9000万吨、氮氧化物4000多万吨。

促进大气污染防治。近年来，我国雾霾现象频发，大气污染防治形势严峻。2013年全国平均霾日35.9天，京津冀地区空气质量不达标时间累计超过半年。2015年，全国出现11次大范围、持续性的霾过程。从本质上看，雾霾问题是我国能源资源禀赋先天不足和能源发展方式后天失调这一对矛盾长期积累的结果。建设以特高压电网为骨干网架的坚强智能电网，推进"以电代煤、以电代油，电从远方来、来的是清洁发电"战略，是解决雾霾问题的重要途径。**"以电代煤"**，是指将用煤的工业锅炉、居民取暖厨炊等改为用电，以减少煤炭直接燃烧造成的大气污染；**"以电代油"**，是指发展电动汽车、交通电气化、农村电力灌溉，以减少对石油的依赖；**"电从远方来、来的是清洁发电"**，就是将西部、北部的风电、太阳能发电和西南的水电，通过特高压电网大规模、远距离、高效率地输送到东中部，减少东中部的就地燃煤发电。2014年，"四交四直"8项特高压工程纳入大气污染防治行动计划，到2015年底已经全部开工建设，预计到2017年全部建成投运。截至2015年底，已累计实施电能替代项目3万余个，到

"十三五"末累计替代电量将超过5000亿千瓦·时，拉动电能占终端能源消费比重提高0.8个百分点。到2020年，预计东中部地区PM$_{2.5}$可比2010年降低28%左右。

建设绿色环保电网。将绿色生产理念贯穿全过程，以最低的资源环境代价建设运营国家电网。**在电网规划环节**，坚持输煤、输电并举，推动煤炭集约开发、煤电就地转化，促进新能源基地开发，通过特高压向东中部地区远距离输电，缓解东中部地区资源环境压力。**在电网设计环节**，推行"三通一标"和"两型一化"变电站、"两型三新"输电线路标准化建设，积极采用节约环保技术、设备、工艺，110～500千伏变电站平均减少占地面积2%～3%，变电站综合费用降低约5%；提高线路单位走廊输送容量20%～200%，节约走廊宽度50%～75%。**在工程建设环节**，严格执行国家环保法规，严格施工管理，最大限度减轻工程建设对所在地区生态环境的影响。**在电网运行环节**，制定实施节能降耗规划，推行节能环保优化调度，全面加强线损管理；回收再利用六氟化硫气体，减少污染物和废弃物排放。"十二五"期间，通过降低线损，减排二氧化碳达到2615万吨。**在客户服务环节**，通过安装智能电能表、服务电动汽车发展、开展节能服务，引导客户改变用电方式，促进社会节能。截至2015年底，累计安装智能电能表3.1亿只，实现用电信息自动采集3.2亿户；投运充换电站1537座、充电桩3万个，建成京津冀鲁、长三角主要城市间高速公路快充网络，覆盖高速公路1.1万千米、重点城市81座，以车联网为纽带，开放接纳社会充电桩，推动我国电动汽车充换电服务进入"互联网＋"时代。

（五）重大保电

电力是现代社会不可或缺的生产和生活资料。一旦失去电力，将严重影响生产生活，甚至危及公共安全、带来难以估量的损失。特别是在重大灾害面前、在重要时间节点，保供电就是保安全、保民生、保发展。

抢险救灾保电。近年来，我国极端恶劣天气和特大自然灾害多发频发，2008年1月南方部分地区遭受历史罕见的持续大范围低温雨雪冰冻灾害、5月汶川发生8.0级特大地震，2010年4月青海玉树发生7.1级大地震、8月甘肃舟曲发生特大山洪泥石流灾害，2012年遭遇"强台风"，2013年四川雅安发生7.0级大地震，都给经济社会发展造成严重损失。作为国家重要的基础设施，电网运行的尽快恢复关系到国民经济运行和人民群众正常生活，对抢险救灾和恢复重建至关重要。面对每一次重大灾害，国家电网公司始终把人民的利益放在首位，不遗余力、冲锋在前，争分夺秒抢修受灾地区供电设施，以最快速度恢复电力供应，用实际行动诠释了"人民电业为人民"的责任担当。

重大活动保电。每一次重大活动保电，都是对国家电网公司服务理念、服务能力、服务效果的一次全面检验。随着我国综合国力持续增强，国际影响力日益提升，国际国内各种高层次会议、活动越来越多，等级、规格越来越高，每一个关键时点都备受关注。确保供电万无一失，不仅关系活动效果，更关系国家电网公司品牌和国家形象。从每年"两会"保电到重大节假日保电，从2008年北京奥运会，到2010年上海世博会，再到2014年的APEC会议、南京青奥会，每一次保电都不容有失。国家电网公司肩负重托、不辱使命，始终以"一万"的态度和措施防止"万一"的发生，做到"零失误、零差错"，兑现了庄严的保电承诺，交出了圆满的答卷。

（六）促进电力市场建设

电网既是电能输送载体，又是电力市场载体。通过构建全国统一电力市场，形成发电企业自主卖电、电力用户自主买电格局，将有助于充分发挥市场配置资源决定性作用，促进电力工业运行效率的整体提高，实现社会福利的增加。2015年3月，中央印发《关于进一步深化电力体制改革的若干意见》，要求"加快构建有效竞争的市场结构和市场体系""促进电力资源在更大范围优化配置"。国家电网公司研究提出的"放开两头、监管中间，构建全国统一电力市场体系"等改革思路，符合中央精神、符合中国实际。

建设硬件平台。2011年底，随着青藏电力联网工程建成投运，西藏电网结束孤网运行历史，我国电网实现全面互联（除台湾地区外）。积极搭建全国统一电力市场交易平台，2015年，总（分）部和26家省公司交易平台建成投运，面向所有准入的电力用户和发电企业开放应用。至此，建设全国统一电力市场的物质基础已经具备。

组建交易机构。按照组建相对独立的电力交易机构要求，2016年3月1日，组建成立北京电力交易中心，这是我国第一家正式注册的国家级电力交易机构。揭牌当日成功组织跨区大用户直接交易，达成交易电量90亿千瓦·时，节约用户购电成本5.4亿元。积极推进各省级电力交易中心加快成立并开展市场化交易，截至2016年5月底，天津、河北等22家省级电力交易中心揭牌，合计交易电量737亿千瓦·时，为电力用户降低购电成本超过36亿元。

推进直购试点。 认真落实改革要求，主动配合地方政府做好交易方案和交易规则的编制，积极配合政府遴选、鼓励大用户和发电企业参与交易。2015年，国家电网公司经营区域21个省份开展了电力直接交易，交易电量1867亿千瓦·时。2012～2015年直接交易电量年均增长率达到167%，预计2016年直接交易电量将超过4000亿千瓦·时，占总售电量的11%。

四、创造品牌价值

品牌是企业的综合素质，是竞争优势的体现，是宝贵的无形资产。基业长青的企业必定拥有长盛不衰的品牌。建设"一强三优"现代公司，创建"两个一流"，打造基业长青的百年老店，就必须建设一流的企业品牌。国家电网公司坚持以内质外形建设为主线，通过内强素质提升履责能力，通过外塑形象提升品牌价值，全面增进各利益相关方和社会公众对国家电网公司的利益认同、情感认同、价值认同，积极营造和谐良好环境，服务、保障和支撑了国家电网公司改革发展。

（一）统一品牌

统一的品牌形象是企业集团的象征，是国家电网公司集团化运作、集约化发展、精益化管理成果的重要体现，是国家电网公司工作水平的直观反映。统一品牌的实质，是统一的奋斗目标、统一的发展战略、统一的经营理念、统一的行为规范和统一的企业文化。塑造统一品牌，对内有利于凝聚队伍、统一思想认知，整合全国家电网公司系统资源，发挥集团整体优势，形成品牌建设最大合力，实现品牌价值创造最大化；对外有利于凝聚客户、建立深层价值认同，取得公众认可、关键群体认同和政府支持，形成发展共识，提升"国家电网"品牌的知名度、认知度和美誉度。

2005年，国家电网公司召开首次新闻宣传工作会议并发布内质外形建设指导文件，把打造国际一流品牌提升到战略高度，像抓电网建设一样抓品牌建设。坚持统一品牌战略、统一品牌管理，建立健全品牌建设工作体系，积极探索央企品牌建设规律，关注社会期望、主动增信释疑，讲好"国网故事"、传递"国网声音"，切实发挥品牌价值传播与价值增值功能，取得显著成效。通过品牌建设，基于价值认同的信任关系全面构建，优秀的企业内在素质转化为强大的社会感召力，产品因品牌而有了生命，企业因品牌而更可信赖，企业凝聚力、竞争力、影响力全面增强，走出了一条具有国家电网特色的品牌建设创新之路。

（二）内强素质

品牌价值体现的是企业"内功"。只有"基于内"才能"见于外"，优秀的企业内在素质是品牌建设的基石。对于国家电网公司来讲，企业内在素质是安全、质量、效益、科技和队伍等素质的综合反映，体现在企业治理、经营管理、发展能力、企业文化等各个方面。

安全素质。坚持"安全第一、预防为主"，制度健全完善，责任落实到位，行为标准规范，安全可控、能控、在控，电网运行稳定。

质量素质。工程建设优良，电力供应可靠，服务真诚规范，业务流程合理，管理严谨高效，企业健康发展。

效益素质。资产结构合理，财务状况良好，劳动生产率不断提高，经济效益显著，社会贡献突出。

科技素质。创新能力强，投入产出高，科技贡献大，电网装备、信息化和技术水平领先。

队伍素质。人员结构合理，人才队伍健全，员工政治坚定，业务精通，技能过硬，求真务实，甘于奉献。

（三）外塑形象

外部形象是内在素质的反映，对内在素质具有促进作用。打造一流品牌，必须在内强素质的基础上，重视和加强品牌策划，主动传播、塑造形象，推动企业素质向品牌加快转化和升华。国家电网公司围绕品牌策划、品牌传播、品牌维护、品牌塑造、品牌管理、品牌国际化等重点，统筹推进、策划实施，着力打造更具形象的"国家电网"品牌。这一过程中，以发现价值、传播价值、彰显价值为主线，努力塑造"五方面形象"，铸就一流知名度、一流认知度、一流美誉度。

担当负责的国企形象。全面践行创新、协调、绿色、开放、共享"五大发展理念"，认真履行国有重要骨干企业责任，锐意改革，加快发展，服务党和国家大局，努力奉献社会。

真诚规范的服务形象。服务理念追求真诚，服务内容追求规范，服务形象追求品牌，服务品质追求一流，让政府放心、客户满意。

严谨高效的管理形象。依法经营企业，严格管理企业，勤俭办企业。做到依法决策、科学决策和民主决策。国家电网公司制度健全，机制完善，管理集约。领导干部严格自律，务实清廉，干事、干净。

公平诚信的市场形象。树立诚信观念，坚持公开、公平、公正、透明的原则，认真接受市场监管，自觉接受社会监督。加强信息披露，重视交流合作。

团结进取的团队形象。弘扬"努力超越、追求卓越"的企业精神，树立"以人为本、忠诚企业、奉献社会"的企业理念，上下之间同心同德，部门之间密切协作，员工与企业共同发展。

依托统一的品牌战略与良好的企业内在素质，以及富有成效的品牌形象建设工作，"国家电网"品牌在国内外的影响力不断扩大，品牌价值持续提升，由2007年的449亿元上升至2016年的3056亿元，跃居中国500最具价值品牌榜首；世界排名由2010年的第86名，提升至2015年的第56名。

五、企业生态建设

企业的生存发展不是孤立的，只有形成和谐健康的企业生态系统，才能与利益相关方及外部环境实现良性互动、协调发展。以电网为载体，构建企业生态系统，营造良好生态环境，带动整个能源电力行业协调可持续发展，既是国家电网公司创建"两个一流"的内在需要，也是履行"三大责任"、实施"四个服务"的重要体现。

（一）电网企业生态系统

企业生态系统是由企业赖以生存和发展的所有利益相关群体与外部环境所形成的

复杂系统。国家电网公司生态系统包括政府机构、发电企业、规划设计建设企业、装备制造企业、科研机构、电力客户、员工、社团组织、媒体等（见图11-3）。由于电网具有规模经济性、自然垄断性、公益性等特点，电网企业生态不同于其他一般行业企业，国家电网生态系统涵盖范围更广、产业链条更长、利益相关方更多、维护难度更大。国家电网公司在建设网络型价值平台、协调各利益相关方协作共赢、提高电网乃至行业的效率、辅助和执行政府决策等方面肩负更大责任。这就要求国家电网公司必须立足整个能源电力行业谋划发展，努力打造能源电力系统"生态圈"。

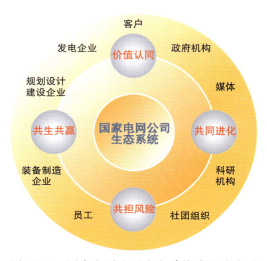

图11-3　国家电网公司生态系统建设思路图

生态系统建设的核心是搭建平台、健全机制，促进各利益相关方协调联动、优势互补，追求综合价值创造最大化和价值分享合理化。这就要求生态系统建设必须以价值认同为基础，以共生共赢、共担风险、共同进化为原则。

建立价值认同。在国家电网公司和生态系统成员之间构建共同的价值判断标准，统一对国家电网公司重大部署的价值认知，建立战略互信，密切合作关系，共同创造最大价值、分享发展成果。

坚持共生共赢。以电网为载体，协调各成员之间依靠各自的核心能力及互补优势，实现价值增值和众创共享。改革发展过程中，充分考虑对利益相关方的影响，统筹兼顾不同成员间合理的利益诉求，形成互惠互利的发展局面。

坚持共担风险。提高价值创造能力，优化价值分享模式，巩固提升生态系统抵御风险能力。对于影响生态系统健康发展的重大风险和压力，各成员单位密切配合、共同防范、合力化解，做到利益共享、风险共担。

坚持共同进化。主动适应新形势、新挑战，通过持续的战略创新、科技创新、管理创新、服务创新等，协同各成员共同进步，共同推动生态系统转型升级，实现新的跨越。

（二）营造良好生态环境

"沟通建立信任、信任促进合作、合作创造价值"。建设好生态系统，必须改变传统国有企业"少说多做、闷头干活"的惯性思维，主动改进和加强与利益相关方和社会大众的沟通。国家电网公司以构建和谐健康企业生态系统为目标，以全面社会责任管理为抓手，持续强化社会沟通，主动履责践诺，负责任地对待每一个利益相关方，保证运营透明度，赢得了信任和支持，为国家电网公司改革发展营造了良好环境。

全面推动利益相关方互动。以沟通赢信任、增共识、促合作，积极推动利益相关方参与国家电网公司改革发展，凝聚可持续发展合力。**加强互动管理**。基于利益相关团体与国家电网公司的关系，制定利益相关方参与的战略、目标、政策和原则。实施利益相关方管理，探索建立系统化和制度化的互动体系，确保双赢合作。**搭建互动平台**。以政企会谈、走访、论坛、会议等方式，搭建企业与政府部门、社会各界有效沟通的交流平台，就能源电力重点热点问题开展研讨、交换意见。积极搭建新媒体平台，强化国家电网公司重大战略的社会化解读，推动利益相关方参与企业治理。**丰富互动载体**。连续10年开展"走进国家电网"活动，了解利益相关方意见和建议。举办媒体见面会、座谈会等系列活动，加强与社会各界对话，回应社会关切和利益相关方期望。

持续强化社会沟通。努力转变社会沟通方式，变工作沟通为价值沟通，变单纯重视主管部门汇报和媒体宣传为全面开展利益相关方沟通和社会化传播，变单纯输出信息为广泛开展社会互动。**连续11年发布社会责任报告**。为彰显企业价值追求，提高对外沟通效果，在国内企业中率先建立了社会责任报告发布制度。2006年3月发布的《国家电网公司2005社会责任报告》，是我国企业正式发布的首份社会责任报告。报告发布后，引起社会广泛关注和一致好评。中央领导专门做出批示，肯定国家电网公司这件事办得好。截至2016年3月，已连续11年发布企业社会责任报告。**发布服务经济社会发展白皮书**。推动白皮书发布工作常规化、系统化和制度化，继2010年发布国内首个绿色发展白皮书、2012年发布国内首个企业价值白皮书后，陆续发布促进风电发展白皮书、促进新能源发展白皮书，展现国家电网公司促进新能源并网、运行、消纳的重点举措。2016年发布我国首个企业卓越管理白皮书。"十二五"期间，总部、各单位累计发布白皮书146份。**健全信息披露机制**。制定《信息发布工作管理办法》，健全四级新闻发言人工作体系，统筹利用新闻发言人、企业网站、微博微信等方式发布信息，使利益相关方第一时间了解国家电网公司各方面重要信息。针对社会关注重要议题，开展主题传播，构建全球能源互联网、特高压、服务新能源发展等理念受到广泛赞誉，形成社会共识。

国家电网公司全面社会责任管理实践成果荣获第十五届国家级企业管理现代化创新成果一等奖、中央企业优秀社会责任实践等近百个社会责任奖项，参与制定社会责任国际标准ISO 26000，创造了中国企业社会责任发展的多项第一。国家电网公司社会责任实践成为中国首个入选哈佛商学院全球案例库的企业社会责任管理案例，企业社会责任报告和系列白皮书成为富有特色的国家电网名片，"国家电网"责任央企形象深入人心，企业发展生态环境显著改善。

一、责任理念

国家电网公司履行社会责任，总的来讲是为实现企业与社会的可持续发展，遵循法律法规、社会规范和商业道德，在建设和运营电网的全过程有效管理对利益相关方和自然环境的影响，追求经济、社会和环境综合价值最大化的行为。

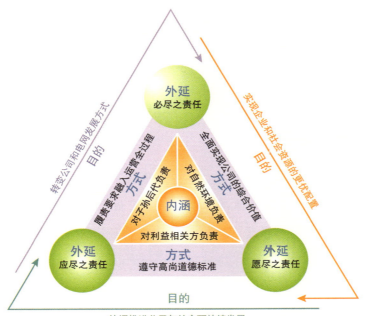

图11-4 国家电网公司社会责任模型

国家电网公司责任理念具有三个特征:

（1）**服务为本**。以"四个服务"为根本宗旨；追求综合价值，致力于经济、社会、环境综合价值最大化。

（2）**全面覆盖**。覆盖境内外、各个板块，将履行社会责任落实到境内外各企业；覆盖各项工作、每个环节，将履行社会责任内化到标准流程中；覆盖各级组织、每位员工，将履行社会责任体现到岗位职责中。

（3）**和谐发展**。善待员工，善待客户，善待合作伙伴；致力于可持续发展，追求企业、行业、经济社会发展相统一。

二、全面社会责任管理

（一）组织保证

（1）集团层面，成立社会责任工作委员会，统筹领导企业社会责任工作。

（2）国家电网公司总部，成立企业社会职能管理部门，归口管理企业社会责任工作。

（3）各级单位，成立企业社会责任工作领导小组，指导落实本单位社会责任工作。

（二）制度保证

（1）将履行社会责任要求全面融入发展战略、业务运营、职能管理、运行机制和企业文化建设，制定和完善社会责任管理制度标准和流程。

（2）建立包括内外沟通交流、网厂协商、客户座谈、职工民主管理等在内的利益相关方参与机制。

（3）建立社会责任信息披露机制和社会责任报告制度。

（4）建立同业对标制度，将履行社会责任作为重要对标事项。

（三）监督考核

（1）发布社会责任承诺，主动接受社会各方面监督。

（2）将履行社会责任指标纳入各级企业负责人业绩考核范畴。

（四）全面根植

国家电网公司社会责任管理工作分为五个阶段，已经实现常态化运行，并根据新的形势不断丰富社会责任内涵，提高履责标准。

| 一、探索起步阶段（2005~2006年）建立社会责任组织机构、发布全国首份企业社会责任报告 | 二、系统部署阶段（2007年）在国内率先成立社会责任工作委员会和工作办公室，发布了我国首个企业履行社会责任指南，并确立了社会责任管理年度预算制度 | 三、管理试点阶段（2008~2011年）确定"试点先行、务求实效、根植基层、创造经验"的推进路径，开展总部、省公司、地（市）公司和区县公司全面社会责任管理四级试点 | 四、全面推进阶段（2012~2013年）在各省公司确定一家地（市）公司开展全面社会责任管理试点，努力实现社会责任管理普遍覆盖、推动融合、逐步推广 | 五、责任根植阶段（2014年以来）推动省、地（市）和县公司在运营中自觉融入社会责任理念，追求综合价值最大化，实现社会责任岗位、班所、专业根植 |

图11-5 国家电网公司社会责任管理工作阶段

为推动企业社会责任理念落地，2014年，国家电网公司印发《关于深化全面社会责任管理、推进社会责任根植的指导意见》，在深化试点的基础上，以项目制的方式推进社会责任根植工作，确立根植项目98个，取得了良好的实施效果。2015年，国家电网公司印发《关于组织实施社会责任项目制的指导意见》，又确立实施278个根植项目，覆盖生产建设、营销服务、公益活动等各个领域。

三、"三个十条"

2005年，国家电网公司公开发布了《供电服务"十项承诺"》《员工服务"十个不准"》和《调度交易服务"十项措施"》（简称"三个十条"）；2011年，发布了新版"三个十条"，进一步严格自我要求，接受社会监督。

表11-1	2011年新版"三个十条"主要内容
供电服务『十项承诺』	1. 城市地区：供电可靠率不低于99.90%，居民客户端电压合格率96%；农村地区：供电可靠率和居民客户端电压合格率，经国家电网公司核定后，由各省（自治区、直辖市）电力公司公布承诺指标。 2. 提供24小时电力故障报修服务，供电抢修人员到达现场的时间一般不超过：城区范围45分钟；农村地区90分钟；特殊边远地区2小时。 3. 供电设施计划检修停电，提前7天向社会公告。对欠电费客户依法采取停电措施，提前7天送达停电通知书，费用结清后24小时内恢复供电。 4. 严格执行价格主管部门制定的电价和收费政策，及时在供电营业场所和网站公开电价、收费标准和服务程序。 5. 供电方案答复期限：居民客户不超过3个工作日，低压电力客户不超过7个工作日，高压单电源客户不超过15个工作日，高压双电源客户不超过30个工作日。 6. 装表接电期限：受电工程检验合格并办结相关手续后，居民客户3个工作日内送电，非居民客户5个工作日内送电。 7. 受理客户计费电能表校验申请后，5个工作日内出具检测结果。客户提出抄表数据异常后，7个工作日内核实并答复。 8. 当电力供应不足，不能保证连续供电时，严格按照政府批准的有序用电方案实施错避峰、停限电。 9. 供电服务热线"95598"24小时受理业务咨询、信息查询、服务投诉和电力故障报修。 10. 受理客户投诉后，1个工作日内联系客户，7个工作日内答复处理意见。
员工服务『十个不准』	1. 不准违规停电、无故拖延送电。 2. 不准违反政府部门批准的收费项目和标准向客户收费。 3. 不准为客户指定设计、施工、供货单位。 4. 不准违反业务办理告知要求，造成客户重复往返。 5. 不准违反首问负责制，推诿、搪塞、怠慢客户。 6. 不准对外泄露客户个人信息及商业秘密。 7. 不准工作时间饮酒及酒后上岗。 8. 不准营业窗口擅自离岗或做与工作无关的事。 9. 不准接受客户吃请和收受客户礼品、礼金、有价证券等。 10. 不准利用岗位与工作之便谋取不正当利益。

续表

调度交易服务『十项措施』	1. 规范《并网调度协议》和《购售电合同》的签订与执行工作，坚持公开、公平、公正调度交易，依法维护电网运行秩序，为并网发电企业提供良好的运营环境。 2. 按规定、按时向政府有关部门报送调度交易信息；按规定、按时向发电企业和社会公众披露调度交易信息。 3. 规范服务行为，公开服务流程，健全服务机制，进一步推进调度交易优质服务窗口建设。 4. 严格执行政府有关部门制定的发电量调控目标，合理安排发电量进度，公平调用发电机组辅助服务。 5. 健全完善问询答复制度，对发电企业提出的问询能够当场答复的，应当场予以答复；不能当场答复的，应当自接到问询之日起6个工作日内予以答复；如需延长答复期限的，应告知发电企业，延长答复的期限最长不超过12个工作日。 6. 充分尊重市场主体意愿，严格遵守政策规则，公开透明组织各类电力交易，按时准确完成电量结算。 7. 认真贯彻执行国家法律法规，严格落实小火电关停计划，做好清洁能源优先消纳工作，提高调度交易精益化水平，促进电力系统节能减排。 8. 健全完善电网企业与发电企业、电网企业与用电客户沟通协调机制，定期召开联席会，加强技术服务，及时协调解决重大技术问题，保障电力可靠有序供应。 9. 认真执行国家有关规定和调度规程，优化新机并网服务流程，为发电企业提供高效优质的新机并网及转商运服务。 10. 严格执行《国家电网公司电力调度机构工作人员"五不准"规定》❶和《国家电网公司电力交易机构服务准则》，聘请"三公"调度交易监督员，省级及以上调度交易设立投诉电话，公布投诉电子邮箱。

四、扶贫和对口援助

1. 持续21年定点扶贫改善民生

1995年开始定点扶贫湖北省秭归县、长阳县、巴东县和神农架林区等四县区，2011年开始定点扶贫青海省果洛州玛多县。

---

❶ 《国家电网公司电力调度机构工作人员"五不准"规定》的主要内容包括：①不准漠视、推诿调度服务对象的工作问询。②不准接受调度服务对象的礼品、礼金和有价证券。③不准接受调度服务对象的宴请；在调度服务对象场所从事工作，需现场就餐的，应据实付费。④不准参加由调度服务对象举办的各类旅游、度假和营业性娱乐活动。⑤不准在调度服务对象处报销各种消费费用。违反规定的调度机构工作人员，视情节轻重予以处分，触犯法律的依法处理，并追究单位负责人的领导责任。

表11-2 国家电网公司定点扶贫主要成效

定点扶贫区县	投入扶贫资金	实施扶贫项目	无偿捐助
湖北省四县区	3.6亿元	326个	1.08亿元
青海省玛多县	5240万元	21个	—

国务院国资委肯定国家电网公司形成了电力扶贫特色品牌，提升了贫困地区发展能力，走出了一条可复制、具有示范带动效应的扶贫路子。国家电网公司两次荣获"中央国家机关等单位定点扶贫先进单位"称号。

2. 实施"国网阳光扶贫行动"

"十三五"期间，国家电网公司贯彻落实党中央、国务院关于打赢脱贫攻坚战的战略部署，发挥资源、技术、管理、服务优势，制订实施"国网阳光扶贫行动"计划，努力为脱贫攻坚提供稳定可靠电力能源支撑，助力定点扶贫县实现贫困人口全面脱贫。

表11-3 国网阳光扶贫行动

重点工程	目标任务
村村通动力电工程	实现国家电网公司经营区内未通动力电的39080个自然村通上动力电；完成已通动力电但容量不足的86690个自然村的升级改造。其中，2016年完成1.3万个自然村通动力电、2.7万个自然村动力电改造
国家光伏扶贫项目接网工程	及时为国家电网公司经营区13个省374个县的27525个村的村级光伏扶贫电站，做好报装服务及接网工程
定点扶贫工程	● 在国家电网公司定点帮扶的湖北省四县区和青海玛多县建设或异地建设光伏电站，所得收益用于扶贫。其中，2016年完成青海玛多光伏扶贫电站建设，2019年前完成湖北省四县区光伏扶贫电站建设。 ● 解决湖北省四县区革命老区的缺电问题。其中，2017年完成四县区398个革命老区村的农网升级，满足农业农村和生活用电需求

3. 对口援助推动当地经济社会发展

● 援藏

加大资金投入： 多年来累计注资30多亿元。2015年，在西藏自治区完成投资49.07亿元。未来5年将建设西藏统一电网，规划总投资约533亿元。

　　不断推进电网建设：2011年12月，青藏电力联网工程建成。2014年11月，川藏电力联网工程建成。通过实施一、二、三期农网建设与改造以及"户户通电"工程、无电地区电力改造工程，大电网供电覆盖范围扩展到58个县（市、区）。

　　对口援助阿里地区措勤县：2003年以来，累计投入建设资金2.45亿元，重点实施利民惠民、基础保障、财源建设、环境修复、维护稳定五大工程，使措勤县经济社会发展进入"加速期"。

　　加大人才援助力度："十二五"期间，累计选派483人次赴国网西藏电力有限公司开展帮扶工作。

　　• 援疆

　　加大资金投入：2015年在新疆维吾尔自治区完成投资183.68亿元。

　　服务"一带一路"建设：推动中俄、中蒙、中巴等电网互联互通项目。

　　加快电网建设：2007年新疆220千伏电网实现联网。2010年750千伏新疆与西北主网联网第一通道建成投运。2013年新疆与西北主网联网第二通道建成投运。2014年"疆电外送"第一条特高压工程哈密南—郑州±800千伏特高压直流输电工程投运。2015年，建成投产哈密换流站联变扩建工程、巴楚—喀什750千伏输变电工程，扩大220千伏电网覆盖范围，有效衔接220千伏电网与750千伏电网。

　　推进农网改造：通过实施"户户通电"工程、无电地区电力建设工程，累计解决了98.41万无电人口和7个边境口岸、多个边防连队的用电问题。2015年，实施全疆13个地州81个县市农网改造升级工程，更新改造农村110千伏、35千伏输变电设施，改善民族地区人民群众生活水平，维护社会稳定和民族团结。

　　开展人才援疆：2015年首次从东部发达地区选派26名优秀管理和技术骨干到国网新疆电力公司进行帮扶，并从新疆选拔10人到东部进行培养锻炼。

五、服务清洁能源发展

　　国家电网公司采取了一系列服务举措，有力地促进了清洁能源发展。

表11-4   **国家电网公司服务清洁能源发展主要举措**

并网投入	• "十二五"期间,累计投资新能源并网及送出工程849亿元,新增新能源并网及送出线路3.7万千米,其中风电3.4万千米、太阳能发电3044千米 • "十二五"期间,建设省内新能源配套输变电工程线路5084千米,变电容量4443万千伏·安,满足新能源并网和省内送出需求 • "十二五"期间,先后投运东北华北直流背靠背扩建工程、新疆与西北主网联网750千伏第二通道、哈密南—郑州±800千伏特高压直流工程,累计建成新能源配套跨省跨区输电通道4681千米
配置消纳	• 针对"三北"风电密集开发、无法就地消纳的形势,加强跨区跨省电网建设,发挥大电网优化配置资源的作用,在更大范围内消纳风能等可再生能源 • 在国家电力市场交易平台上组织新能源跨省跨区交易,鼓励风电、光伏发电等新能源企业积极参与外送,并在交易出清时优先保障新能源电量成交,最大限度促进新能源的大范围消纳 • 新能源跨省跨区交易电量由2010年1.5亿千瓦·时增长到2015年294亿千瓦·时,年均增长187%
调度运行	• 探索建立新能源优先调度机制,优化调度运行方式,科学调度抽水蓄能电站,挖掘供热机组调峰潜力,尽最大努力消纳清洁能源 • 统筹优化各省调峰资源,加强省间调峰互济,将在省内消纳困难的风电跨省跨区消纳 • "十二五"以来,在27个省级调度机构均建设部署风功率预测系统,实现风电场全部覆盖。在西部5个省级调度机构部署光伏发电功率预测系统,实现500余座光伏电站全覆盖,预报精度85%以上
技术攻关	• "十二五"期间,累计投入15.94亿元,开展205项课题研发,其中国家级新能源领域重大科研项目51项。研究领域覆盖新能源发电装备、新能源并网仿真及规划、新能源发电运行控制、分布式电源与微电网、大容量储能等新能源发展关键技术 • "十二五"期间,累计编制修订企业标准54项,涵盖系统接入、调度运行、并网检测等关键环节,形成了完善的企业标准体系;累计参与编制完成行业标准46项、国家标准31项,有效解决风电等新能源建设没有规范、接入电网没有标准等问题;参与近20项国际标准的编制
流程优化	• 建立绿色通道,实施"一站式"服务,简化分布式发电并网手续,"欢迎、支持、服务"清洁能源发展 • 简化手续,限时服务,通过并行受理申请与现场勘查等环节,规定关键环节业务办理时限,加快并网办理速度 • 开辟新能源项目绿色通道,优先安排接入项目计划,并主动与项目业主协调配合,力争电网电源同步投产 • 制订发布并网服务管理规则等一系列制度,统一并网管理模式、工作流程和服务规则,并开展并网流程跟踪监控、服务行为过程监管,实现并网服务标准化、规范化 • 认真落实国家可再生能源补贴拨付管理要求,推广应用可再生能源结算管理系统,高效有序开展补贴资金转付工作

2006～2015年，国家电网并网风电装机容量年均增速为70%，并网光伏发电装机容量年均增速为105%。截至2015年底，国家电网并网水电、风电、光伏发电容量分别达到20782万千瓦、11664万千瓦和3973万千瓦，是世界上并网清洁能源发电装机和并网新能源装机规模最大的电网。

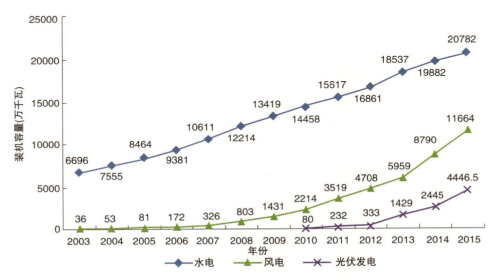

图11-6　国家电网公司经营区域清洁能源发电并网装机容量

六、绿色"电力天路"

1．青藏电力联网工程

青藏电力联网工程全长1038千米，由西宁—格尔木750千伏交流输变电工程、格尔木—拉萨±400千伏直流输电工程及有关配套工程组成，是在世界上最高海拔、高寒地区建设的规模最大的输电工程，被誉为"电力天路"。

表11-5　　　　　　　　　青藏电力联网工程特点

	主要特点
生理健康保障困难	● 沿线地区平均海拔4500米，最高海拔5300米，海拔4000米以上地区超过900千米 ● 沿线大部分地区处于低气压、缺氧、严寒、大风、强辐射和鼠疫疫源等区域，含氧量只有内地的50%左右，最低温度达−42℃，自然环境恶劣

续表

	主要特点
生态环境脆弱	● 工程穿越高寒荒漠、高原草甸、沼泽湿地、高寒灌丛等不同生态系统 ● 沿线分布可可西里、三江源、黑颈鹤、色林错、热振国家森林公园等五个自然保护区 ● 自然生态环境原始、独特，生态系统极其脆弱、敏感，施工扰动破坏后很难恢复
施工难度极大	● 沿线地质条件复杂，穿越世界上最高的多年冻土区约565千米，施工难度大、要求高，一旦施工过程中出现问题，将破坏冻土的稳定性，影响地基的承载能力 ● 青藏高原气候条件恶劣，每年有效施工工期仅有5～6个月，高寒高海拔地区人工降效、机械降效严重
工程设计及设备研制运输难度大	● 工程所处高海拔、高寒地区，电气设备的过电压与绝缘配合方案、外绝缘选择、抗风沙能力和材质选择等问题需要妥善解决 ● 换流站大件设备公路方式运输距离长，平均海拔高；若通过青藏铁路实现运输，则受制于铁路运输能力和对冻土区的特殊技术措施，运输难度大
建设组织协调难度大	● 工程跨越青海、西藏两省区，所经地区多为藏族居住区、无人区和自然保护区，对工程建设中切实尊重民族地区风俗习惯和宗教习惯提出了更高要求 ● 工程建设管理、参建单位众多，现场组织管理难度大，为切实发挥工程效益，及时解决西藏地区缺电局面，建设任务紧迫

表11-6 青藏电力联网工程主要环保举措

阶段	主要举措
设计阶段	● 充分考虑避让环境敏感目标，尽量避开三江源、可可西里等自然保护区 ● 与中国科学院西北高原生物研究院合作，研究提出不同地区采用不同植被类型、不同恢复方法等措施 ● 攻克高原高寒地区冻土基础施工等世界工程难题，通过"随开挖、随支护、早封闭、快衬砌"，尽量保持冻土层稳定性
施工阶段	● 组织地质环保专家，逐基复核线路地基处理方案，逐基落实环保水保施工图，严格落实5个国家级保护区专项环保方案 ● 尽量减少施工面积，并通过铺设草帘子、竹夹板、彩条布，垫上帆布等方式减少对地表植被的压占 ● 高度重视野生动物保护，掌握野生动物迁徙、繁殖规律，在野生动物迁徙、繁殖期间暂停施工 ● 2011年有4000多只藏羚羊要从青藏联网工程直流第二、三标段通过，尽管工期紧张，但工程建设者坚决停工，为藏羚羊迁徙让路
竣工阶段	● 及时清理施工现场，将施工产生的生活垃圾和废弃物收集装袋、集中处理 ● 采用回植草皮等多种手段尽力修复地表植被 ● 根据不同地区特点选取适宜当地生长的草籽，组织施工单位进行播撒式种植，按照一定比例混合有机化肥和特殊肥料进行营养催化 ● 位于唐古拉山脚下的工程第六标段需要恢复植被50.4万平方米，完成率达到100%

国家电网公司在工程建设中，对保护青藏高原生态系统不遗余力，总计投入3.4亿元专门用于生态环境保护，制定并采取了细致周全的措施，最大限度地减少对当地生态环境的影响。

青藏电力联网工程于2012年6月通过国家水土保持验收。验收组专家对国家电网公司重视工程生态建设与保护、科学合理优化设计和施工工艺、圆满完成工程水土流失防治任务予以肯定。

青藏电力联网工程建设环保工作受到广泛好评，被水利部命名为2012年度全国水土保持生态文明工程，被联合国全球契约组织授予2012全球契约中国最佳实践奖。2014年，先后获得第三届中国工业大奖和中华环境奖。

2．川藏电力联网工程

川藏电力联网工程总投资66.3亿元，新建巴塘、昌都两座500千伏变电站和邦达、玉龙两座220千伏变电站，新建500千伏线路1009千米、220千伏线路512千米。工程地处"三江"断裂带——世界上地质构造最复杂、地质灾害分布最广的地区，是迄今为止世界上最具建设挑战性的高原超高压交流输变电工程，被誉为又一条"电力天路"。

表11-7　　　　　　　　　　　川藏电力联网工程特点

	主要特点
沿线气候恶劣	● 工程海拔高，气温低，自然灾害多。基本都在高海拔、高寒地区，大部分线路在海拔4000米以上，最高海拔4918米，年平均最低温度在−25℃左右，昼夜温差很大。经常发生雪崩、泥石流等自然灾害 ● 工程处于低气压、缺氧、严寒、大风、强辐射等区域，含氧量只有内地的50%左右，随时可能引发肺水肿、脑水肿等高原疾病
地质条件复杂	● 川藏高原气候恶劣，每年有效施工期很短，仅5～6个月 ● 工程沿线地质条件复杂，穿越巴楚河、金沙江、澜沧江等河谷和高山丛林，相对高差在300～1500米，施工非常困难 ● 川藏分界——芒康约50千米段、乡城——巴塘线路跨越金沙江段，沟壑纵横、林木茂盛，线路相对高差达1500～2000米，地形坡度在35°～65°
交通通信落后	● 沿线没有铁路和高速公路。318国道处于全面维修状态，雨季经常发生塌方、泥石流等地质灾害。部分可利用的乡村公路路面窄、路况差，20余座临时钢架桥承重不能满足工程运输要求，部分路段汛期无法通行 ● 全线70%都是高山峻岭，施工材料及机具运输只能依靠架设运输索道

	主要特点
生态环境脆弱	● 作为长江、黄河等重要河流的发源地，藏区生态环境保护非常重要 ● 受高原山区特定地理、环境和气候条件影响，川藏电力联网工程全线生态环境脆弱，植被恢复难度大 ● 竹巴龙自然保护区是以保护濒危动物矮岩羊及其天然繁殖基地为主的州级自然保护区，有国家一级、二级、省级保护动物30种

表11-8　　　　　　　　　　　川藏电力联网工程主要环保举措

阶段	主要举措
设计阶段	● 采用海拉瓦数字化摄影测量系统进行精确选点选线，最大限度降低对高原植被和地表的破坏 ● 采用避让自然保护区、塔基高低腿设计减少地表扰动，高科技优化线路及减小线路廊道宽度保护植被，线路工程占地面积减少1400多亩，变电站永久占地减少12% ● 针对不同地形和植被类型开展专项水保设计等创新，使水土保持和生态保护措施落实到每一基铁塔和每一处施工场地
施工阶段	● 组建由现场指挥部、设计单位、监理单位、施工单位和监测验收单位共同组成的水土保持管理体系 ● 引入第三方全过程、全方位开展环保、水保监理监测工作，逐站逐基落实环保水保措施 ● 全面采用先进的施工技术，共架设900余组总长1400余千米的索道运送建筑材料，同时采用无人机架线等先进施工工艺，减少施工临时道路的建设和架线施工对沿线植被的扰动破坏 ● 通过配备施工草垫、草皮剥离保护、垃圾集中清运等措施，确保河流水源不被污染，野生动物生息不受影响
竣工阶段	● 对高寒草甸、高寒草原等生态敏感部位及植被恢复比较困难的部位，实施植被恢复专项工程 ● 对重点部位以外的施工占地及扰动区，由主体工程施工单位按设计要求进行绿化恢复 ● 采用撒播草籽、回铺草皮等措施，最终工程总体林草植被恢复率达到98%

　　国家电网公司总计投入1.88亿元专门用于生态环境保护，其中，为避让沿途竹巴龙自然保护区，五次跨越金沙江，增加投资5000万元，投资成本比直行放线高出两倍。2015年12月工程通过国家水土保持验收，不仅创造了高标准、高效率的世界高海拔地区电网建设奇迹，更为类似工程建设提供了宝贵的水土保持经验。

七、履责不分国界

图11-7 国家电网公司境外企业履行社会责任基本要求

- 巴西：国家电网公司进入巴西市场后，以"本土化"长期发展为战略目标，积极融入巴西当地经济社会环境，赞助并参与"中巴创新对话"活动。积极推动利益相关方合作，加强与巴西矿能部、电监局等机构的高层互访，参与输电绿地项目的竞标与建设，增进与当地电力同行的技术交流和合作。投入283万雷亚尔积极开展消防宣传、马黑贫民窟青少年交响乐团和音乐学校、儿童之家、国际青少年乒乓球里约巡回赛、里约四季长跑等公益项目，出版发行中葡双语图书《巴西人眼中的中国》，促进中巴文化交流。2014年7月，习近平主席和巴西总统罗塞夫共同出席了巴西美丽山特高压输电项目签约仪式。2015年5月李克强总理访问巴西期间，曾欣赏马黑青少年交响乐团现场演奏，并称赞"国家电网公司做得好"。

- 菲律宾：2009年1月以来，国家电网公司作为技术合作方，将国际先进的电网规划、可再生能源接入、灾害管理等技术引入菲律宾国家输电网公司，促进了电网技术管理水平提升。积极恢复台风等自然灾害影响地区受损电力设施，资助建设校舍、桥梁、供水系统等基础设施35处；为329所小学提供书包文具；与菲律宾大学进行合作，为61名少数民族大学生设立奖学金，提供资助。

- 埃塞俄比亚：在所承担的埃塞俄比亚500千伏骨干网总承包项目中，积极履行社会责任，建筑用工中埃方雇员占80%以上，为埃方人员开展施工技术培训约8000人次，出资修整项目所在地公路达50千米，新建1条长5千米的乡间便民公路，为约2万名当地居民解决出行困难问题。向埃塞俄比亚电力公司捐赠电力工程施工设备，向当地学校捐赠学习及体育用品，受到当地政府、社区、媒体高度评价。

八、社会反响

国家电网公司社会责任工作得到了社会广泛关注与肯定。

表11-9　　　　　　　国家电网公司所获社会责任主要奖项

年份	奖项	组织方/主办方
2006	• 企业社会责任建设贡献奖 • 中国网友喜爱的十大名牌——公益品牌奖 • 中华慈善奖	中央电视台等 中国互联网协会 民政部
2007	• 人民社会责任奖 • 中华社会责任奖	人民网 学习时报社等
2008	• 中国绿色公司年度标杆企业 • 金蜜蜂企业社会责任领袖型企业 • 人民社会责任奖 • 中华慈善奖	中国企业家俱乐部 《WTO经济导刊》 人民网 民政部
2009	• 全国企业管理现代化创新成果一等奖 • 中国绿色公司星级标杆企业 • 中国管理学院奖 • 中国企业社会责任特别大奖 • 胡润企业社会责任50强 • 中华慈善奖	中国企业联合会 中国企业家俱乐部 《北大商业评论》 中国企业报社 胡润百富 民政部

续表

年份	奖项	组织方/主办方
2010	● 上海世博会先进集体 ● 全国抗震救灾英雄集体 ● 国家西部大开发突出贡献集体 ● 中国企业社会责任典范报告杰出成就奖 ● 中国企业社会责任榜内资企业首位 ● 中华慈善奖	党中央、国务院 党中央、国务院、中央军委 人社部等 联合国全球契约组织 第一财经 民政部
2011	● 中央企业优秀社会责任实践 ● 中国企业社会责任杰出企业奖 ● 全球契约中国企业社会责任典范报告 ● 金蜜蜂优秀企业社会责任报告长青奖 ● 金蜜蜂优秀企业社会责任报告领袖型企业奖	国务院国资委 新华网 联合国全球契约组织 《WTO经济导刊》 《WTO经济导刊》
2012	● 社会责任管理体系名列中央企业首位 ● 全面试点入选中国企业社会责任十大事件 ● 全球契约中国最佳实践奖 ● 中国企业社会责任特别金奖 ● 中国社会责任管理创新典范奖 ● 社会责任国际论坛金蜜蜂企业奖 ● 扶贫工作优秀合作伙伴奖 ● 中华慈善奖	国务院国资委 《WTO经济导刊》 联合国全球契约组织 中国外企协会等 中国企业评价协会等 《WTO经济导刊》 外交部 民政部
2013	● 中国企业社会责任特别大奖 ● 社会责任杰出企业奖 ● 中国绿公司百强企业 ● 中央企业最佳社会责任实践 ● 中央企业品牌建设先进单位 ● 中国企业100强社会责任发展指数首位 ● 中华慈善奖	中国保护消费者基金会等 新华网 中国企业家俱乐部 国务院国资委 国务院国资委 中国社会科学院 民政部
2014	● 全球契约"关注气候生态文明"先锋企业 ● 全球契约社会责任管理最佳实践奖 ● "社会责任星级榜"五星级企业 ● 中国优秀企业公民 ● 中国绿公司百强企业 ● 人民企业社会责任奖年度领袖型企业	联合国全球契约组织 联合国全球契约组织 中国工业经济联合会 中国社工协会 中国企业家俱乐部 人民网
2015	● 全球契约"中国企业十大绿色行动" ● "社会责任星级榜"五星级企业 ● 中国企业社会责任十年见证·典范企业 ● 2015公众透明度典范奖	联合国全球契约中国网络 中国工业经济联合会 国务院国资委新闻中心 中国企业管理研究会社会责任委员会

第十二章
新的跨越

一分耕耘、一分收获。今天的国家电网公司已发展成为富有创新活力和国际竞争力的现代企业。科学战略引领、变革创新驱动、打造钢铁之师、优秀文化助力，这是国家电网公司十多年遵循的基业长青之道。

雄关漫道真如铁，而今迈步从头越。面向未来，"两个一百年"宏伟目标为国家电网公司指明了奋斗的方向，"两个一流"发展愿景激励我们不懈前行。只要我们沿着正确的方向执着奋进、拼搏进取，就一定能够实现企业发展的宏伟愿景，一定能够为中华民族伟大复兴的"中国梦"做出重要贡献。

国家电网公司的创新实践，为国有企业改革发展做出有益探索，充分展现出国有企业在全球化、市场化时代背景下的创新活力和竞争实力。我们对国有企业改革发展的前景充满信心。

> 明天总会来到，总会与今天不同。如果不着眼于未来，最强有力的公司也会遇到麻烦。
>
> ——彼得·德鲁克❶

---

❶ 美国管理学家，被誉为现代管理学之父。

超越卓越

国家电网管理
创新与实践

党的十八大以来，为实现"两个一百年"的奋斗目标和民族复兴的伟大梦想，党中央做出一系列战略部署，全面推进"五位一体"总体布局和"四个全面"战略布局，中国特色社会主义建设进入新的历史阶段。党和国家事业发展要求我们牢记责任使命，不断实现新的跨越，充分发挥国有企业在国民经济中的"脊梁"作用。

一、站在新的起点

十几年来，国家电网公司沿着具有中国特色的电网企业创新发展之路阔步前进，取得了显著进步。

电网发展开启崭新时代。 国家电网成为世界上技术水平最高、配置能力最强的交、直流混合大电网，电网结构不断完善，智能化水平持续提升，在经济社会发展中的作用和地位日益突出。基于特高压的成功实践和世界能源发展趋势，推动构建全球能源互联网，促进世界能源发展进入以电为中心、以清洁能源为主导、资源全球优化配置的新时代。

企业管理实现质的飞跃。 创新管理模式、变革组织架构、再造业务流程，深化机制建设，构建新的企业运营管理体制机制，管理层级和业务链条有效压缩，战略决策、集团管控、企业发展、资源配置能力显著增强，管理效率、经济效益、服务水平全面提高，企业价值、客户价值和社会价值持续提升，企业发展面貌深刻改变，管理水平登上新高峰，为建设百年老店、实现基业长青奠定坚实基础。

科技创新取得全面突破。 形成较为完整的科技创新体系，打造了一支实力强大的科技创新队伍，攻克特高压、智能电网、新能源等领域核心技术，建成全球规模最大的电力通信网和集团级信息系统，取得一大批拥有自主知识产权、占领世界电网技术制高点的重大成果，科技创新能力达到国际领先水平，具备了引领行业发展、参与全球竞争的优势和实力。

软实力实现显著提升。 打造了以"努力超越、追求卓越"企业精神和"诚信、责任、创新、奉献"核心价值观为特征的优秀企业文化，建成了一支自强不息、开拓创新、拼搏奋进的国家电网员工队伍，企业社会认同、品牌价值和美誉度、国际影响力显著提升，形成了推动企业科学发展、打造百年老店的强大软实力。

二、基业长青之道

国家电网公司的发展历程使我们对现代电网发展规律和大型企业集团发展规律有了更深刻的认识，对如何实现国家电网公司基业长青有了更深刻的体会。这些年我们以"两个转变"贯穿始终，走上了一条富有国家电网公司特色的创新变革之路（见图12-1）。

图12-1　国家电网公司创新变革之路

坚持以服务大局为重。 始终把服务党和国家工作大局、履行"三大责任"作为一切工作的出发点和立足点，自觉担负起优化能源资源配置、保障国家能源安全和民生、为社会经济稳定协调发展提供可靠电力供应的责任和使命，在服务大局中变革发展、实现价值。

坚持以科学战略引领发展。 始终以战略统领全局，抢占制高点，打造竞争力。增强战略预判，保持战略清醒，准确把握内外部环境变化，增强趋势预判能力。保持战略定力，坚持战略自信，只要企业发展环境没有发生重大变化，就要毫不动摇执行既定战略。推进战略创新，始终保持战略先进性和适应性。强化战略执行，建立科学战略执行体系，实施集团化运作，确保战略执行到位。

坚持以变革创新破解难题。 始终把变革创新作为引领发展的动力源泉，摆在企业发展的核心位置，以变革创新拓展发展空间，以变革创新突破发展瓶颈。不断解放思想观念，勇于破旧除新，善于接受新思想和新事物，乐于学习新理论、新技术和成功经验。创新从实际出发，不囫囵吞枣，不迷信老教条，不跟风"洋教条"，更不能照搬照抄。积极营造变革创新氛围，使企业敢于创新、乐于创新、勇于创新。

坚持以人为本提升企业素质。始终把队伍建设作为企业发展的根本，大力实施人才强企战略，汇聚一流人才、打造一流队伍。坚持以人为本，充分激发职工的积极性、主动性和创造性，形成企业变革创新和发展的合力。关心关爱员工，维护员工合法权益，积极通过多种渠道和方式促进员工的成长进步与能力提升，实现企业和员工的共同进步、共同发展。

坚持以优秀文化培育恒久动力。始终把企业文化建设作为打造核心竞争力的重要途径，以建设百年老店要求持续高度重视文化建设，将文化建设纳入企业发展总战略。注重在发展实践中培育和锻造富有特色的企业文化，将企业文化融入企业发展的全方位、全流程。具有国家电网公司特色的优秀企业文化，为企业发展提供了正确的价值引领、坚强的思想保障和强大的精神动力，激发出干部职工拼搏进取、干事创业的强大战斗力。

三、顺应发展大势

当前，我们处于改革发展新的历史时期。世界经济曲折复苏，我国经济长期向好的基本面没有改变，发展前景广阔。新一轮科技革命和产业变革蓄势待发，国际能源格局发生重大调整。在政策、市场、科技进步和国际影响等因素综合作用下，我国能源电力发展孕育深刻变革。国家电网公司需要因势而谋、因势而动、因势而进，承担起时代赋予的历史责任。

经济发展新常态。我国经济发展进入新常态，经济增速从高速增长转向中高速增长，经济驱动由要素和投资驱动转向创新驱动，经济发展方式从规模速度型粗放增长转向质量效率型集约增长。新型工业化、信息化、城镇化、农业现代化持续推进，改革红利不断释放。认识新常态、适应新常态、引领新常态，是当前和今后一个时期我国经济发展的"大逻辑"，对国家电网公司深化改革、创新发展、提质增效提出了新的要求。

国家治理现代化。党的十八届三中全会把"完善和发展中国特色社会主义制度，推进国家治理体系和治理能力的现代化"确定为全面深化改革的总目标，加快提升科学执政、民主执政、依法执政水平，实现党、国家、社会各项事务治理制度化、规范化、程序化。中央全面推进依法治国，推动建设中国特色社会主义法治体系、法治国家。全面从严治党，提升党的领导能力和执政水平，明确要求在国有企业改革中坚持党的领导，加强党的建设，保证国有企业改革发展中的社会主义方向。这些新要求对国家电网公司加快建设法治企业，推进企业治理制度化、规范化、法制化提出了新的要求。

能源生产消费革命。21世纪以来，随着可持续发展意识的增强，以清洁、低碳、高效为特征的能源革命迅猛发展，能源生产清洁化、消费电气化、配置全球化已是大势所趋。从生产侧看，趋势是清洁替代；从消费侧看，趋势是电能替代；从配置环节看，趋势是构建全球能源互联网。我国是这场能源生产和消费革命的重要策源地。建设全球能源互联网，推动以清洁和绿色方式满足全球电力需求，根本解决能源环境问题，成为国际社会广泛共识。建设中国能源互联网，促进全球能源互联网发展，将对国家电网公司能源电力技术创新、特高压和智能电网建设、清洁能源并网消纳、国际业务及产业、金融发展提出更高要求，带来更多的发展机遇、更广阔的发展空间。

国资国企改革。党的十八届三中全会提出，要完善国有资产管理体制，以管资本为主加强国有资产监管，准确界定不同国有企业功能，积极发展混合所有制经济；推动国有企业完善现代企业制度，以规范经营决策、资产保值增值、公平参与竞争、提高企业效率、增强企业活力、承担社会责任为重点，进一步深化国有企业改革。中央《关于深化国有企业改革的指导意见》明确，从分类推进国有企业改革、完善国企现代企业制度建设、发展混合所有制经济、强化监督防止国有资产流失、加强党对国有企业的领导等方面深化国有企业改革，着力提高国有企业核心竞争力和国有资本运营效率，引导和支持国有企业做强做优做大。新一轮国资国企改革为国家电网公司加快发展提供了更加清晰稳定的体制环境，同时对国家电网公司完善法人治理、强化激励约束、发展混合所有制等提出新的要求。

电力体制改革。2015年，中共中央、国务院发布《关于进一步深化电力体制改革的若干意见》，坚持"管住中间、放开两头"的体制架构，明确"三放开、一推进、三强化"（"三放开"即放开新增配售电市场，放开输配以外的经营性电价，放开公益性、调节性以外的发电计划；"一推进"即推进交易机构相对独立；"三强化"即强化政府监管、强化电力统筹规划、强化和提升电力安全高效运行和可靠性供应水平）的改革重点和路径。加快推进输配电价改革、电力交易体制改革、售电侧放开改革等，对国家电网公司优化资源配置、提升服务水平、增强市场竞争力提出更高要求，对电网运行管理、电力市场格局、企业盈利模式等带来深刻影响。

全球竞争格局。全球治理体系深刻变革，发展中国家力量继续增强。经济全球化趋势进一步加强，各国之间既合作又竞争，主要经济体加速推动经济结构转型，加快发展新兴产业，积极抢占未来发展制高点。国有大型企业是国家经济的支柱、国家发展的主要带动力，也是国际竞争的主要载体，党的十八大提出"加快走出去步伐，增强企业国际化经营能力，培育一批世界水平的跨国公司"。全球竞争的大格局和国家支持国企"走出去"战略，为国家电网公司国际化发展提供了机遇，同时对加快创新发展，增强核心竞争力提出更高的要求。

四、致力新的跨越

党的十八大提出"两个一百年"奋斗目标，对国家电网公司履行"三大责任"提出了更高要求。站在新的起点上，国家电网公司要坚持"两个一流"发展愿景，秉持"努力超越、追求卓越"企业精神，以科学的发展理念为引领，保持战略定力，坚定发展信心，拓展发展格局，积极创造新的价值，推动电网和企业发展实现新的跨越。

（一）发展理念

在新的发展阶段，国家电网公司将坚持贯彻创新、协调、绿色、开放、共享的发展理念，主动适应经济发展新常态、能源发展新格局、创新发展新趋势、深化改革新要求，破解难题，发挥优势，创造价值。

创新发展：坚持把创新作为推动企业发展的第一动力，摆在企业发展全局的核心位置，推进理论创新、战略创新、科技创新、管理创新、文化创新等全方位创新，以创新激发活力、增强动力、打造优势、拓展空间，持续提高企业核心竞争力和价值创造力。

协调发展：统筹优化发展布局，正确处理发展中的重大关系，着力破解难题、补齐短板、挖掘潜力，推进电网、金融、产业、国际业务协同发展，促进不同区域、不同单位协调发展，同步提升企业软实力和硬实力，促进电网与经济社会协调发展，实现安全、质量、效益、服务目标相统一，增强发展的整体性、平衡性和协调性。

绿色发展： 坚持节约资源、保护环境，将绿色发展理念贯穿电网和国家电网公司发展的全过程，推动生产方式绿色化，建设资源节约型、环境友好型电网和低碳环保型企业。大力推进节能减排，积极推动能源开发清洁替代、能源消费电能替代，全面促进社会节能，积极应对生态环境和气候变化挑战，做绿色发展的表率。

开放发展： 树立开放视野和全球思维，融入经济全球化大趋势，加快"走出去"步伐，提高国际竞争力和国际交流合作水平，形成开放发展新格局。坚持以改革促发展，转换经营模式，推动企业运营更加公开、透明，适应和满足市场需要。探索发展混合所有制经济，提高国有资本配置和运营效率。

共享发展： 坚持发展成果共享，以电网发展促进经济社会发展，为广大客户提供优质、便捷、经济、清洁、高效的供电服务。努力提升发展绩效，营造和谐劳动关系，建设和谐企业，实现职工与企业共同成长。推进企业生态系统建设，管理好企业运营对利益相关方的影响，模范履行社会责任，实现企业与社会共同进步，为保障和改善民生做出更大贡献。

（二）发展方向

国家电网公司将坚持"两个转变"不动摇，按照社会主义市场经济发展方向和要求，持续创新突破，不断变革求索，打造理念先进、管理卓越、开放竞争的现代化、国际化企业集团，成为我国经济社会发展的重要支柱和参与国际竞争的"中国代表"。

市场化： 遵循市场经济规律，牢固树立市场意识、竞争意识和服务意识，在战略管理、资本运营、资源整合、风险控制、品牌营销等方面全面引入市场化管理理念，形成适应市场经济发展要求的经营机制，增强市场竞争力，拓展新的业务和利润增长点。深入推进市场化改革，推动建立全国电力市场，形成主体多元、竞争有序的电力市场交易格局，使市场在资源配置中发挥决定性作用。

现代化： 遵循电网发展规律，以创新引领电网发展，广泛应用"大云物移"、人工智能等先进技术，全面提升电网的安全保障能力、资源配置能力、智能服务能力，建成现代化电网体系。遵循企业发展规律，持续创新体制机制，在组织架构、管理体制、运营机制等方面实施现代化改造，建立科学有效的治理结构和激励约束机制，健全完善现代企业制度，实现企业治理体系和治理能力现代化。

国际化：顺应经济全球化发展趋势，立足国内、放眼世界，树立全球战略思维和宽阔视野，瞄准建设国际一流企业发展目标，发挥企业技术、管理和资源等优势，培养全球化组织管理能力，推进战略、管理、技术、资本、人才、市场、品牌等全方位国际化，实现在全球范围配置资源、优化布局，在更大范围、更广领域、更高层次上参与国际竞争，加快向跨国公司转型，不断增强国际影响力和话语权。

（三）发展目标

面向未来，国家电网公司正在瞄准新的奋斗目标，全力打造"两个一流"，加快推动电网和企业发展再上新台阶。

1. 电网发展：建设中国能源互联网，成为世界一流电网

价值作用——能源资源优化配置能力全面提升，在能源战略转型中发挥关键作用，在"两个替代"中发挥主导推动作用，以能源可持续发展推动经济社会可持续发展。

形态结构——特高压交、直流电网协调发展，各级电网建设全面加强，与周边国家电网实现互联互通，2020年建成东部、西部两个同步电网，2025年形成一个同步电网。

技术装备——先进技术、装备和工艺广泛应用，设备质量和技术水平全面提升，大电网运行控制、电网智能化水平、清洁能源并网服务能力达到世界领先水平。

运行绩效——安全保障能力、供电服务质量、清洁发展水平、资源配置效率全面提高，主要运行指标和综合效益达到国际先进水平。

绿色发展——在电网规划设计、建设运行的全过程贯彻可持续发展理念，建成资源节约型、环境友好型电网，推动构建安全、清洁、永续供应的能源保障体系。

2. 企业发展：建设卓越现代企业，成为国际一流企业

业务布局——电网、产业、金融、国际业务协同发展，传统业务与互联网业务深度融合，实现业务全球布局、资源全球配置，构建全球竞争优势，适应跨境挑战，成为享誉全球的国际化企业。

战略管理——战略保持高度的前瞻性、适应性，推进企业管理、生产、服务全方位智慧化，全面建成智慧企业和现代企业管理体系，实现企业治理体系和治理能力现代化。

经营绩效——企业资源集约高效配置，经营管理水平达到国际一流，安全、质量、效率、效益等核心指标实现国际同业领先，企业综合实力和价值创造能力显著增强。

开放创新——构建面向世界、融合开放的创新体系，创新效益大幅提升，创新人才竞相涌现，形成崇尚"创新、创造、创业"的浓厚氛围，创新成为企业发展的核心驱动力。

品牌文化——坚定文化自信，弘扬卓越精神，强化责任担当，促进社会和谐，推动企业文化发展与物质发展相平衡，树立一流品牌形象，成为具有国际影响力、受人尊敬的优秀企业。

（四）发展价值

国家电网公司将始终坚持"四个服务"宗旨，不断提升服务能力和服务水平，更好地服务经济社会发展和人民生活；充分发挥行业领军作用，引领能源电力转型变革，助力全球经济繁荣，共同创造和谐美好新世界。

经济价值。提高管理效率，提升运营绩效，实现国有资产保值增值。保障电力安全可靠供应，提升优质服务水平，为客户和合作伙伴创造经济价值。发挥电网优化配置资源作用，推动中西部地区资源优势转化为经济优势，促进区域协调发展。构建全球能源互联网，推动电网跨越发展，促进能源和电力发展方式转变，带动产业升级，拉动经济增长，增强国家综合实力。

社会价值。贯彻国家政策法规，落实各项重大战略部署，满足经济社会发展的用电需求，在保障国家安全、服务现代化建设、维护社会和谐中发挥关键作用。坚持依法合规经营，积极履行企业社会责任，对利益相关方负责，营造良好发展环境。提供电力普遍服务，保障和改善民生，支持社会公益事业，维护社会公平。认真履行海外社会责任，负责任地开展国际化经营。

环境价值。树立绿色低碳发展理念，建设绿色电网、绿色企业，将节约环保要求融入电网建设和企业运营全过程。实施清洁替代和电能替代，促进清洁能源大规模开发利用，优化能源结构，控制和减少温室气体排放，保护生态环境。倡导全员节能减排，推进绿色生产、绿色办公和绿色生活，促进低碳环保产业发展，提高资源配置和利用效率，促进生态文明建设。

五、国企发展之思

国有企业是推进国家现代化、保障人民共同利益的重要力量，为经济发展、社会繁荣、国家兴盛、民族崛起做出了重要的历史贡献。面向未来，国有企业面临日益激烈的国际竞争和转型升级的巨大挑战，在推动我国经济持续增长、建设社会主义现代化强国、推进"四个全面"战略布局、实现"两个一百年"奋斗目标的进程中，肩负着光荣而艰巨的使命和责任。

国家电网公司的实践表明，国有企业完全能够搞好，完全能够跟国际一流企业同台竞技、一较高低。我们对搞好国有企业充满信心。党的十八大以来，中央对深化国资国企改革做出一系列决策部署，为国有企业深化改革、加快发展指明了方向。搞好国有企业，必须坚决贯彻中央部署和要求，准确把握国企定位，发挥国企自身优势，加强国企领导班子建设，营造良好发展环境，推动国企做强做优做大，走中国特色国有企业创新发展道路。

（一）准确把握发展定位

国有企业是公有制经济的重要组成部分和实现形式，是社会主义基本制度的重要经济基础，是党和国家事业发展的重要政治基础和物质基础。在建立和完善社会主义市场经济体制的过程中，国有企业只能加强，不能削弱。国有企业主要分布在国民经济的重要行业和关键领域，是发展国民经济、保障和改善民生、维护社会和谐稳定的重要力量，在经济建设中发挥着主导作用，在宏观调控中发挥着"稳定器"作用。国有企业经过多年发展，已经成长为有实力的创新主体，在重大科技创新方面代表着国家最高水平，是建设创新型国家的战略基地和核心力量。落实国家"一带一路"和创新驱动等重大战略部署，推进"中国制造2025""互联网＋"，加快"走出去"步伐，国有企业"创新、创造、创业"的空间更为广阔。面对新形势、新任务，推动国有企业改革发展，必须准确把握国有企业发展定位，坚守使命责任，从全局和战略的高度谋划企业发展，以国家和人民利益为根本出发点和落脚点，坚持志存高远，努力追求卓越，认真落实国家各项要求，切实履行政治责任、经济责任和社会责任，实现经济、社会、环境综合价值最大化。

（二）发挥国企独特优势

加快国有企业发展，需要发挥自身优势，把优势转化为发展动力和竞争实力。坚持党的领导，是中国特色社会主义最本质的特征，也是国有企业的独特政治优势。加强和改进党对国有企业的领导，充分发挥国有企业党组织政治核心作用，是深化国有企业改革必须坚守的政治方向、政治原则，任何时候都不能动摇。国有企业尤其是中央企业，在长期发展中积累了丰厚的物质和精神财富，资源丰富、人员众多、基础厚实，通过创新体制机制，强化战略协同，推进集团化运作，能够充分发挥企业规模优势，构建全集团"一盘棋"运作格局，形成集团整体合力，最大限度地释放体制活力和发展潜力。同时，推进国有企业沿着产业链进行重组整合，打造具有全产业链竞争能力的大型企业集团，能够实现更大范围的资源优化配置，对于避免同业竞争、消化过剩产能、推动产业升级、提升国家竞争力具有重要意义。国有企业培养和聚集了一大批高素质的人才，拥有一大批国家级科研机构，在很多领域已接近或达到世界领先水平，具备与跨国公司同台竞技的实力，在落实"一带一路"建设、实施创新驱动和"制造强国"等战略部署中能够发挥骨干作用。

（三）致力做强做优做大

习近平总书记强调，国有企业是壮大国家综合实力、保障人民共同利益的重要力量，必须理直气壮做强做优做大，不断增强活力、影响力、抗风险能力，实现国有资产保值增值。党的十八大以来，党中央、国务院关于国有企业改革出台了一系列方针政策，对国有企业发展壮大寄予了殷切的期望。建设社会主义现代化强国，需要具有强大活力的现代化国有企业。近年来，我国国有企业进入世界500强的企业数量逐年增加，排名持续提升，越来越多的国有企业迈向世界一流企业行列，国际竞争力和影响力不断增强。实践证明，国有企业在市场经济条件下完全可以搞好，完全可以为经济社会发展创造更大价值、做出更大贡献。

做强做优做大国有企业要坚持走中国特色道路。国有企业是中国特色社会主义的重要支柱，推动国有企业改革发展必须走中国特色道路。必须坚持党的领导，深入探索现代企业制度条件下发挥党组织政治核心作用的有效方法与途径，努力把企业党组织的政治优势转化为发展优势。必须完善体制机制，强化开放意识、竞争意识、效率意识，推进企业管理创新，建立健全现代企业制度，完善激励约束机制，提升管理效率和经营效益。必须做强核心业务，坚持创新引领，把握战略方向，推动资金、技术、人才等资源向主业集中，提高国际化经营水平，不断增强企业的核心发展能力和市场竞争力。必须培育先进文化，贯彻社会主义核心价值观，建立符合企业实际、统一先进的企业文化，坚持人才强企，激发各类人才的积极性、主动性、创造性，营造干事创业的良好氛围。

（四）打造卓越的领导力

事业兴衰，成败在人。一个企业发展得好不好，关键在领导班子。抓好领导班子建设，是事业之基，发展之要。党的十八届三中全会和中央《关于深化国有企业改革的指导意见》就国有企业建立职业经理人制度、更好发挥企业家作用提出了要求。2015年中央出台了《关于在深化国有企业改革中坚持党的领导加强党的建设的若干意见》。落实中央部署和要求，进一步加强国有企业领导班子建设，打造一支德才兼备、善于经营、充满活力的优秀企业家队伍，对加快国有企业改革发展尤为关键。

加强国有企业领导班子建设，关键是要建设"四型"（学习型、创新型、复合型、实干型）领导班子，打造卓越的企业领导力。建设学习型班子，就是要坚持加强企业党的建设，坚定理想信念，强化大局观念，增强责任意识，勤于学习、勇于实践、努力超越、追求卓越，不断提高思想认识水平和工作质量。建设创新型班子，就是要坚持解放思想、更新观念、与时俱进、开拓创新，敢想、敢做、敢当，以开阔视野、超前思维、先进理念引领企业发展，不断开创新局面、打造新格局。建设复合型班子，就是要坚持加强能力建设，提高学习能力、实践能力和创新能力，外知大势、内明企情、擅长管理、精通专业，不断提高综合素养、增强业务能力。建设实干型班子，就是要坚持发扬艰苦奋斗的优良传统，求真务实、真抓实干，锐意进取、迎难而上、百折不挠，清正廉洁、干事干净，不断取得新进步、做出新贡献。

（五）营造良好发展环境

企业不是孤立存在的，其生存发展需要和谐的外部环境。国有企业的发展，离不开全社会的关心、理解和支持，离不开和谐健康的企业生态系统。政府、合作伙伴、客户、员工、社团组织、媒体等利益相关方都是企业生态系统的重要成员。和谐健康的企业生态系统，具有自我进化的内在动力，将对国有企业的发展壮大产生巨大推动作用。构建和谐健康的企业生态系统，需要重视沟通、善于沟通、积极沟通，通过沟通增进了解、形成共识、建立互信，有效凝聚发展合力；需要所有成员发挥积极作用，互相协作配合，共同打造有利于企业发展的政策环境、竞争有序的市场环境、政通人和的社会环境、有利于企业家成长的人才环境，形成有利于国有企业发展的良好氛围。

营造良好发展环境，不仅需要各方理解和支持，国有企业自身也需要不断改进工作、提高水平。这些年，许多国有企业发展取得了很大进步，但是与党和国家的期望相比、与国际一流企业相比仍然存在差距，还需要坚持不懈地努力。当前尤其要深入贯彻创新、协调、绿色、开放、共享的发展理念，锐意改革创新，完善体制机制，着力解决制约企业发展的突出矛盾和问题，不断提高发展质量和效率效益。同时，需要强化企业自律，自觉接受政府监管、社会监督，塑造负责任的企业形象。

改革开放以来，我国国有企业改革发展取得了巨大成就。展望未来，我们对国有企业改革发展的前景充满信心。国家电网公司需要坚持努力超越、追求卓越，突破创新，不断取得新的成绩，向国际一流企业阔步迈进，为实现"两个一百年"奋斗目标和中华民族伟大复兴"中国梦"做出积极贡献。

附 录

公开发表文章选编

（2005～2016年）

目　次

落实科学发展观　加快建设坚强的国家电网

（原文发表于《中国电力报》2005年2月24日）

党的十六大提出了全面建设小康社会的发展目标。电力工业是关系国计民生的基础产业。在我国电力工业发展中，国家电网承担着优化能源资源配置方式、保障国家能源安全和促进国民经济发展的重要作用。国家电网公司作为国有重点骨干企业，承担着建设运营和发展国家电网的重大责任。为实现更大范围的资源优化配置，促进我国能源集约化开发和高效率利用，促进经济与社会的可持续发展，国家电网公司认真分析了我国电力工业和电网发展的现状以及未来的发展趋势，深刻认识到，在现有电网装备和运行水平的基础上，亟须加快建设以百万伏级交流和±800千伏级直流系统特高压电网为核心的坚强的国家电网，为国民经济和社会发展提供安全、可靠的电力服务。这是国家电网公司实践"三个代表"重要思想、全面落实科学发展观、推动电力工业持续健康发展的战略举措，也是增强国有经济控制力、加强党的执政能力建设的需要，是国家电网公司服务于全面建设小康社会的重要使命。

建设坚强的国家电网　是加快我国电力工业发展的必由之路

建设坚强的国家电网是满足未来我国电力需求持续增长的基本保证。 改革开放以来，随着国民经济的持续快速发展，我国电力工业呈现加快发展的态势。从1987至1994年，我国新增发电装机容量1亿千瓦用了7年时间，而从1994至2004年，新增发电装机容量2亿千瓦仅用了10年时间。特别是2004年，我国实现新增装机容量超过5000万千瓦，总装机容量达到4.4亿千瓦，预计到2005年底，总容量将超过5亿千瓦。如此快的发展速度在世界范围都是前所未有。党的十六大提出了全面建设小康社会的奋斗目标，到2020年实现国内生产总值在2000年的基础上翻两番，达到4万亿美元，年均增速达到7.2%左右。为满足经济持续快速发展和人民生活水平不断提高的需要，电力需要保持较快的增长速度。根据预测，到2020年，我国全社会用电量将达到约46000亿千瓦·时，需要装机容量约10亿千瓦，在2005年的基础上翻一番。这就意味着，从现在起到2020年的15年间，我国将需要新增装机5亿千瓦以上，年均新增装机超过3300万千瓦，电力需求和电源建设的市场空间十分巨大。我国电网面临持续增加输送能力，将大规模电力从发电厂安全可靠地输送到终端用户的艰巨任务。目前，我国电网跨区输电主要以500千伏交流和±500千伏直流系统为主，较大幅度增加电力输送能力和规模受到严重制约，亟须加快建设电压等级更高、网架结构更强、资源配置规模更大的以特高压电网为核心的国家电网，才能满足新增5亿千瓦装机这样大规模的电力输送和供应，保障经济与社会的持续健康发展。

建设坚强的国家电网是优化我国能源资源配置方式的现实途径。我国是世界能源消费大国，煤炭消费总量居世界第一位，电力消费居世界第二位，但一次能源分布和生产力发展水平却很不均衡。煤炭、水能主要分布在西部和北部，能源和电力需求主要集中在东部和中部经济发达地区。我国水能资源经济可开发容量3.95亿千瓦，四分之三以上分布在西部四川、云南、西藏地区；煤炭资源探明保有储量的五分之三以上分布在晋陕蒙三省（区）。能源产地与能源消费地区之间的能源输送距离、规模越来越大的基本特征决定了我国电力发展战略与美国、西欧、日本等西方国家有着很大的差异性，必须结合国情，走具有中国特色的电力发展之路。这种能源分布与消费的不平衡状况，决定了能源资源必须在全国范围内优化配置，必须以大煤电基地、大水电基地为依托，实现煤电就地转换和水电大规模开发，通过建设以特高压电网为核心的坚强国家电网，实现跨地区、跨流域水火互济，将清洁的电能从西部和北部大规模输送到东中部地区，这是解决我国能源和电力供应问题的根本途径，是由我国基本国情所决定的。同时，建设坚强的国家电网，还有利于西部地区将资源优势转化为经济优势，促进西部大开发，实现区域经济协调发展。我国部分地区褐煤资源十分丰富，由于褐煤燃值低、外运成本高，只适合于就地发电。建设特高压电网，是解决褐煤基地电力大规模外送的最有效方式。

建设坚强的国家电网是促进电网电源协调发展的有效手段。长期以来"重发（电）轻供（电）"，造成电网建设投入不足，电网严重滞后。"八五"和"九五"期间，电网投资占电力投资的比重分别仅为13.7%和37.3%，而发达国家电网投资比重一般超过55%。近年来，随着电源建设步伐的加快，电网规划建设滞后和输电能力不足的问题日益突出，加剧了电网与电源发展不协调的矛盾，带来一系列问题：一是现有交流500千伏跨区同步互联电网联系薄弱，系统稳定水平降低，输电能力严重不足，难以满足西部和北部能源基地大规模、远距离电力外送的需要。二是电网的水火互济和跨流域补偿能力明显不足。如华中、华北电网由于没有形成坚强的交流同步电网，华中电网以水电为主，丰水年份有时被迫弃水，而枯水年份水电减发，加上电煤供应不足，将导致难以解决的缺电困境；华北电网以火电为主，在华中电网枯水期时即使有电力富余也难以输送。三是电网规划滞后难以引导电源合理布局。电网建设跟不上电力需求增长，西部、北部的电力难以输送到东部负荷需求密集地区，造成东部地区不得不大量新增煤电项目，加剧了煤炭供应和交通运输的紧张局面，降低了能源配置和利用效率。为了尽快扭转这种状况，必须加快建设坚强的国家电网，从根本上解决我国电网建设滞后问题，引导电源合理布局，促进电源集约化建设和规模化经营，减少投资和运营成本，促进电网与电源协调发展。

建设坚强的国家电网是培育和发展国家级电力市场的重要条件。 党的十六届三中全会提出，要完善社会主义市场经济体制，建设统一、开放、竞争、有序的现代市场体系，更大程度地发挥市场在资源配置中的基础性作用。市场化是我国电力工业发展的基本取向。建立电力市场的根本目的，在于发挥市场对资源配置的基础性作用，有效调节电力供求关系，引导电力投资，优化能源资源配置，提高效率和效益。电网是电力市场的基础和载体，只有建设以特高压电网为核心的坚强国家电网，才能够充分发挥大电网的优势，实现跨大区、远距离、大范围的电能输送和交易，更好地调节电力平衡，促进全国范围的资源优化配置，奠定发展国家级电力市场的基础。

建设坚强的国家电网是提高电力和社会综合效益的必然选择。 发展大电网是电力工业发展的客观规律，是世界各国电力发展的共同经验。我国地域辽阔，时差、季节差十分明显，加上地区经济发展不平衡，使不同地区的电力负荷具有很强的互补性。建设坚强的国家电网，在安全性、可靠性、灵活性和经济性等方面具有诸多优势：一是提高电网安全性和可靠性。联系紧密的国家电网形成后，有利于实现分层分区供电，从根本上解决跨大区之间500千伏交流弱联系带来的动态稳定、低频振荡等问题。特高压直流输电与特高压交流电网相配合，可以避免出现受端负荷中心直流多落点可能带来的系统稳定问题。发展特高压电网，可以从根本上解决系统短路电流超标问题，提高电网安全水平，还可以为东部核电站建设提供坚强的电网支撑，解决核电站安全和输电走廊等问题。二是节约土地资源。一回特高压交流线路可输送500万千瓦左右，一回特高压直流线路可输送600万千瓦左右，是500千伏电网输送容量的5至6倍，可以显著减少输电线的回路数，少占土地。三是具有显著的经济效益。能够实现跨流域调节和水火互济，减少系统备用和弃水电量，降低网损。同时，推动在我国西部和北部煤炭基地发展壮大一批大型煤炭和发电企业，提高煤炭、发电行业的集约化发展水平，提高资源的开发效率，节约电源建设投资和运行成本。四是减轻运输和环保压力。特高压电网可以引导西部煤电基地的集约化开发，减少东部地区煤电项目建设规模，有利于缓解运输紧张状况，减少污染物排放量。据测算，特高压电网建成后，可以减少发电装机2000万千瓦，每年综合节电效益可达1000亿千瓦·时以上。

建设坚强的国家电网　是电力工业技术创新的重大举措

科学技术是第一生产力。我国电力工业必须依靠科技进步，不断创新，实现加速发展。20世纪，我国通过三峡工程建设，站在了世界电力科技发展的前列。21世纪，要通过建设以特高压电网为核心的国家电网，使我国电力科技水平再上一个新台阶。发展特高压输电技术，市场在中国，创新在中国。建设特高压电网，是世界电网发展领域一项崭新的事业，对于增强我国科技自主创新能力、占领世界电力科技制高点具有深远的意义。我们要敢为人先，敢于走在世界电网科技发展的前列。我国500千伏输变电技术已基本成熟，国内具备了相应的设计、建设和运行能力，设备制造也基本实现了国产化。下一步，我们要依靠科技创新和技术进步，加快建设以特高压电网为核心的坚强国家电网，加强技术储备，推进我国电网的技术升级，带动国内相关科研、设计、制造、建设等企业的技术创新，提高电力及相关行业的整体技术水平和综合竞争实力。

依靠科技进步和自主创新　发展我国特高压电网技术和装备

国际特高压输电技术研究和应用取得了可供我国借鉴的积极成果。特高压输电技术一直受到国际上的普遍关注，并进行了相关研究和论证，取得了一定成果。20世纪60年代以来，美国、苏联、意大利、日本等国家先后制定了特高压输电计划，其中苏联和日本分别建设了百万伏级输变电工程（目前降压500千伏运行）。上述国家相继建成了特高压输电试验室、试验场，对特高压输电可能产生的许多问题如过电压、可听噪声、无线电干扰、生态影响等进行了大量研究并取得了积极成果。国际大电网会议（CIGRE）专题工作组在综合分析各国对特高压技术的研究工作后指出：特高压技术没有难以克服的技术问题。国际大电网会议和电气与电子工程师学会（IEEE）通过对±800千伏、±1000千伏和±1200千伏等级直流输电的研究表明：±800千伏级直流输电是可行的方案。目前一些经济增长较快的国家如印度、巴西等国也开始着手研究发展特高压电网的问题。

我国特高压技术研究取得重要进展。 从1986年开始，我国连续将特高压输电技术研究列入国家"七五""八五"和"十五"科技攻关计划。在过去的二十年里，我国科研机构在特高压领域做了大量工作，特高压技术研究已进入实用技术研究和试验，取得了一批重要科技成果。相继开展了我国更高一级电压远距离输电方式和电压等级的选择问题的研究，进行了特高压输变电设备、线路、铁塔、典型变电所的分析论证和特高压输电系统过电压、绝缘配合及输电线路对环境影响的研究工作。1996年在武汉高压研究所户外场建成了我国第一条200米特高压试验研究线段，进行了特高压输电线路对环境的影响、特高压外绝缘特性和绝缘子串电压分布等研究。通过我国特高压输电技术的研究，也培养了一大批具有很高理论水平和实践经验的工程技术专家和院士。电力系统的许多老领导、老专家和广大工程技术人员，为特高压技术的研究和发展倾注了大量的心血和汗水，取得了丰硕的成果，为今后建设特高压电网奠定了重要基础。近期，随着我国特高压电网建设工作的启动，一大批科研院所、设计和设备制造企业开始集中力量研究有关技术和设备问题，为下一步特高压电网发展创造了良好条件。

我国设备制造业具备发展特高压的实力和能力。 自力更生发展特高压电网，设备制造十分关键。近年来，随着我国电网技术装备水平的不断提高，相关设备制造企业的技术水平和国产化能力也不断提升。目前，500千伏输变电设备已基本实现了国产化，同时，具备生产±500千伏直流主设备、直流控制保护的能力，800千伏级直流线路、绝缘子、金具，完全可以实现国产化。西北750千伏输变电示范工程将于今年投产，通过750千伏输变电设备制造技术引进消化吸收，国内电工设备制造厂对变压器、电抗器、导线、金具等主要特高压输变电设备，均具有一定的研制能力和供货能力，设备国产化也取得较大突破，变压器和高抗出厂试验一次通过，显示了我国在输变电设备制造方面较强的自主研发和创新能力，为特高压设备研发和制造打下了良好基础。从目前情况看，我国换流阀、直流滤波器、直流电压分压器、中性母线高速直流开关、直流避雷器，2010年左右能够实现国产化。总体来看，我国在推进特高压电网建设过程中，经过组织技术攻关，实施示范工程，对部分关键技术采用技术引进、消化完善等措施后，逐步实现特高压交流设备和±800千伏级直流设备制造的国产化是完全有可能的。

　　坚持独立自主的特高压电网发展之路。独立自主、自力更生是我国一贯坚持的基本方针。特高压技术和装备的研发和应用，是一项具有挑战性的课题。国外研究和试验成果为我国发展特高压技术和装备提供了有益的借鉴。在我国特高压电网发展的起步阶段，需要也有必要积极借鉴国际上已有的成果和经验，通过学习和引进技术，逐步消化吸收，努力增强自主开发能力，促进国产化水平的提高。我们应该看到，世界范围内特高压输电技术虽然取得很大进展，但是近年来，随着我国科学技术的高速发展，设备制造水平和技术工艺都有了很大提高，国外原来的领先优势已不十分明显，加上我国的自然条件和电网运行环境与国外有很大的不同，如高海拔、高污秽和重冰等，使得国外的设备和技术很难在我国直接应用，必须充分发挥我国的自主创新能力，依靠自己的力量发展特高压电网。我们要坚定信心，奋发图强，坚持一切从实际出发，一切从我国国情出发，充分发挥已有的特高压科研能力和设备制造条件，推动我国特高压电网的快速发展。

树立科学发展观　建设以特高压电网为核心的坚强国家电网

　　我国电网发展经历了从省域电网到区域电网、再到跨大区电网的发展阶段。20世纪70年代至90年代初期，主要是省（区）电网逐步发展的过程。1989年，葛洲坝—上海±500千伏直流输电工程的投运，实现了华中向华东送电。从90年代起，随着三峡输变电、西电东送和全国联网工程的实施，我国电网建设步伐加快。近几年，各大区电网相继实现互联。下一步，国家电网公司将落实科学发展观的要求，认真把握好以下基本原则，以特高压电网为核心，进一步加快建设坚强的国家电网。

　　坚持可持续发展。服从国家能源发展战略和国家电力中长期规划，服务于国民经济和社会发展的大局，保证电力安全、可靠供应。

　　坚持统一规划。用国家电网规划指导区域、省级电网规划，用电力规划引导电源布局，实现电网、电源在统一规划下协调发展，提高电力工业整体效益。

　　坚持各级电网协调发展。既要加快特高压骨干网架的建设，又要依靠科技进步，实施电网技术改造和升级，提高现有各级电网输配电能力，实现各级电网技术水平和综合效益的全面提升。

　　坚持自主创新。依靠我国自己的力量，发展具有自主知识产权和核心竞争力的关键技术和设备，提高自我发展能力。

　　建设坚强国家电网的总体思路是，充分利用先进技术和设备，在加强现有电网技术改造和升级的同时，以构建特高压电网为核心，完善由不同电压等级、不同输电方式合理配置、覆盖各地区的国家电网，提高电网的输配电能力和整体效率，优化资源配置方式，为国民经济发展提供安全、经济、优质的电力服务。

国家电网特高压骨干网架的建设应符合"规划科学，结构合理，技术先进，安全可靠，运行灵活，标准统一，经济高效"的目标要求，具备电力跨区域、大容量、远距离、低损耗输送的功能，实现与500千伏电网有效衔接，可极大地促进跨大区、跨流域的水火互济和更大范围的资源优化配置。根据我国电网的现状，综合考虑科研、设备供应、环保和土地利用等因素，国家电网特高压骨干网架由百万伏级交流和±800千伏级直流系统构成，电压等级匹配合理，经济性好，适应性强。

在建设特高压电网过程中，要注意百万伏级交流和±800千伏级直流输电方式的合理选择。从输送能力来看，百万伏级交流线路输送的自然功率与±800千伏级直流输送功率大致相当。从输电距离来看，百万伏级交流输电的经济适用范围为1000～1500千米。当输电距离超过1000千米，±800千伏级直流输电方案优于交流输电。从电网特点看，特高压交流具有交流电网的基本特征，可以形成坚强的网架结构，理论上其规模和覆盖面是不受限制的，电力传输和交换十分灵活。特高压直流是点对点送电，不能形成网络，必须依附于坚强的交流输电网才能发挥作用，在受端电网直流落点不宜过多。因此，交流特高压定位于更高一级电压等级的网架建设和跨大区送电；而±800千伏级直流输电定位于部分大水电基地和大煤电基地的远距离大容量外送上。特高压交流与直流在特高压电网中的应用是相辅相成和互为补充的，要根据具体情况区别选择。

根据我国电网的现状，着眼于能源资源优化配置的需要，要以构建华中—华北坚强的同步电网为核心，以晋陕蒙宁煤电基地和西南水电开发为契机，在华北与华中电网率先建设贯通南北的百万伏级交流通道，将华中与华北构筑成为联系紧密的同步电网。由于华东电力市场空间庞大，需要大规模地接受来自晋陕蒙煤电基地的电力，华中—华北同步电网的范围将通过百万伏级交流特高压扩大到华东电网。在华北、华中和华东建成坚强的特高压网架，西南水电外送采用特高压交流或直流，共同形成覆盖大电源基地和负荷中心的特高压电网。到2020年前后，国家电网特高压网架基本形成四横六纵多受端的格局。国家电网跨区输送容量将占全国装机总容量的25%以上。

在国家统一组织领导下　加快推进特高压电网建设

建设以特高压电网为核心的坚强国家电网，关系国家能源战略和能源安全，关系国民经济的可持续发展，涉及电力规划、科研、设计、设备制造、建设、运行、国际合作等各个方面，极具挑战性和开拓性，是一项具有重大政治意义、经济意义和技术创新意义的宏伟事业。要完成这样一项系统工程，必须在国家的统一领导和统一规划下，集中各方智慧，协调各方力量，有计划、有步骤地加快推进。

按照电力工业发展规划"加快研究更高一级电压输电技术，启动更高一级电压等级的建设"的要求，近期，国家发展改革委牵头组织国家电网公司等单位启动了开展百万伏级交流和±800千伏级直流输电技术前期研究工作，工作重点主要是根据我国国情，科学深入地论证特高压输电的技术和经济性，在研究落实国内输电设备设计制造方案的基础上，提出特高压示范工程选择的原则和建议。研究的主要内容包括特高压技术基础研究、国内特高压设备开发与制造能力研究、特高压经济性研究以及特高压网架前景和示范工程的选择等。这标志着我国特高压电网建设在政府主导下，已进入实施阶段。国家电网公司在建设坚强的国家电网中担负重大的责任和使命。我们将遵循"科学论证、示范先行，自主创新、加快推进"的指导方针，不断克服困难，开拓创新，扎扎实实做好各项工作。

加强组织领导，协调推动各项工作。建设特高压电网时间紧迫、任务重、工作量大，创新性强。国家电网公司对特高压电网建设高度重视，列入了公司发展的战略日程和工作重点。为加强领导、统一组织，专门成立了特高压电网建设工作领导小组和办公室，制订周密计划，指导协调和统筹组织特高压有关工作。还成立了由多名院士和专家组成的顾问小组，对研究过程中的重要技术方向和技术原则进行参谋和咨询。公司多次召开专题会议，听取工作的阶段性成果汇报，研究解决工作中遇到的困难和问题。近期，公司多次组织考察组，考察国内外相关企业。组织工程建设技术交流会，与国内外厂商进行技术交流和洽谈。加强向国家有关部门的汇报和沟通，及时报告工作思路和工作进展情况。同时，组织科研院所、设计和设备制造企业以及社会研究机构的力量，开展研究和技术攻关。对有关特高压发展的重大问题，认真听取各方面意见，以保证决策的科学性。

整合资源全力攻克特高压技术难关。为了集中优势、卓有成效地开展特高压研究工作，尽快取得实效，我们采取了一系列资源整合措施：一是整合现有研究成果，广泛收集国内外有关特高压研究的资料和数据，结合实际，深入分析我国发展特高压电网的重大课题。二是整合科研和技术资源，集中公司所属科研院所的特高压优势力量，对重大工程技术问题进行联合攻关，包括交流特高压电压等级论证、直流特高压输电方案优化、污秽测试和电磁环境研究等。三是整合特高压试验资源。公司所属科研单位已具备一定的特高压试验能力，通过对中国电科院、武汉高压研究所等现有试验设施的扩充和改造并发挥设备制造企业试验能力，可以满足特高压所需的试验要求。公司计划在电科院建设特高压直流试验基地，包括建设户外试验场及试验线段，在武高所完善特高压交流试验基地。四是深化特高压电网规划设计研究，对特高压电网初步规划进行深入分析计算和技术经济评价。另外，我们还将发挥各方面的力量，组织制定有关特高压电网的技术标准，指导工程设计、设备制造、建设和运行。

积极支持特高压技术和设备国产化。 胡锦涛总书记指出，加快提高我国科技自主创新能力，具有十分重大的意义，要大力增强科技创新能力，瞄准世界科技发展的前沿，加快国家创新体系建设，加强原始创新能力和集成创新能力，在实践中走出一条具有中国特色的科技创新路子。长期以来，我国电力设备制造企业与电力企业相互支持、密切配合，为我国电力事业的快速发展做出了突出贡献。发展特高压电网为电力设备制造业提供了良好的发展机遇。国家电网公司在推进特高压电网建设的过程中，始终坚持自主研发和积极消化吸收国外先进技术相结合的方针，主动加强与中国机械工业联合会和国内电工制造企业的交流和协作。在特高压电网的建设过程中，我们将积极采用国产设备，全力支持我国电工制造业的技术升级和发展。

全力以赴加快推进示范工程前期工作。 加快特高压电网发展的关键在于尽快启动并实施示范工程。对于示范工程的选择，应在研究落实国内特高压输变电设备设计制造方案的基础上提出，并保证设备研制、供货周期与示范工程实现有效衔接。根据我国西北750千伏交流输变电示范工程建设的经验，需要尽快确定特高压示范工程，力争早立项、早开工，并以示范工程为依托，积累经验，完善技术体系，为下一步特高压电网的加快建设和发展奠定坚实的基础。

关于特高压交流示范工程的选择，我们将从实际出发，考虑多种方案，提出建议。 示范工程建设规模要适中，有利于引导"三西"（山西、陕西、内蒙古西部）煤电基地开发外送，有利于构筑华北—华中坚强同步电网，实现两大电网的水火互济。关于特高压直流示范工程的选择，主要考虑西南水电外送。示范工程与我国大型煤电基地和大型水电站建设紧密结合，具有较好的示范作用和推广意义。国家电网公司将在国家有关部门的指导和协调下，举全公司之力，依靠各方力量，加快前期工作。目前，公司会同中国电力工程顾问集团公司等单位加紧开展示范工程前期工作，取得了阶段性成果，为工程立项创造了有利条件。

建设坚强的国家电网，是历史机遇，也是一项艰巨的任务。国家电网公司责无旁贷。我们有决心、有信心在党中央、国务院的正确领导下，艰苦奋斗，顽强拼搏，努力超越、追求卓越，去攀登世界电网技术的高峰，尽快把国家电网建设成为世界一流的电网，把国家电网公司建设成为"一强三优"（电网坚强、资产优良、服务优质、业绩优秀）的现代公司，为国民经济和社会发展做出新的更大的贡献。

国有企业应自觉履行社会责任

（原文发表于《人民日报》2006年5月8日）

国有企业作为一种经济组织，承担着重要的经济责任，要参与市场竞争，提高经营效益和效率。同时，国有企业特别是关系国家安全和国民经济命脉的国有重点骨干企业，是国民经济的重要支柱，是全面建设小康社会的重要力量，承担着重要的社会责任。国有企业自觉履行社会责任，是推进社会主义物质文明和精神文明建设的必然要求，是贯彻落实科学发展观、构建社会主义和谐社会的具体体现，也是树立企业良好形象、提高企业竞争力的现实需要。

做自觉履行社会责任的表率

国家电网公司经营的电网遍及全国大部分城乡，是关系国计民生的国有重点骨干企业，必须努力履行好自己的社会责任。

服务党和国家工作大局，提高经营效益和效率。服务党和国家工作大局的成效，是检验国有企业工作业绩的根本标准。提升经营效益和效率，壮大国有经济，巩固党执政的经济基础，是国家电网公司必须履行好的首要社会责任。

服务电力客户，持续为客户创造价值。供电服务是国家电网公司的基本职责。履行好这一职责，就要把提供优质服务作为生命线，把持续为客户创造价值作为不懈追求，按照服务理念追求真诚、服务内容追求规范、服务形象追求品牌、服务品质追求一流的要求，坚持以客户满意为中心，全面提高服务标准和服务水平；坚持以客户需求为目标，不断改进服务方式，创新服务手段，培育服务文化，打造服务品牌；坚持以社会监督为保证，强化服务质量控制，树立开放、进取、诚信、负责的新形象。

服务发电企业，促进电力工业可持续发展。电力系统具有统一性、系统性。服务发电企业，应按照市场定位，充分发挥电网发展对电源发展的促进作用，通过科学规划，促进电源发展和电力市场建设；建立网厂协调机制，严格执行"三公"调度。建立完善国家、区域、省三级电力市场体系，营造公平有序的市场环境，促进资源优化配置。

服务经济社会发展，促进资源节约型、环境友好型社会建设。电力关系国家经济发展和能源安全。强化安全供电工作，提供安全、可靠的电力供应，是对电力企业的基本要求。国家电网公司要加强需求侧管理，引导客户科学用电、节约用电、合理用电，提高电能利用效率。认真执行国家产业政策，配合政府做好淘汰落后生产能力的工作，为实现今年单位国内生产总值能耗降低4%左右、"十一五"期间降低20%的目标做出积极贡献。

服务社会主义新农村建设，统筹城乡电网发展。积极组织实施以"转变发展方式、建设新型农网、统一品牌服务、惠及家家户户"为核心的"新农村、新电力、新服务"农电发展战略，大力发展农电事业，提高农村电气化水平，促进农村生产力发展，改善农民生产生活条件。当前，要全面实施"户户通电"工程，到2010年使凡是通过国家电网最大限度延伸能够解决供电问题的地区，基本实现"户户通电"。

服务社会主义精神文明建设，做社会道德表率。国家电网公司要坚持依法经营、诚信经营，主动接受政府监管和社会监督，做依法治企的表率；自觉加强节能降耗和环境保护，做建设资源节约型、环境友好型社会的表率；教育引导员工努力践行"八荣八耻"，加强党风廉政建设，参与各种社会救助和公益事业，做实践社会主义荣辱观的表率。

不断提高履行社会责任的能力

国家电网公司切实履行社会责任，必须认真贯彻落实科学发展观，坚持发展公司、服务社会的基本价值取向，建设有利于履行社会责任的企业文化，不断提高履行社会责任的能力。

转变电网发展方式，为履行社会责任提供坚实的物质基础。规划、建设和运营好电网，实现电网科学发展，是国家电网公司全面提高履行社会责任能力的根本途径。公司将认真落实国家能源发展战略，科学规划电网发展，加快建设以特高压电网为核心、各级电网协调发展的坚强国家电网，促进能源资源跨大区、跨流域、远距离、大规模优化配置，提高能源资源利用效率，缓解能源和环境对经济发展的制约，更好地为经济社会可持续发展服务。认真吸取国外大停电事故的教训，建立完善应急体系和应急机制。围绕特高压电网建设、大电网安全稳定运行和电力市场体系建设等重点领域，加快自主创新，推动电网技术升级，促进电力工业和装备业的技术创新和升级。

转变公司发展方式，提高公司的可持续发展能力。以建设"电网坚强、资产优良、服务优质、业绩优秀"的现代公司为目标，以提高效益和效率为中心，坚持集团化运作、集约化发展、精细化管理，转变公司发展方式，实现资产优良和运营高效，最大限度地创造社会财富。

　　坚持以人为本、忠诚企业、奉献社会，形成自觉履行社会责任的共同价值观。员工是企业履行社会责任的主体。国家电网公司将认真贯彻温家宝总理"企业要向社会负责，并自觉接受社会监督"的指示精神，坚持以人为本、忠诚企业、奉献社会，积极开展"爱心活动"、实施"平安工程"，倡导关爱企业、关爱他人、关爱自己、关爱家庭、关爱社会，确保电网安全、员工安全、企业稳定、社会和谐，培育和弘扬自觉履行社会责任的企业文化。大力实施"人才强企"战略，加强教育培训，建立有利于优秀人才脱颖而出的良好机制，积极为员工成长进步创造条件，实现员工与企业共同发展。

加快建设坚强国家电网　促进中国能源可持续发展

（原文发表于《经济日报》2006年8月18日）

能源是人类社会赖以生存和发展的重要物质基础。进入21世纪以来，随着全球经济的复苏，世界能源需求增长强劲，供需矛盾日趋紧张。2004年，全世界能源消费总量达到170亿吨标准煤，其中，石油、煤炭、天然气等化石能源消费占80%以上。由于化石能源稀缺，受需求预期、生产能力、储备水平等因素的影响，国际能源价格，特别是石油价格持续上涨，对全球经济，尤其是对国际能源市场依赖较大的国家的经济发展形成较大制约。同时，化石能源的大量使用，带来了严重的环境问题，酸雨和温室气体的排放，直接威胁着人类社会的可持续发展。未来较长一段时期，世界能源将继续维持以化石能源为主的消费结构，保障供应和保护环境成为世界能源可持续发展共同研究的战略课题。

立足国内是中国能源可持续发展的根本要求

党的十六大提出了全面建设小康社会的发展目标，力争2020年以能源需求翻一番保障国内生产总值比2000年翻两番。作为经济快速增长和人口最多的发展中国家，我国能源供应形势严峻。从1993年起，中国成为石油净进口国。目前，我国是世界第二大能源生产国和消费国，是世界第二大石油消费国和第三大石油进口国。我国能源对国际能源的依存度呈逐步上升的趋势，对世界能源发展格局的影响也越来越大。能源安全已经成为事关国家安全、事关我国经济社会可持续发展和全面建设小康社会全局的重大战略问题。

我国一次能源蕴藏总量比较丰富，水能资源蕴藏量居世界第一，煤炭探明储量居世界第三，石油和天然气探明储量居世界第十和第十八，煤炭资源占全国化石能源资源总量的90%以上。能源资源分布与生产力发展不平衡，煤炭资源的2/3以上分布在北方，水电资源的80%在西部，而2/3以上的能源需求集中在东部沿海。新中国成立以后，尤其是改革开放以来，我国能源工业发展不断加快，有力地保障了经济社会发展。但在国际能源供需形势日趋紧张的格局下，我国能源发展面临以下突出矛盾和问题：

一是能源供应压力长期存在。我国处于全面建设小康社会的新阶段，工业化、城镇化进程不断加快，能源消费强度高，需求增长较快。但我国人均资源拥有量只有世界平均水平的40%左右，人均能源消费不到发达国家的四分之一，能源供应压力较大。预计到2020年，我国能源需求总量将超过30亿吨标准煤，国内供应缺口约6亿到8亿吨标准煤。开发和经济利用国内、国际能源的任务十分艰巨和繁重。

二是能源消费结构不合理，环保压力巨大。我国是世界上少数几个以煤炭为主要能源的国家。煤炭在一次能源消费结构中的比重达70%。终端能源消费中煤炭所占比例达40%左右，远高于8%左右的世界平均水平，而电能所占比重较低。由于煤炭比重大，煤烟型污染成为我国大气污染的最主要因素，目前二氧化硫和二氧化碳排放量分别居世界第一位和第二位，东部地区已基本没有大气环境容量资源，经济社会发展的环境压力日益突出。

三是电力发展方式粗放，能源资源配置矛盾突出。我国能源与生产力布局不均衡，能源大规模、大范围配置势在必行。我国发电用煤已超过煤炭产量的50%，所发电量约占总发电量的75%，煤炭和电能是能源配置的主要形式。以往电源建设就地平衡思想占主导地位，形成了我国大规模、长距离北煤南运的基本格局。2002年以来，我国电力需求快速增长，供需矛盾突出，电源大规模建设，东部地区火电机组装机增长迅猛，运力紧张，煤价上涨过快，小煤窑发展失控。从长远看，东部山东、河北、辽宁等原来产煤大省的煤炭资源面临枯竭，而江苏、浙江、上海等缺煤省市电力需求将持续增长，通过煤炭长距离运输、就地发电、自求平衡的发展方式将难以为继。不但运力瓶颈问题难以解决，资源浪费、环境污染等问题也将十分突出。

四是能源技术水平落后，利用效率较低。虽然我国在能源科技的某些领域取得了领先优势，但整体水平落后，特别是在能源开发技术、节能技术和清洁能源技术等方面。我国煤炭工业产业集中度低，增长方式较为粗放，清洁化利用较差，煤炭企业的回采率平均只有40%左右。小火电机组比重较大，全国单机容量10万千瓦及以下的火电机组约占全部火电机组的30%。粗放的经济增长方式，使得能源利用效率与发达国家相比差距很大，单位GDP能耗是美国的4.3倍、德国和法国的7.7倍、日本的11.5倍。

五是能源对外依存度不断提高，保证能源安全面临风险和挑战。随着我国经济快速增长，能源消费快速增长。受国内资源禀赋和开发能力的限制，国内能源生产难以满足需求。2005年我国能源消费总量达到22.2亿吨标准煤，能源自给率达到90%以上。但石油对外依存度为42.9%，预计2020年前后，将增大到60%左右。国际环境对我国石油的大规模进口较为不利，面临成本增加、难度加大、风险增大等困难。全方位、多方式加强国际能源合作，特别是加强与周边国家的能源合作，积极利用国际、国内"两个市场、两种资源"，不仅十分必要，而且十分紧迫。

总体来看，我国能源发展中存在供不应求、结构失衡、效率偏低、污染严重等突出问题和矛盾，对我国经济社会持续健康发展形成了较大制约，如果不尽快解决，将影响全面建设小康社会宏伟目标的顺利实现。因此，把握世界能源发展趋势，推动我国能源工业走有中国特色的可持续发展之路已迫在眉睫。

解决我国能源可持续发展问题必须坚持立足国内，这是保障国家能源安全的战略选择。一是我国地域广阔，能源资源储量比较丰富，通过加大勘探开发力度，提高对各类能源的综合利用，提高能源利用效率，能够有效支撑我国经济社会发展的基本需要。二是全球日趋严峻的能源供需矛盾限制了我国大量进口能源资源。三是过度依靠进口不利于保障国家安全。四是有利于减少国际上"中国能源威胁论"的负面影响，营造良好的国际能源合作外部环境。

因此，我国能源发展必须以科学发展观为指导，顺应国际能源发展多元化、清洁化、高效化的潮流，从我国能源资源禀赋与需求特点出发，坚持节约优先、立足国内、煤为基础、多元发展的方针，加大能源开发力度，优化能源布局和结构，提高能源开发和利用效率。在国内能源开发环节，高效清洁开发煤炭资源，推进煤电一体化集约化开发，同时大力发展水电，加快发展核能、风能、太阳能和生物质能，作为常规能源的有效补充，提高供给能力。在能源输送环节，综合运用输电、输煤、输油和输气等能源输送方式，提高能源输送和配置效率，建立全国乃至更大范围能源资源配置的格局。在能源消费环节，提高电能在终端能源消费中的比例，加大电能对其他能源的替代程度，减少对相对缺乏的石油资源的过度依赖。在国际能源合作环节，积极参与世界石油、天然气、煤炭、电力等资源的开发与合作，对我国能源供应进行有效补充，在开放的格局中维护国家能源安全。

发展特高压电网是我国能源可持续发展的必然选择

电力是国家能源发展战略布局的重要组成部分。经过多年的努力，我国初步形成了以煤炭为主体，电力为中心，石油、天然气、新能源和可再生能源全面发展的能源供给格局。电网是能源产业链的重要环节，是能源，特别是电力输送的枢纽，具备优化能源资源配置方式、提高能源资源配置效率的基本功能。电网越坚强、覆盖范围越广，越有利于提高能源优化配置的规模和效率。研究表明，特高压电网具有大容量、长距离和低损耗送电的特点。从我国能源可持续发展的需要出发，立足当前，着眼长远，加快建设以特高压电网为重点、各级电网协调发展的坚强的国家电网，对解决我国能源发展面临的突出问题，构筑稳定、经济、清洁、安全的能源供应体系具有十分重要的意义。

建设特高压电网是实现能源资源集约化高效开发的根本要求。我国的资源禀赋特点决定了高效开发煤炭资源和提高水电开发率对提高能源供应能力至关重要。在煤炭开发方面，走能源资源集约化开发的道路，是我国提高煤炭能源开发效率的基本趋势。我国将建设神东、晋北、蒙东、两淮、宁东、陕北等13个大型煤炭基地，涉及14个省份，占全国煤炭储量的70%以上，形成若干亿吨级生产能力的大煤炭基地。我国煤炭产量的一半以上用于发电，煤电就地转化和长距离运输后再用于发电是煤炭的两种主要利用方式。受运力、运输损失、运输成本、东部地区环境容量限制等因素影响，就地建设大型煤电基地，实现煤电一体化发展，提高煤电就地转化比例，是提高煤炭开发利用效率的有效途径。同时，还可将不适于长距离运输的褐煤及洗中煤等低质煤就地转化，提高利用水平。我国大型煤电基地主要分布在西部和西北部地区，距离负荷中心较远，只有通过特高压电网才能实现其电力的大规模外送和大范围优化配置。在水电开发方面，我国蕴藏量大、开发率低的西南水电基地距离东中部负荷中心1000～3000千米。其中西藏可开发水电容量约1亿千瓦，距东中部负荷中心3000千米以上。常规的500千伏电网不能满足将西南水电大规模外送的基本要求，特高压电网成为大规模经济开发西南水电尤其是西藏水电的唯一有效选择。在我国西部加快开发金沙江等大型水电基地，在西北部集约化开发大型煤电基地，采用特高压输电方式将西部水电和北方煤电远距离传输到东部沿海等负荷中心，不但有利于保证东部电力供应，还有利于西部地区将资源优势转化为经济优势，促进西部大开发，实现区域经济协调发展。在核电开发方面，我国规划在东部负荷中心建设若干座大型核电站，作为我国能源供给体系的重要组成部分，也需要依靠特高压电网的有力支撑。

因此，实施"大煤电、大水电、大核电、特高压"战略，可以大大提高我国能源生产、转换、输送和使用效率，增强能源供给的安全性、经济性和可靠性。这将是我国未来能源战略的重要组成部分。根据规划，2020年，国家电网特高压及跨区、跨国电网输送容量达到2.5亿千瓦以上，其中通过特高压传输的容量约2亿千瓦。

建设特高压电网是实现优化能源资源配置方式的必然选择。实施能源大规模、大范围优化配置，是我国优化能源结构、提高能源利用效率的必然要求，也是我国能源发展的必然趋势。近几年我国出现的煤电油运紧张问题，究其根源，是能源配置方式，特别是电力发展方式不适应资源与生产力分布的不平衡格局引起的。其中，油的紧张是资源短缺问题引起的；煤电运的紧张，则是追求局部区域就地平衡的电力发展方式引起的。要从根本上解决这个问题，必须树立全国范围能源平衡的思想，综合考虑输电、输煤、输油和输气等能源输送方式，建立在全国乃至更大范围配置能源的基本格局，实现更大范围的资源优化配置。输电与输煤是我国能源输送的主要方式，二者具有很强的替代和互补性。结合两种输送方式的不同特点，充分发挥电网的能源资源优化配置功能，提高输电比重，实现输电与输煤优势互补，能有效提高能源配置效率，对实现更大范围优化配置具有显著作用。

特高压电网的建设与发展，将为我国能源输送提供快捷、高效的电力"高速公路"。建设特高压电网，可以有效减轻铁路运输压力，并减少煤炭长距离运输造成的污染。初步测算，北方煤电南送1亿千瓦，每年将减少东部地区标准煤消耗2.3亿吨。

电网是电力市场的基础和载体。通过特高压电网的建设与发展，培育和发展国家电力市场，可以发挥市场对资源配置的基础性作用，实现跨大区、远距离的电能输送和交易，有效调节电力供求关系，引导电力投资，更好地调节电力平衡，促进全国范围的资源优化配置，提高效率和效益。

建设特高压电网是提高能源利用效率的有效方式。电力行业是主要的能源消耗行业之一。对长距离输电，电网损耗与电压等级有关，电压等级越高，损耗越低。与500千伏电网相比，特高压电网在节约能源、提高能源利用效率方面具有明显优势。1000千伏交流特高压输送功率400万～500万千瓦，为500千伏交流的4～5倍，理论损耗为500千伏交流的四分之一左右；±800千伏直流，输送容量640万千瓦，为±500千伏直流的2倍多，电阻损耗只有±500千伏线路的39％。通过建设特高压电网、优化电网结构等措施，预计在"十一五"期间，全国线损率可降低0.3个百分点，每年可减少线损电量110亿千瓦·时，相当于减少标准煤消耗超过400万吨。同时，特高压电网的建设为发电行业大容量、高参数、低能耗机组的采用提供了坚强的支撑，有利于电力工业整体提高能源利用效率。另外，我国地域辽阔，时差、季节差明显，且地区间经济发展不平衡，不同地区的电力负荷具有很强的互补性。建设特高压电网，通过优化电网调度，可以减少事故和检修备用，获得错峰、调峰和水火、跨流域补偿效益，提高能源利用效率。根据规划，2020年，华北—华中—华东形成坚强联网，可减少备用装机约2000万千瓦，减少弃水电量约60亿千瓦·时。

建设特高压电网是优化终端能源消费结构的重要条件。电能应用是现代文明的显著标志之一，电气化水平不断提高是经济社会发展的必然趋势。随着能源替代技术研究和实用化的不断推进，电能对其他能源的替代水平将会越来越高。交通运输行业是石油的最大消费主体，通过加快发展交通电气化事业，解决燃料电池问题，大力发展电动汽车，能有效缓解我国对石油的依赖。要提高电能在终端能源消费中的比重，实现电能对其他能源消费的替代，需要有坚强的电网作支撑。我国必须加快发展特高压电网，提高电网输送能力和输送规模，提高电力供应保障能力，为经济社会发展提供安全、可靠、充足、清洁的电力供应。

建设特高压电网是推动电力工业技术升级的基本途径。科学技术是第一生产力，是先进生产力的集中体现。在关系国民经济命脉和国家安全的关键领域，真正的核心技术是买不来的。在能源技术领域，通过发展特高压电网，在特高压交、直流输电技术领域取得突破，自主开发特高压技术及其设备，不仅有利于提升我国电网技术、电力设备制造和相关行业的技术装备水平，而且有利于提高国内电力设备制造企业整体竞争力。坚强的电网还能为火电、水电和核电技术的升级创造有利条件，为风能、太阳能、生物质能等可再生能源技术的突破和规模化开发利用提供平台。电网科技创新能力的不断提高和电网技术的跨越，有利于推动电力行业乃至整个能源工业走自主创新的发展道路，实现整体技术升级。

建设特高压电网是我国对外能源合作实现突破的有效手段。我国的对外能源合作包括石油、天然气、煤炭、电力等方式。毗邻的俄罗斯、哈萨克斯坦、蒙古等国家拥有非常丰富的煤炭、石油、天然气资源，加强国际能源合作，通过建设特高压电网实现周边国家能源资源的经济开发利用，是满足我国能源需求的重要补充。近年来，国际市场石油、天然气资源的争夺日益激烈，各种风险不断增大，不稳定因素增多。应当进一步拓宽能源合作范围和渠道，超前研究，进一步推动电力等方面的能源合作，以有效利用周边国家能源资源。目前，国家电网公司正积极开展同周边国家的能源合作和跨国输电，其中中俄电力合作项目已纳入两国政府能源合作框架，前期工作进展顺利。据测算，周边国家电力通过特高压电网送到我国负荷中心经济性较好，具有竞争力。为尽早实现对周边国家能源资源的大规模经济利用，加快特高压电网发展十分必要。

　　党中央、国务院提出全面建设小康社会和构建社会主义和谐社会的奋斗目标。到2020年，我国装机将突破10亿千瓦，将新增发电装机5亿千瓦以上。电网发展面临重要历史机遇，加快建设以特高压电网为重点、各级电网协调发展的坚强国家电网刻不容缓。

　　国家电网是保障我国能源供应的重要基础设施。国家电网公司作为我国能源行业中的国有重点骨干企业，承担着保障国家能源安全、实现更大范围资源优化配置的重大责任。在党中央、国务院的正确领导下，公司坚持以邓小平理论和"三个代表"重要思想为指导，认真落实科学发展观，积极贯彻国家能源发展战略，在保障能源供应、优化能源结构、大范围优化能源资源配置、能源科技创新、国际能源合作等方面做了大量工作，取得重要进展。"十一五"电网规划已经制定，并在全面落实。特高压试验示范工程各项工作进展顺利。电网建设加快，750千伏示范工程顺利投产并安全运行，各级主网架正加紧完善。跨区跨省输电规模进一步加大。国际能源合作迈出重要步伐。展望未来，电网发展和公司发展面临着新的机遇和更高的要求。我们将在以胡锦涛同志为总书记的党中央正确领导下，坚持以"服务党和国家工作大局、服务电力客户、服务发电企业、服务经济社会发展"为宗旨，加快建设以特高压电网为重点、各级电网协调发展的坚强国家电网，努力实现"电网坚强、资产优良、服务优质、业绩优秀"的现代公司的发展战略目标，为经济社会发展做出新的更大的贡献。

创建和谐企业　服务和谐社会

（原文发表于《求是》2007年第1期）

国有企业积极创建和谐企业、主动承担社会责任是促进社会主义和谐社会建设的必然要求。党的十六届六中全会通过的《中共中央关于构建社会主义和谐社会若干重大问题的决定》（以下简称《决定》），是构建社会主义和谐社会的纲领性文件，反映了建设富强民主文明和谐的社会主义现代化国家的内在要求，也为推动国有企业创建和谐企业、促进行业和谐、服务和谐社会建设指明了方向。

服务和谐社会建设是国家电网公司的重要使命

国有企业在构建社会主义和谐社会进程中承担着重要使命。《决定》指出，构建社会主义和谐社会，必须"团结一切可以团结的力量，调动一切积极因素，形成促进和谐人人有责、和谐社会人人共享的生动局面"。按照这一精神，国有企业在构建和谐社会进程中，担负着重要的社会责任。国有企业尤其是中央直接管理的国有特大型企业，是国民经济的重要支柱，肩负着为构建社会主义和谐社会创造雄厚物质基础的重要使命。

国家电网公司是关系国家能源安全和国民经济命脉的国有重要骨干企业，在能源资源优化配置，保障国家能源安全，提升国民经济的整体竞争力方面发挥着重要作用，是创建和谐企业、促进行业和谐、服务和谐社会建设的重要基础与保障。电力工业实现持续健康发展，对于缓解能源资源对经济社会发展的瓶颈制约至关重要。国家电网公司2005年位居《财富》杂志公布的全球企业500强第32位，公司资产规模位居中央企业前列，进一步提高盈利能力和效益水平，对构建社会主义和谐社会意义重大。公司作为电网建设和运营的主体，承担着确保电网安全、维护社会公共安全的重要使命，它的运行直接影响着社会稳定。电网不仅具备大范围、大规模、高效率配置能源资源的基本功能，而且是国家实施宏观调控的有力手段，是优化调整产业结构、促进经济增长方式转变的重要途径。现在公司已被国家列为全国创新型试点企业，必须坚持自主创新，在服务和谐社会建设中发挥更大的作用。

电力服务关系国计民生，关系社会团结和睦。国家电网公司员工人数众多，经营范围覆盖国土面积的88%，服务人口近10亿人，具有广泛的社会影响力，在构建社会主义和谐社会中具有举足轻重的作用。经济社会快速发展，能源需求不断增加，客观上要求加快电力发展和电网建设，充分发挥电网优化能源资源配置的作用，以满足国民经济发展和人民生活需要。因此，公司创建和谐企业，服务和谐社会建设的责任十分重大。

企业是社会的重要成员，创建和谐企业是构建社会主义和谐社会的重要组成部分。国家电网公司把创建和谐企业、促进行业和谐、服务和谐社会建设放在突出的位置，将全面贯彻党的十六届六中全会精神，以科学发展观为指导，以服务和谐社会建设为宗旨，以"奉献清洁电能，服务和谐社会"为主线，按照"一强三优"现代公司的发展战略目标，建设科学先进的国家电网，形成优秀企业文化，建立良好公共关系，全面推进和谐企业建设。

一要坚持以人为本，深入开展"四好"领导班子创建活动，建设政治坚定、团结协作、求真务实、开拓创新、廉政勤政的坚强领导集体；全面开展全员教育培训，突出抓好领导干部、一线员工、紧缺人才的培训，切实提高员工队伍的政治素质、业务素质和道德素质，让全体员工共享公司发展的成果。

二要坚持以科学发展观为指导，自觉肩负促进国家能源战略实施、推动国际能源合作、优化能源资源配置的重要责任，加快推进新型电网建设，大力实施集团化运作、集约化发展、精细化管理，全面整合资源，优化配置生产要素，提高发展质量，实现电网发展方式和公司发展方式转变，努力建设世界一流电网、国际一流企业。

三要坚持依法经营企业、严格管理企业、勤俭办企业的方针，继续严格执行公司关于资产管理、投资管理、成本管理等各项规章制度，深入挖掘潜力，堵塞管理漏洞，努力增收节支，不断提高效率和效益。

四要坚持改革发展稳定协调推进，高度重视深化改革中的队伍稳定，深入开展思想政治工作，确保电网安全和队伍稳定。

五要加强企业和谐文化建设，强化以"八荣八耻"为主要内容的社会主义荣辱观教育，在员工中大力倡导爱国、敬业、诚信、友善等道德规范，开展社会公德、职业道德、家庭美德教育，在全公司形成知荣辱、讲正气、促和谐的风尚，营造和谐、健康、向上的良好氛围。

六要坚持党要管党、从严治党的方针，完善民主集中制，扩大党内民主，严肃党的纪律，切实加强企业党建工作，充分发挥党组织的政治核心作用和战斗堡垒作用，为公司持续健康发展提供坚强的政治保证。

在服务和谐社会建设中发挥应有作用

国家电网公司要认真贯彻落实党的十六届六中全会精神，始终坚持"服务党和国家工作大局，服务电力客户，服务发电企业，服务经济社会发展"的宗旨，深刻认识创建和谐企业与构建和谐社会的关系，正确处理企业发展与行业发展、社会发展的关系，通过创建和谐企业，积极促进和谐电力建设，努力服务社会主义和谐社会建设。

全力确保电网安全，为构建和谐社会提供安全可靠的电力保障。电网安全是社会公共安全的重要组成部分，事关经济发展、社会稳定和国家安全。党中央、国务院一贯高度重视国家电力安全。胡锦涛同志曾语重心长地指出："电力系统非常重要，关系到国民经济的发展，关系到人民生活，关系到社会稳定。"确保电网安全和电力有序供应，特别是确保重点城市、重点地区和城乡居民生活安全可靠用电，是构建社会主义和谐社会的基本要求。国际上，美国、加拿大、俄罗斯、日本和欧洲一些国家大面积停电事故相继发生，造成严重的经济损失和重大的社会影响，教训十分深刻。近年来，在电力供需矛盾突出、重大自然灾害频发的困难情况下，国家电网公司始终坚持安全第一、预防为主的方针，以和谐理念促进企业安全文化建设，强化标本兼治、综合治理，深入开展反事故工作，切实做到人员、时间、力量百分之百的投入，积极推动形成全社会共保电网安全的机制，不断提高电网安全的可控、能控、在控水平。引导用户安全用电，争取政府关心和支持，形成社会各界共同保障电网安全的良好局面，最大限度地满足了经济社会发展的用电需求，为社会和谐发展提供了安全可靠的电力保障。

建设坚强的国家电网，为和谐社会建设奠定坚实的物质基础。电力工业是关系国计民生的基础产业，它的全面、协调、可持续发展，对于提高国民经济运行质量和效率，促进经济社会健康发展，实现构建社会主义和谐社会的目标至关重要。电网与电源协调发展是电力工业可持续发展的保证。长期以来，我国电力工业"重发轻供"，电网建设投入严重不足，电网发展严重滞后于电源发展。电网优化配置资源的能力不足，主网架薄弱、抵御事故能力不强，难以满足经济社会发展的需要。近期国务院常务会议明确指出，今后要重点解决电网建设相对滞后等突出问题。按照这个精神，国家电网公司从我国国情和经济社会发展的实际出发，深入总结电网发展规律，以科学规划为指导，提出了加快建设以特高压电网为重点、各级电网协调发展的战略目标，全面加快跨区电网、区域电网、省级电网、城乡电网发展，建设规划科学、结构合理、技术先进、安全可靠、运行灵活、标准统一、经济高效的坚强国家电网，为和谐社会建设提供可靠的物质保障。

推进电力发展方式转变，为和谐社会建设构筑稳定、经济、清洁、安全的能源供应体系。当前，我国经济社会发展面临较大的能源和环保压力，尤其是近几年出现的煤电油运紧张问题，已严重制约了经济社会的发展。究其根源，是能源配置方式特别是电力发展方式与经济社会发展不协调引起的。推动电力发展方式转变，促进能源可持续发展，是缓解经济社会发展瓶颈制约的基本途径。我国能源资源生产、消费分布不均衡，东部地区生产力发达，西部地区能源资源丰富，这种状况决定了必须在全国范围优化能源资源配置。我们认为，特高压输电具备大容量、长距离、低损耗的技术优势，能够减少工程投资，节约输电走廊占用的土地资源。发展特高压电网，促进大煤电、大水电、大核电基地建设，对解决能源和环保问题至关重要，能够带动煤炭资源集约化开发，促进能源资源在全国范围内优化配置，促进我国与周边国家开展能源合作、实现跨国输电，积极缓解能源资源对经济社会发展的瓶颈制约，是电力工业服务于建设资源节约型、环境友好型社会的重大选择，也是电力工业可持续发展的必由之路。具有里程碑意义的1000千伏特高压交流试验示范工程通过国家核准并启动建设，计划于2009年投产。同时，公司还将大力推动清洁能源的开发和利用，积极发展生物质能发电项目，推进生物质能开发利用的产业链建设，为发展循环经济做出积极贡献。

加快建设三级电力市场体系，促进区域、城乡协调发展。充分发挥电网作为网络市场化配置资源的基础性作用，按照国务院关于电力体制改革的要求，提高电网跨大区优化配置资源的能力，加快电力市场建设，着力构建符合国情的统一开放的电力市场体系，完善省级市场、发展区域市场、培育国家市场，积极推进国家、区域、省三级电力市场体系建设，扩大跨区跨省电力交易。力争到2020年使特高压电网的跨区传输容量达到2.4亿千瓦以上，既为东部、中部地区的可持续发展提供能源支撑，又推动西部、北部地区将资源优势转化为经济优势，促进区域经济协调发展。解决"三农"问题是促进社会和谐的重要环节，发展农电事业，是社会主义新农村建设的重要内容，也是电网企业落实中央统筹城乡发展方略的必然要求。长期以来，我国农村电网发展滞后，用电水平低，城乡差距大。国家电网公司按照和谐社会建设和新农村建设的要求，制定并实施"新农村、新电力、新服务"的农电发展战略，全面推进"户户通电"工程。至2006年10月底，公司已为42万个无电户通电，新增8个全面实现"户户通电"的省份，全年可解决50万户，新增12个"户户通电"的省份。国家电网公司将力争用5年的时间，通过采取电网最大限度延伸等方式，解决约120万无电户、450万人的用电问题，基本解决公司经营区域内无电户的通电问题。

不断提高服务水平，以优质服务促进行业和谐与社会和谐。电力服务直接关系全社会的生产生活，关系社会稳定。作为公用事业企业，国家电网公司必须始终秉承服务宗旨，强化服务意识，在服务好党和国家的工作大局、服务好经济社会发展的同时，一如既往地为广大发电企业和电力客户提供优质服务。一是坚持团结治网，与发电企业共建和谐网厂关系。坚持公平、公开、公正原则，依法统一调度，优化运行方式，维护发电企业合法权益。坚持同谋发展，在电力发展规划、电力建设、运营管理各方面与发电企业加强交流与沟通，相互支持，形成互惠互利、共同发展的良好环境。二是强化服务意识，不断提高为客户服务的水平。把倡导和维护社会公平正义作为员工道德素养和职业素质的基本内涵，以诚信、负责为本、严格落实员工责任制和供电服务"十项承诺"等措施，大力改进行业作风。优化服务流程，完善服务标准，规范服务行为，不断拓展服务的深度和广度，健全优质服务常态机制。加强监督检查，开展明察暗访，建立有奖举报制度，定期听取客户意见和建议，认真受理投诉举报，采取有效措施，切实解决供电服务中存在的突出问题，提高服务质量，提升客户满意度。

积极履行社会责任，大力支持社会公益，服务社会事业发展。积极履行社会责任是企业服务和谐社会建设的重要实践。国家电网公司坚持把履行社会责任，支持社会公益作为一项重要工作，积极参与抢险救灾、扶贫济困、助教助学等各类社会公益事业，2005年累计向社会捐赠1.75亿元，并成为北京2008年奥运会合作伙伴。2006年公司向社会发布了中央企业首份社会责任报告，做出全面履行社会责任的郑重承诺，引起社会各界的积极反响。党的十六届六中全会的《决定》明确提出要发展以扶老、助残、救孤、济贫为重点的社会福利。公司积极落实党中央的部署，开展"爱心活动"、实施"平安工程"、设立"国家电网爱心希望工程基金""国家电网爱心助老基金"和"国家电网爱心助残基金"，用以资助希望工程、孤寡老人、残疾人及其他公益慈善事业，为推动我国社会事业发展奉献更多的爱心。

服务和谐社会建设是长期的历史任务。我们将紧密团结在以胡锦涛同志为总书记的党中央周围，深入认真地学习贯彻党的十六届六中全会精神，全面落实科学发展观，加快建设"电网坚强、资产优良、服务优质、业绩优秀"的现代公司，在构建社会主义和谐社会中发挥积极作用，不断做出新的更大的贡献。

新农村　新电力　新服务
以发展农电事业助推新农村建设

（原文发表于《人民日报》2007年4月27日）

电力是现代文明的标志，电力工业是重要的基础产业，大力发展电力事业对于推进社会主义新农村建设具有重要意义。无论发展现代农业、振兴农村经济，还是促进农村社会发展、实施城镇化战略，安全、可靠、充足、经济的电力供应都是重要的基础和保障。在推进社会主义新农村建设的过程中，必须高度重视农村电力事业的发展，充分发挥电力在农村经济社会发展中的支撑和促进作用。

努力使广大农民群众享受优质的电力服务

按照统筹城乡经济社会发展的要求，加快发展农电事业，改善农村生产生活条件，使广大农民群众享受优质的电力服务，是推进新农村建设，加快发展农村生产力，促进社会公平，构建和谐社会的必然要求。

新中国成立以来，在党和政府的正确领导下，我国农电事业一直保持较快发展的势头。特别是1998年以来，通过实施大规模农村电网建设与改造、深化农电体制改革、推进城乡用电同网同价工作（即"两改一同价"），我国农电事业发展实现了历史性跨越。农村电网建设与改造投资超过前50年的总和，农村供电可靠率显著提高，农村用电量大幅度增长，基本实现了城乡生活用电同网同价，农村到户电价平均降幅超过30%，农村电气化达到了新的水平。"十五"期末，全国县、乡、村通电率分别为100%、99.9%和99.8%左右。县及县以下人均用电量，从建国初期的不足0.1千瓦·时，增长到2005年的1050千瓦·时。

虽然我国农电事业已经取得了长足发展，但也必须清醒地看到，当前我国农村电网发展依然相对滞后。"十五"期末全国仍然有1150万农村人口没有用上电，县及县以下人均用电量仅为全国平均水平的一半，农村供电可靠率也明显低于城市电网。电力依然是我国农村经济发展和新农村建设的制约因素。加快农电发展，使广大农民群众享受优质的电力服务是一项紧迫而艰巨的任务。

肩负起发展农电事业的责任和使命

国家电网公司是以投资、建设和运营电网为核心业务的国有重要骨干企业，管辖1917个县级供电企业，拥有91万农电员工（其中农村电工约占一半），服务的农村人口约占全国农村人口的4/5。大力发展农电事业，服务新农村建设，是国家电网公司义不容辞的责任和使命。

近年来，国家电网公司始终坚持一切从党和国家工作大局出发，认真贯彻电力为农业、为农民、为农村经济服务的"三为"服务方针，自觉履行社会责任，加快农电事业发展，以实际行动促进农村经济发展和社会进步。一是圆满完成农村电网建设与改造任务，基本改变了供电区域内农村电力基础设施简陋落后的面貌。二是推进城乡用电同网同价工作，切实减轻了农民负担。通过"两改一同价"，仅农民生活用电价格下降一项，2006年减轻农民电费负担约212亿元。三是加强农电企业管理，提高了农村供电服务水平。"十五"期间，国家电网公司供电区域内农村供电综合电压合格率提高5个百分点，供电可靠率提高0.5个百分点；农电生产人身事故和农村人身触电事故年均下降17.4%和13.6%；农村电力行业服务作风明显好转。

党的十六届五中全会以来，国家电网公司根据建设新农村的新任务、新要求，制定了"新农村、新电力、新服务"农电发展战略，实施了"户户通电"工程、启动新农村电气化建设等重大举措，取得了阶段性成效。在各级政府的大力支持下，2006年，国家电网公司为54.5万无电农户、约188万人解决了通电问题，新增12个基本实现"户户通电"的省份；共建成19个电气化县、144个电气化乡（镇）、1614个电气化村，较好地满足了建设新农村对电力的需求。特别是"户户通电"工程的实施，极大改善了新通电地区的生产和生活条件，促进了党的政策和致富信息的迅速传播，对这些地区的经济社会发展和农民生活水平提高，对更新农民群众思想观念，培养新型农民，对缩小城乡差距、促进社会和谐，都具有积极深远的影响，被社会各界誉为"爱心工程""惠民工程"。

建设新农村是一项长期的艰巨任务，发展农电事业也必然要经过一个长期的不断努力的过程。与新农村建设的新任务、新要求相比，国家电网公司经营区域内农村电网发展需进一步加快，农村供电服务质量有待继续提高，农电管理基础需不断夯实，农电职工队伍的素质亟待进一步提高。今年的中央1号文件特别强调，要继续推进农村电网改造和建设，落实城乡同网同价政策，加快"户户通电"工程建设，实施新农村电气化"百千万"工程，加快发展农村清洁能源。这为我国农电事业发展和国家电网公司更好地服务新农村建设指明了方向。

为新农村建设多做实事

近年来，国家电网公司以科学发展观为指导，在深入分析、准确把握公司定位和内外环境的基础上，确立了服务党和国家工作大局、服务电力客户、服务发电企业、服务经济社会发展的宗旨和建设电网坚强、资产优良、服务优质、业绩优秀（即"一强三优"）的现代公司的发展战略，坚持不懈地抓发展、抓管理、抓队伍、创一流（即"三抓一创"），各项工作不断取得新进展。目前，国家电网公司紧紧围绕新农村建设的总体要求，贯彻落实十六届五中、六中全会和中央1号文件精神，以推动农村经济建设为中心，以促进农村全面进步为目标，按照统一规划、统一部署、整体推进、协调发展的原则，深入实施"新农村、新电力、新服务"农电发展战略，重点推进"六大工程"，为新农村建设多做实事。

积极推进农村电网建设与改造工程。国家电网公司将深入分析农村电网现状，统筹城乡电网发展，从建设以特高压电网为骨干网架、各级电网协调发展的坚强国家电网出发，优化公司"十一五"农网发展规划。加快实施县城电网改造和中西部农网完善工程，加大农网建设与改造投入，努力建设结构合理、技术适用、供电质量高、电能损耗低的新型农村电网。支持发展农村清洁能源，积极提供电网接入服务，全额收购上网的可再生能源发电量。

积极推进"户户通电"工程。贯彻国家关于无电地区电力建设的有关部署，加快"户户通电"进程，确保到"十一五"期末，在国家电网公司供电区域内，凡是通过国家电网最大限度延伸能够通电的地区，基本实现"户户通电"。在"户户通电"工程实施中，加强全过程管理，自觉接受社会监督，严禁增加农民负担。

积极推进新农村电气化"百千万"工程。贯彻落实关于城乡用电同网同价工作的总体安排，严格执行国家电价政策，积极创造条件扩大分类用电同价范围，推动农村到户电价进一步降低，促进农村电力消费和经济发展。根据各地经济社会发展状况，制定《新农村电气化建设实施纲要》，建立新农村电气化标准体系，在总结试点经验的基础上，整体有序地推进新农村电气化建设。确保2007年新增50个电气化县、500个电气化乡（镇）、5000个电气化村。2010年，力争有20%以上的县达到"户户通电、供电可靠、安全经济、供用和谐"

的新农村电气化要求。2020年，70%的县达到符合当地经济发展要求的电气化标准。

　　积极推进农村生物质发电工程。开发利用农村丰富的生物质能资源，是解决农村及边远地区的用能问题，改善农村的村容村貌和居民生活条件，增加农民就业机会，提高农民收入的有效途径。2006年，国家电网公司投资建成了我国第一个国家级生物发电示范项目——山东单县生物质能电厂。下一步，公司将加快推进在建生物质发电项目建设，运行好已投产项目；开展生物质发电上下游产业链建设研究，组织开展重大技术攻关，掌握具有自主知识产权的生物质发电核心技术；积极推动实施生物质发电改造和替代符合关停条件的燃煤小火电。

　　积极推进农电企业规范化管理工程。按照现代企业制度要求，建立健全公司控股的县供电企业的法人治理结构。规范同代管县供电企业的关系，认真履行代管责任。按照公司集团化运作、集约化发展、精细化管理、标准化建设的要求，强化县供电企业管理基础，完善激励约束机制，深入开展同业对标创一流工作，全面提升县供电企业管理水平。加强农电工管理，完善农电用工机制，提高农电工待遇。强化农村供用电管理，完善农电优质服务常态机制，提高供电质量和服务水平。加强农电安全管理和监督，提高农民安全用电水平。深入开展商业贿赂专项治理，切实纠正农网工程建设和供用电服务中的各种不正之风。

　　积极推进农电工素质能力提高工程。建立健全农电工培训体系，以素质建设、能力建设和作风建设为核心，以"农电人员素质提高计划"等专项计划为重点，大力加强县供电企业员工队伍建设和农电技术人才培养，加快建设业务熟练、作风优良、结构合理、服务优质的农电工队伍。"十一五"期间，完成对公司系统农村供电所所长的全面轮训。

推进电网科学发展　保障国家能源安全

（原文发表于《人民日报》2007年12月28日）

　　能源是经济社会发展的基本保障。党的十七大报告指出，坚持节约资源和保护环境的基本国策，关系人民群众切身利益和中华民族生存发展。我国人口众多，能源资源相对缺乏，能源人均占有量和利用效率都比较低。目前，我国人均发电装机仅为0.5千瓦左右，远低于发达国家（OECD国家）平均2千瓦以上的水平。随着我国经济社会的快速发展，人均能源消费量逐年增加，能源和电力需求将继续保持快速增长。"十五"期间全社会用电量年均增长12.9%，预计"十一五"期间将年均增长12%以上。按照2020年人均国内生产总值比2000年翻两番的目标，即使按人均1千瓦装机测算，届时全国发电装机需求也将达到15亿千瓦。虽然目前我国能源和电力供需总体平衡，但从长远来看，能源供需的缺口将越来越大，保障能源和电力供应的压力会不断增加，经济社会发展所面临的能源瓶颈制约将在较长时期内存在。而且，我国电网发展还存在一些不全面、不协调的方面和薄弱环节。所有这些，都要求我们必须把能源供应和能源建设摆在更加突出的位置。

　　作为关系国家能源安全和国民经济命脉的国有重要骨干企业，国家电网公司必须以党的十七大精神为指导，优化和高效配置能源资源，保障国家能源安全，促进经济社会又好又快发展。当前，立足全面建设小康社会的实际需要，充分发挥电网的电力输送和网络市场功能，为经济社会发展提供稳定、经济、清洁、安全的能源供应，应着力在一些重要方面和关键环节取得更大进展。

实施"一特三大"战略，建设科学合理的能源资源利用体系

　　十七大报告提出，建设科学合理的能源资源利用体系，提高能源资源利用效率。这是针对我国能源资源及其开发利用实际提出的重要战略方针。煤炭、电力、石油和天然气都是我国能源消费的重要组成部分。我国油气资源相对较少，煤炭和水能资源比较丰富。在未来较长时期内，煤电、水电和具有良好发展前景的核电将在我国电力消费中占据越来越重

要的位置。但是，我国能源资源同能源需求分布不均衡，重要的煤电和水电基地与东中部负荷中心的距离一般在800到3000千米，这在客观上决定了我国能源和电力发展必须走远距离、大规模输电和全国范围优化电力资源配置的路子。为促进能源和电力工业可持续发展，不断满足我国经济社会发展的用电需求，国家电网公司结合我国国情和电力工业实际，提出了"一特三大"战略，即发展特高压电网，促进西部地区大型水电基地建设和北部地区大型煤电基地集约化开发，变输煤为输电，将清洁的电能从西部和北部大规模输送到东中部地区，并为东南沿海大型核电基地建设提供坚强的电网支撑，实现电力资源在全国范围优化配置。

实施"一特三大"战略，对于优化我国能源结构，提高能源资源利用效率，提高电力在终端能源消费中所占的比重，进而促进经济发展方式转变，具有重要意义。与煤炭和石油相比，电力是清洁高效的二次能源。研究表明，1吨标准煤当量的电力创造的经济价值，与17.3吨标准煤当量的煤炭或3.2吨标准煤当量的石油创造的经济价值相同，这表明电力的经济效率最高。当前，我国正处于工业化加速发展阶段，通过发展特高压输电，满足经济社会发展对能源的需求，努力提高电气化程度，可以取得巨大的节能效果，符合建设资源节约型、环境友好型社会的要求。同时，实施"一特三大"战略还有利于发挥不同地区的比较优势，促进区域经济协调发展；有利于提升我国电力工业和电工制造行业的自主创新能力，占领世界电网技术制高点，服务创新型国家建设；有利于促进我国同周边国家开展能源合作和跨国输电，进一步提高我国能源安全保障水平。

实施"一特三大"战略，关键是加快建设特高压电网。建设特高压电网是实现远距离、大规模输电的基础。近年来，国家电网公司在国家有关部门的统一领导下，按照"科学论证、示范先行、自主创新、扎实推进"的原则，在加快建设特高压电网方面做了大量工作，取得了重要进展。目前，发展特高压输电技术与装备已列入国家中长期科技发展规划纲要、加快振兴装备制造业的若干意见和我国应对气候变化的国家方案。特高压关键技术研究和设备研制取得重大突破。国家电网公司投资建设的晋东南—南阳—荆门1000千伏特高压交流试验示范工程进展顺利，四川复龙—上海南汇±800千伏特高压直流示范工程即将开工。

开展国际能源合作，维护国家能源安全

党的十七大报告强调，坚持对外开放的基本国策，扩大开放领域，优化开放结构，提高

开放质量，并对积极开展国际能源资源互利合作做出了战略部署。我国成为能源净进口国以来，石油对外依存度不断提高。受生产能力、储备水平以及国际投机等因素影响，国际能源价格特别是石油价格持续上涨，对我国经济发展形成了较大制约。从国外购买电力和石油，是缓解我国能源资源瓶颈制约的有效途径。比较而言，优先、合理、经济利用周边国家的煤炭和水力资源，从国外大规模购进电力，具有较强的现实性和可操作性。开展跨国电力合作，有利于引进清洁的电力资源，优化我国终端能源消费结构，对我国能源供应进行有效补充；有利于缓解国内能源开发和环保压力，促进节能减排，服务资源节约型和环境友好型社会建设；有利于与周边国家实现互利共赢、共同发展，符合国家的长远利益。

近年来，在有关部门的支持下，国家电网公司一方面大力探索和发展特高压输电，提高国内能源开发、输送和使用效率，同时为经济、高效、大规模开发和利用周边国家能源资源创造条件；另一方面加强对周边国家能源资源状况的调研，与俄罗斯、蒙古和哈萨克斯坦等国家积极开展能源合作，取得了重要进展。中俄电力合作第一阶段项目获得国家核准，已进入全面建设阶段。这是我国目前规划建设的从境外购电电压等级最高、容量最大的输变电工程，建成后从俄罗斯向我国年供电量可达43亿千瓦·时。预计到2020年，每年可从俄罗斯和蒙古向国内送电1200亿千瓦·时，相当于替代进口石油约2300万吨；每年可减少约4600万吨原煤开采量和运输量，国内发电环节可减少约230万吨烟尘排放、32万吨二氧化硫排放和46万吨氮氧化物排放。

实施"户户通电"工程，服务社会主义新农村建设

党的十七大报告指出，解决好农业、农村、农民问题，事关全面建设小康社会大局，必须始终作为全党工作的重中之重。电力设施是农村重要的基础设施，对于促进农村经济社会发展、提高农民生活质量具有重要作用。由于历史原因，我国农村基础设施总体上还很落后，截至目前，国家电网公司供电区域内还有不少省份没有实现"户户通电"。无电户大多分布在自然条件艰苦、交通十分不便的农村偏远地区。因为没有电，农民难以开发利用当地资源脱贫致富，生活很艰难，发展受限制。加快解决无电户通电问题，成为我们服务社会主义新农村建设、服务全面小康社会建设的紧迫任务。

按照中央部署，2006年3月，国家电网公司确定了"新农村、新电力、新服务"的农电发展战略，统筹城乡电网建设，全面实施农村"户户通电"工程，努力解决涉及农民群众切

身利益的用电问题。争取到"十一五"末，在公司供电区域内，凡是通过国家电网最大限度延伸能够通电的地区，基本实现"户户通电"。工程计划总投资约200亿元，解决约120万户、450万人的通电问题。截至今年10月底，公司供电区域为26个省份中已有23个基本实现了"户户通电"，为96.8万无电户、358万人解决了用电问题。"户户通电"工程不仅改善了通电地区的生产和生活条件，促进了这些地区的经济发展和农民生活水平的提高；而且促进了偏远地区脱贫致富和农民群众思想观念的更新，使广大群众深切感受到社会主义大家庭的温暖，进一步密切了党同人民群众的联系。与此同时，为进一步加快农村电气化建设，公司提出并加紧实施新农村电气化"百千万"工程，已建成42个电气化县、443个电气化镇、8632个电气化村。今后，我们将进一步加大工作力度，确保实现农电发展战略的各项目标，为推进社会主义新农村建设、促进农村经济社会又好又快发展奠定坚实基础。

建设坚强智能电网　支撑又好又快发展

（原文发表于《人民日报》2009年9月9日）

当前，在应对国际金融危机的过程中，为抢占未来经济、科技发展制高点，发达国家普遍加快了新能源、新材料、信息网络技术、节能环保等高新技术产业和新兴产业的发展。从能源供应的重要环节——电网的发展来说，则大力推进智能电网建设，智能化成为世界电网发展的新趋势。面对新形势新挑战，国家电网公司深入贯彻落实科学发展观，认真贯彻落实中央的有关决策部署，提出加快建设以特高压电网为骨干网架，各级电网协调发展，以信息化、自动化、互动化为特征的坚强智能电网，努力实现我国电网从传统电网向高效、经济、清洁、互动的现代电网的升级和跨越，为实现经济社会又好又快发展提供强大支撑。

充分认识建设坚强智能电网的重要性和紧迫性

坚强智能电网是安全可靠、经济高效、清洁环保、透明开放、友好互动的电网，对于全面提高电网的资源优化配置能力和电力系统的运行效率，保障安全、优质、可靠的电力供应，具有重大意义。

开发利用清洁能源是世界能源发展的新趋势。大量使用化石能源造成的温室气体排放及全球气候变化，给人类带来巨大挑战。发展清洁能源成为世界各国应对气候变化、解决能源和环保问题的共同选择。清洁能源发展将带来一场能源革命。我国能源结构以煤为主，一次能源消费中煤炭占70%左右，发电结构中燃煤发电量占80%左右，均比世界平均水平高出40个百分点左右，由此带来的环境问题不容忽视。党中央、国务院高度重视清洁能源发展问题。胡锦涛同志在党的十七大报告中强调，发展清洁能源，建设科学合理的能源资源利用体系。我国政府制定了《中国应对气候变化国家方案》，提出通过大力发展可再生能源(包括大水电)、积极推进核电建设等措施，提高清洁能源在一次能源供应中的比重。发展清洁能源在满足我国能源需求、改善能源结构、减少环境污染等方面具有重要作用，将对应对世界气候变化做出重要贡献。

电网对于清洁能源的发展至关重要。在当今世界新一轮能源革命中，电力居于中心位置。我国风电、太阳能等清洁能源发展迅猛，从2005年到2008年，我国风电装机连续3年实现翻番式增长。今后一个时期，内蒙古、甘肃、河北、吉林、新疆等省区将建成若干个大型风电基地，西北部地区将建设大规模太阳能发电基地，东中部地区核电开发和西部地区大型水电开发将继续加快。预计到2020年，我国清洁能源装机将达到5.7亿千瓦，占总装机容量的35%，每年可减排二氧化碳13.8亿吨。清洁能源的迅猛发展，给电网发展带来了新挑战。一是特高压发展亟待加快。我国的水能、风能、太阳能等可再生能源资源具有规模大、分布集中的特点，而所在地区大多负荷需求水平较低，需要走集中开发、规模外送、大范围消纳的发展道路。发展核电，也需要坚强电网的支撑。特高压输电具有容量大、距离远、能耗低、占地省、经济性好等优势，建设特高压电网能够实现各种清洁能源的大规模、远距离输送，促进清洁能源的高效、安全利用。二是智能化水平亟待提升。核电的可调节能力较差，风能、太阳能发电具有随机性和间歇性，这就使电网运行控制的难度和安全稳定运行的风险明显增大。同时，风能、太阳能发电的设备利用率较低，需要相当规模的火电、水电等与之配套，"打捆"送出。因此，显著提高我国电网对清洁能源接入的适应性以及运行控制的灵活性、安全稳定的可控性，非常紧迫。

我国能源分布和供应的特点要求加快建设坚强智能电网。我国能源结构以煤为主，我国煤炭资源保有储量的76%分布在山西、内蒙古、陕西、新疆等北部和西部地区，而能源消费需求主要集中在经济较为发达的东中部地区。随着我国能源开发西移和北移的速度加快，大型煤炭能源基地与能源消费地之间的输送距离越来越远，能源输送的规模越来越大。东部地区受土地、环保、运输等因素的制约，已不适宜大规模发展燃煤电厂。要满足未来持续增长的电力需求，从根本上解决煤电运紧张反复出现等问题，促进大型煤炭能源基地的集约化开发，必须加快发展特高压电网，实施电力的大规模、远距离、高效率输送，与大水电、大核电、大型可再生能源基地的集约化开发和利用一道，形成全国范围的资源优化配置格局。充分利用先进智能技术，建设坚强智能电网，能够显著提高电网的输送能力和运行控制的灵活性，最大限度发挥电网优化配置资源的作用；能够显著提高发电设备的综合利用效率，提高能源使用效率，促进节能减排。

经济社会持续快速发展要求加快建设坚强智能电网。随着经济社会持续快速发展，我国电力需求将长期保持快速增长。预计到2020年，我国用电需求将达到7.7万亿千瓦·时，发电装机将达到16亿千瓦左右，均为现有水平的2倍以上。同时，随着科技进步和信息化水平的不断提高，电动汽车、智能设备、智能家电、智能建筑、智能交通、智能城市等将成为未来的发展趋势。只有加快建设坚强智能电网，才能满足经济社会发展对电力的需求，才能满足客户对供电服务的多样化、个性化、互动化需求，不断提高服务质量和水平。比如，可以为客户提供实时电价和用电信息，引导客户合理用电，提高能源利用效率，实现用电优化、能效诊断等增值服务；可以为今后电动汽车、智能家电的使用提供方便、快捷、高效的服务。

总之，坚强智能电网是包括发电、输电、变电、配电、用电、调度等各个环节和各电压等级的有机整体，是一个完整的智能电力系统。"坚强"是基础，"智能"是关键。坚强网架与智能化的高度融合，是我国电网发展的方向。我们必须走中国特色智能电网发展道路，把增强电网优化配置资源能力和抵御事故风险能力放在突出位置，建设以特高压电网为骨干网架的坚强智能电网。

立足自主创新　加快建设坚强智能电网

由于智能电网具有显著的综合效益和广阔的发展前景，发达国家普遍高度重视发展智能电网，并将其作为国家战略的重要组成部分。欧盟成立了智能电网委员会，发布了智能电网发展计划。美国最近提出，建设可实现电力在东西海岸传输的更坚强、更智能的电网。尽管目前智能电网发展还处于起步阶段，但我们必须见微知著、锐意创新，抓住机遇、扎实工作，加快建设中国特色坚强智能电网，为经济社会又好又快发展做出新的更大贡献。

我国具备建设坚强智能电网的良好基础。特高压交流试验示范工程今年年初成功投运，目前已安全稳定运行200多天，经受了各种运行方式和模拟故障条件的严格考核，设备状况良好，运行平稳。特高压直流示范工程正在建设中，明年上半年可以投运。我国在特高压输电技术领域走在了世界前列。在智能化方面，我国在大电网安全运行控制、调度技术装备水平、数字化变电站、电力光纤通信、信息化工程、用电信息采集等多个领域具有一定的优势；特别是在重大工程建设方面，我国还具有显著的制度优势。我们完全有能力立足于自主创新，建设好我国的坚强智能电网。

确定建设坚强智能电网的阶段性目标。国家电网公司根据我国经济社会发展的阶段性特征、能源可持续发展的内在要求和电网发展的客观实际，确定了建设坚强智能电网的阶段性目标：第一步，完成坚强智能电网发展规划的制定，开展关键技术设备研发和试点工作；第二步，在关键技术和设备上实现重大突破和广泛应用，到2020年全面建成坚强智能电网，使电网的资源配置能力、安全水平、运行效率，以及电网与电源、电网与用户之间的互动性得到显著提高。届时，智能电网将为大型能源基地的集约化开发与能源外送，分布式电源、智能家电、电动汽车的广泛应用以及智能楼宇、智能社区、智能城市建设提供安全可靠的保障。

协调推进坚强智能电网建设。建设坚强智能电网是一项复杂的系统工程，涉及政策、资金、科技、人才、管理等方面，需要在政府的组织领导下，调动各方面力量来共同推进。一是坚持统一规划。根据经济社会以及清洁能源发展的新形势和电网智能化的新要求，优化完善电网规划，进一步明确坚强智能电网的发展目标、建设思路和重点，形成统一的坚强智能电网规划，并建立滚动调整机制。应将坚强智能电网规划纳入国家经济社会发展规划和能源发展战略规划体系。二是坚持统一标准。紧密结合现有国际电工标准体系，全面梳理国内外智能电网相关标准，建立涵盖发电、输电、变电、配电、用电、调度各环节以及信息通信平台的统一标准体系，保证智能电网建设规范有序推进。三是坚持自主创新。充分发挥企业在自主创新中的主体作用，加强特高压、智能控制、信息通信、新材料、储能技术等关键技术攻关和设备研制。四是坚持试点先行。按照统一规划和统一标准，针对坚强智能电网发展的重点领域和关键环节，组织开展试点工作，积累经验，在试点基础上全面推进后续工作。五是坚持政府主导。加强规划编制、标准制定等方面的组织协调和指导，对智能电网建设给予必要的财税、资金和电价等政策支持。电网企业应同发电企业、电力设备制造企业、电力用户等各方面加强合作、相互支持，共同推动坚强智能电网建设。

用制度建设巩固学习实践活动成果

（原文发表于《人民日报》2010年2月11日）

　　建立健全科学发展的长效机制，是开展深入学习实践科学发展观活动的重要内容和重要目标。在学习实践活动中，国家电网公司坚持把解决突出问题和创新体制机制紧密结合起来，用制度建设巩固学习实践活动成果，以科学机制保障企业科学发展。

　　坚持党的建设与企业改革发展相结合，建立健全加强和改进公司党建工作的长效机制。认真学习贯彻党的十七大和十七届四中全会精神以及全国国有企业党的建设工作会议精神，推进企业党的建设与公司治理相互融合，加强领导班子运行机制建设，积极探索党组织有效参与决策、在企业选人用人中发挥主导作用的有效途径和办法，不断健全保证党组织在公司发展中发挥政治核心作用的体制和机制。在继续深入开展"四好"领导班子和"电网先锋党支部"创建活动的同时，深入开展争创"四强"（政治引领力强、推动发展力强、改革创新力强、凝聚保障力强）党组织、争做"四优"（政治素质优、岗位技能优、工作业绩优、群众评价优）共产党员活动，把党的思想政治优势、组织优势和群众工作优势转化为企业的创新优势、竞争优势和发展优势。以强化各级党组（党委）中心组学习为龙头，健全学习教育机制，推进学习型党组织建设。从企业实际出发，把中央关于反腐倡廉的规定贯彻到各项业务工作中，按照建立严密规章、发扬严细作风、实施严格管理、坚持常抓不懈的要求，构建具有企业特色的惩防体系，努力形成预防有方、监督有效、惩治有力的反腐倡廉新格局。

　　转变电网发展方式，建立健全推动国家电网可持续发展的长效机制。从保障国家能源安全、应对气候变化、促进能源可持续发展的要求出发，准确把握清洁能源加速发展的新趋势和国际电网发展的新动向，做出建设以特高压电网为骨干网架、各级电网协调发展、具有信息化自动化互动化特征的坚强智能电网的战略部署，进一步明确电网发展方式转变的目标和思路，实现公司发展战略的新提升。2009年初，我国自主设计和建设的代表世界电网技术最高水平的晋东南—荆门1000千伏特高压交流试验示范工程成功投运，并持续安全运行；2009年底，向家坝—上海±800千伏特高压直流示范工程全线带电，标志着我国特高压电网发展实现重大突破，对实施"一特四大"（发展特高压，促进大煤电、大水电、大核电、大型可再生能源基地集约化开发）战略，促进电力和能源资源在全国范围优化配置具有重要意义。同时，智能电网规划和关键技术攻关等工作加快推进，示范项目全面启动。随着坚强智能电网发展战略的深入实施，国家电网在我国能源可持续发展中的作用将越来越突出。

转变公司发展方式，建立健全促进内部资源优化配置和高效利用的长效机制。坚持集团化运作、集约化发展、精益化管理、标准化建设的发展思路，以全面实施人力资源、财务、物资集约化管理，构建规划、建设、运行、生产、营销新体系为核心，努力建设集中、统一、精益、高效的公司运营管理体系和工作机制。积极应对国际金融危机，深入开展"三节约"（节约一张纸、节约一分钱、节约一寸导线）活动，将勤俭办企业的方针落实到企业经营发展各个环节。坚持以信息化促进管理现代化，在全面建成纵向贯通、横向集成的一体化信息平台的基础上，进一步推进集成度更高、实用性更强、安全性更好的国家电网资源计划系统建设，为公司发展方式转变提供有力支撑。

实施科技发展战略，建立健全持续提升科技创新能力的长效机制。从服务创新型国家建设、抢占世界电网技术制高点出发，坚持不懈地推进"一流四大"（建设一流人才队伍，实施大科研、创造大成果、培育大产业、实施大推广）科技发展战略。优化整合公司科研资源，构建适应可持续发展需要的自主创新体系。加大科技投入，把攻克技术难题作为重点，积极组织开展技术攻关。建立和完善科技成果推广应用机制，加大推广应用力度。2009年，建成特高压交流、直流、杆塔、西藏高海拔四个试验基地和国家电网仿真中心、计量中心，形成了目前世界上功能最完整、试验能力最强、技术水平最高的特高压和大电网试验研究体系。目前，正在积极推进国家风能、太阳能发电研发（试验）中心和新能源开发利用示范项目——国家风光储输一体化示范工程建设。

实施人才强企战略，建立健全队伍结构持续优化、素质持续提升的长效机制。制定实施公司人力资源发展规划，完善人才培养、引进、选拔、使用、激励等机制。面向海内外公开招聘高端专业人才和科技领军人才。积极实施中央关于引进海外高层次人才的"千人计划"。坚持培养和引进相结合，建设高水平的经营管理人才队伍、技术人才队伍和技能人才队伍。优化整合教育培训资源，建立健全教育培训体系，大力实施全员教育培训，不断提升教育培训的质量和效果。坚持全心全意依靠职工办企业的方针，进一步完善公司职工代表大会制度，加强职工民主管理和班组建设，推进厂务公开，促进员工与企业共同发展。

增强发展内在动力，建立健全企业文化建设的长效机制。把企业文化建设摆在更加突出的位置，研究制定新形势下企业文化建设的总体布局和发展规划，坚持以社会主义核心价值体系为指导，全面建设基于统一的核心价值观、统一的发展目标、统一的品牌战略、统一的管理标准的优秀企业文化。大力弘扬"诚信、责任、创新、奉献"的核心价值观和"努力超越、追求卓越"的企业精神，并将核心价值观和企业精神的本质要求细化为员工的行为准则，融入进公司各项规章制度，落实在经营发展各个环节，实现企业文化建设与公司科学发展相融共进。

服务和谐社会建设，建立健全积极履行企业社会责任的长效机制。坚持服务党和国家工作大局、服务电力客户、服务发电企业、服务经济社会发展的企业宗旨，总结公司履行社会责任的经验，坚持年度社会责任报告发布制度，开展全面社会责任管理，不断丰富和发展具有国家电网特色、体系完整、科学高效的履行社会责任工作机制。认真落实党中央关于扩内需、保增长的工作部署，深入推进新农村电气化工程和"户户通电"工程，提高农村供电质量，积极服务"家电下乡"和新农村建设。坚持不懈地强化安全生产管理，努力确保安全风险"可控、在控、能控"，完成电网迎峰度夏度冬、抗灾救灾和各项重大保电任务。完善优质服务标准，强化调度交易管理，规范员工服务行为，持续提升服务水平，同时，自觉接受市场监管和社会监督，维护电力市场公平公正。

回顾学习实践活动，我们深刻体会到，要实现科学发展，必须坚持几个基本原则。一是服务大局、尊重规律。充分认识公司承担的经济责任、政治责任和社会责任，主动把公司发展融入党和国家工作大局，遵循电网发展规律和现代企业集团发展规律，科学制定发展战略，确保公司始终沿着科学发展之路前进。二是解放思想、创新发展。善于突破传统观念和惯性思维的束缚，以思想解放为先导，大力推进发展思路创新、体制机制创新、科学技术创新，努力破解企业发展难题，不断增强企业发展的生机与活力。三是整体运作、发挥集团优势。坚持全公司一盘棋，通过强化制度建设，推进内部资源整合和科学配置，构建一体化运作格局，充分发挥公司规模效益，持续提高发展的质量和效率。四是以人为本、追求卓越。统筹推进公司党的建设、企业文化建设和队伍建设，强化各级党组织的作用，突出党员和领导干部的责任，充分调动广大员工的积极性、主动性和创造性，不断提升队伍整体素质和执行力。积极发挥中央企业在服务经济社会发展中的示范、引领和带头作用，不断追求更高的境界，努力建设国际一流企业。

在学习创新中推动发展方式转变

（原文发表于《求是》2011年6月第11期和《学习与研究》2011年第6期）

国家电网公司是关系国家能源安全和国民经济命脉的国有重要骨干企业。近年来，我们把建设学习型党组织作为加强党的建设的政治任务，作为推动公司科学发展的战略工程，以学习创新推动实践创新，加快转变公司发展方式和电网发展方式，有力推动了公司各项工作的发展，有效满足了为我国经济社会发展提供安全、可靠、经济、可持续能源供应的现实需要。

一、创新发展理念，提升学习效果

公司党组坚持以建设学习型领导班子为关键，以加强基层党员干部学习培训为基础，扎实推进学习型党组织建设。一是把学习型党组织建设纳入"四好"领导班子创建之中。以搞好党组理论中心组学习为主要抓手，带动各级党组织和党员干部加强理论武装，深入学习马克思主义中国化最新理论成果，深刻领会党和国家各项方针政策和中央领导同志重要指示精神，准确把握企业发展的正确方向，使公司各级党组织成为贯彻落实中央决策部署、推动科学发展的坚强领导集体。二是努力探索务实管用的学习载体。广泛开展以"解放思想、科学发展"为主题的学习讨论活动，深入实际调研，带着问题思考，不断提高各级领导干部解决实际问题的能力，形成创新发展的思路；以"学习强素质"为主题，开展"电网先锋讲坛""学习实践大家谈"等活动，把建设学习型党组织与贯彻落实科学发展观、深化转变公司发展方式和电网发展方式、建设"一强三优"现代公司的具体实践相结合，使公司和电网的发展方向、重点工作更加符合实际。三是积极探索创新学习理念和学习形式。大力倡导开放式学习、互动式学习、研究式学习、共享式学习，不断增强学习的吸引力、感染力和实效性；运用互联网、手机等新兴媒体，依托国家电网信息化工程，加强数字图书馆、远程教育等网络学习教育平台的建设和应用，不断提高学习教育的信息化水平，进一步拓展学习途径，为学习型党组织建设注入了生机和活力。四是把学习型党组织建设与创先争优活动有机结合起来。深入开展"电网先锋党支部"、创建争创学习型班组、争当学习型员工等活动，提高员工队伍政治素质、专业素质和文明素质；培育彰显时代精神的优秀企业文化，弘扬以"诚信、责任、创新、奉献"为核心的企业价值体系，积极承担在构建新型社会管理格局中的职责，确保员工队伍稳定；不断创新思想政治工作方式方法，加强人文关怀和心理疏导，为推动公司和电网的科学发展、转变发展方式提供有力思想保证和强大精神动力。

二、推动实践创新，转变发展方式

学习的根本目的在于运用。公司党组弘扬理论联系实际的优良学风，推进工作学习化、学习工作化，使学习成为创新发展的不竭动力，有力推进了发展方式转变，初步实现了由传统企业向现代企业的战略转型，探索出了一条具有中国特色的电网企业创新发展道路。一是大力推进特高压骨干网架建设，推动能源发展方式转变。从能源资源分布与需求的基本国情出发，公司大力实施"一特四大"战略，深入推进电网发展方式转变，使国家电网规模总体实现了翻番，装备水平、科技水平、安全水平进入国际先进行列。电网大规模、远距离、高效率优化能源配置能力显著增强，累计节约标准煤超过8000万吨、减排二氧化碳超过2亿吨。建成投运了世界上运行电压最高、技术水平最先进、具有完全知识产权的晋东南—荆门特高压交流试验示范工程，成为我国南北之间的重要能源输送通道，有效促进了节能减排和能源资源优化配置，显著提升了特高压输电在国家能源战略中的地位和作用。二是大力推进坚强智能电网建设，加快形成现代电网体系。公司党组深入学习实践科学发展观，不断提高对经济社会发展的阶段性特征、能源可持续发展的内在要求、电网发展的客观规律的认识，从保障能源安全、优化能源结构、促进节能减排、发展低碳经济、提高服务水平的要求出发，把建设坚强智能电网作为发展战略目标，作为解决煤电运紧张矛盾的根本性措施，作为改善能源结构、实现节能减排目标的重要保障。围绕坚强智能电网建设，公司取得了一大批具有自主知识产权、占据世界电网科技制高点的创新成果，授权专利数量在中央企业中名列前茅，成为全国首批"创新型企业"。三是大力推进体制机制创新，提高运营效率和发展能力。贯彻落实国务院国资委关于压缩中央企业管理层级、提高集团管控能力的部署，大力推进管理创新，全面实施集团化运作、集约化发展、精益化管理、标准化建设，深入推进人财物集约化管理，加强关键环节管控，推动建立科学高效的现代企业管理体系，公司资源配置效率和整体实力大幅提升。为开拓国际市场、充分利用好国际国内两种资源，公司积极实施"走出去"战略，获得菲律宾国家电网25年特许经营权并稳健运营，成功收购巴西7家输电特许权公司，运营国家电网巴西控股公司，标志着中国电网技术和管理走向世界。

三、巩固学习成果，推进科学发展

建设学习型党组织最终要体现在开创电网科学发展新局面、加快转变发展方式上。《国民经济和社会发展第十二个五年规划纲要》明确提出，要积极推动能源生产和利用方式变革，发展特高压等大容量、高效率、远距离先进输电技术，依托信息、控制和储能等先进技术，推进智能电网建设，增强电网优化配置电力的能力和供电可靠性。这标志着特高压、智能电网建设已全面纳入国家发展战略，上升为国家意志，对于转变能源和电力发展方式，具有极其重要的里程碑意义。我们要全面落实"十二五"规划的要求，牢牢把握重要战略机遇期，瞄准建设世界一流电网、国际一流企业的目标，坚持以创新促发展，按照集团化运作要求和集约化、扁平化、专业化方向，提高公司整体管理效率和经济效益。全力打造战略领先、管理科学、运转高效、开放创新、追求卓越的世界一流企业集团总部，引领和带动公司发展。完善市场化运行机制，提高金融产业发展能力和质量；加快科技研发、装备制造等重点业务的整合，促进直属产业创新发展；大力实施国际化战略，在更大范围、更广领域和更高层次上开展国际竞争与合作，提升中央企业的国际竞争力和影响力；加强电网发展规划和重点项目建设，建成连接大型能源基地与主要负荷中心的"三纵三横"特高压骨干网架和13项直流输电工程，形成大规模西电东送、北电南送的能源配置格局，基本建成坚强智能电网，为加快转变经济发展方式、实现我国单位GDP排放强度下降目标做出公司应有的贡献。

加快建设适应世界一流电网、
国际一流企业要求的总部团队

（原文发表于《国家电网报》2012年9月17日）

一流企业要有一流的总部，一流总部要有一流的团队。

多年来，公司党组高度重视总部建设，围绕建设世界一流电网、国际一流企业目标，秉承战略领先、管理科学、运转高效、开放创新、追求卓越的理念，以"战略决策、资源配置、管理调控、电网调度"四个中心建设为载体，不断优化总部功能定位、组织架构、业务流程、管理机制，全面提升总部领导力、调控力和带动力，充分发挥了总部在推进"两个转变"，建设"一强三优"现代公司中的表率作用。

在总部建设过程中，公司党组始终把培育优秀的总部团队作为重中之重。根据事业需要，持续优化总部功能定位、机构编制；坚持竞争择优，大力选拔优秀人才充实到总部队伍中；注重人才培养，积极推进总部基层员工双向交流锻炼；塑造优秀文化，切实加强总部员工作风建设；创新管理机制，不断深化"三集五大两中心"建设，推进总部分部一体化运作等，培育了一支政治上强、业务上精、作风过硬、纪律严明、率先垂范的高素质管理团队，为总部建设提供了坚强的组织保证。

面向"十二五"，公司将加快建设世界一流电网、国际一流企业。在新的形势下，如何以更加开放的视野认识总部使命，更加先进的理念推进总部变革，更加高效的管理发挥总部功能，迫切需要总部员工与时俱进，引领变革，创新管理。建设适应"两个一流"要求的高素质总部团队势在必行。

一、深刻把握总部变革创新对团队建设的要求

总部作为集团的首脑机构，要发挥好对全局工作的统领作用，必须深刻把握形势变化对团队建设带来的机遇与挑战。近年来，公司变革图强，科学发展，实现了"五大转变"，对

总部工作提出了更高要求。

通过坚持不懈地自主创新，中国电网技术实现了由跟随到引领的转变。特高压电网建设取得历史性突破，交、直流示范工程相继建成投运，我国全面掌握了特高压输电核心技术和全套设备制造能力，带动了民族电工装备制造业的创新发展。在世界电网科技领域实现了"中国创造"和"中国引领"，促进了国产设备制造从"装备中国"到"装备世界"。从学习者、跟随者到引领者，规划、建设、运营好世界最大的电网，为中国乃至世界电力工业的创新变革提供战略选择，既有砥砺前行的光荣，还有上下求索的艰辛，更有攻坚克难的风险。作为总部，需要对电网发展规律的准确把握、技术创新方向的深刻洞察、科研成果转化的高效推进。这对团队的视野、思路、能力，员工的业务、技术、素质，是巨大挑战。

通过坚持不懈地变革图强，国家电网管理实现了由传统到现代的转变。坚持"两个转变"，突出战略导向，加强现代企业运营体系与管控机制建设。从明确"四化"要求，到深化"三集五大"，促进了企业价值创造能力和运营管理水平的显著提升。"十一五"以来，国家电网总体规模实现翻番，全员劳动生产率增长1倍多，业绩考核连续8年获得A级，世界500强排名提升39位。在进一步将国家电网建设成为业绩优秀、人才一流、管理卓越、文化先进，具有强大持续创新能力、品牌影响力和国际竞争力的现代企业集团进程中，总部既要把握发展方向，科学决策；又要制定规划计划，抓好落实；既要统筹全局力量，融智聚力；又要做到身体力行，率先垂范。需要不断转变思想观念，优化管理方式，提高综合素养。

通过坚持不懈地优化调整，公司产业格局实现了由单一到多元的转变。不断完善公司产业链条，强化板块协同效应，打造具有强大服务支撑力、市场竞争力的电网金融、装备制造、科研教培等上下游相关产业，极大地提升了公司资本运作、资金运营、科技创新、装备制造等综合管理水平。"十二五"期间，公司将着眼于提高综合竞争力，整合优势资源，优化发展布局，着力构建定位明确、功能健全、布局合理、界面清晰的产业集群。金融、直属产业和国际业务对公司利润的贡献度将达到40%以上。由熟悉的电网业务到市场化、竞争型的新兴产业，如何把握不同行业的市场环境、战略规划、管理机制、人才开发、风险防范等工作规律，提高驾驭新兴产业的能力，对总部经营理念、工作视野、管理能力提出了新的要求。

通过坚持不懈地开疆拓域，公司发展空间实现了由本土到全球的转变。坚持"走出去"战略，积极参与全球竞争，融入世界经济。2009年收购菲律宾国家输电网25年特许经营权，2010年收购巴西7个输电特许权公司股权，2012年收购葡萄牙国家能源网公司25%股份，与西班牙ACS公司签署巴西7个输电特许权公司的股权转让协议。2011年以来，连续中标巴西、委内瑞拉等近25亿美元的绿地和输变电工程总承包项目。下一步还将以"三电一资"（电网、电源、电工装备和资源）为重点，立足全球组合生产要素，提升企业效益，树立国际品牌。国际化战略的加快，需要总部不断开阔思想眼界，增强创新意识，完善知识结构。以更加开放的视野，将工作放在世界格局中去思考，以更加融通的管理，使工作顺应各国的实际而推进。

通过坚持不懈地深化服务，公司客户需求实现了由应对到互动的转变。围绕"四个服务"大局，积极履行社会责任，大力推进"一特四大"战略，建设坚强智能电网，提升电网在能源综合运输体系中的作用。从被动的满足电力供应，转变为主动引导能源发展方式，调整优化能源结构，完善能源输送格局，保障能源供应安全；从被动的满足安全可靠供电，转变为积极引导客户节能用电、绿色用电、科学用电，形成了良性互动。实践证明，我们要搞好服务，既应登高望远，把握趋势，洞见于需求未萌之际；又应体察入微，创新模式，满足于需求生发之时。特别是在当前经济、能源、改革形势和社会环境复杂，社会对央企运营效率和服务水平日益关注的形势下，总部如何以更高的标准，把握服务趋势，创新服务举措，树立良好形象，需要深入细致的工作。

为适应五大变化的要求，更好地发挥总部的领导力、调控力和带动力，今年以来，公司全面推进总部"三集五大两中心"建设，促进企业集团化运作、精益化管理、内涵式增长，形成了有别于传统管理的显著特征：

——充分体现了系统管理的思想。公司作为特大型央企，工作点多、线长、面广，设备紧密连接，发用瞬间平衡，统筹核心资源，促进一体管理，达到系统最优是提升竞争力的根本之道。以"三集"促进核心资源的最优配置，强化对"五大"体系的资源支撑；以"五大"促进核心业务的科学管理，强化对资源运作的专业支持；以"两中心"强化对重点资源、核心业务和服务领域的全面、实时监控；以"流程"为载体，促进管理的上下贯通、左右集成、全面覆盖，形成资源配置→专业支撑→信息反馈→改进提升的"公转"体系和良性循环，克服了资源不集约、工作不协同、信息不畅通、管理不统筹等传统管理弊端。

——充分体现了精益管理的理念。一是促进了管理体系的精益化，强化了各项业务、各个层级的融合协同、畅达贯通、通力合作，实现了一体化管理；二是促进了组织结构的精益化，压缩管理层级、减少指挥链条、精简机构编制，提高工作效率，实现了集约化管理；三是促进了工作流程的精益化，全面优化管理，清理业务阻障，消除冗余环节，打通纵横关系，促进整体优化，实现了协同化管理；四是促进了专业管理的精益化，加强专业整合，统一业务模式，强化制度建设，全面规范管理，实现了标准化管理。克服了机构臃肿、管理粗放、上下脱节、业务分散等传统管理弊端，为促进国家电网公司"大而坚强、强而灵活、活而快捷、快而优秀"提供了管理支撑。

——充分体现了人本管理的方向。围绕充分发挥员工的能动性和创造性，以流程管理为载体，明确业务逻辑，规范操作标准，形成了各项业务按何程序、和谁配合、依何标准的自动工作机制；以知识管理为重点，将隐性经验显性化，显性经验制度化，把公司多年来创新实践的家底，形成各个流程、业务节点的规范、制度并持续优化，形成了企业管理创新、知识共享的平台；以绩效考评为杠杆，通过流程贯通，将战略目标、业绩结果与驱动因素连接起来，为员工自觉审视工作、学习提高创造了良性机制。进一步克服了等安排、听指令、机械化、被动型开展工作的传统管理弊端，必将有力地促进员工与企业的和谐互进、共同成长、全面发展。

企业变革，以人为本，也以人为首。加快"三集五大两中心"建设，为员工发展创造了广阔平台，也提出了更高要求。总部团队需要继承发展，巩固提高，进一步在以下方面取得突破：

要进一步开阔管理视野。眼界决定境界，无论"两个一流"，还是"三集五大"，都需要总部进一步解放思想，转变观念，以更加开放的视野加强学习、沟通互动、开放合作，不断突破"只缘身在此山中"的短视。自觉将总部工作放在经济社会发展的大局中思考、放在全球能源和电力技术发展的潮流中认识、放在世界一流企业总部的标准上定位、放在不断变化的客户需求中完善。始终以发展的眼光、辩证的观点看待问题，推进工作，在不断变化的形势中与时俱进，赢得先机，占领主动。

要进一步增强创新意识。更新观念、创新思维，针对电网功能形态、技术水平、服务需求，公司管理层次、产业领域、发展空间的变化，认真学习、广泛借鉴现代企业集团总部建设的理念，全面推进战略决策、运营体系、管控机制、科技进步等各方面工作创新，出思想、出思路、出举措。做到既善于引领公司创新发展，又善于总结基层经验；既善于推进实践创新，又善于促进理论创新，使国家电网在输出设备和技术的同时，输出管理和人才，输出品牌和标准，树立在国内外的良好形象。

要进一步提高综合素养。随着"三集五大"的深化,总部工作层次不断提升。无论是集约化对总部科学决策、统筹管理的更高要求,还是扁平化对总部快速反应、高效运作的更高要求,以及专业化对总部业务素质、精益管理的更高要求,都决定了总部既要眼睛向外,认清工作形势,又要眼睛向内,把握实际需求;既要着眼全局,科学规划决策,又要掌控细节,推动管理落地;既要变革管理,提高运营水平,又要创新技术,提高科技含量,需要更加复合的人才结构、更加综合的管理素养。

要进一步塑造优秀文化。建设追求卓越的总部,要志存高远,努力超越自我,攻坚克难,争创一流,抢占世界能源、电力发展和企业管理的制高点;要开放协同,树立大局观念,突破"一亩三分地"的封闭意识,更好地融智聚力,引领发展;要自觉能动,不断提高自觉思考、自觉行动、自觉修正、自觉完善的"四自管理"能力,创造性地开展工作;要履职尽责,不怕吃苦吃亏吃气,守土有责,坚持原则、勇于负责、敢于担当,充分发挥好表率作用。

二、以更高的标准和要求打造高素质总部团队

新形势下总部团队建设的指导思想是:以培养总部"三型人才"(创新型、复合型、领军型)为核心,以提高员工"四自能力"(自觉思考、自觉行动、自觉修正、自觉提升)为重点,以完善六大机制(职责定位、流程管理、队伍开发、人才选拔、绩效提升、文化建设)为支撑,深化总部分部一体化运作,建设一支追求卓越、素质优良、作风过硬、开放创新的高素质团队,为创建世界一流企业集团总部提供人才支撑和组织保证。

重点抓好六个方面工作:

(一)深化"三集五大"体系建设,提升总部功能定位

适应公司治理模式、运营体系、管控机制的深刻变化,全面提高战略决策功能。随着"三集五大"的深化,公司决策的集约程度、业务广度、工作深度、责任压力不断加大。在复杂多变的形势下,如何明大势、辨方向、定思路、做规划,需要总部进一步开阔视野,理清思路,围绕事关公司发展全局的方向性、根本性问题,深入研究、超前谋划,对发展战略、电网规划、资本运营、重大投资、重大项目、重要干部任免和重大人力资源开发,以及涉及公司改革、发展和稳定的重大事项,科学决策,合理规划,提高驾驭复杂局面的能力,保证公司沿着正确的方向前进。全面提高资源配置和管理调控功能。企业是矛盾统一体,总部要"管得好、调得巧、控得准",解决好战略与执行、集中与放权、整体与个体、激励与约束、长

期与短期、速度与风险、规模与效率、质量与成本等诸多问题，需要不断完善战略目标、执行方法、工作手段和评价体系等高度协同，业绩指标、客户关系、内部流程、队伍建设等相互支撑的管控体系。特别是要围绕"三集五大"体系的常态运行，健全充满活力的动力机制、高效协同的运行机制、严格规范的内控机制和责权清晰的考评机制，强化"公转"、消除"自转"，促进资源统一运作，业务高度协同，管控全面到位。全面提高影响带动功能。总部作用的发挥、权威的树立，对内需要体现总部的能力水平、工作成效、表率作用，提升公司上下对总部的认可度和信任度；对外需要展现公司的业绩贡献、品牌形象、管理层次，提高社会各界对公司的满意度和支持度。这既需要总部追求远大目标，提高能力水平，遵循科学发展规律，大力弘扬企业精神，为社会创造更大价值；也需要总部注重策略方法，加强与内外部的沟通互动，站在基层和社会的角度，改进管理，宣传工作，凝心聚力，引领众行，实现在推动公司持续快速健康发展中的核心价值。

（二）全面推进流程管理，变革总部运营体系

企业高效执行力需要战略与实施的贯通、目标与过程的协同、组织与个人的互动。要以流程为载体，以绩效为杠杆，完善一个体系，打通五个关系，全面提升基于科学管理的能动执行力。要完善公司流程体系。在当前工作基础上，按照全面覆盖、到岗到责、定时定标的原则，上下延伸，纲举目张，对总部业务流程分级分类，全面梳理。向上构建企业级、专业级流程，向下将流程细化到业务节点，具体到岗位职责，明确到时间要求、工作标准和操作规范。形成大到体系、小到节点、类级清晰、标准明确的流程管理体系。要打通流程与"三定"管理的关系。开发能够实现二者双向自动稽核的管理系统。使每一个流程的调整都能自动反映到岗位职责的变化上来，每一个工作岗位都能自动关联到主责或参与的流程上来。以流程驱动"三定"管理，以"三定"管理促进流程落地。要打通流程与制度建设的关系。建立岗位绑定流程、流程绑定业务、业务绑定制度的自动关联机制。开发流程自动区分哪些业务节点有制度依据，哪些业务操作为内部标准、尚未形成制度的管理系统。以流程检验制度是否可行和完善，促进制度建设。要打通流程与知识管理的关系。建立岗位对应流程、标准、制度、规范的自动机制。使每个岗位都能全景了解参与的流程、负责的业务、掌握的标准和遵循的规范。通过流程的持续优化，不断将公司的创造性实践总结成案例、提升成标准、固化为制度，使流程成为知识积累、员工培训的平台。要打通流程与信息管理的关系。推进流程管理与信息管理融合，进一步基于流程完善信息系统，以流程与信息的同步化，促进日常工作的

信息化。通过"两个中心"对核心业务、重要领域和服务资源的实时监测（控），及时发现运营变化与异动，分析成因，找出对策，完善管理。要打通流程与绩效管理的关系。完善基于流程的绩效管理系统，将对最终结果的考评细化到形成过程，促进工作目标与驱动因素的有机统一。使每个业务都不是孤立封闭的，每项工作都不是被动机械的，全面提升管理效率。

（三）强化"三型"人才培养，完善总部能力结构

事业是最好的人才培养平台，工作是最好的个人成长工具。近年来，随着总部事业的长足发展，总部队伍素质不断提升，各类人才快速成长。今年以来，先后有24位同志走上了局级领导岗位。实践证明，总部的权威不能靠等级赋予的权力，而要靠工作的层次、表率的作用。随着"三集五大"的深入推进，总部为员工成长创造了更大的舞台，也提出了更高的要求。要着力培养"三型"人才。适应总部面临的因时适势、引领创新、加快变革的实际，着力培养视野开阔、思维敏捷，善于学习、开拓进取，出思路、出举措的创新型人才；适应总部面临的产业集成、知识融合、技术交汇的状况，着力培养外知大势、内明企情，上通政策、下晓细节，精管理、精专业的复合型人才。适应总部面对的领导全局、调控全局、带动全局的要求，着力培养善于钻研、长于攻关，业内公认、引领潮流，有影响、有权威的领军型人才。要提高员工"四自"能力。企业管理的根本在于每个人都是工作的第一责任者，科学而不是机械地执行组织意图、主动而不是被动地推进自身工作。基于追求卓越业绩的自觉思考、积极推进工作的自觉行动、持续改进管理的自觉修正、不断寻求突破的自觉提升是现代企业员工的基本素质，也是管理提升的根本动力。随着总部流程管理的落地，在每一个业务节点的目标、责权、标准都明确的情况下，全面提高员工"四自"能力，促进队伍自我开发，提升团队群体智慧，是加强总部建设的重要渠道。要完善人才开发机制。全面盘点总部人才结构与能力状况。将"三型"人才、"四自"能力的要求，转化为不同层级、岗位的能力、素质和工作标准；加强与世界优秀企业、管理团队、科研院校的交流互动，继续推进总部与基层的双向交流锻炼；建设公司网络大学，创新人才培训机制，创造良好学习条件；注重工作学习化，将实践作为人才培养的最好课堂，以管理提升促进员工成长。

（四）全面推进竞争择优，打造总部人才高地

进一步统筹公司人才资源，支持总部团队建设，打造公司的人才高地和融智平台。要完善总部各级人才标准。总部团队从职责和层级来看，分为三个结构：一是四级职员及以下人员，侧重于专业管理。二是处级（三级职员及以上）层面人员，在专业基础上侧重于综合管

理。三是部门主任层级人员，在专业、管理基础上侧重于领导职能。要围绕上述人员特点，分类明确工作标准、能力要求和履职规范。建立人才循序渐进的成长阶梯与培养模式。克服个别人员工作标准不明、管理层级错位、素质能力不足的现象。要加快构建总部人才梯队。综合考虑专业、能力、潜力、民意等各方面因素，在总部加强内部梯队建设的同时，进一步放宽视野，面向公司系统，领导人员以优秀局级干部为重点，处长以局级后备为重点，副处长以正处后备为重点，四级职员以副处后备（优秀科级干部）为重点，五级及以下职员以科级后备和优秀专业人才为重点。分层次、按专业遴选基层优秀人才，建立总部领导、管理和专业人员梯队。下一步总部竞争上岗、培养锻炼等一般在此范围内选拔人才。目前正在规范和完善基层干部信息库，强化总部对基层干部信息的归类、筛选、分析功能，形成"输入条件、生成人选"的一键机制，促进总部与基层队伍建设的上下贯通，提高总部人才选拔层次。要完善总部选人用人机制。坚持科学考评、持续竞争、长线激励。认真分析不同部门班子配置、不同类别人才选拔标准，优化民意测评、经历分析、能力甄别、业绩考评手段。开发具有职业生涯全程履历、业绩民意全景信息、能力气质全面分析功能的"人才成长和综合分析系统"。继续加大上下双向交流、挂职培养锻炼、内部交流轮岗、公开竞争择优力度。逐步构建优秀人才→总部锻炼→发展提高的人才培养通道和选拔模式，提高总部对优秀人才的集聚效应和培养效率。

（五）创新绩效提升机制，促进总部价值创造

没有衡量就没有管理，"三集五大两中心"的高效运行，绩效管理是重要杠杆。要科学认识总部考评。总部员工作为高级脑力劳动者，以知识、意志、热情等肉眼看不到的东西为源泉创造业绩，具有第三方难以管理和监督的显著特征。总部考评体系的设计，应以提高员工"四自能力"为核心，以工作质量成效为重点。既强化目标导向，考核工作成果，即得"鱼"多少，又强化行为导向，考核工作方法，即如何以"渔"，使之成为培养员工、达成绩效的载体。要分类设计绩效标准。根据不同部门特征和职责要求，将绩效分为指标型、任务型、综合型三大体系。指标型是部门或个人承担的主责指标或协同指标，用数据说话；任务型是部门或个人承担的重点任务和重点项目，用成效说话；综合型是对部门及员工的职业素养、业务水平、管理方法、工作业绩的全面评价，用民意说话。完善流程绩效管理，促进绩效过程控制，提升整体绩效水平。要实施分级绩效管理。量化型指标考评由相关部门根据分工定期提供、分析。部门的任务型绩效管理采用当前的月度计划管理、重点任务督办方式。员工

的任务型绩效管理放在各部门，直线上级作为考评主责，结合日常管理进行；综合型评价由公司统一组织，结合年度考核进行。形成公司重综合、管重点，部门重日常、管过程的分级实施、层层负责的绩效管理体系。要综合应用绩效成果。开发具有四大功能的管理平台。一是知识管理。对应不同岗位职责，自动呈现工作流程、工作标准、制度规范乃至最佳实践案例。二是绩效考评。形成基于网络的个人日志、月度计划、季度考评等日常绩效管理，以及能够灵活定制的360度远程综合考评。三是系统分析。可多轮次、多维度对不同指标分析查询。建立对个人评价结果及部门平均值、最高值的反馈对比机制。四是综合应用。建立员工评估表，分析人岗匹配度。加强绩效与人才培养、选拔、激励等工作的关联，充分调动各方面积极性。

（六）提升团队组织智慧，塑造总部卓越文化

优秀的团队必须有自己的智慧和文化。智慧是如何的认识工作、定位工作和推进工作，文化是怎样的工作追求、价值理念和行为规范。多年来，我们形成了丰厚的文化积淀，应大力弘扬。要有卓越的追求。这是一个组织和个人发展最重要的维度和方向，它赋予了日常工作以整体感和意义感。"两个一流"既造就卓越的企业，也造就卓越的人才。关键在于是否以挑战非常事，成就不可能的追求，提高自己，提升管理，实现组织与个人共同成长。要有尽责的担当。铁肩担道义的境界、威武不能屈的气节是中国文化的精髓，也是企业立足的根本。抗震救灾、抗冰抢险、奥运保电、管理变革、技术突破，我们超越利润追求的使命、服务国计民生的担当、直面艰难险阻的骨气，所塑造的国网风格，应一以贯之的秉承坚持，发扬光大。要有创新的精神。随着时代的发展，社会和公众对中央企业的要求越来越高。我们必须以更高的标准证明自己，奉献社会。自我不变革，就会被革命；自我不图强，就会被淘汰。作为引领公司发展的总部团队，需要居安思危、自我加压，主动而不是被动的、积极而不是消极的理解、推动和深化企业改革。要有开放的胸襟。企业管理是系统管理，是1+1＞2的耦合效应，是全局最优而非局部最优。自觉的公转力、坚定的执行力是战略落地、高效运营的基本要求。我们推进"三集五大"为主体的管理创新，是超越个别组织的系统变革，需要全员参与、全面合作、全力协同。总部团队要突破惯性思维，树立全局观念，加强开放合作。要有人文的关怀。总部工作标准高、要求严、节奏快、压力大。要坚持以人为本，关注员工的各种诉求，关心员工的成长进步，关爱员工的身心健康，努力创造良好的成长平台和工作条件，使处室、部门、总部各个层面都成为和谐融洽、心齐气顺、团结上进的集体，

实现个人与总部的共同成长、全面发展。

电网技术原以西方为先进，我们创建了特高压工程，实现了中国技术的世界引领。企业管理现以西方为圭臬，需要中国管理的世界典范。以"三集五大"为载体，我们正在推进管理的特高压工程。让我们加快建设坚强的总部团队，全面提升总部领导力、调控力和带动力，为建设世界一流电网、国际一流企业而努力奋斗！

为全面建成小康社会提供坚强电力保障

（原文发表于《人民日报》2013年1月7日）

　　党的十八大明确提出，确保到2020年实现全面建成小康社会的宏伟目标，国内生产总值和城乡居民人均收入比2010年翻一番；强调实施创新驱动发展战略，把科技创新摆在国家发展全局的核心位置；推动能源生产和消费革命，确保国家能源安全。这些对能源和电力发展都提出了新的更高要求。目前，我国人均电力装机不到0.8千瓦，人均年用电量只有3500千瓦·时，不到发达国家平均水平的一半。经测算，到2020年要实现全面建成小康社会和两个"翻一番"的目标，相应需要20亿千瓦左右的电源装机容量。如何实现电力长期安全可靠供应，保障全面小康社会建设对能源和电力的需求，始终是我们面临的艰巨任务和重大课题。

　　我国能源资源与能源需求呈逆向分布，76%的煤炭资源在北部和西北部，80%的水能资源在西南部，陆地风能主要集中在西北、东北和华北北部，而70%以上能源需求在东中部。我国经济发展的长期趋势和能源资源的禀赋特征，决定了能源开发重心西移北移、负荷中心在东中部地区的基本格局长期不会改变，能源资源大规模、跨区域、远距离传输和大范围优化配置势在必行。长期以来，过度依赖输煤的能源配置方式和就地平衡的电力发展方式，导致我国煤电运输紧张矛盾反复出现，带来环境污染、能源安全等问题。

　　近年来，国家电网公司从推动能源和电力科学发展，更好地服务经济、社会、环境协调发展的需要出发，加快实施"一特四大"战略，即发展特高压输电，促进大煤电、大水电、大核电、大型可再生能源基地集约高效开发。同时，顺应世界能源科技发展趋势，积极服务低碳经济和清洁能源发展，提出建设以特高压电网为骨干网架、各级电网协调发展，具有信息化、自动化、互动化特征的坚强智能电网的战略目标，国家电网实现了前所未有的创新发展和跨越发展。电网是集能源输送、市场交易、优化配置等功能于一体的基础设施，是现代能源体系的重要组成部分。实践证明，实施"一特四大"战略，建设坚强智能电网，是实现能源和电力科学发展的必然要求。要解决目前我国能源发展存在的突出问题，推动能源生产和利用方式变革，客观上需要进一步发挥电网在转变能源和电力发展方式、促进全国范围能源优化配置的重要作用，保障能源安全、经济、高效、绿色开发和利用。

国家电网公司作为关系国民经济命脉、国家能源安全和人民生产生活的国有骨干企业，担负着为全面建成小康社会提供电力保障的重大政治、经济和社会责任。面向未来，国家电网公司将从满足全面建成小康社会的能源和电力需求出发，坚持走中国特色的电网发展道路，坚持发展为第一要务，加快实施"一特四大"战略，加快建设坚强智能电网，发挥好高效输能平台作用，为能源的大范围、大规模、高效率的传输和利用提供重要保证；发挥好安全配置平台作用，通过大电网接入煤电、水电、风电、太阳能发电等电源，构建多能互补的配置平台；发挥好经济运行平台作用，实现风光水火联合协调运行，提高能源的综合利用效率；发挥好友好互动平台作用，实现对分布式电源、电动汽车等负荷的友好接入和良好互动，构建安全可靠、经济高效的能源供应体系。

加快建设坚强智能电网。实施"一特四大"战略，关键是加快建设特高压电网。国家电网公司2004年提出建设特高压电网以来，坚持走自主创新道路，实现了一系列重大突破。特别是公司自主建设的1000千伏晋东南—南阳—荆门特高压交流试验示范工程和向家坝—上海±800千伏特高压直流输电示范工程的建成投运和稳定运行，全面验证了发展特高压的可行性、安全性、经济性和优越性，在世界电网科技领域实现了"中国创造"和"中国引领"。2012年12月12日，锦屏—苏南±800千伏特高压直流工程投入运行，这是目前世界上输送容量最大、送电距离最远、电压等级最高、技术最先进的直流输电工程，树立了直流输电新的里程碑。目前，一批特高压工程正加紧建设，特高压将进入全面加快发展、大规模建设的新阶段。预计到2020年，将建成特高压网架和27回特高压直流工程，全国形成"三华"（华北、华中、华东）电网、东北电网、西北电网和南方电网等四个同步电网，连接大型能源基地和主要负荷中心，实现大规模西电东送、北电南送的能源配置格局，适应全面建成小康社会对电力增长的需求。

智能化是提高电网安全性、可控性、适应性、互动性的关键。智能电网作为清洁能源高效开发利用的重要平台，代表着未来电网的发展方向。公司自主研发建设了具有国际领先水平的智能调度技术支持系统，推广应用智能电能表9200万只，建成投运电动汽车充换电站243座、充电桩13283个，在智能电网理论研究、试验体系和工程应用方面均处于世界领先水平。我们将认真落实国家创新驱动发展战略，发挥企业创新主体作用和全体员工创造力，坚持主动创新和持续创新，紧跟世界科技和产业发展新动向、新趋势，保持特高压和智能电网领域的技术领先优势，攻克电网发展难题，更好地服务创新型国家建设。加快科技创新体系建设和自主创新能力建设，加强基础理论研究、核心技术研发和关键设备研制，继续深入开展大电网安全与控制等关键技术研究，推广应用新型复合材料、碳纤维导线等先进实用性技术，带动民族电工装备制造业创新发展。以智能设备集成和业务一体化为重点，积极推动智能电网建设。实现对分布式电源、电动汽车等负荷的友好接入和良好互动，使用户享受智能能源服务带来的便利，让人民过上更好生活。

积极支持和服务清洁能源发展。近年来，国家电网公司积极服务生态文明建设，依托坚强智能电网，加强统一调度和管理，保证了清洁能源的大规模接入。截至今年10月底，全国水电装机达到2.4亿千瓦，位列世界首位，其中国家电网公司经营区域1.64亿千瓦；我国并网风电达到5590万千瓦，其中国家电网经营区域5370万千瓦，成为全球风电规模最大、发展最快的电网；公司累计建成太阳能汇集站容量674万千伏·安，并网线路558千米，公司经营区域并网光伏发电装机达276万千瓦。公司将坚决贯彻落实党的十八大提出的新要求，积极构建清洁能源开发利用、高效配置、安全运营的坚强平台，支持大型可再生能源基地建设和分布式能源创新发展。积极配合大型水电项目建设，着力构建连接我国西南水电基地和东中部负荷中心的能源大通道，提升电网配置和消纳水电的能力。加强风电并网标准、规范和关键技术研究，加快风电场配套工程建设力度，促进风电快速发展。支持分布式光伏发电，进一步提供优惠并网条件、完善并网服务管理、健全技术标准体系、简化接入技术要求、加快配套电网建设，确保光伏发电及时并网、可靠输送和全额收购。

不断提升供电优质服务水平。国家电网公司在服务和保障民生、促进社会和谐等方面担负着重要职责，近年来，认真履行社会责任，投资建设新疆与西北电网联网工程、青藏联网工程、四川藏区联网工程，实现除台湾地区外的全国联网，促进了边疆地区经济发展、民族团结和社会和谐。大力实施"户户通电"工程，"十一五"以来先后投资191.6亿元，累计为边远落后地区144.9万户、共550.7万无电人口解决了用电问题。作为提供电力服务的公用事业企业，国家电网公司将继续深入实施95598光明服务工程，加快城市电网和农村电网建设，不断优化电网结构，增强电网供电能力，集中解决配电网薄弱等问题，改善电网质量，提高供电可靠性，提升供电优质服务水平，满足城乡社会经济快速发展对电力的需求。

党的十八大开启了全面建成小康社会的新征程。国家电网公司将以科学发展观为指导，充分发挥2.87万个基层党组织战斗堡垒作用，充分发挥54.7万名党员先锋模范作用，凝聚全公司的力量，开拓进取、攻坚克难，认真履行服务党和国家工作大局、服务电力客户、服务发电企业、服务经济社会发展的企业宗旨，加快创建世界一流电网、国际一流企业，努力实现到2020年建成电网坚强、资产优良、服务优质、业绩优秀现代公司的战略目标，为全面建成小康社会提供安全可靠、优质清洁的电力保障，为国家繁荣富强、人民幸福安康和民族伟大复兴做出积极贡献。

智能电网与第三次工业革命

（原文发表于《科技日报》2013年12月5日）

党的十八届三中全会对全面深化改革做出重大战略部署，将进一步解放和发展我国社会生产力和创造力，也将对能源和电力工业创新发展产生深远影响。贯彻落实三中全会精神，关键要把握时代特征，立足行业实际，以改革创新精神，推动我国能源安全发展、清洁发展、环保发展、友好发展。当前，随着新能源技术、智能技术、信息技术、网络技术的创新突破，第三次工业革命正在孕育发展。在前两次工业革命中，中华民族都落后了，追赶了二百多年。以全球视野和系统思维，深刻认识工业革命的内在规律和发展趋势，对于我们深入贯彻落实三中全会精神，在新一轮工业革命中把握历史机遇、抢占发展先机、赢得竞争优势，推动能源电力工业科学发展，全面建成小康社会，实现中华民族伟大复兴的"中国梦"，具有十分重要的意义。

智能电网承载并推动第三次工业革命

能源是人类生存和发展的物质基础。近二百多年来，人类社会已经先后经历了两次工业革命。纵观工业文明的发展历程，有一个突出特征，就是能源变革对工业发展具有决定性、全局性影响，推动着工业文明不断向更高层次和水平演进。

1. 能源变革是第三次工业革命的根本动力

始于18世纪中期的第一次工业革命，由于蒸汽机的发明与广泛应用，煤炭迅速取代柴薪，推动了近代工业的建立和大发展。在这次变革中抢占先机的英国，从1770年到1860年的90年中，建立了世界上规模最大的煤炭工业，到19世纪中期，英国煤炭产量已占全球的2/3以上，并以此为基础加快发展近代纺织、钢铁、机械、铁路运输等工业，率先在世界上建立近代工业体系。

始于19世纪中后期的第二次工业革命，由于电力的发明及广泛应用，推动了现代工业的建立和大发展，不仅产生了电力、电器、石油、化工、汽车、通讯、信息等新的工业部门，而且推动了纺织、钢铁、机械、铁路运输等旧的工业部门升级。在这次变革中抢占先机的美国，从1910年到2010年的100年中，电力装机、用电量、电网规模一直位居世界第一，美国也率先在世界上建立现代工业体系。如今电能已成为全球最重要的能源之一，从全球范围看，以电为中心的能源开发利用格局正在加快形成，并成为全球能源发展的战略方向。1980～2012年，全球电力消费增长200%左右，而石油、天然气、煤炭消费只分别增长40%、130%、110%左右，全球一次能源用于发电的比重从30%提高到40%左右，电能占终端能源消费的比重从10%上升至20%左右。

从两次工业革命可以看出：能源变革对工业发展具有决定性的影响，没有蒸汽机技术的突破，就不会有近代工业，没有电力的广泛应用，现代工业也无从谈起；同时能源变革对工业发展又具有全局性的影响，既推动新的工业行业出现，也推动旧的工业行业升级。总之，能源变革与工业革命有着很强的内在联系，是工业革命的根本动力。

进入21世纪后，大规模开发利用化石能源带来的能源危机、环境危机凸显，建立在化石能源基础上的工业文明逐步陷入困境，新一轮能源变革正在世界范围内蓬勃兴起。这一轮能源变革，是以电为中心、以新能源大规模开发利用为特征的能源变革。2000～2012年间，全球风电、太阳能发电装机分别由1793万千瓦、140万千瓦增长到2.8亿千瓦、1亿千瓦，分别增长了15倍和71倍。随着新一轮能源变革的到来，新能源技术、智能技术、信息技术、网络技术不断突破，与智能电网全面融合，正在承载并推动第三次工业革命。新一轮能源变革与新一轮工业革命再次相伴发生，这不是历史的巧合，而是因为能源变革是工业革命和工业发展的根本动力，谁能牢牢把握能源变革这个根本，谁就能在第三次工业革命中抢占先机。

2．发展智能电网是推动能源变革和第三次工业革命的必由之路

从历史进程看，建立在化石能源传统利用方式基础上的工业文明已经难以为继，第三次工业革命应建立在可持续供应的能源基础上。以电为中心转变能源开发利用方式，已成为全球能源发展的战略方向，今后的能源变革都将围绕更清洁更经济的发电、更安全更高效的配置、更便捷更可靠的用电展开，由可再生能源转换而来的电能全面取代化石能源只是时间问题。

电力广泛应用，必须依靠电网来实现。1886年，美国西屋公司建成了世界上第一个交流输电系统，从此世界电网遵循电压等级由低到高、联网规模由小到大、配置能力由弱到强、自动化程度越来越高的客观规律快速发展，可划分为三个阶段。一是初级电网阶段（从19世纪后期到20世纪中期），主要是基于早期控制技术、小机组发电技术，以低电压、弱联系为特征，以城市或局部区域电力配置为主的小型孤立电网。二是互联电网阶段（从20世纪中期到20世纪末），主要是基于现代控制技术、大机组稳定发电技术、大规模远距离输电技术，以高电压、强互联为特征，具有全国或跨国电力配置能力的大型同步电网。三是智能电网阶段（从21世纪初开始），基于新能源技术、分布式发电技术、大规模储能技术、超远距离超大规模输电技术、信息网络技术和智能控制技术的快速发展，世界电网进入智能电网发展阶段。

未来的智能电网，是网架坚强、广泛互联、高度智能、开放互动的"能源互联网"。网架坚强，是指电网规划科学、结构合理、安全可靠、运行灵活，适应风电、光伏发电、分布式电源大规模接入，适应供用电关系灵活转换，具有强大的资源配置能力。主网架的电压等级包括特高压、超高压、高压等。广泛互联，是指互联既跨地域，也跨行业。洲际骨干网架、国家骨干网架、地区电网、配电网、微电网协调发展、紧密衔接，构成广泛覆盖的电力资源配置体系；电网、互联网、物联网等相互融合，构成功能强大的社会公共服务平台。互联的广泛性带来了资源配置的广泛性，既广泛配置电力资源，也广泛配置其他公共服务资源。高度智能，是指广泛使用信息网络、广域测量、高速传感、高性能计算、智能控制等技术，发电、输电、变电、配电、用电和调度六大环节高度智能化、自动化运行，自动预判、识别大多数故障和风险，具备故障自愈功能。开放互动，是指发挥电网的网络市场功能，构建开放统一、竞争有序，在能源资源配置中起决定性作用的电力市场体系，促进用户与各类用电设备广泛交互、与电网双向互动，能源流在用户、供应商之间双向流动。

智能电网是承载第三次工业革命的基础平台，对第三次工业革命具有全局性的推动作用。

一是推动能源开发方式变革。地球的可再生能源资源十分丰富。世界能源理事会估算，全球陆地风电资源超过1万亿千瓦，太阳能资源超过100万亿千瓦，还有丰富的海洋风能、水能、生物质能、潮汐、地热资源，都可以转化为电能加以利用。智能电网基于新能源发电技术和大规模储能技术，对间歇式、不稳定电源大规模接入的适应性更强，能支撑风能、太阳能大规模开发，推动能源开发从化石能源向清洁能源转变。同时，在智能电网中，千家万户都可以开发利用风能、太阳能，能源生产模式从以集中生产为主，向集中生产与分布式生产并重转变。

二是推动能源配置方式变革。经过上百年开发，世界许多国家的能源基地与负荷中心的距离越来越远，风能、太阳能资源也主要集中在远离负荷中心的严寒、酷热及沙漠、戈壁等地区。智能电网基于超远距离超大规模输电技术，能源配置范围更广、能力更强，只有通过智能电网才能实现这些能源基地的大规模开发，实现能源从就地平衡向大范围优化配置、更大范围统筹平衡转变。

三是推动能源消费方式变革。随着分布式电源加快发展，越来越多的用户拥有能源供应商与消费者的双重身份，发用电关系灵活转换。智能家电广泛普及后，用户的智能用电和互动服务需求越来越高。传统电网的电力流只能从供应侧向需求侧单向传输，难以适应这些新的需求。只有基于信息网络技术和智能控制技术的智能电网，才能适应能源消费的新变化，推动能源消费从单向接收、模式单一的用电方式，向互动、灵活的智能化用电方式转变。

四是推动生产生活方式改变。智能电网对未来社会影响的范围之广、程度之深，将远远超出我们的想象。基于智能电网的清洁能源大规模开发利用，将推动生产生活的低碳化；智能电网与物联网、互联网等深度融合后，将构成价值无法估量的社会公共平台，能源供应、信息通信、家政医疗、物流交通、远程教育、电子商务等各方面的服务都可以基于这个平台，实现公共服务集成化；智能电网将支撑智能家庭、智能楼宇、智能小区、智慧城市建设，推动生产生活智慧化。

五是推动战略性新兴产业发展。与传统的互联电网相比，智能电网技术密集型特征更加突出，对新能源、新材料、智能装备、电动汽车、新一代信息产业，具有很强的带动作用。欧美发达国家已将发展智能电网纳入国家战略，欧盟将发展智能电网作为新兴经济的重要支柱，估算未来20年的建设投资规模将达到5000亿欧元；美国将智能电网作为实现经济复苏的战略性基础设施，估算未来20年的建设投资规模达到1.5万亿美元。我国规划确定的20项战略性新兴产业重大工程，绝大多数与智能电网密切相关。

把握战略机遇，推动我国智能电网创新发展

从英、美两国在第一、二次工业革命中的成功经验看，谁能在能源变革中抢占先机，确立竞争优势，谁就能立于不败之地。面向第三次工业革命，能源电力行业应当深入贯彻落实党的十八届三中全会精神，以全面深化改革为契机，顺应发展潮流，把握历史机遇，加快建设智能电网，牢牢占据新一轮能源变革的制高点，推动我国能源安全发展、清洁发展、环保发展、友好发展，在全面建成小康社会、实现中华民族伟大复兴"中国梦"的进程中发挥重

要作用。

1. 发展智能电网要凝聚共识、共同推动

智能电网不仅是保障国家能源供应的重要基础设施，而且连接多种网络和基础设施，对于促进我国基础设施的跨越式发展具有关键作用。同时，智能电网集成了第三次工业革命最为关键的新能源技术、智能技术、信息技术、网络技术，对于促进我国战略性新兴产业发展和经济转型升级具有广泛的带动作用，发展智能电网的意义十分重大。近年来，我国企业在智能电网的理论研究、技术创新、设备研制、标准制定、工程建设、实验能力建设等方面开展了卓有成效的工作，取得了一系列重大突破，总体处于世界先进水平。已经建成投运多项特高压交、直流输电工程，建成中新天津生态城、张北风光储输等一批智能电网综合示范工程，形成了功能齐全、具有世界领先水平的试验研究体系，智能电网标准制定工作走在世界前列。我国全面建设智能电网的基础和条件已经具备。要遵循电网电压等级越来越高、联网规模越来越大、配置能力越来越强的发展规律，把智能电网作为第三次工业革命的先导产业，放在突出重要的位置优先发展。一要研究制定财税、价格、投资、金融等配套政策，大力支持智能电网建设。二要强化企业在技术创新中的主体地位，发挥大型企业创新骨干作用，集中力量攻克新能源发电、大规模储能、多网融合、智能装备关键技术。三要积极参与智能电网国际标准制定，将我国企业已经形成的标准推向世界，为我国智能电网的技术和产品参与全球竞争打好基础。

2. 发展智能电网要战略引领、科学规划

要将智能电网纳入经济社会发展总体布局，坚持战略引领、重点突破，明确智能电网发展的战略重点。加快推进"一特四大"战略，在能源资源富集地区，规划建设一批大型煤电、大型水电、大型核电、大型可再生能源发电基地，通过以特高压电网为骨干网架的坚强智能电网，向东中部负荷中心地区大规模、远距离输电，在全国范围优化配置能源和电力资源。全面实施电能替代战略，落实大气污染防治计划，解决东中部地区日益突出的雾霾污染。加大向东中部地区跨区送电力度；把工业锅炉、工业煤窑炉、居民取暖厨炊等用煤改为用电，大幅减少直燃煤污染；大力发展电动汽车、电气化轨道交通等，减少燃油排放，实施"以电代煤、以电代油、电从远方来"为主要内容的电能替代战略。

要将智能电网纳入经济社会发展总体规划，制定国家级智能电网发展规划，统筹推进。《国民经济和社会发展"十二五"规划纲要》和《"十二五"国家战略性新兴产业发展规划》

对发展智能电网做出了部署，但目前还没有制定国家层面的智能电网发展规划，战略部署难以落地。应抓紧制定国家级智能电网发展规划，统筹智能电网与新能源发展，统筹智能电网与战略性新兴产业发展，统筹智能电网与互联网、物联网建设。

3. 发展智能电网要立足于能源安全、清洁、环保、友好发展

我国能源发展面临四大问题。一是总量供应问题。2012年我国能源消费总量达到36.4亿吨标准煤，石油、天然气对外依存度分别达到59%、32%左右。要满足经济社会发展的需求，今后较长时期能源供应都面临较大压力。二是资源配置问题。我国能源资源与生产力分布不均衡，全国70%以上的煤炭、水电、风能、太阳能资源都集中在西部、北部地区，距离东中部负荷中心，一般都在1000千米以上，依靠现有电网，难以实现这些能源基地的大规模开发。三是能源效率问题。我国能源在开发环节，集约化程度偏低；在传输环节，过度依赖输煤，消耗高品质能源来传输低品质能源；在使用环节，大量煤炭仍然直接燃烧，整体能效偏低。能源开发利用全过程效率都需要提高。四是生态环境问题。我国能源结构以煤为主，能源发展长期追求就地平衡，带来土壤、水质、大气突出污染问题。特别是近年来以PM$_{2.5}$为主要特征的大气污染，本质上是我国能源资源禀赋的"先天不足"、能源发展方式的"后天失调"这一对矛盾的长期积累和集中暴露。

发展智能电网，能够有效解决我国能源发展面临的四大问题，实现我国能源安全发展、清洁发展、环保发展、友好发展。安全发展，就是以智能电网为市场载体和配置平台，统筹利用国际国内资源，促进能源大规模集约开发、大范围优化配置、高效率充分利用，增加供应总量，降低能源强度，减少能源损耗，防止供需失衡，保证能源供应稳定性和可靠性。清洁发展，就是通过智能电网促进新能源和分布式电源发展，改善能源结构，保护自然生态，最大限度降低对化石能源的依赖。环保发展，就是充分发挥智能电网作用，统筹利用全国环境容量，实现以电代煤、以电代油、电从远方来，提高电气化水平，有效解决东中部地区大气（雾霾）、水质、土壤污染问题。友好发展，就是基于智能电网开放互动优势，灵活适应各类电源发电上网和客户多样化用电需求，使能源开发和消费方便快捷，让生活更加舒适、经济。

4. 发展智能电网要加快推进关键环节突破

一是加快建设特高压网架。以构建华北—华东—华中特高压同步电网为重点，力争到2020年建成"五纵五横"特高压交流网架和27回特高压直流工程，具备4.5亿千瓦电力大范

围配置能力，满足5.5亿千瓦清洁能源送出和消纳的需要。二是加快配电网建设改造。建设技术领先、结构优化、布局合理、高效灵活，具备故障自愈能力的智能配电网，适应分布式电源、微电网加快发展的需要。三是加快提升电网互动能力。建设智能用户管理与双向互动平台，让普通家庭能够通过智能电网实现用户能源管理、移动终端购电、水电气多表集抄、综合信息服务、远程家电控制等，全面提高百姓生活智能化水平。四是加快构建全国电力市场体系。党的十八届三中全会明确要求发挥市场在资源配置中的决定性作用，加快完善现代市场体系。要以智能电网为载体，构建集能源输送、资源配置、市场交易、客户服务于一体，统一开放、竞争有序的全国电力市场体系。

能否牢牢把握第三次工业革命的历史机遇，将很大程度上决定我国在未来全球竞争中的地位。与前两次工业革命不同的是，中华民族已经走上伟大的复兴之路，我国新能源、智能电网发展均走在世界前列，在新一轮能源变革中处于有利地位，具备了在第三次工业革命中勇立潮头、引领发展的条件。历史不应重演，机遇稍纵即逝。能源电力行业要自觉承担起历史重托，加快发展智能电网，巩固和扩大我国在智能电网领域已经形成的优势，为实现中华民族伟大复兴的"中国梦"做出积极贡献。

发展特高压电网　破解雾霾困局

（原文发表于《人民政协报》2014年3月3日）

近年来，我国大气污染问题日益严峻，特别是东中部地区频繁出现罕见雾霾，范围广、强度大、时间长，给人民群众生产生活、身心健康造成严重危害，引起社会高度关注，大气污染已经到了非治不可、刻不容缓的地步。如果不采取果断措施，坚决遏制大气污染发展势头，随着我国经济社会快速发展和能源资源消耗的持续增加，大气污染还会加剧，对社会发展、民生改善、经济增长的影响将进一步加重。

一、雾霾问题的本质是能源问题

能源的开发利用对生态环境具有全过程、全方位的影响，贯穿开采、储运、加工、使用全部环节，涉及大气、水质、土壤、地容地貌多个方面。当前严重的雾霾问题，本质上是我国能源资源禀赋的"先天不足"、能源发展方式的"后天失调"这一对矛盾的长期积累和集中暴露。

以煤为主的能源结构和直燃煤比重过高是引发雾霾污染的主要原因。2013年，我国能源消费37.6亿吨标煤，其中煤炭消费25亿吨标准煤，占66%；煤炭消费当中电煤、原料煤、直燃煤分别占51%、27%、22%，而发达国家80%以上的煤炭用于发电。当前我国大气主要污染物中，约80%的二氧化硫、60%的氮氧化物、50%的细颗粒物来源于煤炭燃烧，而燃煤排放当中近一半源自直燃煤。这种不合理的能源消费结构和消费方式，严重破坏空气质量。

长期以煤电就地平衡为主，东中部地区环境不堪重负，已经难以为继。我国煤炭资源近80%集中在西部、北部地区，而75%左右的煤电装机分布在东中部。京津冀鲁、长三角地区单位国土面积煤电装机分别是西北地区的13倍、26倍，沿长江平均30千米一个电厂，从南京到镇江平均10千米一个电厂，严重超出环境承载能力。大规模、远距离向东中部输煤还在运、储环节造成多重大气污染，运煤铁路两侧120米内的空气污染超过国家大气质量二级标准8倍，储煤场1千米内空气污染超过国家二级标准2.6倍。

党的十八大提出了"两个一百年"的宏伟目标，我国能源需求仍将刚性增长。预计到2020年、2050年，能源消费总量将分别达到50亿、70亿吨标准煤。如不尽快转变能源发展方式，我国大气污染问题将更加严峻。

二、加快发展特高压是解决雾霾问题的治本之策

治理雾霾，根本出路是能源发展转方式、调结构。重点是降低煤炭消费比重，大力发展清洁能源，优化电源结构和布局。关键是要加快发展特高压电网，推进"一特四大"战略和电能替代战略，转变能源发展方式，实现我国能源从以化石能源为主、清洁能源为辅，向以清洁能源为主、化石能源为辅的战略转型。

发展特高压电网，推动能源战略转型。"一特四大"战略就是在能源资源富集地区，集约开发大煤电、大水电、大核电、大型可再生能源发电基地，通过特高压电网，在全国范围内优化配置电力资源，提高化石能源的开发、配置效率，促进清洁能源加快发展。电能替代战略就是"以电代煤、以电代油、电从远方来、来的是清洁电"，把工业锅炉、居民取暖厨炊等用煤改为用电，减少直燃煤排放；大力发展电动汽车、电气化轨道交通、农业电力灌溉等，减少燃油排放；以输电替代输煤，通过特高压电网，把我国西部、北部富余电力大规模输送到东中部负荷中心，减少东中部污染排放，把周边国家的电力大规模输入我国，减少国内污染排放。将来，我国能源在开发环节将逐步以清洁能源为主，在配置环节将逐步以输电为主，在终端环节将逐步以电力消费为主，实现从化石能源为主向清洁能源为主的全面转型。

发展特高压电网，促进清洁能源发展。我国清洁能源资源丰富，水能可开发资源6亿千瓦左右；风能、太阳能可开发资源分别超过25亿、27亿千瓦，相当于18亿千瓦常规火电。如果全部有效开发这些清洁能源，将显著改善我国能源结构。但我国70%以上的清洁能源集中在西部、北部地区，本地难以完全消纳，而且距离东中部负荷中心一般超过1000千米，大规模开发后将面临突出的弃水、弃风、弃光问题，只有依托特高压电网，将西部、北部地区丰富的清洁能源大规模送出，在全国范围内消纳，才能实现我国清洁能源的大规模高效开发。"十二五"以来，我国特高压电网已经在促进清洁能源大规模开发中发挥了不可替代的作用，目前，全国风电装机超过7500万千瓦，近三年年均新增1500万千瓦，总规模和每年的新增规模均居世界第一；光伏发电装机超过1500万千瓦，2013年新增近1000万千瓦，是

全球光伏发电装机增长最快的国家。

　　根据测算，通过全面实施电能替代，2015年、2020年东中部地区$PM_{2.5}$污染可比2010年分别降低12%、28%左右。长远看，依托特高压电网，形成以清洁能源为主、电为中心的能源开发利用格局，将从根本上缓解我国大气污染问题。

践行社会主义核心价值观　推动企业改革发展

（原文发表于《人民日报》2014年7月17日）

党的十八大以来，习近平总书记发表了一系列重要讲话，对培育和践行社会主义核心价值观做出重要论述、提出明确要求，为我们在新的历史起点上实现新的奋斗目标提供了思想保证和行动指南。深入学习领会习近平总书记系列重要讲话精神，积极践行社会主义核心价值观，推动公司科学发展、创新发展，是公司当前和今后一个时期重要的政治任务。

准确把握社会主义核心价值观的丰富内涵和本质要求

习近平总书记在主持中央政治局第十三次集体学习时强调，要把培育和践行社会主义核心价值观作为凝魂聚气、强基固本的基础工程，不断夯实中国特色社会主义的思想道德基础。"三个倡导"的24字社会主义核心价值观，传承中华优秀传统文化，吸收世界文明成果，体现时代精神，从国家、社会、公民三个层面，提出了从宏观到微观、从整体到个体应该坚守的共同价值要求和需要践行的道德行为准则，科学回答了我们要建设什么样的国家、建设什么样的社会、培育什么样的公民的重大问题，为坚持和发展中国特色社会主义指明了方向，提供了精神动力和价值遵循。

（一）社会主义核心价值观是坚定理想信念、实现中华民族伟大复兴"中国梦"的精神引领

富强、民主、文明、和谐是国家层面的价值目标，是全党全国各族人民的共同价值追求。回首中国近代史，国家积贫积弱、任人宰割，中国人民饱尝屈辱和苦难。我们伟大的祖国经历了鸦片战争以来的百年风云激荡，经历了60多年的社会主义革命和社会主义建设，经历了30多年的改革开放。历史和实践证明，只有社会主义才能救中国，只有中国特色社会主义才能发展中国。民族复兴的"中国梦"是中华民族魂牵梦绕的历史情愫，是中国人民根本利益的"最大公约数"和时代最强音。

（二）社会主义核心价值观是凝聚价值共识、建设既充满活力又和谐有序社会环境的价值标准

自由、平等、公正、法治是社会层面的价值取向，反映了社会进步的发展方向，引领时代进步潮流。当前，我国已进入改革发展的关键时期，经济体制深刻变革，社会结构深刻变动，利益格局深刻调整，社会思潮多元多样多变，各种观念相互交织、碰撞、影响，迫切需要主流价值观的引领、新风正气的形成。构建具有强大感召力的核心价值观，关系社会和谐稳定，关系国家长治久安，必须抢占价值体系的制高点，以自由、平等、公正、法治的价值取向，广泛凝聚共识，发挥核心价值观的社会稳定器作用。

（三）社会主义核心价值观是建设优秀文化、全面提升企业软实力的理论支撑

爱国、敬业、诚信、友善是公民层面的价值准则，涵盖了社会公德、职业道德、家庭美德、个人品德，是国有企业加强企业文化建设，培育和造就一支高素质的干部员工队伍的根本。国家电网公司把培育和践行社会主义核心价值观融入公司和电网发展全过程，坚持继承与创新相结合，自觉履行肩负的责任和使命，深刻把握能源电力发展规律和企业发展规律，提出了以"三个建设"（党的建设、企业文化建设、队伍建设）为保证，深化"两个转变"（转变公司发展方式、转变电网发展方式），建设"一强三优"（电网坚强、资产优良、服务优质、业绩优秀）现代公司的总战略，培育了"努力超越、追求卓越"的企业精神和"诚信、责任、创新、奉献"的公司核心价值观，形成了具有国家电网特色的优秀企业文化。

坚持社会主义核心价值观，推动企业改革发展

国家电网公司经营业务联系各行各业，服务千家万户，社会关注度高、影响力大，在培育和践行社会主义核心价值观中发挥着重要的示范带动作用。公司坚持经济行为与价值导向相统一，经济效益与社会效益相统一，积极践行社会主义核心价值观，确立了公司的奋斗目标、价值追求和精神境界，以强烈的责任意识和担当精神，推动企业改革发展，为经济社会发展提供更安全、更高效、更清洁、更友好的电力服务。

（一）深入推进"两个转变"，着力促进科学发展

转变电网发展方式，就是统筹推进特高压骨干网、现代配电网建设和智能化升级，大幅提升优化配置资源能力和安全供电水平。公司立足于转变能源和电力发展方式，大力推进"一特四大"战略，提出以智能电网承载和推动第三次工业革命。目前，已建成投运"两交四直"

特高压工程，在运在建特高压线路长度超过1万千米，变电（换流）容量超过1亿千伏·安（千瓦）。

转变公司发展方式，就是创新管理模式、再造业务流程、变革组织架构，大力实施国际化经营，推动企业治理结构和治理能力现代化。目前，公司初步建立"三集五大"体系，形成了职责、流程、制度、标准、考核"五位一体"，管理效率和经济效益不断提升。我们充分发挥公司技术、管理、品牌等方面优势，大力开展国际能源合作与交流，稳健运营海外资产，特高压电网实现"走出去"，公司境外资产超过1000亿元。

（二）促进清洁能源发展，服务生态文明建设

发展清洁能源和可再生能源，建设资源节约型、环境友好型社会，是中央企业践行社会主义核心价值观，服务生态文明建设的题中应有之义。国家电网公司秉承"奉献清洁能源、建设和谐社会"的企业使命，坚持从国情出发，全面实施电能替代战略，大力推进"以电代煤、以电代油、电从远方来、来的是清洁电"，依托特高压电网，建设大通道、构建大电网、发展大市场，推动能源资源的大范围优化配置和高效利用，加快坚强智能电网建设，全面推进电能替代。

（三）切实改进工作作风，提升优质服务水平

习近平总书记强调，作风问题核心是党同人民群众的关系问题，必须使改进作风的过程成为贯彻执行党的理论和路线方针政策的过程，成为推动改革开放和社会主义现代化建设顺利进行的过程。我们紧紧抓住服务群众这个着力点，在增强服务意识、提高服务能力上下功夫，努力提高供电保障能力，始终把安全放在首位，积极应对自然灾害、高温负荷、突发事件等影响，圆满完成抗灾救灾、重点工程、重大保电任务，确保电网安全运行和电力可靠供应。

持续提升服务质量和效率，坚持"你用电·我用心"，深化供电服务提升工程，打造95598业务集中运营平台，实行"首问负责""限时办结""首到必修、修必修好"，努力让人民群众用上放心电、满意电。

持续创新服务方式和手段，积极发展社会化代收模式，提供移动终端、网络缴费、手机提醒等服务，开设缴费网点46.76万个，初步建成城市"十分钟缴费圈"，实现农村"村村有缴费点"。

持续加强服务窗口建设，坚持一口对外，进一步规范行为、简化手续、优化流程，缩短业扩报装时限，解决好联系服务供电客户"最后一公里"问题。

（四）积极履行社会责任，服务保障和改善民生

保障和改善民生，促进社会公平正义，是社会主义核心价值观最为现实和最为集中的体现。国家电网公司坚持从党和人民的利益出发，认真落实国家西部大开发战略，加大对口援助与电力帮扶，投资建设新疆与西北电网联网工程、青藏电力联网工程、川藏电力联网工程，实现除台湾地区外的全国联网，促进边疆地区经济发展、民族团结和社会和谐。深入实施"户户通电"工程，加快无电地区电力建设，累计解决170万户、657万无电人口通电问题。积极服务新型城镇化和农业现代化发展，全力保障各地电力需求，实现城乡用电同网同价，推动经济更有效率、更加公平、更可持续发展。

（五）弘扬优秀企业文化，提升员工队伍素质

近年来，国家电网公司坚持把社会主义核心价值体系融入思想政治工作、企业文化和队伍建设之中，大力弘扬"努力超越、追求卓越"的两越精神，使之真正成为干部员工的普遍共识、自觉行动和精神力量，涌现出了一批社会公认、感人至深的道德模范和先进典型。公司紧紧围绕社会主义核心价值观，始终在落细、落小、落实上下功夫，不断提升员工队伍素质和道德水平，注重宣传教育，注重示范引领，注重实践养成。

我们将在以习近平同志为总书记的党中央坚强领导下，深入贯彻落实党的十八大和十八届二中、三中全会精神，将社会主义核心价值观融入企业改革发展，融入企业文化和员工队伍建设，为全面建成小康社会、实现中华民族伟大复兴"中国梦"做出新的更大贡献。

为可持续发展建设全球能源网络

（原文发表于美国《福布斯》杂志2014年9月18日）

世界各国领导人本周齐聚纽约联合国，探讨一个困扰各国政府的两难问题，即如何既保障能源供应，又减少环境污染。地球虽然拥有丰富的清洁能源，但要把这些能源送到数百甚至数千里外的人口密集地区却不是一件容易的事。

如果能够将清洁能源和我们的距离拉近，帮助政府在为城市供电的同时减少排放，那样的情景又是怎样呢？这正是中国所开发的新技术的应用目的。

这项技术名为特高压输电技术。它可解决一些长期困扰能源界的问题。首先是如何开发利用由风能和太阳能这样高度不稳定的可再生能源所发的电；另外，是如何在把电力由偏远地区传送至高电力消耗的地方并确保没有大量电力损耗。目前，燃煤发电厂大都设置在城市附近，在支持经济发展的同时也造成了严重的空气污染。时至今日，我们过于依赖的能源制造了大量空气污染物并引发哮喘这样的呼吸系统疾病。

解决这些问题对拯救人类及令亿万人摆脱大气污染和气候变化起着至关重要的作用。从物理学和经济学的角度而言，所有传输系统都有损耗问题，传输的路程越远，损耗越多。因此，经济和技术原因限制了大部分传输系统的输送距离，迫使城市依赖着较近的电力来源。

特高压能够帮助中国解脱对此类能源的依赖。特高压技术将交流输电电压提高到1000千伏，将直流输电电压提高到±800千伏及以上，与常规超高压输电相比，能够大幅减少输电损耗。

目前为止，中国已能通过传输系统有效地将电力传送至2500千米外，并计划延长至5000千米。将来燃煤发电站可建在煤源附近，远离人口密集的地区，从而减低排放和污染物散播。更令人感到振奋的是，这意味着我们现在可以认真考虑将太阳能、风能及水能发电大规模接入电网，并在更大范围内消纳。这样的工作不仅只在中国展开。在巴西，国家电网公司已与Eletrobras公司进行合作，巴西政府授予我们和其他成员公司组成的集团30年经营权，在巴西建造及营运一条长达2092千米、±800千伏的特高压直流输电线路。此线路可将巴西北部的美丽山水电站生产的电力传送至巴西东南部。

有人担心营运特高压传输系统将面临新的技术性挑战，然而所有创新都面对同样问题。应对这些挑战的最佳方法就是依靠精心设计的输电网络、完美的控制技术和科学的管理。

特高压输电的效率高、单位输电成本低。中国的工程实践已经证明输送相同的电力，与500千伏超高压相比，特高压节省投资超过四分之一。而且，可再生能源的利用，大大减轻日益严峻的雾霾天气，所带来的价值是无法估量的。

未来25年全球人口预计增加20 亿人，用电需求将增加90%。发展中国家对能源的需求尤其强烈，未来30年的需求增长大多来源于这些国家。亚太地区的人均用电量预计将增加一倍。能源排放带来的环境污染及全球气候变暖是我们必须共同面对的问题。我们可以共同分享解决方案。

特高压技术让我们以可持续及高效率的方式引入再生能源。出于环境污染和巨大能源需求的原因，中国较早介入特高压技术领域。如果各国可在能源生产及传输上开展合作从而形成一个全球能源互联网，人类的生活环境会变得更加美好。特高压技术将帮助我们利用极地风能和沙漠地区太阳能所发的电变成可供大家享用的清洁能源。

现在该是我们认真考虑这个课题的时候。联合国又一次把各国首脑和商业领袖们聚集在一起讨论如何战胜全球气候变暖这一严峻挑战。我们应该尽快展开多方合作，为了实现更有效的能源传输、交易，利用太阳能及风能造福人类的目的建造一个全球能源网络。

落实"一带一路"战略　构建全球能源互联网

（原文发表于《人民政协报》2015年3月3日）

习近平总书记强调，推进"一带一路"建设，要抓住关键的标志性工程，力争尽早开花结果。基于特高压和智能电网技术创新，以能源电力基础设施互联互通为突破口，加快构建以特高压电网为骨干网架、以输送清洁能源为主导的全球能源互联网，对于实施"一带一路"战略，推动能源生产和消费革命，保障国家能源安全，实现中华民族伟大复兴"中国梦"，具有重大战略意义和现实意义。

能源问题关系国计民生，关系人类福祉，是影响经济社会发展的全局性、战略性问题，保障能源安全是世界各国面临的共同挑战。特别是进入21世纪，大规模开发利用化石能源导致资源紧张、环境污染、气候变化诸多全球性难题，对人类生存发展构成严重威胁，建立在传统化石能源基础上的能源发展方式已经难以为继。我国以煤为主的能源结构，带来日益严重的资源危机和环境危机，雾霾频发威胁群众健康。化石能源资源有限，而清洁能源取之不尽。近年来，以电为中心、以清洁能源大规模开发利用为特征的能源变革蓬勃兴起，正在深刻改变世界能源格局。清洁能源最有效的利用方式就是转化为电能，并通过大电网实现优化配置、高效传输和便捷使用。随着特高压的成功和智能电网技术的突破，电网功能和作用发生了深刻变化，发展成为具有远距离、大规模、多品种配置能力的综合能源运输体系，是清洁能源高效开发利用的基本载体。

立足能源可持续发展，我们提出构建全球能源互联网的发展思路，即加快建设以特高压电网为骨干网架、输送清洁能源为主导的坚强智能电网，形成世界各国电网互联互通，配置能力强、安全可靠性高、服务范围广、绿色低碳的能源优化配置平台，全面推进清洁替代和电能替代，在能源开发上以清洁能源替代化石能源，实现从化石能源为主向清洁能源为主转变；在能源消费上以电代煤、以电代油，提高电能在终端能源消费中的比重。这是解决世界能源安全、环境污染和温室气体排放问题的治本之策。

我国资源紧缺和能源环境问题日益凸显，而周边国家能源资源丰富。以"一带一路"国家为重点，推广应用特高压技术，加快电网基础设施的互联互通，推进全球能源互联网建设，对于落实中央"一带一路"战略，保障我国能源安全可靠供应，带动装备产业走出去，实现与周边国家合作共赢、和平发展都具有重大意义。

特高压是世界最先进的输电技术，输电距离可以达到2000~5000千米乃至更远，特高压电网具有更大范围调配资源的能力，能够实现清洁能源在世界范围互联互通、优化配置，这是构建全球能源互联网的重要基础。中国特高压发展世界领先，已经建成了3个特高压交流工程和6个特高压直流工程。目前，国家电网公司正在全面推进纳入国家大气污染防治行动计划的"四交四直"特高压工程和酒泉—湖南特高压直流工程，加紧启动后续"五交八直"特高压工程，着力构建"三华"（华北、华中、华东）特高压同步电网。到2020年建成国家电网特高压交流骨干网架和19回跨区特高压直流工程，形成东北、西北、西南三个送端和"三华"一个受端的坚强国家电网。同时，加快建设全国统一电力市场，推动西南水电和西部、北部清洁能源大规模开发外送，形成西电东送、北电南送、水火互济、风光互补的能源配置新格局，有效解决清洁能源发展和东中部地区雾霾问题。我国特高压骨干网架的全面建成，将为全球能源互联网的构建创造条件、奠定基础。

构建全球能源互联网是保障能源安全、促进世界和平、推动人类社会可持续发展的重要举措，发展前景广阔。国家电网公司将积极开展与俄罗斯、哈萨克斯坦、蒙古、巴基斯坦等周边国家的电力能源合作，加快推进有关特高压联网工程的规划、前期和建设工作。到2025年基本实现与周边国家电网的互联互通，建成连接大型能源基地和主要负荷中心的能源大通道，显著提高各国能源协调互济和安全保障水平，实现全球能源互联网构建的重大突破，有力促进我国与周边国家在经济、贸易、文化等多领域的深化合作，拉动经济增长、带动产业升级，实现各方共赢。

展望未来，以"一带一路"国家能源互联互通为突破，经过洲内跨国联网、跨洲联网和全球互联三个阶段，到2050年将建成由跨国跨洲特高压骨干网架和各国各电压等级智能电网构成的全球能源互联网，连接"一极一道"（北极和赤道附近地区）和各洲大型清洁能源基地，以及各种分布式电源，将全球清洁能源发电输送到各类用户，保障更清洁、更高效、更安全、可持续的能源供应。

构建全球能源互联网　推动能源清洁绿色发展

（原文发表于《人民日报》2015年10月22日）

9月26日，习近平总书记在联大发展峰会上发表重要讲话，倡议探讨构建全球能源互联网，推动以清洁和绿色方式满足全球电力需求。这是习近平总书记站在世界高度，继"一带一路"之后提出的又一重大倡议，是对传统能源发展观的历史超越和重大创新，是中国政府积极应对气候变化，推动联合国2015年后发展议程做出的重要倡议，对实现中华民族伟大复兴"中国梦"和人类社会可持续发展具有深远的意义。国家电网公司作为关系国家能源安全和国民经济命脉的国有特大型电网企业，深入学习领会和贯彻落实习近平总书记关于全球能源互联网的倡议，是我们重要的政治任务和历史使命。

一、构建全球能源互联网的重大意义

面对国际经济社会发展新形势和世界能源发展新趋势，习近平总书记高瞻远瞩，提出探讨构建全球能源互联网的中国倡议，内涵十分丰富，对于落实国家战略、推动能源革命、应对气候变化，实现世界经济、社会、环境协调发展具有全局性和战略性意义。

（一）构建全球能源互联网，是"一带一路"建设的创新发展

"一带一路"建设是党中央在新时期、新阶段做出的重大构想，是中国面向21世纪、适应经济全球化的重大倡议，对于保障我国战略安全、能源安全和经济安全，促进世界各国共享发展机遇和成果，具有重要的推动作用。"一带一路"倡议提出后，在实践中内涵不断丰富。这次中国倡议构建全球能源互联网，既是贯彻"一带一路"构想的重要举措，也是对"一带一路"倡议的提升和发展，两者紧密联系、相互促进。构建全球能源互联网，必将有力促进各国政策沟通、设施联通、贸易畅通、资金融通、民心相通，加快"一带一路"建设实施。

（二）构建全球能源互联网，是推进能源革命的重大举措

能源革命是工业革命的根本动力。历史上，每一次能源变革都伴随着生产力的巨大飞跃和人类文明的重大进步。煤炭开发利用、蒸汽机发明，推动第一次工业革命，大幅提升了生

产力水平。石油开发利用、内燃机和电力发明，推动第二次工业革命，人类进入机械化和电气时代。构建全球能源互联网，将加快清洁发展，形成以电为中心、以清洁能源为主导、能源全球配置的新格局，实现全球能源转型升级，引领和推动第三次工业革命。

（三）构建全球能源互联网，是推动经济社会发展的强大引擎

依托全球能源互联网，大规模、高效率开发利用各类清洁能源，能够让人人享有充足、清洁、廉价、高效、便捷的能源供应，为经济社会发展提供不竭动力。全球能源互联网与物联网、互联网等深度融合，将带动新能源、新材料、智能制造、电动汽车等战略性新兴产业创新发展，为"大众创业、万众创新"提供广阔空间和发展平台，对经济增长、结构调整和产业升级具有显著拉动作用。预计2016～2030年我国清洁能源及相关电网每年投资达8200亿元，年均可拉动GDP增长约0.6个百分点。

（四）构建全球能源互联网，是应对全球气候变化的根本途径

当前全球气候变化形势严峻。工业革命以来全球地表平均温度上升近0.9℃。如不尽快采取有效措施，到本世纪末全球温升将超过4℃，带来冰川融化、海面上升、粮食减产、物种灭绝等灾害，严重威胁人类生存和发展。过去20年，为应对气候变化和环境污染，世界主要经济体持续谈判，采用碳减排、碳定价、碳交易、碳关税等方式解决问题。实践证明，这条道路举步维艰、徘徊不前。构建全球能源互联网，以清洁和绿色方式满足全球电力需求，到2050年清洁能源比重将达到80%，每年可替代相当于240亿吨标准煤的化石能源，减排二氧化碳670亿吨。届时，全球二氧化碳排放可控制在115亿吨左右，仅为1990年的一半左右，能够实现全球温升控制在2℃以内的目标。

（五）构建全球能源互联网，是促进世界和平发展的重要平台

构建全球能源互联网，能够促进国家间、组织间、企业间以及社会各方力量加强合作、互利共赢。化石能源具有稀缺性，风能、太阳能等可再生能源取之不尽，是人类的共同财富。依托全球能源互联网大规模开发利用可再生能源，能够增进南南合作、南北合作，将亚洲、非洲、南美洲等地区的资源优势转化为经济优势，解决缺电问题，消除贫困，缩小地区差异，抑制国际争端，让人人享有可持续能源，推动人类命运共同体建设。

二、构建全球能源互联网，加快推进"两个替代"

世界能源发展面临资源紧张、环境污染、气候变化三大难题。解决这些难题，必须走清洁发展道路，实施"两个替代"：即在能源开发上实施清洁替代，以太阳能、风能等清洁能源替代化石能源，推动能源结构从化石能源为主向清洁能源为主转变；在能源消费上实施电能替代，以电能替代煤炭、石油、天然气等化石能源，提高电能在终端能源消费中的比重。

电是清洁、高效、便捷的二次能源，一次能源都可以转化为电能通过电网优化配置和利用，终端能源消费都可用电能替代。电能在能源系统中处于中心地位，电网是未来各种能源生产和消费的枢纽。全球能源互联网，是以特高压电网为骨干网架、全球互联的坚强智能电网，是清洁能源在全球范围大规模开发、配置、利用的基础平台，实质就是"特高压电网+智能电网+清洁能源"。特高压电网是关键，智能电网是基础，清洁能源是重点。只有构建全球能源互联网，才能加快"两个替代"，实现清洁能源大规模开发、大范围配置和高效率利用，加快建设生态文明，满足经济社会发展的需求。全球能源互联网和信息互联网都是经济全球化的必然产物，互联互通、共建共享是大势所趋。全球能源互联网就像人的"血管系统"，信息互联网就像"神经系统"，"神经系统"已经互联，"血管系统"也一定能够互联。地缘政治、网络安全等因素不会影响全球能源互联网的发展。

构建全球能源互联网，总体可分为三个阶段。第一阶段为国内互联：从现在到2020年，加快推进各国清洁能源开发和国内电网互联，大幅提高各国的电网配置能力、智能化水平和清洁能源比重；第二阶段为洲内互联：从2020年到2030年，推动洲内大型能源基地开发和电网跨国互联，实现清洁能源在洲内大规模、大范围、高效率优化配置；第三阶段为洲际互联：从2030年到2050年，加快"一极一道"（北极风电、赤道太阳能）能源基地开发，基本建成全球能源互联网，在全球范围实现清洁能源占主导目标，全面解决世界能源安全、环境污染和温室气体排放等问题。

特高压技术对于构建全球能源互联网至关重要。 特高压由1000千伏及以上交流和±800千伏及以上直流输电构成，具有输电容量大、距离远、能耗低、占地省、经济性好的综合优势。全球各大清洁能源基地与负荷中心之间的距离都在特高压输送范围内。以特高压为骨干网架的坚强智能电网集成了现代智能技术、信息网络技术、先进输电技术、新能源接入技术，灵活性和适应性强，能够满足清洁能源、分布式电源接入，智能设备即插即用，智能互动服务等需求。

我国工程实践为构建全球能源互联网发挥了示范引领作用。近年来，国家电网公司深入学习贯彻习近平总书记系列重要讲话精神，落实能源"四个革命"战略部署，推动特高压创新发展，在此基础上提出构建全球能源互联网的设想，发布了研究成果。10年多来，国家电网公司立足自主创新，大力发展特高压和智能电网，取得了重大突破，实现了"中国创造"和"中国引领"。"特高压交流输电关键技术、成套设备及工程应用"获得国家科技进步特等奖。国家电网公司建成了具有国际领先水平的"三交四直"7项特高压工程，正在开工建设"四交五直"特高压工程，建成包括智能变电站、智能充换电网络、智能用电采集系统、多端柔性直流等一批先进的智能电网创新工程，电网智能化水平显著提升。依托特高压和智能电网，我国清洁能源并网装机已达4.82亿千瓦，其中风电1.08亿千瓦、太阳能发电0.37亿千瓦，成为世界清洁能源装机规模最大的电网。

　　构建全球能源互联网符合世界电网发展的客观规律。纵观历史进程，世界能源发展呈现低碳、高效、大范围配置的总体趋势，世界电网发展遵循电压等级由低到高、互联范围由小到大、配置能力由弱到强的客观规律。目前，世界上已发展形成北美、欧洲、俄罗斯—波罗的海等跨国互联大电网，我国实现了除台湾地区外的全国联网，这些都将成为全球能源互联网的重要组成部分。随着技术进步，2020年左右，风电、太阳能发电成本竞争力有望超过化石能源；储能技术即将实现重大突破，成本亦将大幅下降。全球能源互联网将进入快速发展期。

　　展望未来，全球能源互联网作为世界最大的能源配置系统，能够将具有时区差、季节差的各大洲电网联结起来，解决长期困扰人类发展的能源和环境问题，保障能源安全、清洁、可持续供应，创造巨大经济、社会、环境价值，让世界成为能源充足、天蓝地绿、亮亮堂堂、和平和谐的"地球村"。

三、共同推动全球能源互联网创新发展

　　构建全球能源互联网，符合全人类的共同利益。国家电网公司将坚决贯彻落实习近平总书记在联大的倡议，发挥特高压、智能电网、新能源发展方面的领先优势，联合各方面力量，全力推进全球能源互联网创新发展。

　　一是加快我国能源互联网建设。进一步加快特高压交、直流工程建设和智能电网发展，优化电网发展格局，把我国电网建成网架坚强、广泛互联、高度智能、开放互动的世界一流电网，全面提高电网优化配置能力、安全保障能力和互动服务水平。落实"一带一路"建设，加快推进与俄罗斯、蒙古国、哈萨克斯坦、巴基斯坦、缅甸、老挝、尼泊尔、泰国等周边国

家联网工程，实现与周边国家电网互联互通，为构建全球能源互联网发挥示范引领作用。

二是加快清洁替代和电能替代。 依托特高压和智能电网，加快西南水电开发，大规模发展风电和太阳能发电，不断提高清洁能源比重。大力推进以电代煤、以电代油、以电代气，提高电能在终端能源消费中的比重。力争到2020年、2030年，我国清洁能源装机分别达到8.2亿、17.8亿千瓦；清洁能源发电量分别达到2.4万亿、5.1万亿千瓦·时，清洁能源比重分别提高到16%、29%。到2050年，全国清洁能源占一次能源比重达到80%以上。

三是加快全球能源互联网技术创新。 发挥企业创新主体作用，推动产学研协同攻关，加强大容量高参数风机、高效率低成本光能转换、大规模海洋能发电技术，特高压海底电缆、大容量柔性输电、特大型电网运行控制、先进储能等技术研究。加快全球能源互联网与大数据、云计算、物联网、移动终端等集成融合，为建设智慧城市、智慧国家、智慧地球提供基本平台和服务，让全球能源互联网惠及全人类。

四是加快全球能源互联网国际合作。 在政府的组织和支持下，加强宣传和交流，推动有关国际组织、社会团体、能源企业、科研机构共同参与全球能源互联网建设。加快特高压技术"走出去"，建好国家电网公司中标投资和承建的巴西美丽山水电特高压送出工程，在全球范围推广应用特高压技术。推动将构建全球能源互联网作为应对气候变化的"中国方案"，成为世界各国的共同行动，发挥全球能源互联网在应对气候变化中的关键作用。

发展全球能源互联网是一项伟大的事业。国家电网公司将认真落实习近平总书记倡议，开拓创新、攻坚克难，推动全球能源互联网发展取得新突破，为实现中国和世界能源可持续发展做出新的贡献。

共同推动构建全球能源互联网

（原文发表于《人民政协报》2016年3月3日）

2015年9月26日，习近平主席在联合国发展峰会上宣布，"中国倡议探讨构建全球能源互联网，推动以清洁和绿色方式满足全球电力需求"，为世界能源绿色低碳发展描绘了新蓝图，为应对气候变化开辟了新道路，向世界彰显了中国智慧和中国担当。深入贯彻习近平主席重要倡议，构建全球能源互联网，是落实创新、协调、绿色、开放、共享五大发展理念的具体实践，是推动"一带一路"建设的战略举措，是促进经济、社会、生态环境全面协调可持续发展的必由之路。

一、构建全球能源互联网意义重大深远

资源紧张、环境污染、气候变化是世界各国面临的三大挑战，根源在于化石能源的长期大规模开发使用。应对挑战的根本出路是加快清洁发展、实施"两个替代"：即能源开发实施清洁替代，以太阳能、风能、水能等清洁能源发电替代化石能源发电；能源消费实施电能替代，以电代煤、以电代油、电从远方来、来的是清洁发电。

由于一次能源都可以转化为电能，各种终端能源都可用电能替代，未来全球能源供应主要是清洁发电，终端能源主要是电能消费，电网必将成为各类能源开发、配置、使用的基本平台，未来的能源网必然是电网。能源网、交通网、信息网是全球最重要的三大基础网络。全球交通网、信息网已经总体建成、实现互联，能源网必然向互联方向发展。

全球能源互联网是以特高压电网为骨干网架、全球互联的坚强智能电网，实质是"特高压电网+智能电网+清洁能源"，特高压电网是关键，智能电网是基础，清洁能源是根本。

我国是世界第一大能源消费国和碳排放国，能源消费量和碳排放量分别占世界的23%和28%，单位GDP能耗比世界平均水平高70%左右。推动构建全球能源互联网，具有巨大的经济、社会、环境综合效益。一是实现清洁发展。从现在起全球和我国清洁能源只需分别保持12.4%、13%的年均增速，清洁能源比重均可提高到80%以上，实现能源永续清洁供应，

彻底摆脱化石能源困局。二是应对气候变化。我国可将碳排放峰值控制在101亿吨左右，峰值降低24亿吨，达峰时间可从2030年提前至2025年前。到2050年，全球二氧化碳排放可控制在115亿吨左右，仅为1990年的一半，可实现全球温升控制在2℃以内的目标；三是拉动经济增长。构建全球能源互联网投资规模超过50万亿美元。加快中国能源互联网建设，我国2016~2025年电网投资10万亿元，带动清洁能源投资10万亿元，合计20万亿元，能够持续拉动经济增长，带动战略性新兴产业发展，促进供给侧结构调整和经济转型升级，有效解决"经济下行、雾霾上行"突出矛盾。四是促进和平发展。有利于推动国际电力贸易，发挥贫困地区资源优势，缩小地区差异，减少国际争端，促进人类命运共同体建设，让世界成为一个天蓝地绿、亮亮堂堂、和平和谐的"地球村"。

二、共同推动全球能源互联网加快发展

习近平主席的倡议得到国内外高度赞誉，形成广泛共识，成为响亮的"中国声音"。我国特高压技术先进成熟，实现了"中国创造"和"中国引领"，智能电网建设走在世界前列，风电、光伏发电装机和产能均位居世界第一，具备引领全球能源互联网发展的有利条件。

能源企业应在全球能源互联网建设中发挥重要作用。国家电网公司认真落实习近平主席倡议，在资源评估、科技攻关、装备研制、投融资创新、组织建设、规划研究、示范工程等方面做了许多开创性的工作，推动全球能源互联网从理念向实践迈进，取得重要进展和成果。如系统评估了包括北极风能、赤道太阳能在内的全球各大洲可再生能源资源；举办高水平的中美、中欧全球能源互联网技术装备研讨会，明确了关键技术和装备突破方向；举办全球能源互联网投融资高层研讨会，研究投融资政策与金融解决方案；推进与周边国家电网互连互通，深入开展亚洲电网互联、亚欧洲际输电等研究。

下一步，建议围绕"一带一路"建设和"十三五"规划目标，以成立全球能源互联网发展合作组织为契机，坚持互利共赢、共同发展，国内外能源企业、设备厂商、科研机构、高等院校、金融机构等携手合作、共同努力，推动全球能源互联网发展不断取得新突破，为实现"两个一百年"奋斗目标和中华民族伟大复兴"中国梦"做出积极贡献。

内容索引

参考文献

[1] 习近平. 习近平谈治国理政. 北京：外文出版社，2014.

[2] 习近平. 之江新语. 杭州：浙江人民出版社，2007.

[3] 江泽民. 中国能源问题研究. 上海：上海交通大学出版社，2008.

[4] 胡锦涛. 高举中国特色社会主义伟大旗帜为夺取全面建设小康社会新胜利而奋斗，北京：人民出版社，2007.

[5] 李鹏. 电力要先行　李鹏电力日记. 北京：中国电力出版社，2005.

[6] 十八大报告辅导读本编写组. 十八大报告辅导读本. 北京：人民出版社，2012.

[7] 十七大报告辅导读本编写组. 十七大报告辅导读本. 北京：人民出版社，2007.

[8] 十六大报告辅导读本编写组. 十六大报告辅导读本. 北京：人民出版社，2002.

[9] 刘鹤. 两次全球大危机的比较研究. 北京：中国经济出版社，2013.

[10] 刘振亚. 全球能源互联网. 北京：中国电力出版社，2015.

[11] 刘振亚. 特高压交直流电网. 北京：中国电力出版社，2013.

[12] 刘振亚. 中国电力与能源. 北京：中国电力出版社，2012.

[13] 刘振亚. 智能电网技术. 北京：中国电力出版社，2010.

[14] 国家电网公司. 国家电网公司"三集五大"管理变革探索与实践. 北京：中国电力出版社，2015.

[15] 当代中国科学发展观学习读本编写组. 当代中国科学发展观学习读本. 北京：中共党史出版社，2004.

[16] 中央企业管理提升活动领导小组办公室. 企业集团管控. 北京：团结出版社，2013.

[17] 上海国家会计学院. 企业风险管理. 北京：经济科学出版社，2012.

[18] IBM中国商业价值研究院. 未来的企业：中国企业的智慧转型. 北京：东方出版社，2009.

[19] 德勤华永会计师事务所. 对标世界一流企业——做优做强，管理提升之路. 北京：经济

管理出版社，2013.

[20] 金一南. 苦难辉煌. 北京：华夏出版社，2009.

[21] 金一南. 心胜. 武汉：长江文艺出版社，2013.

[22] 刘亚洲. 两代风流. 北京：新华出版社，2012.

[23] 王伟群. 艰难的辉煌：中信30年之路. 北京：中信出版社，2010.

[24] 吴晓波. 激荡三十年：中国企业1978～2008. 北京：中信出版社，2008.

[25] 张卓元，郑海航. 中国国有企业改革30年回顾与展望. 北京：人民出版社，2008.

[26] 安迪·格鲁夫. 只有偏执狂才能生存：特种经理人培训手册. 安然，等译. 北京：中信出版社，2010.

[27] 爱德华兹·戴明. 戴明管理思想精要：质量管理之父的领导力. 北京：西苑出版社，2014.

[28] 阿莱克斯·彭特兰. 智慧社会：大数据与社会物理学. 汪小帆，汪容，译. 杭州：浙江人民出版社，2015.

[29] 彼得·圣吉. 第五项修炼：学习型组织的艺术与实践. 北京：中信出版社，2009.

[30] 彼得·德鲁克. 管理的实践. 齐若兰，译. 北京：机械工业出版社，2009.

[31] 彼得·德鲁克. 管理：使命、责任、实务. 王永贵，译. 北京：机械工业出版社，2009.

[32] 彼得·德鲁克. 创新与企业家精神. 蔡文燕，译. 北京：机械工业出版社，2007.

[33] 丹尼尔·A. 雷恩，等. 管理思想史（第六版）. 孙健敏，等译. 北京：中国人民大学出版社，2012.

[34] 菲利普·科特勒，南希·李. 企业的社会责任. 北京：机械工业出版社，2011.

[35] 杰克·韦尔奇，苏茜·韦尔奇. 赢. 余江，玉书，译. 北京：中信出版社，2013.

[36] 杰里米·里夫金. 第三次工业革命. 张体伟，等译. 北京：中信出版社，2012.

[37] 詹姆斯·弗·穆尔. 竞争的衰亡——商业生态系统时代的领导与战略. 北京：北京出版社，1999.

[38] 理查德·帕斯卡尔，安东尼·阿索斯. 日本企业管理艺术. 北京：中国科学技术翻译出版社，1984.

[39] 吉姆·柯林斯. 从优秀到卓越. 俞利军，译. 北京：中信出版社，2009.

[40] 吉姆·柯林斯，等. 基业长青. 真如，译. 北京：中信出版社，2009.

[41] 郭士纳. 谁说大象不能跳舞. 张秀琴，等译. 北京：中信出版社，2010.

[42] 梅瑞狄斯·D. 艾什比，斯蒂芬·A. 迈尔斯. 领导：全球顶级CEO的领导智慧. 刘昕，译. 沈阳：辽海出版社，2003.

[43] 迈克尔·波特. 竞争战略. 陈丽芳，译. 北京：中信出版社，2014.

[44] 迈克尔·波特. 国家竞争优势. 北京：中信出版社，2012.

[45] 斯蒂格利茨. 让全球化造福全球. 北京：中国人民大学出版社，2013.

[46] 阿尔文·托夫勒. 第三次浪潮. 北京：中信出版社，2006.

[47] 汤姆·彼得斯，等. 追求卓越. 北京：中信出版社，2012.

[48] 伊恩·艾瑞斯. 大数据思维与决策. 北京：人民邮电出版社，2014.

[49] H. 伊戈尔·安索夫. 战略管理. 邵冲，译. 北京：机械工业出版社，2013.

[50] 丹尼尔·耶金，约瑟夫·斯坦尼斯罗. 制高点：重建现代世界的政府与市场之争. 段宏，等译. 北京：外文出版社，2000.

后 记

十多年寒来暑往，春华秋实。

作为电力战线的一名老兵，我从20世纪70年代起投身祖国电力事业，至今已有四十多年了。这期间，从基层班组干起，从地（市）公司到省公司，再到国家电力公司、国家电网公司，一路走来，收获很多，感悟很多。

主持国家电网公司工作这十多年，世情、国情、企情、网情深刻变化。手握历史的接力棒，事业的需要、组织的信任、职工的期待，自己始终感到重任在肩，压力和挑战巨大，不敢有丝毫懈怠。国家电网公司的发展关系国民经济命脉，关系国家能源安全，关系社会和谐稳定，承担着十分重大的经济责任、政治责任和社会责任。公司资产规模大、职工数量多、服务点多面广，历史遗留问题多，社会关注度高，可以说是国有企业中经营管理难度最大的企业之一。要把这样一个企业管理好、发展好，需要有驾驭全局的领导力，更需要坚强的意志力，二者形成引领和推动企业发展的强大动力，体现在勇于担当的精神、改革创新的锐气、拼搏奉献的干劲。

勇于担当，就是时刻铭记国家赋予的责任与使命，不怕困难、直面挑战、恪尽职守。习近平总书记指出，有多大的担当才能干多大的事业，尽多大的责任才会有多大的成就。个人的成长，源于组织的培养，受益于改革开放的时代，心中孜孜以求的是如何做出更多、更大的成绩，回报国家和社会。面对企业存在的深层次矛盾和问题，从没想过回避和退缩，而是知难而进、迎难而上，反复抓、抓反复，持续"翻地"不松懈，不达目的不罢休。如果没有这样一股精神，在压力面前轻易退缩，在原则面前低头让步，许多事情根本干不成，甚至都不会想到要去干，国家电网公司也不会有今天的大发展。

改革创新，就是把深化改革、锐意创新作为攻坚克难的强大武器，解放思想、大胆变革、破旧立新。国家电网公司要做强做优做大，遇到的许多难题没有现成的经验可以借鉴，一些核心关键技术买不来、也无处买，必须靠改革创新，不改革、不创新决没有出路。十多年来，我们"苟日新、日日新、又日新"，大胆走别人没有走过的路，改革创新的步伐一刻也没有停滞，取得一个又一个突破，不断攀登新的高峰，开创了国家电网公司发展新局面。"三集五大"体系、国际化、特高压、全球能源互联网等都是改革创新的重大成果。改革创新绝非易事，必定会遇到困难和风险，关键是要有必胜的信念，挑战极限、锲而不舍。特高压创新发展这条"荆棘路"，我们走得非常坚定、也很艰辛，最终取得了成功。在实践中我们深切感到，国有企业要实现创新发展、转型升级，广大干部职工尤其是领导者要有矢志创新的精神，全社会要有鼓励创新的氛围。

拼搏奉献，就是时刻用党的好干部标准要求自己，按照"三严三实"的要求修身做人、履职尽责、干事创业。在遇到各种误解曲解不理解时，在选择得失进退取舍时，能够正确处理个人与企业、与国家的关系，以事业为重，把名利抛开，只要对企业、对事业有利，就不怕吃苦、吃亏、吃气、担风险，就要坚持、坚守、坚韧、坚强。职业有顶点，事业无止境。当把事业发展作为价值追求，一定会甘心付出，竭尽全力，无怨无悔。

国家电网公司取得的成绩，归功于党中央、国务院的正确领导，是企业管理团队同舟共济、全体干部职工共同奋斗的结果。国家电网公司拥有一支优秀的干部职工队伍，面对特高压和青藏、川藏电力联网等重大工程，面对抢险救灾、安全保电、户户通电等重大任务，面对"三集五大"体系建设、管理体制机制变革、国际业务开拓等重大挑战，在思想、作风、能力各方面都经受住了巨大考验，我深受感动、深感自豪。这也是一支具有光荣传统的队伍，"人民电业为人民"的精神代代传承，老一辈电力工作者艰苦奋斗、爱岗敬业的精神一直激励着我们奋发有为、勇往直前。国家电网公司的发展离不开社会各界的关心支持，衷心感谢各方面长期以来给予的理解与帮助！

党的十八大以来，中央全面推进"五位一体"总体布局和"四个全面"战略布局，为党、为国家、为民族，也为国企发展指明了方向。我坚信，深入贯彻中央各项决策部署，落实创新、协调、绿色、开放、共享的发展理念，国有企业一定能搞得更好，国家电网公司一定能取得更加辉煌的成就，建成世界一流电网、国际一流企业，为实现中华民族伟大复兴的"中国梦"做出应有贡献。

《超越·卓越》总结了国家电网公司过去十多年来的管理创新与实践，汇集了个人对企业管理的思考和认识，展示了一个传统国有企业转型发展、卓越成长的奋斗历程。国有企业改革发展面临一些共性问题，特大型企业管理有相同的规律，希望国家电网公司的实践和认识能为国有企业发展提供借鉴，对从事相关工作或相关研究的同志有所启发。

管理是仁者见仁、智者见智，不同视角有不同认识。由于学力和精力的原因，本书还存在许多不足之处，真诚欢迎读者朋友交流探讨、批评指正。本书在成稿过程中，得到了多方面的支持与帮助，在此一并表示感谢。

作者
2016年8月

超越卓越

ISBN 978-7-5123-9149-9

定价：136.00元